北山四先生全書

許謙卷

黄靈庚　李聖華　主編

讀書叢説　讀四書叢説

〔元〕許謙／撰　鮑有爲　陳開勇　等／整理

上海古籍出版社

浙江文化研究工程重大項目成果
中共金華市委宣傳部重大文化研究工程項目成果
首都師範大學中國詩歌研究中心成果
浙江師範大學江南文化研究中心成果
浙江省越文化傳承與創新研究中心成果
二〇二一年國家古籍整理出版資助項目

浙江省文化研究工程指導委員會

浙江文化研究工程成果文庫總序

習近平

有人將文化比作一條來自老祖宗而又流向未來的河，這是説文化的傳統，通過縱向傳承和横向傳遞，生生不息地影響和引領着人們的生存與發展；有人説文化是人類的思想、智慧、信仰、情感和生活的載體、方式和方法，這是將文化作爲人們代代相傳的生活方式的整體。我們説，文化爲群體生活提供規範、方式與環境，文化通過傳承爲社會進步發揮基礎作用，文化會促進或制約經濟乃至整個社會的發展。文化的力量，已經深深熔鑄在民族的生命力、創造力和凝聚力之中。

在人類文化演化的進程中，各種文化都在其内部生成衆多的元素、層次與類型，由此決定了文化的多樣性與複雜性。

中國文化的博大精深，來源於其内部生成的多姿多彩；中國文化的歷久彌新，取決於其變遷過程中各種元素、層次、類型在内容和結構上通過碰撞、解構、融合而產生的革故鼎新的强大動力。

中國土地廣袤、疆域遼闊，不同區域間因自然環境、經濟環境、社會環境等諸多方面的差異，建構了不同的區域文化。區域文化如同百川歸海，共同匯聚成中國文化的大傳統，這種大傳統如同春風化雨，滲透於各種區域文化之中。在這個過程中，區域文化如同清溪山泉潺潺不息，在中國文化的共同價值取向下，以自己的獨特個性支撑着、引領着本地經濟社會的發展。

從區域文化入手，對一地文化的歷史與現狀展開全面、系統、扎實、有序的研究，一方面可以藉此梳理和弘揚當地的歷史傳統和文化資源，繁榮和豐富當代的先進文化建設活動，規劃和指導未來的文化發展藍圖，增强文化軟實力，爲全面建設小康社會、加快推進社會主義現代化提供思想保證、精神動力、智力支持和輿論力量；另一方面，這也是深入瞭解中國文化、研究中國文化、發展中國文化、創新中國文化的重要途徑之一。如今，區域文化研究日益受到各地重視，成爲我國文化研究走向深入的一個重要標誌。我們今天實施浙江文化研究工程，其目的和意義也在於此。

千百年來，浙江人民積澱和傳承了一個底蘊深厚的文化傳統。這種文化傳統的獨特性，正在於它令人驚嘆的富於創造力的智慧和力量。

浙江文化中富於創造力的基因，早早地出現在其歷史的源頭。在浙江新石器時代最爲著名的跨湖橋、河姆渡、馬家浜和良渚的考古文化中，浙江先民們都以不同凡響的作爲，在中華民族的文明之源留下了創造和進步的印記。

浙江人民在與時俱進的歷史軌迹上一路走來，秉承富於創造力的文化傳統，這深深地融匯在一代代浙江人民的血液中，體現在浙江人民的行爲上，也在浙江歷史上衆多傑出人物身上得到充分展示。從大禹的因勢利導、敬業治水，到勾踐的卧薪嘗膽、勵精圖治；從錢氏的保境安民、納土歸宋，到胡則的爲官一任、造福一方；從岳飛、于謙的精忠報國、清白一生，到方孝孺、張蒼水的剛正不阿、以身殉國；從沈括的博學多識、精研深究，到竺可楨的科學救國、求是一生；無論是陳亮、葉適的經世致用，還是黃宗羲的工商皆本；無論是王充、王陽明的批判、自覺，還是龔自珍、蔡元培的開明、開放，等等，都展示了浙江深厚的文化底蘊，凝聚了浙江人民求真務實的創造精神。

代代相傳的文化創造的作爲和精神，從觀念、態度、行爲方式和價值取向上，孕育、形成和發展了淵源有自的浙江地域文化傳統和與時俱進的浙江文化精神，她滋育着浙江的生命力、催生着浙江的凝聚力、激發着浙江的創造力、培植着浙江的競争力，激勵着浙江人民永不自滿、永不停息，在各個不同的歷史時期不斷地超越自我、創業奮進。

悠久深厚、意韵豐富的浙江文化傳統，是歷史賜予我們的寶貴財富，也是我們開拓未來的豐富資源和不竭動力。黨的十六大以來推進浙江新發展的實踐，使我們越來越深刻地認識到，與國家實施改革開放大政方針相伴隨的浙江經濟社會持續快速健康發展的深層原因，就在於浙江深厚的文化底蘊和文化傳統與當今時代精神的有機結合，就在於發展先進生產力與發展先進文化的有機結合。今後一個時期浙江能否在全面建設小康社會、加快社會主義現代化建設進程中繼續走在前列，很大程度上取決於我們對文化力量的深刻認識、對發展先進文化的高度自覺和對加快建設文化大省的工作力度。我們應該看到，文化的力量最終可以轉化爲物質的力量，文化的軟實力最終可以轉化爲經濟的硬實力。文化要素是綜合競争力的核心要素，文化資源是經濟社會發展的重要資源，文化素質是領導者和勞動者的首要素質。因此，研究浙江文化的歷史與現狀，增强文化軟實力，爲浙江的現代化建設服務，是浙江人民的共同事業，也是浙江各級黨委、政府的重要使命和責任。

二〇〇五年七月召開的中共浙江省委十一届八次全會，作出《關於加快建設文化大省的決定》，提出要從增强先進文化凝聚力、解放和發展生産力、增强社會公共服務能力入手，大力實施文明素質工程、文化精品工程、文化研究工程、文化保護工程、文化産業促進工程、文化陣地工程、文化傳播工程、文化人才工程等「八項工程」，實施科教興國和人才强國戰略，加快建設教育、科技、衛生、體育等「四個强省」。作爲文化建設「八項工程」之一的文化研究工程，其任務就是系統研究浙江文化的歷史成就和當代發展，深入挖掘浙江文化底蘊、研究浙江現象、總結浙江經驗、指導浙江未來的發展。

浙江文化研究工程將重點研究「今、古、人、文」四個方面，即圍遶浙江當代發展問題研究、浙江歷史文化專題研究、浙江名人研究、浙江歷史文獻整理四大板塊，開展系統研究，出版系列叢書。在研究内容上，深入挖掘浙江文化底藴，系統梳理和分析浙江歷史文化的内部結構、變化規律和地域特色，堅持和發展浙江精神；研究浙江文化與其他地域文化的異同，釐清浙江文化在中國文化中的地位和相互影響的關係；圍遶浙江生動的當代實踐，深入解讀浙江現象，總結浙江經驗，指導浙江發展。在研究力量上，通過課題組織、出版資助、重點研究基地建設、加强省内外大院名校合作、整合各地各部門力量等途徑，形成上下聯動、學界互動的整體合力。在成果運用上，注重研究成果的學術價值和應用價值，充分發揮其認識世界、傳承文明、創新理論、咨政育人、服務社會的重要作用。

我們希望通過實施浙江文化研究工程，努力用浙江歷史教育浙江人民、用浙江文化熏陶浙江人民、用浙江精神鼓舞浙江人民、用浙江經驗引領浙江人民，進一步激發浙江人民的無窮智慧和偉大創造能力，推動浙江實現又快又好發展。

今天，我們踏着來自歷史的河流，受着一方百姓的期許，理應負起使命，至誠奉獻，讓我們的文化綿延不絶，讓我們的創造生生不息。

二〇〇六年五月三十日於杭州

浙江文化研究工程成果文庫序言

袁家軍

浙江是中華文明的發祥地之一，歷史悠久、人文薈萃，素稱「文物之邦」「人文淵藪」，從河姆渡的陶竈炊烟到良渚的文明星火，從吴越争霸的千古傳奇到宋韵文化的風雅氣度，從革命紅船的揚帆起航到建國初期的篳路藍縷，從改革開放的敢爲人先到新時代的變革創新，都留下了彌足珍貴的歷史文化財富。縱覽浙江發展的歷史，文化是軟實力，也是硬實力，是支撑力，也是變革力，爲浙江幹在實處、走在前列、勇立潮頭提供了獨特的精神激勵和智力支持。

二〇〇三年，習近平總書記在浙江工作時作出「八八戰略」重大決策部署，明確提出要進一步發揮浙江的人文優勢，積極推進科教興省、人才强省，加快建設文化大省。二〇〇五年七月，習近平同志主持召開省委十一届八次全會，親自擘畫加快建設文化大省的宏偉藍圖。在習近平同志的親自謀劃、親自布局下，浙江形成了文化建設「3＋8＋4」的總體框架思路，即全面把握增强先進文化的凝聚力、解放和發展文化生產力、提高社會公共服務力等「三個着力點」，啓動實施文明素質工程、文化精品工程、文化研究工程、文化保護工程、文化産業促進工程、文化陣地工程、文化傳播工程、文化人才工程等「八項工程」，加快建設教育、科技、衛生、體育等「四個强省」，構建起浙江文化建設的「四樑八柱」。這些年來，我們按照習近平總書記當年作出的戰略部署，堅持一張藍圖繪到底、一任接着一任幹，不斷推進以文鑄魂、以文育德、以文圖强、以文傳道、以文興業、以文惠民、以文塑韵，走出了一條具有中國特色、時代特徵、浙江特點的文化發展之路。

文化研究工程是浙江文化建設最具標誌性的成果之一。隨着第一期和第二期文化研究工程的成功實施，産生了一批重點研究項目和重大研究成果，培育了一批具有浙江特色和全國影響的優勢學科，打造了一批高水平的學術團隊和在全國有影響力的學術名師、學科骨幹。二〇一五年結束的第一批浙江文化研究工程共立研究項目八百十一項，出版學術著作千餘部。二〇一七年三月啓動的第二期浙江文化研究工程，已開展了五十二個系列研究，立重大課題六十五項、重點課題二百八十四項，出版學術著作一千多部。特别是形成了《宋畫全集》等中國歷代繪畫大系、《共和國命運的抉擇與思考——毛澤東在浙江的七百八十五個日日夜夜》等領袖與浙江研究系列、《紅船逐浪：浙江「站起來」的革命歷程與精神傳承》等「浙一百年」研究系列、《浙江通史》《南宋史研究》等浙江歷史專題史研究系列、《良渚文化研究》等浙江史前文化研究系列、《儒學正脈——王守仁傳》等浙江歷史名人研究系列、《吕祖謙全集》等浙江文獻集成系列。可以説，浙江文化研究工程，賡續了浙江悠久深厚的文化血脈，挖掘了浙江深層次的文化基因，提升了浙江的文化軟實力，彰顯了浙江在海内外的學術影響力，爲浙江當代發展提供了堅實的理論支撑和智力支持，爲堅定文化自信提供了浙江素材。

當前，浙江已經踏上了實現第二個百年奮斗目標的新征程，正在奮力打造「重要窗口」，争創社會主義現代化先行省，高質量發展建設共同富裕示範區。文化工作在浙江高質量發展建設共同富裕示範區中具有決定性作用，是關鍵變量；展現共同富裕美好社會的圖景，文化是最富魅力、最吸引人、最具辨識度的標識。我們要發揮文化鑄魂塑形賦能功能，爲高質量發展建設共同富裕示範區注入强大文化力量，特别是要堅持把深化文化研究工程作爲打造新時代文化高地的重要抓手，努力使其成爲研究闡釋習近平新時代中國特色社會主義思想的重要陣地、傳承創新浙江優秀傳統文化革命文化社會主義先進文化的重要平臺、構建中國特色哲學社會科學的重要載體、推廣展示浙江文化獨特魅力的重要窗口。

新時代浙江文化研究工程將延續「今、古、人、文」主題，重點突出當代發展研究、歷史文化研究、「新時代浙學」建構，努力把浙江的歷史與未來貫通起來，使浙學品牌更加彰顯、浙江文化形象更加鮮明、中國特色哲學社會科學的浙江元素更加豐富。新時代浙江文化研究工程將堅守「紅色根脈」，更加注重深入挖掘浙江紅色資源，持續深化「習近平新時代中國特色社會主義思想在浙江的探索與實踐」課題研究，努力讓浙江成爲踐行創新理論的標杆之地、傳播中華文明的思想之窗；擦亮以宋韵文化爲代表的浙江歷史文化金名片，從思想、制度、經濟、社會、百姓生活、文學藝術、建築、宗教等方面全方位立體化系統性研究闡述宋韵文化，努力讓千年宋韵更好地在新時代「流動」起來、「傳承」下去；科學解讀浙江歷史文化的豐富內涵和時代價值，更加注重學術成果的創造性轉化，探索拓展浙學成果推廣與普及的機制、形式、載體、平臺，努力讓浙學成果成爲有世界影響的東方思想標識；充分動員省內外高水平專家學者參與工程研究，堅持以項目引育高端社科人才，努力打造一支走在全國前列的哲學社會科學領軍人才隊伍；系統推進文化研究數智創新，努力提升社科研究的科學化水平，提供更多高質量文化成果供給。

偉大的時代，需要偉大作品、偉大精神、偉大力量。期待新時代浙江文化研究工程有更多的優秀成果問世，以浙江文化之窗更好地展現中華文化的生命力、影響力、凝聚力、創造力，爲忠實踐行「八八戰略」、奮力打造「重要窗口」，争創社會主義現代化先行省，高質量發展建設共同富裕示範區，提供强大思想保證、輿論支持、精神動力和文化條件。

目録

讀書叢説卷之六

附録

讀四書叢説

讀論語叢説卷下……四二八

讀孟子叢説卷上……四九一

讀孟子叢説卷下……五一六

附録……五五七

總序

南宋乾淳間，吕祖謙東萊之學、陳亮永康之學、唐仲友説齋之學同時並起，金華之學彬彬稱盛。吕祖謙尤著，與朱熹、張栻并稱「東南三賢」，又與朱熹、陸九淵并稱「朱陸吕三大家」。祖謙惜早逝，麗澤門人無大力者繼之，永康、説齋之學亦無紹傳。嘉定而後，何基、王柏振起。何基（一一八八—一二六九），字子恭，金華人。親炙於朱熹高弟子黄榦，居北山之陽，學者稱北山先生。門人王柏（一一九七—一二七九），字會之，一字仲會，號長嘯，改號魯齋，金華人。家學源於朱、吕，而已則師於何基。何、王轉承朱子之統，王柏又私淑東萊。王柏門人金履祥（一二三二—一三〇三），字吉父，號次農，蘭溪人。從學王柏，并得何基指授。宋、元易代，以遺民終，隱居講學，許謙、柳貫諸子從學。許謙（一二六九—一三三七），字益之，號白雲山人，東陽人。年三十一師履祥，爲元世大儒。後世推許何、王、金、許，并稱「金華四賢」「金華四先生」「金華四子」「何王金許四君子」，又稱「北山四先生」。

四先生爲講學家之流，名相并稱始於元末，流行於明初。杜本《吴先生墓誌銘》：「浙之東州有數君子，爲海内所師表。蓋自朱子之學一再傳，而何、王、金、許實能自外利榮，蹈履純固，反身克己，體驗精切，故其育德成仁，顯有端緒。」①黄溍《吴正傳文集序》：「初，紫陽朱子之門人高弟曰勉齋黄氏，自黄氏四傳，曰北山何氏、魯齋王氏、仁山金氏、白雲許氏，皆婺人。」②宋濂《故丹谿先生朱公石表辭》：「而考亭之傳，又唯金華之四賢續其世胤之正。」③張以寧《甑山存稿序》：「婺爲郡儒先東萊吕成公之里也。近何、王、金、許氏，得勉齋黄公之傳於徽國朱文公者，以經學教於鄉。」④蘇伯衡《洗心亭記》：「伯圭，何文定公、王文憲公、金文安公、許文懿公里中子，而四賢實以朱文公之學相授受。」⑤鄭楷《翰林學士承旨宋公行狀》：「初，宋南渡後，新安朱文公、東萊吕成公並時而作，皆以斯道爲己任。婺實吕氏倡道之邦，而其學不大傳。朱氏一再傳，爲何基氏、王柏氏，又傳之金履祥氏、許謙氏，皆婺人，而其傳遂爲朱學之世適。」⑥以上爲元末明初諸家并提四家之説。導江張𩓐爲王柏高弟子，「以其道顯於

---

① 吴師道《禮部集》附録，文淵閣《四庫全書》本。
② 黄溍《金華黄先生文集》卷十八，元刻本。
③ 宋濂《宋學士文集》卷十九，明天順五年黄譽刻本。
④ 張以寧《翠屏文集》卷三，明成化間刻本。
⑤ 蘇伯衡《蘇平仲文集》卷八，《四部叢刊》景明正統刻本。
⑥ 程敏政《明文衡》卷六十二，《四部叢刊》景明本。

北方」①，柳貫與許謙同學於履祥，元時又有黄溍、吴萊、吴師道、胡長孺并著聞，何以不入「四賢」之目？以上所引諸説已明言之：一則四先生遞相師承，非嫡傳不入；二則四先生於吕學既衰之後，上接紫陽之傳，以講學明道爲己任，非一般詞章文士；三則皆不肯仕，高蹈遠引，以經學教於鄉；四則學行著述堪爲師表，足傳道脈。元末明初學者多稱説「何王金許」、「金華四賢」，盛明而後始多稱「金華四先生」。「北山四先生」之稱，則始於全祖望修補《宋元學案》，改《金華學案》爲《北山四先生學案》。蓋以北山一脈起於何基，何基居金華北山下，取以自號，王柏、金履祥亦居北山之下，隱於斯，遊於斯，講學於斯。北山秀奇，得四先生名益彰，北山有靈，亦莫大幸焉。

在中國學術史上，四先生成就雖不足與朱、陸、吕三大家相提并論，但皆不愧一代學者。且其上承朱、吕，下啓明清理學及浙學一脈，有功於浙學與宋元明清儒學匪淺，學術貢獻不下於王陽明、黄宗羲諸大家。

---

① 吴師道《敬鄉録》卷十四，明抄本。

一、朱子世適，兼取東萊

四先生爲朱子嫡脈，除何基「確守師説」外，餘三家承朱子之學，繼朱子之志，鑒取東萊之學，兼容并包，已構成朱學之變。即浙學而言，由此復興，雖與東萊、永康、永嘉所引領浙學初興有異，但亦是浙學之「新變」。全祖望《北山四先生學案序録》稱金履祥爲「浙學之中興」，卓有見解。

（一）傳朱一脈

金華爲東萊講學之邦，何基、王柏奮起於吕學衰没之際，承朱學之統，亦自有故。

按王柏《何北山先生行狀》，何基早歲從鄉先生陳震習舉子業，已能潛心義理。弱冠隨父伯慧宦遊臨川，適黄榦爲令，伯慧令二子何南、何基師事之。黄榦首教以「爲學須先辦得真實心地，刻苦工夫」，臨别告以「但讀熟《四書》，使胸次浹洽，道理自見」。何基「終身服習，不敢頃刻忘也。一室危坐，萬卷横陳，存此心於端莊静一之中，窮此理於研精覃思之際。每於聖賢微詞奥義疑而未釋者，必平其心，易其氣，舒徐容與，不忘不助，待其自然貫通，未嘗參以己意。不立異以爲高，不狗人而少變。蓋其思之也精，是以守之也固。充其知而反於身者，莫不踐其實」①。

雖説何基開金華朱學之門，但居鄉里未嘗開門授徒，聞名而來學者，亦未嘗爲立題目、作話頭。王柏從學何基，及金履祥從學王柏、許謙問師履祥，皆有偶然性。王柏身出望族，少慕諸葛亮之爲人，年逾三十，與友人汪開之同讀《四書》，取《論孟集義》求朱子去取之意，以黄榦《四書通釋》尚闕答問，乃約爲《語録精要》以足之，題曰《通旨》。間從朱子門人楊與立、劉炎、陳文蔚問朱門傳授之端，與立告何基得朱氏之傳，即往從學②。何基授以「立志居敬」之旨，舉胡宏之言曰：「立志以定其本，居敬以持其志。志立乎事物之表，敬行乎事物之内。」③王柏自是發憤讀書，來學者必先教之讀《大學》。

金履祥年十八試中待補太學生，有能文聲。旋自悔，屏舉子業，研解《尚書》。與同郡王相爲友，知向濂洛之學。聞何基得朱子之傳，欲往從之無由。年二十三，由王相之介，得從王柏受業。初見，問爲學之方，即教以「立志居敬」，問讀書之目，則曰「自《四書》始」。未幾，由王柏之介進於何基之門，自是講貫益密，造詣益精，講求禔躬搆物，如何、王所訓「存敬畏心，

① 何基《何北山先生遺集》卷四，《金華叢書》本。

② 金履祥《仁山文集》卷三，明萬曆二十七年刻本。

③ 王柏《復吴太清書》，《魯齋集》卷八，明崇禎刻本。

尋恰好處」，「真實心地，刻苦工夫」。柳貫《故宋迪功郎史館編校仁山先生金公行狀》云：「二先生鄉丈人行，皆自以爲得之之晚，而深啓密證，左引右掖，期底于道。雖孫明復之於石守道，胡翼之之於徐仲車，不是過也。然文定之所示曰『省察克治』，文憲之所示曰『涵養充拓』，語雖甚簡，而先生服之終身，嘗若有所未盡焉者。」①

大德五年，履祥年七十，講道蘭江之上，許謙始來就學，年已三十一。明年，履祥設教金華吕祖謙祠下，許謙從之卒業。履祥告曰：「吾儒之學，理一而分殊。理不患其不一，所難者分殊耳。」許謙由是致辨於分之殊，而要歸於理之一。屏居八華山，率衆講學，教人「以五性人倫爲本，以開明心術變化氣質爲先，以爲己爲立心之要，以分辨義利爲處事之制」②。吴師道《祭許徵君益之文》云：「烏乎紫陽！朱子之傳，其在吾鄉，曰何與王。傳之仁山，以及於公，其道彌光。仁山之門，公晚始到。獨超等夷，遠詣深造。」③

---

① 柳貫《柳待制文集》卷二十，《四部叢刊》景元至正本。
② 黄溍《白雲許先生墓誌銘》，《金華黄先生文集》卷三十二。
③ 吴師道《吴禮部文集》卷二十，《金華叢書》本。

何、王崛起於吕學衰落之際，傳朱子之學。然生於東萊講學之鄉，麗澤之潤已入士人肌理。故自王柏以下，返本溯源，遂成學朱爲主、參諸吕學之格局。此一變化自王柏始。

（二）兼采吕學

王柏家學出於吕氏。按葉由庚《王魯齋先生壙誌》，王柏祖師愈從楊時受《易》《論語》，後與朱、張、吕遊。父瀚與其叔季執經問難於考亭、麗澤之門，世其家學。王柏早孤，抱志宏偉，三十而後「始知家學授受之原，慨然捐去俗學以求道」。既師何基，發憤奮厲，「研窮愈刻深，則義理愈呈露；涵養愈細密，則趣味愈無窮」①。金履祥《魯齋先生文集目後題》追溯魯齋家學云：「初，公之大父焕章公與朱、張、吕三先生爲友，父仙都公早從麗澤，又以通家子登滄洲之門。公天資超卓，未及接聞淵源之論而早孤。年長以壯，謂科舉之學不足爲也，而更爲文章偶儷之文；又以偶儷之文不足爲也，而從學於古文、詩律之學，工力所到，隨習輒精。今存於《長嘯醉語》者，蓋存而未盡去也，公意不謂然。因閲家書，而得師友淵源之緒，間從撝堂先生劉公、船山先生楊公、克齋先生陳公考問朱門傳授之端。而於楊公得聞北山何子恭父之名，於是尋訪盤溪之上，盡棄

---

①　王柏《魯齋王文憲公文集》附録，《金華叢書》本。

所學而學焉。」①所言王柏既見何基，「盡棄所學」，非謂盡棄家學，而指前之所好。吴師道《仙都公所與子書》亦載：「魯齋先生之學，世有自來矣。先生大父崇政講書直焕章閣致仕，諱師愈，師事龜山楊公，後又從朱、張、吕三公遊，朱子誌墓稱其有本有文者也。父朝奉郎、主管仙都觀，諱瀚，執經朱、吕之門，克世其學。此其所與子書，莫非《小學》書、《少儀外傳》之旨也。」②

東萊之學，與朱、陸有同有異。概言之，東萊主於經史不分，《五經》、史學皆擅；近接北宋理學之緒，遠采漢儒考據訓詁，并重義理、考據；博收廣覽，以文獻見長，講求通貫；重於用實，揆古用今。吕祖謙與陳亮等人好讀史，學問「博雜」，朱熹深有不滿，指爲「浙學」風習。然東萊之學自成一系。王柏嘗爲履祥作《三君子贊》，分贊「東南三賢」朱熹、張栻、吕祖謙，《吕成公》云：「片言妙契，氣質盡磨。八世文獻，一身中和。手織雲漢，心衡今古。鼎峙東南，乾淳鄒魯。」③於東萊評價高矣。然王、金諸子終不明言取則東萊，而標榜傳朱一脈。葉由庚《壙誌》、金履祥《後題》、吴師道《仙都公所與子書》追溯王柏家學出於吕氏，亦皆重於載述從何基接軌朱子一脈，而不言返本吕學。

① 金履祥《仁山先生文集》卷三。
② 吴師道《吴禮部文集》卷十七。
③ 金履祥《濂洛風雅》卷一，清雍正間金律刻本。

論四先生之學，當察其言，觀其行，亦必考其實跡，始可得真實全貌。王、金、許三家，於《五經》之好不減《四書》，既重性理探求，復事於訓詁考據；守朱子之説，而欲爲「忠臣」，以求是爲本；朱子不喜學者嗜讀史，三家未盡遵行；朱子不喜浙學「博雜」，三家貫通經史、諸子百家，喜輯録文獻；朱子不喜浙人好言事功，三家負經濟之略，而身在草萊，心存當世，欲出所學措諸政事。柳貫《金公行狀》稱履祥「先生夙有經世大志，而尤肆力于學，凡天文地形、禮樂刑法、田乘兵謀、陰陽律曆，靡不研究其微，以充極於用」。史學、考據乃東萊所長，朱子亦借助訓詁，并出其餘力研史，此史學、考據終爲其所短。王、金、許三家取朱子言性理之長，去其所短，兼師東萊，遂精於史學、考據。

王、金、許三家援漢儒訓詁考據以治《四書》《五經》，得力於東萊頗多。生於東萊講學舊邦，風氣霑熏，有其不自知者。尤可言者，四先生好「標抹點書」，殆傳東萊文獻之學。東萊標抹圈點之書，如《儀禮》《漢書》《史記》《資治通鑑》等，久爲士林所重。吕喬年稱其「一字一句，點畫皆有深意，而所得之精，多見於此」①。吴師道屢言四先生「標抹點書」，乃鑒用東萊之法。《請傳習許益之先生點書公文》：「當職生長金華，聞標抹點書之法始自東萊吕成公，至今故

① 吴師道《吴禮部文集》卷十八。

家所藏猶有《漢書》《資治通鑑》之類。」①《題程敬叔讀書工程後》：「蓋自東萊吕成公用工諸書，點正句讀，加以標抹，後儒因之，北山何先生基子恭、魯齋王先生柏會之俱用其法」，「金、張亦皆有所點書，其淵源有自來矣。」②章懋《楓山語録》云：「何最切實，王、金、許不免考索著述多些。」又，「東萊於香溪，四賢於東萊，皆無干涉」③。王、金、許「考索著述多些」，即三家重於文獻。然稱四先生與東萊「無干涉」，未盡合於實。東萊文獻之學冠於海内，四先生生長其鄉，著述相接，故論者曰：「吾婺固東南鄒魯也，中原文獻之傳甲於天下。」④全祖望稱王應麟承東萊文獻之學，爲「明招之大宗」。以文獻之傳而言，王、金、許何嘗不可稱「明招之大宗」？

四先生緣何不明言取徑東萊，今蠡測之，蓋有數因：一則重於師承，稱説師門，但言朱子，不言其他。二則東萊之學不能無弊，麗澤後學治經，輯討文獻，或疏於性理求索；四先生以明道爲先務，篤信朱子問學要義。三則朱子批評浙人「好功利」，四先生亦警醒，關注世用而不急功求利，不標舉東萊之學，或有此故。由此不難理解葉由庚《壙誌》所言：「證古難也，

① 吴師道《吴禮部文集》卷二十。
② 吴師道《吴禮部文集》卷十七。
③ 章懋《楓山語録》，文淵閣《四庫全書》本。
④ 張祖年《婺學志》集前序，清刻本。

復古尤難也；明道難也，任道尤難也。朱、張、吕三先生同生於一時，皆以承濂洛之統爲身任者也。張、吕不得其壽，僅及終身，經綸未展，論著靡竟。獨文公立朝之時少，居閑之日多，大肆其力於聖經賢傳，刊黜《詩》《書》之小序，紹復《易》《春秋》之元經，定著《論語》《孟子》《中庸》《大學》章句，以立萬世之法程。北山、魯齋二先生同生於一鄉，亦皆以續考亭之傳爲身任者也。」①

四先生之學，以朱學爲本，參諸東萊，朱、吕互爲表裏。海寧查慎行爲黄宗羲高弟子，《得樹樓雜鈔》卷一云：「魯齋上承吕、何之緒，下開金、許之傳，其功尤大。」②卓有識見。數百年來，學者罕直言四先生私淑東萊，而述及學統，或指出接緒朱、吕。成化三年，浙江按察司僉事辛訪奏請將宋儒何基等封爵從祀，下禮部尚書兼翰林學士陳文議：「昔者晦庵朱文公熹與東萊吕成公祖謙皆傳聖道，而金華郡儒者何基、王柏、金履祥、許謙師徒，累葉出於文公之後，以居于成公之鄉，其於斯道不爲不造其涯涘，然達淵源則未也；不爲不躡其徑庭，然造堂奥則未也。」③張祖年《八婺理學淵源序》云：「子朱子挺生有宋，疏洙泗，瀹濂洛，決横渠，排金

① 王柏《魯齋王文憲公文集》附録《壙誌》。
② 查慎行《得樹樓雜鈔》卷一，民國《適園叢書》本。
③ 姚夔《姚文敏公遺稿》卷十，明弘治間姚璽刻本。

谿，補苴罅漏，千古理學淵源，渾涵渟滀，稱會歸矣。維時吾婺東萊成公倡道東南，而子朱子、南軒宣公聲應氣求，互相往來」，「是麗澤一泓，固八婺理學淵源也，猗歟盛哉！三先生爲東南理學鼎峙，吾婺學者翕然宗之」，「而毅然卓見斯道者，未之有聞。幸北山先生父伯慧者，佐治臨川，欽勉齋黄氏學，命北山師事之，遂載紫陽的傳而歸。以授之魯齋，魯齋以授之仁山，仁山以授之白雲，踵武繩繩，機籥相印，而麗澤溶瀁灝瀚矣」①。胡宗楙謂趙宋南渡，婺學昌盛，鈎稽派别，可約分政學、理學、文學三派，其理學則自范浚以下，繼以東萊，復繼以四先生。《續金華叢書序》云：「一曰理學，香溪《心箴》，導其先河。東萊吕氏，麗澤講席。北山、魯齋，溯源揚波。仁山、白雲，一脈相嬗。莘莘學子，追蹤鄒魯。咸淳之際，於斯爲盛。」②當然，論者迄今仍多只認四先生爲朱子嫡傳。近歲，我們昌言「浙學復興」，强調四先生兼傳東萊之學，諸論始有所改觀。

（三）從「確守師説」到「要歸於是」

四先生中，何、王殁於宋，金履祥由宋入元，許謙則爲元世名儒。四先生尊德性，道問學，

---

① 張祖年《婺學志》集前序。

② 胡宗楙《夢選樓文鈔》卷上，民國二十五年刊本。

遞相師傳，百餘年間亦有前後變化。兼采吕學，即是自王柏後一大變化。另一顯著變化，即從「確守師説」到願爲「朱子之忠臣」，篤於求是。

何基之學，立志以定本，恭敬以持志，力學以致知，篤守朱、黄之傳，虚心體察，不欲參以己意，不以立異爲高。王柏《何北山先生行狀》稱「思之也精」，「守之也固」。《啓蒙發揮後序》又説：「晚年纂輯朱子之緒論，羽翼朱子之成書，不敢自加一字，而條理粲然，羣疑盡釋。」①《同祭北山何先生》則云：「公獨屹然，堅守勿失」，「發揮師言，以會於歸」②。黄宗羲論云：「北山之宗旨，熟讀《四書》而已」，「北山確守師説，可謂有漢儒之風焉。」③

王柏問學，重視求於《四書集注》《周易本義》之内，然好探朱子發端而未竟之義，考訂索隱朱子所未及，視此爲繼朱子之志，較何基已有變化。葉由庚《壙誌》云：「先生學博而義精，心平而識遠，考訂羣書，如干將、莫邪，所向肯綮，迎刃自解。凡文公發其端而未竟，致其疑而未決，與夫諸儒先開明之所未及者，莫不該攝融會，權衡裁斷，以復經傳之舊」，「上自羲畫，下逮魯經，莫不索隱精訂，以還道經之舊，以承考亭之志，確乎其任道之勇也！」金履祥《祭魯齋

---

① 王柏《魯齋王文憲公文集》卷五，明崇禎間刻本。
② 王柏《魯齋王文憲公文集》卷十九。
③ 黄百家《金華學案》。

先生文》云：「論定諸經，決訛放淫。辯析羣言，折衷聖人。究其分殊，萬變俱融。會諸理一，天然有中。見其全體，靡所不具。」①

金履祥爲王柏所授，重於求是，不標新奇之論，亦不拘於一説，欲爲「朱子之忠臣」。《論孟集注考證跋》云：「文公《集注》，多因門人之問更定，其問所不及者，亦或未修，而事跡名數，文公亦以無甚緊要略之，今皆爲之修補。或疑此書不無微牾者，既是再考，豈能免此？但自我言之，則爲忠臣；自他人言之，則爲讒賊爾。此履祥將死真切之言，二三子其詳之！」②李桓《論孟集注考證序》云：「其於《集注》也，推其意之未發，佐其力之不及，以簡質之文，達精深之義，而名物度數、古今實事之詳，一皆表其所出。後儒之説，可以爲之羽翼者，間亦採摭而附入之。觀之時若不同，實則期乎至當，故先生嘗自謂朱子之忠臣。夫忠臣者，固不爲苟同，而其心豈欲背戾以求異哉？蓋將助之而已矣。斯則《考證》之修所以有補於《集注》者也。」③

許謙承履祥之傳，於先儒之説未嘗處不敢苟同，敷説義理，歸於平實，考據訓詁，「要歸於

---

① 金履祥《仁山文集》卷三。

② 金履祥《孟子集注考證》，《率祖堂叢書》本。

③ 陸心源《皕宋樓藏書志》卷十，清同治、光緒間刻《潛園總集》本。

是」。黄溍《白雲許先生墓誌銘》云：「先生於書無不觀，窮探聖微，蘄於必得，雖殘文羨語，皆不敢忽。有不可通，則不敢强。於先儒之説，有所未安，亦不敢苟同也。讀《四書章句集注》，有《叢説》二十卷。敷繹義理，惟務平實」，「讀《詩集傳》，有《名物鈔》八卷。正其音釋，考其名物度數，以補先儒之未備，仍存其逸義，旁採遠援，而以己意終之。讀《書集傳》，有《叢説》六卷。時有與蔡氏不能盡合者，每誦金先生之言曰：『自我言之，則爲忠臣；自他人言之，則爲讒賊。』要歸於是而已。」①

四先生之學，從何基「確守師説」，到金履祥、許謙「要歸於是」，乃其前後一大變化。四先生傳朱子之學，重於涵養功夫、踐履真實。何基常是一室危坐，存此心於端莊静一之中，研精覃思。履祥從學何、王，何基示曰「省察克治」，王柏示曰「涵養充拓」，履祥服之終身，常若有所未足。許謙習静，晚年尤以涵養本原爲務，講授之餘，齋居凝然。應典《八華精舍義田記》云：「迨其晚年，有謂：聖賢之學，心學也。後之學者雖知明諸心，非諸事，而涵養本原，弗究弗圖，則雖博極群書，修明勵行，而與聖賢之心猶背而馳也。」②

① 黄溍《金華黄先生文集》卷三十二。
② 党金衡纂修《道光東陽縣志》卷十，民國三年石印本。

何基「確守師説」，毋主先入，毋師己意，虚心體察，述自得之意，名其著述曰「發揮」，所撰有《易學啓蒙發揮》《易大傳發揮》《大學發揮》《中庸發揮》《語孟發揮》《太極通書西銘發揮》。《近思録發揮》未詮定而殁，金履祥與同門汪蒙、俞卓續抄校訂，付其家藏之。柳貫《金公行狀》云：「凡文公語録、文集諸書，商確考訂之所及，取其已定之論，精切之語，彙敘而類次之，名爲《發揮》，已與諸書並傳於世矣。而若文公、成公所輯周、程、張子之微言曰《近思録》者，宜爲宋之一經，而顧未有爲之解者，亦隨文箋義，爲《近思録發揮》，未詮定而文定殁。」

（四）發揮表箋，漢宋互參

自王柏以下，雖力戒先入之見，不標榜己意，然欲爲通儒，折衷羣言，出入經史百家，索隱朱子發端而未竟之義，考訂朱子所未及之書，故不苟同先儒之見，且倚重於訓詁考據，已不能不與何基有異。所著述於「標抹點書」「發揮」外，或名「考證」，或曰「精義」「衍義」「疏義」「指義」，或曰「表注」「叢説」。王柏考訂羣書，葉由庚《壙誌》稱「無一書一集不加標注，於《四書》《通鑑綱目》，精之又精。一言之題，一點之訂，辭不加費而義以著明，無非發本書之精髓，開後學之耳目」。又論其與何基異同云：「北山深潛沖澹，精體默融，志在尚行，訒於立言；魯齋通睿絶識，足以窮聖賢之精藴，雄詞偉論，足以發理象之微著。」履祥出入經史，天文地理、禮樂刑法、田乘兵謀、陰陽律曆無不究研。謂古書有注必有疏，作《論孟集注考證》，以爲朱子《集注》有疏，補所未備，增釋事物名數。注解《尚書》，推本父師之意，正句畫段，提其章旨，析其義理之微，考證文字之誤，表於四閫之外，曰《尚書表注》。柳貫《行狀》云：「研窮經義，以究窺聖賢心術之微；歷考傳注，以服襲儒先識鑒之確。無一理不致體驗，參伍錯綜，所以約其變；無一書不加點勘，鉛黄朱墨，所以發其凡。」許謙《上劉約齋書》云：「其爲學也，於書無所不讀，而融會於《四書》，貫穿於《六經》，窮理盡性，誨人不倦，治身接物，蓋無毫髮歉，可謂一世通儒。」①許謙追步王、金，欲爲一世通儒。黄溍《白雲許先生墓誌銘》云：「先生於天文地理、典章制度、食貨刑法、字學音韻、醫經數術，靡不該貫，一事一物，可爲傳聞多識之助者，必謹志之。至於釋老之言，亦皆洞究其藴，謂學者孰不日闢異端，苟不深探其隱，而識其所以然，能辨其同異、别其是非也幾希。」許謙每念履祥所言欲爲「朱子之忠臣」、「要歸於是」，所著《詩集傳名物鈔》《讀書叢説》《讀四書叢説》，考訂索隱，以補先儒所未備，存其逸義，而終以己意。在王、金、許三家看來，其著述不離於孔孟遺意，惟求是求真，乃可繼朱子之志。

四先生著述，無論彙敘發揮、隨文箋義，抑或考證衍義、辨誤訂訛，都不離於言説義理。王、金、許三家治學，與何基有所不同。總體以觀，有三大特點：一是治《五經》而貫穿性理，治《四書》而倚重訓詁考據，《四書》《五經》融會貫通。二是以理學爲本，兼采漢學。漢、宋兼

① 許謙《許白雲先生文集》卷三，明成化二年陳相刻本。

采，本爲東萊所長，三家蓋以朱學爲主，兼采東萊。三是欲爲通儒之學，貫穿經史百家，重於世用，不避「博雜」之嫌，此亦與東萊之學相通。

二、四先生治《四書》《五經》及其史學、文學

四先生長於《四書》，自王柏以下，《五經》貫通，兼治史學，重於文獻。其治《四書》，義理闡説與訓詁考據并重；治《五經》，疑古考索，尚於求是，并重義理；研史則經史互參，會通朱、吕；詩文雖其餘事，不離於講學家風習，然發攄性靈，陶冶性情，文以載道，裨益教化，各具其致。以文章合於道，扶翼經義、世教，通於世用，故金、許傳人尚文風氣日盛。以下分作論述：

（一）《四書》學

朱子之學，萃於《四書集注》。門人黄榦得其傳，有《四書通論》。世推四先生爲朱子適傳，亦以其得朱門《四書》之傳也。

何基從學黄榦，黄榦臨别告以熟讀《四書》，道理自見。何基以此爲讀書爲學之要，教門人治學以《四書》爲主，以《朱子語録》爲輔。嘗曰：「學者讀書，先須以《四書》爲主，而用

《語録》以輔翼之」，「但當以《集注》之精嚴，折衷《語録》之疏密；以《語録》之詳明，發揮《集注》之曲折。」王柏《行狀》稱「此先生編書之規模也，他書亦本此意」。何基後又覺得《四書》「義理自足」，當深探本書，「截斷四邊」。王柏稱「此先生晚年精詣造約，終不失勉齋臨分之意」（《何北山先生行狀》）。

王柏得北山之教，深味其旨，教門人爲學亦以《四書》爲本。寶祐二年，履祥來學，問讀書之目，告以「自《四書》始」。是年冬，履祥作《讀語論管見》，凡有得於《集注》言意之外者則録之。王柏讀後，勸説當沉潛涵泳於《集注》之内，有所自得，不當固求言外之意，發爲新奇之論①。履祥終生沉潛涵泳不輟，作《論孟集注考證》。歿前一歲，即大德六年，在金華城中講學，以《大學》爲第一義，諸生執經問難，爲之毫分縷析，開示藴奥，因成《大學指義》一書。許謙聞履祥緒論，精研《四書》。黄溍《白雲許先生墓誌銘》稱其每戒學者曰：「聖賢之心盡在《四書》，而《四書》之義備於朱子。顧其立言，辭約意廣，讀者或得其粗，而不能悉究其義。或以一篇之致自異，而初不知未離其範圍。世之詆訾貿亂、務爲新奇者，其弊正坐此耳。始予三四讀，自以爲了然，已而不能無惑，久若有得，覺其意初不與己異，愈久而所得愈深，與己意合者，亦大異於初矣。童而習之，白首不知其要領者何限？其可以易心求之哉！」

---

① 王柏《金吉甫管見》，《魯齋王文憲公文集》卷九。

四先生闡説性理，遞相師承，治《四書》皆所擅長。何基有《大學發揮》《中庸發揮》《語孟發揮》，王柏有《論語通旨》《論語衍義》《魯經章句》《孟子通旨》《批點標注四書》，金履祥有《大學疏義》《中庸表注》《論語集注考證》《孟子集注考證》，許謙有《讀四書叢説》。從朱子《四書章句集注》《四書或問》，到黄榦《四書通釋》，再到四先生著述十餘種，可見四先生《四書》學淵源，亦可見朱學流傳及其盛行浙東之況。

何基《四書發揮》，取朱子已定之論，精切之説，以爲發揮，守師説甚固，研思亦精。王柏、金履祥、許謙三家，傳何基之學，復繼朱子之志，索隱微義，考證注疏，以爲羽翼。其索隱考證，倚於訓詁考據，以性理爲本，重於求是。許謙《論孟集注考證序》云：「先師之著是書，或檃栝其説，或演繹其簡妙，或攄其幽，發其粹，或補其古今名物之略，或引羣言以證之。大而道德性命之精微，細而訓詁名義之弗可知者，本隱以之顯，求易而得難。吁！盡在此矣。」吴師道《讀四書叢説序》稱《四書》自二程肇明其旨，至朱子集其大成，然一再傳之後，泯没畔涣，「其能的然久而不失傳授之正，則未有如於吾鄉諸先生也。蓋自北山取《語録》精義，以爲《發揮》，與《章句集注》相發明；魯齋爲標注點抹，提挈開示；仁山於《大學》有《疏義》《指義》，《論》《孟》有《考證》，《中庸》有《標抹》，又推所得於何、王者，與其己意併載之」，「今觀《叢説》之編，其於《章句集注》也，奥者白之，約者暢之，要者提之，異者通之，畫圖以形其妙，析段以顯其義。至於訓詁名物之缺，考証補而未備者，又詳著焉。其或異義微牾，則曰：『自我言之，則爲忠臣，自他人言之，則爲殘賊。金先生有是言也。』此可以見其志之所存矣」（《吴禮部文集》卷十七）。《四庫全書總目》著録《論孟集注考證》，《提要》云：「其書於朱子未定之説，但折衷歸一，於事蹟典故，考訂尤多。蓋《集注》以發明理道爲主，於此類率沿襲舊文，未遑詳核，故履祥拾遺補闕，以彌縫其隙，於朱子深爲有功」，「然其旁引曲證，不苟異，亦不苟同，視胡炳文輩拘墟迴護，知有注而不知有經者，則相去遠矣。」此可見四先生《四書》學及其「家法」之大端。

（二）《五經》學

朱子研《易》《詩》，并涉獵禮制，而東萊則《五經》貫通。何基於《五經》僅《易經》有撰著，仍題曰「發揮」。其治《四書》，雖與《五經》參讀，大抵「發揮師言，以會於歸」。自王柏以下，不惟尊德性，且好治經研史。王、金、許三家研討《五經》，既通於朱子經學，又通於東萊經學及文獻之學。概言之，一是崇義理而并事訓詁考據。二是好纂輯、音釋、標抹、考訂、表注，以翼經傳。三是好考證名物度數，補先儒之未備。四是不苟同，不苟異，「要歸於是」。前已言及，此更舉例以明之。

王柏於《五經》皆有撰述，著《讀書記》十卷、《讀詩記》十卷、《讀春秋記》八卷、《書附傳》四十卷、《詩可言》二十卷、《詩疑》二卷、《書疑》九卷、《涵古易説》一卷、《大象衍義》一卷、《左氏正傳》十卷等。葉由庚《壙誌》稱其嗜於索隱考訂，好「復經傳之舊」，「先生一更一定，皆有授證，一析一合，不添隻字，秩秩乎其舊經之完也，炳炳乎其本旨之明也」。并舉其大端如：於《易》，作《易圖》，推明《河圖》《洛書》先後。謂《河圖》爲先天後天之宗祖，逐位奇偶之交，後天爲統體奇偶之交。古之册書，作上下兩列，故《易》上下經非標先後。謂今之三百五篇非盡孔子之三百五篇，孔子所删，或有存於閭巷浮薄之口者，漢儒概謂古詩，取以補亡。乃定二《南》各十一篇，還兩兩相配之舊，退《何彼穠矣》《甘棠》歸之《王風》，而削去《野有死麕》。若風、雅、頌，亦必辨其正變，次其先後，謂鄭、衛淫詩，皆當在削。

世人或稱經以講解辯訂而明，釐析類合則陋，王柏則不以爲然，好參訂疑經。何基嘗告之：「治經當謹守精玩，不必多起疑端。有欲爲後學言者，謹之又謹可也。」①然王柏終勇於「任道」「求是」，《書疑序》云：「不幸秦火既焰，後世不得見先王之全經也。惟其不全，固不可得而不疑。所疑者，非疑先王之經也，疑伏生口傳之經也。讀書者往往因于訓詁，而不暇思經文之大體，間有疑者，又深避改經之嫌，寧曲説以求通，而不敢輕議以求是」，「聖人之經不可改，伏氏之言亦不可正乎？糾其繆而刊其贅，訂其雜而合其離，或庶幾乎得復聖人之舊，此

① 戴殿江《金華理學粹編》。

有識者之不容自已。」①

後世於王柏疑經，頗多爭議。錢維城《王柏删詩辯》：「宋儒之狂妄無忌憚，未有如王柏之甚者也」，「朱子惟過於慎，故寧爲固而不敢流於穿鑿，而孰知一再傳之後，其徒之肆無忌憚，乃至於此也。」②成僎《詩説考略》卷二《王柏詩疑之舛亂》：「夫以孔子所不敢删者，而魯齋删之；以孔子所不敢變易者，而魯齋變易之。世儒猶以其淵源於朱子而不敢議，此竹垞所以嗤爲無是非之心也。」《四庫全書總目》著録《書疑》九卷，《提要》云：「然柏之學，名出朱子，實則師心，與朱子之謹嚴絶異」，「柏作是書，乃動以脱簡爲辭，臆爲移補」，「至於《堯典》《皋陶謨》《説命》《武成》《洪範》《多士》《多方》《立政》八篇，則純以意爲易置，一概托之於錯簡」，「是排斥漢儒不已，並集矢於經文矣，豈濂、洛、關、閩諸儒立言垂教之本旨哉？托克托等修《宋史》，乃與其《詩疑》之説並特録於本傳，以爲美談，何其寡識之甚乎？」又著録《詩疑》二卷，《提要》云：「《書疑》雖頗有竄亂，尚未敢删削經文。此書則攻駁毛、鄭不已，並本經而攻駁之；攻駁本經不已，又並本經而删削之。」爲之辯護析論者亦多。如胡鳳丹《重刻王魯齋詩疑序》：「朱子所攻駁者《小序》耳，於本經未嘗輕置一議也。先生黜陟《風》《雅》，竄易篇次，非

① 王柏《魯齋王文憲公文集》卷五。
② 錢維城《茶山文鈔》卷八，清乾隆四十一年眉壽堂刻本。

惟排詆漢儒，且幾幾乎欲奪宣聖删定之權而伸其私説。其自信之堅，抑何過哉」，「是書設論新奇，雖不盡歸允當，而本其心所獨得，發爲議論，自成一家，俾世之讀其書者足以開拓心胸，增廣識見，引而伸之，觸類而長之，未始非卓犖觀書之一助也。」①皮錫瑞《論王柏書疑疑古文有見解特不應並疑今文》：「王氏失在並今文而疑之耳，疑古文不得謂其失也。」「王氏知古文之僞，不知今文之真。其並疑今文，在誤以宋儒之義理準古人之義理，以後世之文字繩古人之文字。」「《書疑》多本前人，亦非王氏獨創，特王氏於《尚書》篇篇獻疑，金履祥等從而和之，故其書在當時盛行，而受後世之掊擊最甚。平心而論，疑經改經，宋儒通弊，非止王氏，皆由不信經爲聖人手定。（注：王氏《詩疑》删鄭、衛詩，竄改《雅》《頌》，僭妄太甚，《書疑》猶可節取。）」②王柏以義理治《詩》《書》，索隱太過，不免其弊，後人盡黜之則未當，宜小心考求，平允論之。

金履祥承王柏疑經之緒，以爲秦火之後全經不存，漢儒拘於訓詁，輕於義理，循守師傳，曲説不免。亦自勇於「任道」「求是」。其考訂諸經，用力最多乃在《尚書》，有《尚書注》十二卷、《尚書表注》二卷。《尚書表注序》稱全書不得見，「考論不精，則失其事迹之實；字辭不

① 胡鳳丹《退補齋文存》卷一，清同治十二年退補齋鄂州刻本。
② 皮錫瑞《經學通論》，清光緒間思賢書局刻本。

辨，則失其所以言之意」，「夫古文比今文固多且正，但其出最後，經師私相傳授最久，其間豈無傳述附會」，「後之學者，守漢儒之專門，開元之俗字，長興之板本，果以爲一字不可刊之典乎？幸而天開斯文，周、程、張、朱子相望繼作，雖訓傳未備，而義理大明，聖賢之心傳可窺，帝王之作用易見」①。履祥鈎玄探賾，折衷群説，力求平心易氣，不爲浚深之求，無證臆決，考訂較王柏爲慎。《四庫全書總目》著録《尚書表注》二卷，《提要》云：「大抵攟摭舊説，折衷己意，與蔡沈《集傳》頗有異同。其徵引伏氏、孔氏文字同異，亦確有根原。」胡鳳丹《重刻尚書表注序》云：「故先生之功在注釋，而先生之志在表章。以視抱經硜硜索解於章句之末者，其相去爲何如耶？」陸心源《重刊金仁山先生尚書注序》云：「《尚書》則用功尤深，《表注》一書，爲一生精力所萃。是書即《表注》之權輿，訓釋詳明，頗多創解。」②

按柳貫《行狀》，履祥歿時，所注書僅僅脱稿，未及正定，悉以授門人許謙。許謙遵其遺志，讎校刻板以傳。許謙考訂諸經，用力尤勤者在《詩》《書》，撰《讀書叢説》六卷、《詩集傳名物鈔》八卷，長於正音釋、考證名物度數。讀《春秋三傳》，撰《温故管窺》。讀《三禮》，參互考訂，發明經義。句讀標抹《九經》《儀禮》《三傳》，注明大旨要解、錯簡衍文。吴師道《詩集傳名

① 金履祥《仁山文集》卷三。
② 金履祥《書經注》集前序，《十萬卷樓叢書》本。

物鈔序》云：「君念朱《傳》猶有未備者，旁搜博采，而多引王、金氏，附以己見，要皆精義微旨，前所未發。又以《小序》及鄭氏、歐陽氏《譜》世次多舛，一從朱子補定。正音釋，考名物度數，粲然畢具。其有功前儒，嘉惠後學，羽翼朱《傳》於無窮，豈小補而已哉！」（《吴禮部集》卷十五）《名物鈔》羽翼《詩集傳》，猶金履祥作《論孟集注考證》爲《集注》之疏。王柏重訂《詩經》篇目，《名物鈔》取用之，然未盡鑒採《詩疑》。蓋《名物鈔》於朱子《詩集傳》、王柏《詩疑》各有訂正。要之，折衷群説，能指明師説之不然。《四庫全書總目提要·詩集傳名物鈔》云：「研究諸經，亦多明古義。故是書所考名物音訓，頗有根據，足以補《集傳》之闕遺。惟王柏作《二南相配圖》」，「而謙篤守師説，列之卷中，猶未免門户之見」，「然書中實多採用陸德明《釋文》及孔穎達《正義》，亦未嘗株守一家」。許謙繼履祥作《讀書叢説》，大指類於《名物鈔》，以《書集傳》出於朱子門人蔡沈之手，尤當疏注辨明。《叢説》多有與《書集傳》意見不合者。張樞《讀書叢説序》云：「先生嘗誦金先生之言曰：『在我言之，則爲忠臣，在人言之，則爲殘賊。』要歸於是而已，豈不信哉！」《四庫全書總目提要·讀書叢説》云：「謙獨博核事實，不株守一家，故稱《叢説》」，「然宋末元初説經者多尚虚談，而謙於《詩》考名物，於《書》考典制，猶有先儒篤實之遺，是足貴也。」

（三）史學

歷來論四先生之學，大都明其傳朱子之統，講説性理。至於自王柏以下兼采東萊史學、文獻之學，研經兼通史，宗程朱兼取法於漢儒，則鮮有討論。

浙學興起之初，吕祖謙、陳亮諸子好讀史，朱熹指爲「博雜」，告誡門人讀書以《四書》爲本。何基謹守師説，問學欲求朱子之醇。王柏、金履祥、許謙欲爲一世通儒，出入經史百家，研史與治經相發明，雖與東萊經史不分、漢宋互參、重於文獻有所不同，但也多有相通之處。此一變化，一定程度上體現了王柏等人向浙學的回歸。

王柏標注《通鑑綱目》，著《續國語》四十卷、《擬道學志》二十卷、《江右淵源》五卷、《雜志》二卷、《地理考》二卷等書。金履祥著《通鑑前編》十八卷、《舉要》二卷。《尚書表注》經史互證，探求義理，綜概事跡，考正文字，《通鑑前編》亦取此義。司馬光作《資治通鑑》，周威烈王二十三年之前事未載，劉恕《外紀》紀前事，不本於經，而信百家之説。履祥以爲出《尚書》諸經者爲可考信，出子史雜書者多流俗傳聞、鄙陋之説，因撰《通鑑前編》，一以《尚書》爲主，下及《詩》《禮》《春秋》，旁采舊史諸子，表年繫事，考訂辨誤，斷自唐堯，以下接《資治通鑑》。履祥《通鑑前編序》兼言朱、吕，云：「朱子曰：『古史之體可見也，《書》《春秋》而已。《春秋》編年通紀，以見事之先後；《書》則每事別紀，以具事之始末。』」「今本之以經，翼之以史子傳記，附之以諸家之論。且考其繫年之故，解其辭事，辨其疑誤。如東萊吕氏《大事記》，而不敢盡倣其例。」朱子編《通鑑綱目》，裁剪《通鑑》，考訂嫌於疏淺。東萊邃於史，《大事紀》頗有史裁。如《四庫全書總目提要·大事紀》所云：「當時講學之家，惟祖謙博通史傳，不專言性命。《宋史》以此黜之，降置《儒林傳》中，然所學終有根柢」，「凡《史》《漢》同異，及《通鑑》得失，皆縷析而詳辨之。又於名物象數旁見側出者，並推闡貫通，夾注句下」。履祥頗取法《大事紀》，第不盡倣其例。即經史不分而言，履祥較王柏更近於東萊。《通鑑前編》一書，履祥生前未遑刊定，臨殁屬之許謙。天曆元年《通鑑前編》刻行，鄭允中采録進呈。《元史·金履祥傳》評云：「凡所引書，輒加訓釋，以裁正其義，多儒先所未發。」許謙著《觀史治忽幾微》。黄溍《白雲許先生墓誌銘》云：「倣史家年經國緯之法，起太皡氏，訖宋元祐元年秋九月尚書左僕射司馬光卒，備其世數，總其年歲，原其興亡，著其善惡。蓋以爲光卒，則宋之治不可復興。誠一代理亂之幾，故附於續經而書孔子卒之義，以致其意也。」

王、金、許三家研討經義，兼及治史，以史翼經，與東萊史學有相通處，然相較東萊經史并重，經史不分，仍有所不同。

（四）文學

宋代理學大興，儒者「大要尚道義而下詞章」，昌學古者「崇理致，黜崛奇而主平易，忌艱深而貴敷暢」，又恐沿襲而少變，故「其詞紆餘而曲折」。後來學者「融之以訓詁，發之以論説，專務明乎理，是以其詞詳盡而周密。其於詩也亦然」①。朱、陸、吕爲講學大家，不廢詩文。四先生尊德性、道問學，詩文亦自可觀，各自有集。

總體來説，四先生文章扶翼經義、世教，文以載道，闡明義理，裨益教化，通於世用。詩發攄性靈，陶冶性情，既爲悟道之具，又得天機自然之趣，超然物表，不事雕琢藻繢，非激壯之音，亦無寒蹙之態。

王柏《何北山先生行狀》稱何基：「以其餘事言之，先生之文，温潤融暢；先生之詩，從容閒雅，皆自胸中流出，殊無雕琢辛苦之態。雖工於詞章者，反不足以闖其藩籬。」王柏早歲爲文章，縱心古文、詩律，有《長嘯醉語》。及師北山，乃棄所學，餘力所及，文集尚有七十五卷之多，又編《文章指南》十卷、《朝華集》十卷、《紫陽詩類》五卷等集。何基文章「温潤融暢」，詩歌「從容閒雅」，而王柏文章於温雅外，尚多雄偉之辭，詩於沖澹外，復好剛健之調。楊溥《魯齋集序》云：「金華王文憲公，天資高爽，學力精至，以其實見發爲文章，足以明道德。使其見用，足以建事功，而卒老於丘園，惜哉！若其詩歌，又其餘事也。」《四庫全書總目提要・魯齋集》云：「其詩文雖亦豪邁雄肆，然大旨乃一軌于理。」

① 張以寧《甔山存稿序》，《翠屏文集》卷三，明成化間刻本。

金履祥詩文自訂爲四集，又編集《濂洛風雅》七卷。唐良瑞《濂洛風雅序》云：「『詩者，志之所之也。』志有正有偏，有通有蔽，則詩有純有駁，有晦有明。故偏滯之詞，不若中正之發，而放曠悲愁之態，不若和平沖淡之音」，「然皆涵暢道德之中，歆動風雩之意，淡平者有淳厚之趣，而浩壯者有義理自然之勇」，「竊以爲今之詩，非風雅之體，而濂洛淵源諸公之詩，則固風雅之意也。」①履祥詩和平沖澹，不事字句工拙，不倚於奇崛跳踉、發揚蹈厲之辭。文則湛深經史，辭義高古，醇潔精深，非矜句飾字者可比。徐用檢《仁山金先生文集序》云：「愚惟先生之文，析微徹義，自成一家言；律詩取意而不泥律，古風宣而語勁，純如也。」

許謙與履祥相近，詩沖澹自然，文湛深經史，辭意深厚，然亦有變化，即詩歌理氣漸少，文頗有韓、柳、歐、蘇法度。黄溍《白雲許先生墓誌銘》云：「文主於理，詩尤得風人之旨。」《四庫全書總目提要·白雲集》云：「謙初從金履祥遊，講明朱子之學，不甚留意於詞藻，然其詩理趣之中頗含興象。五言古體，尤諧雅音，非《擊壤集》一派惟涉理路者比。文亦醇古，無宋人語録之氣，猶講學家之兼擅文章者也。」

四先生之學傳朱一脈，自王柏以下有變，詩文自王柏以下亦有一小變，至許謙及北山後學更有一大變，能文之士日衆，宋濂、王禕則其尤著者。文爲載道之器，道爲出治之本，文道

① 唐良瑞《濂洛風雅》集前序。

不相離，乃許謙及其門人所持重之義。許謙延祐二年《與趙伯器書》云：「道固無所不在，聖人修之以爲教，故後欲聞道者，必求諸經。然經非道也，而道以經存；傳注非經也，而經以傳顯。由傳注以求經，由經以知道，藴而爲德行，發之爲文章事業，皆不倍乎聖人，則所謂行道也。」①皇慶二年（一三一三），元仁宗詔復科舉，至是年始開科取士。許謙發爲此論，非爲科舉。王禕《宋景濂文集序》追溯金華文章源流，稱南渡後，吕祖謙、唐仲友、陳亮「其學術不同，其見於文章，亦各自成其家」，范浚、時少章「皆博極乎經史，爲文温潤縝練，復自成一家之言」，入元以後，柳貫、黄溍精文章，「羽翼乎聖學，而黼黻乎帝猷」，又有四先生傳朱學，理學遂以婺爲盛。因論云：「所貴文章之有補者，非以其明夫理乎？理之明，不由其學術之有素乎」，「然爲其學者，上而性命之微，下而訓詁之細，講説甚悉。其頗見於文章者，亦可以驗其學術之所在矣」②。《送胡先生序》又辯稱吕、唐、陳之學「雖不能苟同，然其爲道皆著於文也，其文皆所以載道也，文義、道學，曷有異乎哉」。金、許以道學名家，胡長孺、柳貫、黄溍、吴師道以文知名，「雖若門户異趨，而本其立言之要，道皆著於文，文皆載乎道，固未始有不同焉者」，「以故八十年間，踵武相望，悉爲世大儒，海内咸所宗師。夫何後生晚進，顧乃因其所不

① 許謙《許白雲先生文集》卷四。

② 王禕《王忠文公集》卷五，明嘉靖元年刻本。

同而疑其所爲同，言道學者以窮研訓詁爲極致，言文章者以修飭辭語爲能事，各立標榜，互相排抵，而不究夫統宗會元之歸，於是諸公之志日微，而學術之弊遂有不可勝言者矣」①。

黄百家纂《金華學案》，留意北山一脈前後變化，於宋濂傳後案云：「金華之學，自白雲一輩而下，多流而爲文人。夫文與道不相離，文顯而道薄耳。雖然，道之不亡也，猶幸有斯。」學案前又有案語：「而北山一派，魯齋、仁山、白雲既純然得朱子之學髓，而柳道傳、吴正傳以逮戴叔能、宋潛溪一輩，又得朱子之文瀾，蔚乎盛哉！」有一派學問，有一派文章。此説有其道理，但稱金華之學「多流而爲文人」，歸柳貫、宋濂等人文章爲「朱子之文瀾」，仍未盡然。自王柏以下，北山一脈文章已非僅朱子之文餘波。且北山一脈文道不相離，尚文别有意屬，許謙、王褘言之已明。全祖望承黄百家之説，《宋文憲公畫像記》更論云：「予嘗謂婺中之學，至白雲而所求於道者疑若稍淺，觀其所著，漸流於章句訓詁，未有深造自得之語，視仁山遠遜之，婺中學統之一變也。義烏諸公師之，遂成文章之士，則再變也。至公而漸流於佞佛者流，則三變也。猶幸方文正公爲公高弟，一振而有光於先河，幾幾乎可以復振徽公之緒。惜其以凶終，未見其止，而并不得其傳。」②其説亦未可盡信。金、許傳人多文章之士，亦躬行之士，文章

① 王褘《王忠文公集》卷七。
② 全祖望《鮚埼亭集外編》卷十九，清嘉慶十六年刻本。

明道經世，載出治之本。此乃一時風氣。迨孝孺以金華一脈好文而不免輕於明道，遂糾正其偏。此亦一時風氣。

三、四先生與「浙學之中興」

學術史發展變遷，是一種歷史存在，也是學術批評接受的結果。明人此一述朱，彼一述朱，審視宋元學術多於此下論其合與不合。清初學者著意區分漢、宋，兼采居主。乾嘉而後，宗漢流行，學者多不囿於述朱之説。近四百年來，有關四先生的認識，深受時代學術風尚影響。而清初以後，學者又頗沿《宋元學案》之論，以迄於今。以下略述四先生與浙學中興之關係及其學術史意義。

（一）從《金華學案》到《北山四先生學案》

清康熙間，黄宗羲以周汝登《聖學宗傳》、孫奇逢《理學宗傳》未粹，多所遺闕，撰《明儒學案》，繼而發凡《宋元學案》，子百家纂輯初稿。清道光間何紹基重刊本《宋元學案》卷八十二爲《北山四先生學案》，總目標云：「黄氏原本，全氏修定。」卷端録全祖望案語：「勉齋之傳，得金華而益昌。説者謂北山絶似和靖，魯齋絶似上蔡，而金文安公尤爲明體達用之儒，浙學之中興也。述《北山四先生學案》。」王梓材案：「是卷梨洲本稱《金華學案》，謝山《序録》始稱《北山四先生學案》。」自黄宗羲發凡起例，至何紹基刊百卷本，《宋元學案》成書歷時逾百五十年。書成於衆手，黄百家、楊開沅、顧諟、全祖望、黄璋、黄徵乂、王梓材、馮雲濠等各有補訂。《北山四先生學案》究何人所撰？檢黄璋、徵乂父子校補《宋元學案》稿本，知原出百家之手。稿本第十七册收《金華學案》不分卷，抄寫不避「胤」、「弘」；「玄」字凡三見，兩處不避，一處缺末筆。由是知寫於康熙間，即道光重刊本所標「黄氏原本」。然爲録副，非百家手稿。至於宗羲生前得見此否，則未可知。百家《金華學案》，祖望改題《北山四先生學案》。細作考證，《北山四先生學案》實馮雲濠、王梓材據《金華學案》另一録副本，參酌黄璋、徵乂校補本（黄直垕謄清稿），訂補成稿，而非據全氏修訂本增删而成。馮、王誤以爲所見《金華學案》録副即「梨洲原本」，亦即「謝山原稿」，《北山四先生學案》所標注全氏「修」、「補」大都未確。不過，二人發揮全氏校補《宋元學案》之義，博徵文獻，廣大其流，《北山四先生學案》遂成大觀。

從《金華學案》到《北山四先生學案》，不僅見後世如何認識評價四先生，亦可見學風轉移於學術史撰著之作用。

元末明初，黄溍、杜本、宋濂、王褘、蘇伯衡、鄭楷皆專視四先生爲朱學嫡傳。宋濂學於柳貫，爲金履祥再傳，念吕學之衰，思繼絶學。鄭楷《翰林學士承旨宋公行狀》載：「婺實吕氏倡道之邦，而其學不大傳」，「先生既聞因許氏門人而究其説，獨念吕氏之傳且墜，奮然思繼其絶學。」①王褘《宋太史傳》傳述此語②。在諸子看來，「吕氏之傳且墜」終有未妥。

明人論四先生，大抵以述朱爲中心。章懋有志復興浙學，《楓山語録》稱「吾婺有三巨擔」，其一即「自何、王、金、許没，而道學不講」。戴殿泗《金華三擔録》載其語曰：「自朱子一傳爲黄勉齋，再傳爲何、王、金、許，而東萊吕公則親與朱子相麗澤者也。道學正宗，我金華實得之。」③周汝登《聖學宗傳》過於疏略，未登録黄榦、四先生。劉鱗長欲「以浙之先正，呼浙之後人」，編《浙學宗傳》，自楊時至陳龍正得四十一人。宋元十家，朱、陸、吕、何、許、金、王并在列。四先生與宋濂、劉基、方孝孺、吴沉等八人，皆見於《北山四先生學案》。自王守仁以下共十七人，皆陽明一脈。一部《浙學宗傳》，上半部爲東萊、北山之學，下半部爲陽明之學。鱗長《浙學宗傳序》云：「弔寶婺舊墟，撫然嘆曰：『於越東萊先生，與吾里二亭夫子，問道質疑，卒揆於正，教澤所漸，金華四賢，稱朱學世嫡焉，往事非邈也。』擊楫姚江，溯源良知，覺我明道

① 程敏政《明文衡》卷六十二。
② 王褘《王忠文公集》卷二十一。
③ 戴殿泗《風希堂文集》卷四，清道光八年九靈山房刻本。

學，於斯爲盛。」①

黄宗羲、百家《宋元學案》以朱、陸爲綱，論列南宋至元代之學，未及爲東萊立學案。《金華學案》附宗羲、百家案語數則，可見其論四先生及北山之學大概。卷首列百家案語，述作《金華學案》大旨，即以北山一派爲朱學嫡傳，故獨立一案。全祖望於樸學大興之際，傳浙東史學、東萊文獻，創爲《東萊學案》《深寧學案》，重提朱、陸、吕三家並立之説，修訂其他諸案。《北山四先生學案》雖非出於祖望修訂，然全氏《序録》提出一個重要命題，即金履祥「尤爲明體達用之儒，浙學之中興也」。黄璋、徵乂父子未盡解其意，校補《金華學案》，以校讎爲多。馮雲濠、王梓材能味謝山之旨，校補《北山四先生學案》，沿於全氏所言兩點，即「勉齋之傳，得金華而益昌」、「浙學之中興」，廣而大之，遍及南北學者。所顯現四先生一脈，非復金華學者之學，而爲宋末至明初學術之主流。《金華學案》改題《北山四先生學案》，蓋亦寓此意。

以上略述《北山四先生學案》由來。述四先生之學，不當非僅摘某作某説、某作某評而已。惟有明其源流，始可知其大體，考其通變。

① 劉麟長《浙學宗傳》，明末刻本。

（二）四先生與浙學中興之關係

以今論之，浙學中興有廣義、狹義之別。從狹義言，金履祥學問出入經史，明體達用，沿何、王上承朱、黄，又接麗澤遺緒。此殆全氏發爲此論之意。從廣義言，四先生繼東萊之後，重振東浙之學，北山一脈延亘至明初，蔚爲壯觀，足以標誌浙學中興。東萊、永康、永嘉開啓浙學風氣，朱、陸之學亦傳入，相與滲透，互爲離立，共成浙學源頭。浙學凡歷數變，就大者言，一變而爲北山之學，再變而爲陽明之學，三變而爲梨洲之學，四變而爲樸學浙派。全氏雖不言之，未必不有此看法。此就廣義略説四先生及北山一脈與浙學中興之關係。

其一，自何基爲始，朱學「得金華益昌」。金華本東萊講學之地，麗澤學人遍東南，以金華爲最多。東萊之學衰没，而有何、王崛起，金華成爲朱學興盛之地，此亦朱熹身前所未料及。其時金華傳朱者，尚有朱子門人楊與立，字子權，浦城人，知遂昌，因家於蘭溪，學者稱船山先生。著有《朱子語略》二十卷。又有何基兄何南，號南坡，亦師黄榦。然引朱學昌於金華，何基最爲有力。王柏以下，傳朱爲主，兼法東萊。四先生重新構建浙學一脈理學宗傳。金履祥《北山之高壽北山何先生》：「維何夫子，文公是祖。是師黄父，以振我緒」，「昔在理宗，維道之崇。既表程朱，亦躋吕張。謂爾夫子，纘程朱緒。」①所編《濂洛風雅》亦可見大端。集中收周敦頤、程顥、程頤、張載、邵雍、朱熹、張栻、吕祖謙、何基、王柏、王偘等人詩文。王崇炳《濂洛風雅序》：「《濂洛風雅》者，仁山先生以風雅譜婺學也。吾婺之學，宗文公，祖二程、濂溪。則其所自出也，以龜山爲程門嫡嗣，而吕、謝、游、尹則支；以勉齋爲朱門嫡嗣，而西山、北溪、撝堂則支。由黄而何而王，則世嫡相傳，直接濂洛。程門之詩以共祖收，朱門之詩以同宗收，非是族也，則皆不録，恐亂宗也。」②

其二，因四先生倡朱學，浙學播於江左，流及大江南北。查容《朱近修爲可堂文集序》：「宋南渡後，吕東萊接中原文獻之傳，倡道於婺，何、王、金、許遂爲紫陽之世嫡，慈湖楊氏又爲象山之宗子，而浙之理學始盛矣。」③朱學之傳幾遍大江之南，而金華、台州特盛。趙汝騰、蔡抗、楊棟官金華，嘆麗澤講席久空，延王柏主之。台州上蔡書院落成，台守趙星緯聘王柏主教席。王柏至則首講謝良佐居敬窮理之訓，推轂朱學播傳於台州。高弟子張𤪌僑寓江左，至元中行臺中丞吴曼慶延致江寧學宫講學，中州士大夫欲子弟習朱子《四書》，多遣從遊。金履祥

① 金履祥《仁山集》卷一。
② 王崇炳《濂洛風雅》集前序。
③ 沈粹芬、黄人編《國朝文匯》卷十七，宣統元年上海國學扶輪社石印本。

與門人許謙、柳貫各廣開講席，許謙及門弟子至逾千人。黄溍《白雲許先生墓誌銘》：「屏迹八華山中，學者翕然贏糧笥書而從之。居再歲，以兄子喪而歸，户屨尤多，遠而幽冀齊魯，近而荆揚吴越，皆百舍重趼而至。」

其三，《四書》學之盛，爲浙學中興之基石。東萊談義理，研《論》《孟》，未如朱熹用力勤且專。朱門弟子多撰《四書》之説，以爲羽翼。自何基承黄榦之教，治學以《四書》爲本始，《四書》遂爲北山一脈所擅。四先生撰著前已述之，其學侣、門人、後學纂述亦富有，葉由庚《論語慕遺》、倪公晦《學庸約説》、潘墀《論語語類》、孟夢恂《四書辨疑》、牟楷《四書疑義》、陳紹大《四書辨疑》、范祖幹《大學大庸發微》、葉儀《四書直説》、吕洙《大學辨疑》、吕溥《大學疑問》、戚崇僧《四書儀對》、蔣玄《中庸注》《四書箋惑》等皆是。《四書》學之盛，不惟推動浙學復興，亦成浙學傳承重要内容。

其四，《五經》貫通，兼治諸史，爲浙學復興之助。自王柏以下，北山一脈勤研《五經》，兼治諸史。王柏、汪開之、戚崇僧等人追溯家學，皆源出東萊。黄百家《金華學案》僅戚崇僧小傳言及「貞孝先生紹之孫也，家學出于吕氏」，馮、王校補《北山四先生學案》沿之，復增數則文字，述及北山學者家學源於吕氏：《文憲王魯齋先生柏》小傳下馮雲濠案云：「父瀚，東萊弟子。」《汪先生開之》小傳爲參酌《金華府志》新增，有云：「東萊弟子獨善之孫也。」《修職王成齋先生瑊》小傳爲參酌《王忠文公集》新增，有云：「其子瀚受業吕成公之門，其孫文憲公柏傳道于何文定，得于朱子門人黄文肅公。先生于文憲爲諸孫，又在弟子列，未嘗輒去左右。」既述朱子師傳，又述家學出於吕氏，蓋發揮全氏所言「浙學之中興」之意。《五經》及史學撰著，北山一脈著述頗豐。王柏、金履祥、許謙撰述前已述之，其學侣、門人、後學撰著如倪公晦《周易管窺》，倪公武《風雅質疑》，周敬孫《易象占》《尚書補遺》《春秋類例》，黄超然《周易通義》二十卷、《或問》五卷、《發例》三卷、《釋象》五卷，張須《釋奠儀注》《喪服總數》《四經歸極》《闕里通載》及《孝經口義》一卷，張樞《三傳歸一》三十卷、《刊定三國志》六十五卷、《續後漢書》七十三卷、《林下竊議》一卷、《宋季逸事》，吴師道《春秋胡傳補説》、《易書詩雜説》八卷、《戰國策校注》十卷，孟夢恂《七政疑解》《漢唐會要》，楊剛中《易通微説》，牟楷《九書辯疑》《河洛圖書説》《春秋建正辯》《深衣刊誤》，范祖幹《讀書記》《讀詩記》《羣經指要》，唐懷德《六經問答》，胡翰《春秋集義》，戚崇僧《春秋纂例原旨》三卷、《昭穆圖》一卷、《歷代指掌圖》二卷，馬道貫《尚書疏義》六卷，戴良《春秋經義考》三十二卷、《七十子説》、《鄭氏家範》三卷，楊璲《注詩傳名物類考》，徐原《五經講義》，宋濂、王禕等纂《元史》，宋濂《浦陽人物記》《平漢録》《皇明聖政紀》，王禕《續大事記》七十七卷等皆是。北山一脈經學所擅，乃在《易》《詩》《春秋》，亦與東萊相近。其《五經》學成就與《四書》學相埒，史學次之。

（三）中興浙學之功及學術史貢獻

自四先生崛起，朱學與浙學交融於東浙，陸學復播於四明，朱、陸、吕三家並傳，其間會融，分立不一，肇開浙學新格局。以四先生爲代表的浙學中興，意味著朱學的繁榮及東萊之學的賡續。從浙學流變來看，吕祖謙、陳亮、葉適爲初興，四先生及北山後學爲中興，陽明一脈爲三興，其後更有蕺山、梨洲之四興，樸學浙派之五興。從婺學流變來看，吕祖謙、陳亮、唐仲友稱初興，四先生爲再興，柳貫、黄溍、吴師道、宋濂、王禕、方孝孺諸子爲三興，其後金華之學漸衰。自陽明而後，浙學中心移至紹興，金華學壇不復舊觀。

論四先生與浙學及理學之關係，以下諸説皆可鑒採：黄溍《吴正傳文集序》：「近世言理學者，婺爲最盛。」①方孝孺《文會疏》：「浙水之東七郡，金華乃文獻之淵林」，「自宋南渡，有吕東萊，繼以何、王、金、許，真知實踐，而承正學之傳。復生胡、柳、黄、吴，偉論雄辭，以鳴當代之盛，遂使山海之域，居然鄒魯之風。」②魏驥《重修麗澤書院記》：「四賢之學，其道蓋亦出於東萊派者也」，「竊念書院，昔人雖爲東萊之設，朱、張二先生亦嘗講道其地，人亦蒙其化者，曷

---

① 黄溍《金華黄先生文集》卷十八。

② 方孝孺《遜志齋集》卷八，明嘉靖四十年張可大刻本。

若於今書院論其道派，以朱、吕、張三先生之位設之居堂之中，而併何、王、金、許四先生之位設居其傍，爲配以享之。」①章鋆《重修崇文書院記》：「吾浙自唐陸宣公蔚爲大儒，至宋吕成公得中原文獻之傳，昌明正學，厥後何、王、金、許，逮明方正學、王陽明、劉蕺山，以及國朝陸清獻，其學者粹然一出於正，千百年來，流風尚在。」②張祖年《婺學志》亦具識見，其説可與《宋元學案》相參看。祖年作《婺學圖》，以范浚、吕祖謙、朱熹、張栻爲四宗，以「麗澤講學」爲婺學開宗。黄榦傳朱、吕、張之學，四先生即朱、吕、張之嫡脈。祖年之譜四先生，視闕較黄百家《金華學案》稍闊大。

四先生學術史貢獻，王禕《元儒林傳》言之詳且確矣，其論曰：「程氏之道，至朱氏而始明；朱氏之道，至金氏、許氏而益尊。用使百年以來，學者有所宗嚮，不爲異説所遷，而道術必出于一，可謂有功於斯道者矣。大抵儒者之功，莫大于爲經。經者，斯道之所載焉者也。有功于經，即其所以有功于斯道也。金氏、許氏之爲經，其爲力至矣，其於斯道謂之有功，非耶？」③商輅《重建正學祠記》亦有見解：「三代以下，正學在《六經》，治道在人心，非有諸儒闡

①　魏驥《南齋先生魏文靖公摘稿》卷六，明弘治間刻本。
②　章鋆《望雲館文稿》，清光緒十四年刻本。
③　王禕《王忠文公集》卷十四。

明之，則天下貿貿焉，又惡知孔孟之書爲正學之根柢，治道之軌範」，「四先生生東萊之鄉，出紫陽之後，觀感興起，探討服行，師友相成，所得多矣」，「夫正學具於《六經》，原於人心者，其體也；見於治道者，其用也。《六經》既明，則人心以正，治道以順，而正學之功，於斯至矣。然則四先生有功於《六經》，即有功於正學；有功於人心，即有功於治道。」①

世人於四先生之貢獻，仍不無異辭，如呂留良《程墨觀略論文》三則其二云：「程子曰：今之學有三，而異端不與焉，一訓詁，一文章，一儒者。余按：今不特儒者絶於天下，即文章、訓詁皆不可名學，獨存者異端耳。昔所謂文章，蘇、王之類也；訓詁，則鄭、孔之類也。今有其人乎？故曰不可名學也。而有自附於訓詁者，則講章是也。儒者正學，自朱子没，勉齋、漢卿僅足自守，不能發皇恢張。再傳盡失其旨，如何、王、金、許之徒，皆潛畔師説，不止吴澄一人也。自是講章之派，日繁月盛，而儒者之學遂亡，惟異端與講章觭互勝負而已。」②陸隴其《松陽鈔存》卷上引呂氏此説，論云：「愚謂呂氏惡禪學，而追咎於何、王、金、許以及明初諸儒，乃《春秋》責備賢者之義，亦拔本塞源之論也。然諸儒之拘牽附會，破碎支離，潛背師説者

① 商輅《商文毅公集》卷十，明萬曆三十年劉體元刻本。
② 呂留良《呂晚村先生文集》卷五，清雍正三年呂氏天蓋樓刻本。

誠有之，而其發明程朱之理以開示來學者，亦不少矣。」①姚椿《何王金許合論》辯説：「至謂四氏之説，或有潛畔其師者，雖陸氏亦有是言。夫毫釐秒忽之間，誠不可以不辨」，「自漢學盛行，競言訓詁，學使者試士，至以四先生之學爲背繆。夫四先生之學，愚誠不敢謂其與孔、孟、程、朱無絲毫之異，然言漢學者，不敢詆孔、孟，而無不詆程、朱。詆程、朱者，詆孔、孟之漸也。夫既以程、朱爲非，則其于四先生也何有？是視向者觝排之微辭，其相去益以遠矣。夫四家言行，各有所至，要皆力務私淑，以維朱子之緒，其居心不可謂不正，而立言不可謂不公。」②又引許謙《與趙伯器書》「由傳注以求經，由經以知道，藴而爲德行，發之爲文章事業」之説③，論云「四氏之學，大約盡於此言」④。所言庶幾允當矣。

① 陸隴其《松陽鈔存》卷上，清刻《陸子全書》本。
② 姚椿《晚學齋文集》卷一，清咸豐二年刻本。
③ 許謙《許白雲先生文集》卷三。
④ 姚椿《晚學齋文集》卷一。

四、四先生著述概況

宋元人著述體例，不當以今之標準來衡論。四先生解經，重於義理，自王柏以下，兼重訓詁考據，講求融會貫通。其解經之法，承朱、吕著述之統，諸如編次勘定、標抹點書、句讀段畫、表箋批注、節録音釋，皆以爲真學問，與經傳注疏之學相通。在王柏等人看來，經書篇目勘定次第、去取分合，意義甚而在撰文立説之上，「標抹點書」亦撰著之一體。故王柏《行狀》盛贊何基「無一書一集，不加標注」①，「無一書一集，不施朱抹，端直切要」②。葉由庚《壙誌》稱説王柏「無一書一集，不加標注」，「一言之題，一點之訂，辭不加費而義以著明」。柳貫《金公行狀》載金履祥「無一書不加點勘，鉛黄朱墨，所以發其凡」。黄溍《墓誌銘》謂許謙句讀《九經》《儀禮》《三傳》，鉛黄朱墨，明其宏綱要旨、錯簡衍文。因此，四先生「標抹點書」，當亦列入著述。四先生著述數量，以王柏最富，何基最少，金履祥、許謙數量大體相當。以下分作考述：

① 王柏《何北山先生遺集》卷四附録，《金華叢書》本。

② 王柏《何北山先生遺集》卷四附録。

（一）何基著述

葉由庚《壙誌》稱何基「志在尚行，訒於立言」。《金華叢書》本《何北山先生遺集》卷四録王柏《行狀》稱：「先生平時不著述，惟研究考亭之遺書」，編類《大學發揮》十四卷、《中庸發揮》八卷、《易大傳發揮》二卷、《易啓蒙發揮》二卷、《太極通書西銘發揮》三卷，「有力者皆已板」，又有《近思録發揮》未刊定，《語孟發揮》未脱稿，「《文集》一十卷，裒集未備也」。何基次子何鉉《北山先生文定公家傳》稱：「先生不甚爲文，亦不留稿，今所裒類《文集》，得三十卷。從先生遊者，惟魯齋王聘君剛明造詣，問答之書前後凡百數。」①《文定公壙記》又云：「《文集》三十卷，編未就。」②《宋史》本傳稱《文集》三十卷，吴師道《節録何、王二先生行實寄文史局諸公》則曰：「先生集三十卷，而與王公問辨者十八卷。」③王柏撰《行狀》，不見於明刻本《魯齋集》，亦罕見他集載及。《金華叢書》本作「《文集》一十卷」，其「一」字疑爲「三」字之誤。檢萬曆《金華府志》卷十六《人物》之《何基傳》，摘録王柏《行狀》，作「《文集》三十卷」。康熙《金華

① 《東陽何氏宗譜》卷二，清咸豐己未重修本。
② 《東陽何氏宗譜》卷二，清咸豐己未重修本。
③ 吴師道《吴禮部文集》卷二十。

縣志》卷七《雜志類》著録《北山集》三十卷，亦可證之。

何鉉《北山四先生文定公家傳》云：「其他諸經有標題者，皆未就緒，今不復見成書矣。」吴師道《節録何、王二先生行實寄文史局諸公》稱何基：「所標點諸書，存者皆可傳世垂則也。」①以上諸書外，何基尚有「標抹點書」數種：

《儀禮點本》，佚。吴師道《題儀禮點本後》：「北山何先生標點《儀禮》，其本用永嘉張淳所校定者。某從其曾孫景瞻借得之……夫以難讀之書，使按考注疏，切訂文義，以分句讀，非數月之功不可。今蒙先正之成而趣辦于半月之間，可謂易矣。……張淳校本，朱子猶有未滿。今先生間標一二，于字音圈法甚畧，或發一二字而餘不及，蓋使人必其自求之耳。今悉仍其舊，而不敢有所增也。」②

《四書點本》，存佚未詳。吴師道《請傳習許益之先生點書公文》：「何氏所點《四書》，今温州有板本。」又，《題程敬叔讀書工程後》：「北山師勉齋，魯齋師北山，其學則勉齋學也。二公所標點，不止於《四書》，而《四書》爲顯。」程端禮《程氏家塾讀書分年日程》卷一「自八歲入學之後」條言讀《四書》應至爛熟爲止，仍參看「何北山、王魯齋、張達善句讀、批抹、畫截、表

① 吴師道《吴禮部文集》卷二十。

② 吴師道《吴禮部文集》卷十八。

注、音考」①。

何基標抹其他經傳之書，俟再考證。其著述雖少，不計標抹之書，亦逾六十卷。

（二）王柏著述

王柏考訂羣書，經史子集，靡不涉獵，著述逾八百卷。王三錫《題文憲公集後》：「生平博覽群書，參微抉奥，往往發前人所未發，當時著述八百餘卷。」②馮如京《重刻魯齋遺集序》：「闡《六經》，羽翼聖傳，即天文地理，旁及稗史，靡不精究，著述不下八百餘卷。」③吴師道《節録何、王二先生行實寄文史局諸公》詳記王柏著述：「有《讀易記》《讀書記》《讀詩記》各十卷、《讀春秋記》八卷、《論語衍義》七卷、《太極圖衍義》一卷、《伊洛精義》一卷、《研機圖》一卷、《魯經章句》三十卷、《論語通旨》二十卷、《孟子通旨》七卷、《書附傳》四十卷、《左氏正傳》十卷、《續國語》四十卷、《閫學之書》四卷、《文章續古》三十五卷、《文章復古》七十卷、《濂洛文統》二十卷、《擬道學志》二十卷、《朱子指要》十卷、《詩可言》二十卷、《天文考》一卷、《地理

① 黄宗羲等《宋元學案》卷八十七。
② 王柏《魯齋王文憲公文集》。
③ 王柏《魯齋集》，清順治十一年馮如京刻本。

考》二卷、《墨林考》十六卷、《大爾雅》五卷、《六義字原》二卷、《正始之音》七卷、《帝王曆數》二卷、《江右淵源》五卷、《伊洛指南》八卷、《涵古圖書》一卷、《詩辨説》一卷、《書疑》九卷、《涵古易説》一卷、《大象衍義》一卷、《雜志》二卷、《周子》二卷、《發遺三昧》二十五卷、《文章指南》十卷、《朝華集》十卷、《紫陽詩類》五卷、《文集》七十五卷、《家乘》五十卷。又有親校刊刻諸書，無不精善。比年婺屢毁，散落已多。」所載諸書通計七百九十四卷，標抹諸經尚未記。

吴師道《敬鄉録》卷十四又云：「北山所著少，而有諸書發揮，傳布已久。魯齋所著甚多，比年燼於火，傳抄者僅存。」德祐二年以後，王柏著述大都散失。至元二十六年至二十七年間，金履祥募得諸稿，攜同門士各以類集，雜著卷帙少者用《朱子大全集》之例各附入，編爲《王文憲公文集》。履祥《魯齋先生文集目後題》：「今存於《長嘯醉語》者，蓋存而未盡去也」，「間因述所考編，以求訂證，謂之《就正編》。迨至端平甲午，學成德進，粹然一出於正。自是以來，一年一集，以自考其所進之淺深，所論之精粗。自甲午至癸卯，凡五卷，謂之《甲午稿》。其後類述倣此，《甲辰稿》二十五卷、《甲寅稿》二十五卷、《甲子稿》二十五卷。其雜著成編者，《論語衍義》七卷、《涵古圖書》一卷、《研幾圖》一卷、《詩辯説》二卷、《書疑》九卷、《涵古易説》一卷、《大象衍義》一卷、《太極衍義》一卷。其餘編集不在此數也。其程課、交際、出處、事爲、著述前後，則見於《日記》。履祥又嘗集公與北山先生來往問答之詞，爲《私淑編》」，「《就正編》

《大象衍義》，北山先生亦俱有答語，與履祥所集《私淑編》，當依《延平師友問答》之例，别爲一書。但《大象》乃公所拈出，謂爲夫子一經，故其《衍義》亦自入集。講義雖嘗刊於天台而未盡，間亦有再講者，今皆入集。」所述《長嘯醉語》《就正編》《日記》《上蔡書院講義》、履祥所輯王柏與何基往來問答之《私淑編》，皆不見於吴師道《節録何、王二先生行實寄文史局諸公》載記。《詩辯説》二卷，即《詩疑》二卷。《讀易記》十卷、《讀書記》十卷、《讀詩記》十卷不傳，今未詳《詩辯説》《書疑》諸書與之内容重複之況。

今人程元敏撰《王柏之生平與學術》，《自序》云：「王氏遺書，爲世人所習知者，不過《書疑》《詩疑》及《魯齋文集》而已。及檢書目，又得《研幾圖》與後人纂輯之《魯齋正學編》。復於《程氏讀書工程》中，見《正始之音》全文。而《詩準》《詩翼》，諸家目録誤題爲何、倪二氏所作者，亦因考之縣志而正其誤，於是總得七書。然去魯齋本傳所言八百卷之數尚遠。因更考其師友與元明人著作，復得魯齋佚詩文數百條。」①第二編《著述考》，按經、史、子、集詳考王柏著述，今録吴師道《節録行實》列目未書、金履祥《魯齋先生文集目後題》所未載及，鑒采程元敏考據，列之如下，并略作補證：

《易疑》，佚。王崇炳雍正七年序金履祥《大學疏義》：「魯齋博學弘文，著書滿車，今所存

---

① 程元敏《王柏之生平與學術》，華東師範大學出版社，二〇一一年，第五頁。

亦少，而《大學定本》《詩疑》《禮疑》《易疑》等編，曾於四明鄭南溪家見之。」①《繫辭注》二卷，佚。《授經圖》卷四《諸儒著述》附歷代《三易》傳注，云：「《繫辭注》二卷，王柏。」然程元敏謂「殊可疑」。

《禹貢圖說》一卷，佚。見《聚樂堂藝文目録》《萬卷堂書目》《金華經籍志》《經義考》。

《詩考》，佚。康熙《金華縣志》著録。

《禮疑》，佚。王崇炳嘗於鄭性家見之。

《紫陽春秋發揮》四十卷，殘。見葉由庚《壙誌》引王柏題《春秋發揮》。

《春秋左傳注》二十卷，佚。《授經圖》卷十六《諸儒著述》附歷代《春秋》傳注著録。然程元敏謂「洵可疑」。

《大學疑》，殘。《晁氏寶文堂分類書目》著録。

《大學定本》，佚。王崇炳嘗於鄭性家見之。

《訂古中庸》二卷，佚。《經義考》著録。

《標抹點校四書集注》，佚。宋定國等《國史經籍志》載王柏「手校《四書集注》二十四册，抄本」。吴師道《題程敬叔讀書工程後》：「某頃年在宣城見人談《四書集注》批點本，亟

① 金履祥《大學疏義》，《金華叢書》本。

稱黄勉齋，因語之曰：『此書出吾金華，子知之乎？』其人咈然怒而不復問也。……四明程君敬叔著《讀書工程》以教學者，舉批點《四書》例，正魯齋所定，引列於編首者，而亦誤以爲勉齋，毋乃惑於傳聞而未之察歟？」程端禮《程氏家塾讀書分年日程》卷一言熟讀《四書》，仍參看「何北山、王魯齋、張達善句讀、批抹、畫截、表注、音考」，卷二《批點經書凡例》列《勉齋批點四書例》，即吴師道所言「正魯齋所定」。又，吴師道《請傳習許益之先生點書公文》：「王氏所點《四書》及《通鑑綱目》，傳布四方。」程元敏《著述考》既列此條，又列《批點標注四書》一條：「《批點標注四書》二卷，殘。」《批點標注四書》又見《經義考》《金華經籍志》著録。細察吴師道《題程敬叔讀書工程後》《請傳習許益之先生點書公文》，所標注《四書》，即《四書集注》。

《標抹點校資治通鑑綱目》五十九卷，佚。見葉由庚《壙誌》、吴師道《請傳習許益之先生點書公文》。

《朱子繫年録》，佚。見王柏《朱子繫年録跋》。

《重改庚午循環曆》，殘。見王柏《重改庚午循環曆序》。

《重改石筍清風録》十卷，殘。見王柏《重改石筍清風録序》。

《（魯齋）故友録》一卷，殘。王柏編，見萬曆《金華縣志》存《自序》。

《魯齋清風録》十五卷，殘。見王柏《魯齋清風録序》。

《考蘭》四卷，殘。見王柏《考蘭序》。

《陽秋小編》一卷，佚。見王柏《跋徐彥成考史》。

《天地萬物造化論》一卷，存。王柏撰，明周顒注。

《批注敬齋箴》十章，佚。朱熹箴，王柏批注。金履祥《濂洛風雅》卷一録《敬齋箴》，注云：「王魯齋嘗批注，又講于天台。」

《上蔡書院講義》一卷，殘。金履祥《魯齋先生文集目後題》：「《講義》雖嘗刊於天台而未盡。」吴師道《題程敬叔讀書工程後》篇末注：「魯齋亦有《類聚朱子讀書法》一段，在《上蔡書院講義》中。」

《天官考》十卷，佚。《世善堂書目》著録。

《雅藏録》，佚。見王柏《跋寬居帖》。

《朱子詩選》，佚。見王柏《朱子詩選跋》。

《朱子文選》，佚。見宋濂《題北山先生尺牘後》。

《雅歌集》，殘。見王柏《雅歌序》。

《五先生文粹》一卷，佚。《聚樂堂藝文目録》《萬卷堂書目》《千頃堂書目》著録。

《勉齋北溪文粹》，殘。王柏編，何基增定。見王柏《跋勉齋北溪文粹》。

《詩準》四卷、《詩翼》四卷，存。《四庫全書總目提要》：「舊本題宋何無適、倪希程同撰」，

「疑爲明人所僞托。觀其《岣嶁山碑》全用楊慎釋文，而《大戴禮·几銘》並用鍾惺《詩歸》之誤本，其作僞之迹顯然也。」程元敏考辨以爲臺圖藏明郝梁刻《詩準》四卷、《詩翼》四卷，爲王柏所編集，四庫館臣所見之本乃僞作①。又考何欽字無適，咸淳五年夏卒。倪普字君澤，改字希程，婺州人，淳祐十年進士，歷官刑部尚書、簽書樞密院事。今按：《詩準》《詩翼》，宋本尚存國圖。哈佛燕京圖書館藏明朱紱等編《名家詩法彙編》十卷，萬曆五年刻本（四册），卷九爲《詩準》，卷十爲《詩翼》，卷端皆題：「宋金華王柏選輯，明潛川徐珪校正，潛川談鯀編次。」末附王柏淳祐三年《序》、楊成成化十六年《序》、嘉靖二年邵鋭《序》。王柏《序》：「友人何無適、倪希程前後相與編類，取之廣，擇之精，而又放黜唐律，法度益嚴。予因合之，前曰《詩準》，後曰《詩翼》。」是書殆王柏次定之力爲多，《詩準》《詩翼》當題何欽、倪普編類，王柏次定。

程元敏輯考《上蔡師説》《魯齋詩話》等，嫌於牽强，其他大都詳覈，多所發明。

（三）金履祥著述

金履祥著述，按徐袍《宋仁山金先生年譜》：寶祐二年，作《讀論語管見》；咸淳六年，自弱冠以後至是歲雜詩文三册，彙爲《昨非存稿》；德祐元年，自咸淳七年至是歲雜詩文二册，

① 程元敏《王柏之生平與學術》上册，第四二八頁。

自題《仁山新稿》；至元十七年，撰成《資治通鑑前編》，凡十八卷，《舉要》二卷；至元二十八年，自德祐二年至是年雜詩文二册，自題《仁山亂稿》；至元二十九年，是歲以後雜詩文題《仁山噫稿》；元貞二年，編次《濂洛風雅》成；大德六年，《大學指義》成。又有《大學疏義》，早年所作；《尚書表注》《尚書注》《論語集注考證》《孟子集注考證》，不知成於何年；編王柏與何基往來問答之詞爲《私淑編》。

以上通計之，凡十四種。標抹批注又有數種：

《樂記標注》，佚。柳貫《金公行狀》：履祥疑前儒《樂記》十一篇之説，反復玩繹，「則見所謂十一篇者，節目明整，了然可考，而《正義》所分，猶爲未盡，於是一加段畫，而旨義顯白，無復可疑」①。

《中庸標注》，佚。吴師道《讀四書叢説序》：「仁山於《大學》《論》《孟》有《考證》，《中庸》有《標抹》。」②章贊《仁山金文安公傳畧》：「若《大學疏義》《中庸標注》《論孟考證》，我成祖皆載入《大全》，固已萬世不磨矣。」③吴師道《題程敬叔讀書工程後》「金氏《尚書表注》《四書疏義考

① 柳貫《柳待制文集》卷二十。
② 吴師道《吴禮部文集》卷十一。
③ 金履祥《仁山先生金文安公文集》卷五，清雍正九年東藕堂刻本。

證》」注云：「金止有《大學疏義》《論孟考證》。」

《四書集注點本》，佚。吴師道《請傳習許益之先生點書公文》：「金氏、張氏所點，皆祖述何、王。」

《禮記批注》，存。江西省圖書館藏宋本《鄭注禮記》二十卷，顧廣圻《跋》：「此撫州公使庫刻本《禮記》，是南宋淳熙四年官書，於今日爲最古矣。」書中批注千餘條，黄蘁庚先生考證謂履祥批注。今按：《禮記》卷四《王制第五》「凡四海之内，九州」以下數章，眉批：「履祥按：方百里，惟以田計。青、兖、徐、豫，山少田多，故疆界若狹。冀與雍，田少山多，故疆界其闊。」可與履祥《答趙知縣百里千乘説》相參證。履祥有《中庸標注》《大學指義》《大學疏義》《樂記標注》，其中《中庸》《大學》無批注，《樂記》僅間有夾批注明數字之音，則不可解。

《夏小正注》，存。國圖藏明刻本楊慎集解《夏小正解》一卷，卷端題：「戴氏德傳，王氏應麟集校，金氏履祥輯。」國圖藏清乾隆十年黄叔琳刻本《夏小正》一卷，卷端題：「戴德傳，金履祥注，濟陽張爾岐稷若輯定，北平黄叔琳崑圃增訂，海虞顧鎮備九參校。」二本所載履祥注，皆録自《通鑑前編》。

《仁山文集》，存。履祥詩文先後自訂爲四稿，集久散落。明正德間，董遵收拾散佚，刻爲《仁山先生文集》五卷，卷一至卷四爲履祥自作詩文，卷五爲附録。正德刻本不存，今傳明萬曆二十七年金應騶等校刻本、明抄本、舊抄本等，雖有三卷、四卷、五卷之異，然皆祖于正德本，僅有篇目多寡、附録增删之異。

（四）許謙著述

許謙著述，按黄溍《白雲先生墓誌銘》：《讀四書叢説》二十卷；《詩集傳名物鈔》八卷；《讀書叢説》六卷；《温故管窺》若干卷；《治忽幾微》若干卷。又有《三傳義例》《讀書記》「皆稿立而未完」；門人編《日聞雜記》「未及詮次」；有《自省編》，「晝之所爲，夜必書之，迨疾革，始絶筆」。載及書名者，以上凡九種。朱彝尊《經義考》卷一百九十四著録《春秋温故管闚》，云：「未見。陸元輔曰：先生於《春秋》有《温故管闚》，又著《三傳義例》。《義例》未成。」①錢大昕《元史藝文志》卷一著録《春秋温故管闚》《春秋三傳義疏》。《義疏》，當即《義例》。以上九種外，黄溍《墓誌銘》載及而未言書名，及所未載及者，又有十餘種：

《假借論》一卷，佚。焦竑《國史經籍志》卷二著録「許謙《假借論》一卷」②。《焦氏筆乘》卷六載及「許謙《假借論》」③。并見《千頃堂書目》《元史藝文志》著録。

---

① 朱彝尊《經義考》卷一百九十四，清乾隆二十年盧見曾續刻本。

② 焦竑《國史經籍志》卷二，明刻本。

③ 焦竑《焦氏筆乘》卷六，明萬曆三十四年謝與棟刻本。

《詩集傳音釋》二十卷，存。《經義考》卷一百十一著録《羅氏復詩集傳音釋》二十卷，存。云：「按：曹氏静惕堂有藏本，乃合白雲許氏《名物鈔》而音釋之。」①《鐵琴銅劍樓目録》卷三著録元刊本《詩集傳音釋》二十卷：「題東陽許謙名物鈔音釋，後學羅復纂輯。黄氏《千頃堂書目》始著於録，流傳頗少。《凡例》後有墨圖記云：『至正辛卯孟夏，雙桂書堂重刊。』猶元時舊帙也。其書全載集傳，俱雙行夾注，音釋即次集傳末，墨圍『音釋』二字以别之」，「蓋以《名物鈔》爲主，更采他説以附益之，與《凡例》所云正合。然此但摘録許書音釋，而其考訂名物則不具載，且音釋亦間有不録者。」②

《絳守居園池記注》一卷，存。《四庫全書總目提要》：「唐樊宗師撰，元趙仁舉、吴師道、許謙注」，「皇慶癸丑，吴師道病其疏漏，爲補二十二處，正六十處。延祐庚申，許謙仍以爲未盡，又補正四十一條。至順三年，師道因謙之本，又重加刊定，復爲之跋。二十年屢經竄易，尚未得爲定稿，蓋其字句皆不師古，不可訓詁考證，不過據其文義推測，鉤貫以求通。」

《四書集注點本》，佚。吴師道《請傳習許益之先生點書公文》：「乃金氏高弟，重點《四書章句集注》。」

① 朱彝尊《經義考》卷一百十一。

② 瞿鏞《鐵琴銅劍樓目録》卷三，清光緒間常熟瞿氏家塾刻本。

《儀禮經注點校》，佚。吴師道《儀禮經注點校記異後題》：「許君益之點抹是書，按據注疏，參以朱子所定，將使讀者不患其難。」①黄溍《白雲許先生墓誌銘》：「於《三禮》，則參伍考訂，求聖人制作之意，以翼成朱子之説」，「又嘗句讀《九經》《儀禮》《三傳》，而於其宏綱要旨，錯簡衍文，悉别以鉛黄朱墨，意有所明，則表見之。其後友人吴君師道得吕成公點校《儀禮》，視先生所定，不同者十有三條而已，其與先儒意見吻合如此。」

《九經點校》，佚。見上引黄溍《白雲許先生墓誌銘》。吴師道《請傳習許益之先生點書公文》稱許謙「重點《四書章句集注》，及以廖氏《九經》校本再加校點。他如《儀禮》、《春秋》《公》《穀》二『傳』並注，《易程氏傳》、朱氏《本義》，《詩朱氏傳》，《書蔡氏傳》，朱子《家禮》，皆有點本，分别句讀，訂定字音，考正謬訛，標釋段畫，辭不費而義明。用功積年，後出愈精，學士大夫咸所推服」。宋末廖瑩中刊《九經》，即《周易》《尚書》《毛詩》《禮記》《周禮》《左傳》《論語》《孝經》《孟子》，有《孝經》，無《儀禮》，有《論語》《孟子》，無《公羊傳》《穀梁傳》。故黄溍《墓誌銘》並舉《九經》《儀禮》《三傳》。許謙校點，除句讀外，尚訂定字音，考正訛謬，標釋段畫。

《三傳點校》，佚。見上引黄溍《白雲許先生墓誌銘》、吴師道《請傳習許益之先生點書公

---

① 吴師道《吴禮部文集》卷十五。

文》。許謙《春秋温故管闚》《春秋三傳義疏》并佚，與《三傳點校》殆各沿其例爲書。

《書蔡氏傳點校》，佚。許謙《回南臺都事鄭鵬南浼點書傳書》：「近辱蕭侯傳示教命，俾點《書傳》。舊不曾傳點善本前輩，方欲辭謝，又恐有辜盛意，遂以己意謾分句讀」，「圈之假借字樣，舊頗曾考求，往往與衆不合，今以異於衆者，具别紙上呈。標上舊題爲《蔡氏書傳》。謹按：古來傳注，必先題經名，然後曰某人注」，「乞命善書者易題曰《書蔡氏傳》，庶幾於義而安。」①又一書云：「某比辱指使點正《書傳》，不揣蕪陋，弗克辭謝，輒分句讀，汙染文籍。」②鄭雲翼字鵬南，延祐二年官南臺都事，延祐六年遷廣東道肅政廉訪使，泰定元年陞兵部尚書。許謙應雲翼之請點校蔡沈《書集傳》，吴師道《請傳習許益之先生點書公文》亦言及是書，今未見傳。

《易程氏傳點校》，佚。見上引吴師道《請傳習許益之先生點書公文》。其不名《程氏易傳》，《回南臺都事鄭鵬南浼點書傳書》已言之。

《易朱氏本義點校》，佚。見上引吴師道《請傳習許益之先生點書公文》。《易朱氏本義》，即《周易本義》。其不名《朱氏易本義》，《回南臺都事鄭鵬南浼點書傳書》已明之。

① 許謙《許白雲先生文集》卷三。
② 許謙《許白雲先生文集》卷四。

《詩朱氏傳點校》，佚。見上引吴師道《請傳習許益之先生點書公文》。《詩朱氏傳》，即《詩集傳》。其不名《朱氏詩傳》，《回南臺都事鄭鵬南浼點書傳書》已明之。

《家禮點校》，佚。見上引吴師道《請傳習許益之先生點書公文》。

《典禮》，佚。許鴻烈《八華山志》卷中《金仁山、許白雲立謚咨文》：「若《三傳義疏》《典禮》《讀書記》，皆未脱稿者也。」末署「元至正七年八月初九日」①。此又見於清宣統三年重修本《桐陽金華宗譜》卷一，題作《爲金、許二先生請謚咨文始末》。黄溍《墓誌銘》僅言「有《三傳義例》《讀書記》，皆稿立而未完」。《典禮》，疑爲《三傳典禮》。許謙熟於古今典禮政事，黄溍《墓誌銘》：「搢紳先生至於是邦，必即其家存問焉。或訪以典禮政事，先生觀其會通而爲之折衷，聞者無不厭服。」今難得其詳，俟再考證。

《八華講義》，佚。許謙《八華講義》：「講問辨析，有分寸之知，敢不傾竭爲諸君言？苟所不知，不敢穿鑿爲諸君誑。」②許謙講學八華山中，四方來學。《八華山志》卷中《道統志》收許謙題《八華講義》及所撰《八華學規》《童稚學規》《答門人問》。《八華講義》蓋爲講義之題，非止一篇題作，未刻行，久佚。明正德間陳綱重刻《許白雲先生文集》，改《八華講義》作《金華講義》。

① 許鴻烈《八華山志》卷中，民國戊寅重修本。
② 許謙《許白雲先生文集》卷四。

《歷代統系圖》，佚。戚崇僧《白雲歷代指掌圖説》：「白雲先生《歷代統系圖》，自帝堯元載甲辰，迄至元十三年丙子，總三千六百三十三年，取義已精，愚約爲《指掌》，以便觀玩。」末署「至正乙酉，金華戚崇僧述」①。崇僧爲許謙高弟子，字仲咸，金華人。著有《春秋纂例原指》三卷、《四書儀對》二卷、《歷代指掌圖》二卷等書。雍正《浙江通志》著録《歷代指掌圖》二卷，注云：「金華戚崇僧著，見黄溍《戚君墓誌》。」②《歷代指掌圖》二卷，今佚。按崇僧《序》，其書乃據許謙《歷代統系圖》「約爲《指掌》」。季振宜《季滄葦書目》著録「抄本《歷代統系圖》，一本」③，未詳即許謙之書否。

《許氏詩譜鈔》，存。吴騫《元東陽許氏詩譜鈔跋》：「元東陽許文懿公嘗以鄭、歐之譜世次容有未當，别纂《詩譜》，繫於《詩集傳名物鈔》」，「特所序諸國傳世曆年甚悉，有足資討覈者。爰爲輯訂，附於《詩譜補亡》之後。」④許謙不滿於鄭玄《詩譜》、歐陽修《詩譜》，以爲世次有所未當，别纂《詩譜》，附《詩集傳名物鈔》各卷之末，未單行。吴騫輯訂《詩譜補亡》，從《名物

①《蓉麓戚氏宗譜》卷二，民國十九年庚午重修本。
②雍正《浙江通志》卷二百四十三，清文淵閣《四庫全書》本。
③季振宜《季滄葦書目》，清嘉慶十年黄氏士禮居刻本。
④吴騫《愚谷文存》卷四，清嘉慶十二年刻本。

鈔》採録《許氏詩譜》一書，有拜經樓刻本。

《白雲集》，存。黄溍《白雲許先生墓誌銘》：「其藏於家者，有詩文若干卷。」不言集名。按《八華山志》，東陽許三畏字光大，自幼師事許謙，許謙殁，「乃萃其遺稿，手鈔家藏，待後以傳，賴以不墜」。明人李伸幼時得許謙殘編於祖妣王氏家，皆許氏手稿，明正統間編次《白雲集》四卷。成化二年，張瑄得金華陳相之助，刻行於世。正德間，金華陳綱重刻之，改題《白雲存稿》。

五、關於《全書》整理的幾點説明

四先生自王柏以下貫通經史，考訂羣書，著述弘富。據各類文獻著録可知，王柏著作逾八百卷，金履祥、許謙著作亦多。何基篤守師説，其書題作「發揮」者即有七種，《文集》三十卷裒集未備。惜四先生著述大都散佚，今存不足三十種，多爲精華。如何基著作，胡鳳丹編《何北山先生遺集》四卷，凡詩一卷、文一卷、《解釋朱子齋居感興詩》一卷、附録一卷，篇章寥寥。然四先生解經沿朱、吕之統，若考訂篇目，編類勘定，標抹點校，句讀段畫，批注音釋等，皆爲所重，以爲真學問，可羽翼經傳，有補聖賢之學。此次編纂四先生傳世著述，囊括四部，廣作蒐討，復作甄選，批注、次定之書，亦在收録範圍，冀得四先生著作大全。

前此已述「北山四先生」之目其來有自，故兹編四先生著述名曰《北山四先生全書》（以下簡稱《全書》)。《全書》分爲「何基卷」「王柏卷」「金履祥卷」「許謙卷」凡四編,别附《北山四先生全書外編》(以下簡稱《外編》)一册。收録内容如下:

何基卷:《何北山先生遺集》四卷。

王柏卷:《書疑》九卷,《詩疑》二卷,《研幾圖》一卷,《天地萬物造化論》一卷,《魯齋王文憲公文集》二十卷。

金履祥卷:《尚書注》十二卷,《尚書表注》二卷,《禮記批注》二十卷,《宋金仁山先生大學疏義》一卷,《論語集注考證》十卷,《孟子集注考證》七卷,《通鑑前編》十八卷、《舉要》二卷,《仁山先生文集》三卷,《濂洛風雅》七卷。

許謙卷:《讀書叢説》六卷,《讀四書叢説》八卷,《詩集傳名物鈔》八卷,附《詩集傳名物鈔音釋纂輯》二十卷,《許白雲先生文集》四卷,《絳守居園池記注》一卷。

《全書》并收四先生批注、編類之書,惜所得已尠,僅金履祥編《濂洛風雅》、許謙等人《絳守居園池記注》一卷而已。何基《解釋朱子齋居感興詩二十首》,胡鳳丹已編入《何北山先生遺集》。王柏《正始之音》不分卷,收入《魯齋王文憲公文集》附録。楊慎輯解《夏小正解》一卷、吴騫編訂《許氏詩譜鈔》一卷,分從《資治通鑑前編》《詩集傳名物鈔》中輯録,且有文字改易,雖單行於世,《全書》不重複收録。羅復纂輯《詩集傳音釋》二十卷,亦與《名物鈔》重複,且有改易,然今存《名物鈔》最早傳本爲明抄二種,《詩集傳音釋》存元正至雙桂書堂刊本,可相參證，故附收之。

又有四先生詩文佚篇、講學語録、零句斷章，散見他書。《全書》則廣考方志史料、經史典籍、宗譜家乘、别集總集，勾稽佚篇，以詩文爲主，録爲補遺，附於各集之後。《全書》補遺增至二百餘篇。大略《何北山先生遺集》增《補遺》二卷，凡詩文、語録各一卷，更補附録三卷。《魯齋王文憲公文集》增《補遺》、附録各一卷。《仁山先生文集》增《補遺》二卷、附録四卷。《許白雲先生文集》增《補遺》二卷、附《八華山志》一種、附録五卷。至於王柏、金履祥、許謙語録、雜著，可輯爲條目者尚有不少，因考校非短時可畢功，姑俟將來。

另外，整理者各竭其力，輯録年譜、碑傳志銘、序跋題贈等爲附録，凡一家之資料，分附各卷後，而四先生合評之資料則另編爲《外編》一册，綴於《全書》之末。

本次整理之特點，大體有以下四點：

一是内容全備，首次結集。本書所收四先生著述，盡量蒐羅完備，拾遺補缺，并附研究資料之集成。四先生著作已出整理本數種，《全宋詩》《全宋文》《全元詩》《全元文》各沿體例，收録四先生詩文。《全書》之整理或酌情鑒採前賢時哲已有成果，廣泛蒐討有價值校本，以成新編；或别覓良善底本、校本，新作董理；或未有整理本，首次進行校勘標點。至於蒐輯補遺、編類附録，用力頗勤。故《全書》編校之事可謂首創，求全、求備、求精，雖未臻其目標，然自有新意，覽者可察之。

二是底本、校本良善。在當前條件下，搜集購訪底本、參校本已較過去爲易，然亦非没有難度。先是用時幾近半年進行調查研究，甄選整理底本、參校本。如許謙《讀四書叢説》，今傳八卷本，有元刻本、清刻本及抄本多種。國圖藏元刻本八卷，《讀論語叢説》三卷原缺，常熟瞿氏以所得德清徐氏藏元刻本配之，遂爲合璧本。國圖藏清嘉慶間何元錫影抄元本與《宛委别藏》本《讀論語叢説》三卷，并據德清徐氏舊藏本影寫。臺北故宫博物院藏元刻本八卷殘帙，又藏舊抄本八卷，據元刻本寫録，顯非據於德清徐氏舊藏元本。浙圖藏明藍格抄本八卷，有清佚名校注。國圖藏瞿氏鐵琴銅劍樓影元抄本，據合璧本影抄。此外，又有國圖藏嘉慶間何元錫刻本、《經苑》本、《金華叢書》本。今訪得諸本，詳作考訂，乃以元刻八卷合璧本爲底本，參校殘元本五卷、舊抄本八卷、明藍格抄本八卷等本。

三是勾稽拾遺。以四先生著述多散佚，遍檢方志、宗譜、總集等，勾稽佚作，用力仍多在詩文，所得逾二百篇。如《魯齋集》輯佚詩六十六首、詞一闋、文十七篇。《仁山集》輯佚作四十三篇，附存疑六篇，約當本集三之一。《白雲集》輯佚文三十四篇（含殘篇二篇）、佚詩十四首及許謙之子許亨文二篇，約當本集四之一。

四是立足考據。在研究的基礎上進行校點整理，有關考證涉及版本源流、篇目真僞、文獻輯佚等方面。如《仁山文集》，傳世明抄本、舊抄本庶幾見正德本原貌，而抄寫多誤字，萬曆刻本經履祥裔孫校勘，訛誤爲少，勝於後來春暉堂、東藕堂及退補齋諸刻。東藕堂刻本有補苴之功，惜文字臆改居多，徒增歧説，非别有善本據依。《金華叢書》本、《四庫全書》本少有校讎之功，復多擅改之弊，實無足觀。故此次整理，以萬曆刻本爲底本，僅參校明抄本、舊抄本、春暉堂刻本、東藕堂刻本。又如輯佚，翻覽宗譜數千種，所得篇目亦豐。然據宗譜勾稽，可信度下方志一等。宗譜良莠不齊，時見攀附僞托之作，且編集校印多不精，故異姓之譜常見一人同篇，同宗之譜時見一篇分署多人。或一望而知假托，或詳考而始明真僞，採輯遂不得不慎。附録資料亦然，篇目真僞亦需考辨。如《芧園叢書》本《金氏尚書注》集前《金氏尚書注自序》末署「寶祐乙卯重陽日，蘭溪吉父金仁山書」，實宋人方岳之筆，見於《秋崖集》卷四十《滕和叔尚書大意序》，朱彝尊《經義考》作「方岳序」，不誤。《碧琳琅館叢書》本《金氏尚書注》集前亦録此僞作。《芧園叢書》本《金氏尚書注》又有《金氏尚書注序》，并是僞托。《碧琳琅館叢書》本《金氏尚書注》又有《金氏尚書注跋》一篇，末署「歲在丁巳仲春望日，桐陽叔子金履祥書於桐山書軒」，實方時發之筆。署柳貫《書經周書注敘》及佚名《金氏尚書注跋》，皆係僞托。今人蔡根祥、許育龍等已證《芧園叢書》本、《碧琳琅館叢書》本《金氏尚書注》繫僞作。今鑒取相關成果，詳作考辨，盡量避免僞作羼入。

《全書》整理之議，始於二〇一四年。先是浙江師範大學與金華市政協合作編纂《吕祖謙全集》，歷時八年，成十六册，二〇〇八年由浙江古籍出版社印行。繼與金華市委宣傳部合作編纂《重修金華叢書》，歷時七年，彙輯二百册，二〇一三至二〇一四年由上海古籍出版社印行。其時我們以復興浙學爲己任，提倡從基礎文獻梳理與學術史建構兩方面對浙學展開研究，以爲四先生有功浙學匪小，整理四先生之書亟爲當前所需，遂於《重修金華叢書》首發式上，倡議整理《北山四先生全書》。經多方呼籲，金華市委宣傳部於二〇一七年聯合浙師大啓動《全書》編纂，委托我們負責組織團隊，開展整理工作。陳開勇、王錕、慈波、崔小敬、宋清秀教授，孫曉磊、鮑有爲、方媛、李鳳立、金曉剛博士先後參與進來。二〇二〇年，《全書》入選「浙江文化研究工程」重大項目。前後歷時四年，今夏終於完稿。各書整理者名氏已標册端，此不一一介紹。黄靈庚、李聖華擬定體例，通讀全稿，并各自承擔校勘任務。

《全書》整理出版，無疑是浙學研究史上一件盛事。我們參與其中，投入心力，可謂人生之幸事。在此衷心感謝金華市委宣傳部副部長曹一勤女士，浙師大副校長鍾依均教授，上海古籍出版社高克勤社長、奚彤雲編審、劉賽副編審給予大力支持，一編室黄亞卓、楊晶蕾編輯等人悉心校讀全稿，多所訂正，使得《全書》得以減少訛誤，在此一併表示謝意。

由於整理者學識水平所限，《全書》整理定會存在不妥及錯誤之處，祈盼讀者不吝指正。

黄靈庚　李聖華

二〇二一年九月二十日

凡例

一、《全書》所收四先生著述，在廣徵版本基礎上，考訂其源流、異同、得失、優劣，從而裁定底本與校本。金律刻《率祖堂叢書》本、胡鳳丹編《金華叢書》本及文淵閣《四庫全書》本（簡稱「庫本」），皆因擅自改易而慎爲取用。大體庫本在棄用之列；若其他版本難稱良善，始取《率祖堂叢書》本、《金華叢書》本用作底本，或作校補之用。

二、《全書》校勘、輯佚以及各書附録編集，皆留意考證，力求黜僞存真。因補遺之文托名僞作不乏見，且多得自宗譜家乘，慮其編纂校印良莠不齊，故採輯謹慎，以免濫入。

三、《全書》整理成於衆手，分册出版，整理者名氏標於册端。各册均由整理者撰寫前言或點校説明，以述明本册整理情況。底本卷端或標編次、校刊名氏，今均省去，於書前點校説明略載述之。

四、《全書》校勘大體遵循以下規則：一般底本不誤，他本誤者，不出校記。底本文字顯有譌誤，如訛、脱、衍、倒等，宜作改易，撰寫校記。偶有文字漫漶殘損者，用他本校補；無可補者，用缺字符□標識，并出校記。諱字回改，古人刻抄習見己、已、巳不分之類，徑用其正字。異體字、通假字、古今字，均不出校。虚字非關涉文意者，亦不出校。校記不徒列異文，間列考據，庶明其是非、高下。

讀書叢説

［元］許謙　撰
鮑有爲　整理

整理説明

許謙(一二七〇—一三三七),字益之,號白雲先生。謚文恭。婺州蘭溪(今浙江金華)人。父名觥,淳祐七年(一二四七)進士。許謙幼年失怙,母陶氏口授《孝經》《論語》。稍長,肆力於學。三十一歲始受業於金履祥,時金履祥年已七十一。在金履祥的教導下,始「讀晦庵之書,而溯伊洛之源,可跂夫子之牆,而見宗廟之美」(《許白雲先生文集》卷三)。金履祥病危時,屬其編次《資治通鑑前編》。時值元人入主中原,國破家亡,許謙備感身世之羈孤,雖滿腹才學,卻拒仕於元。多次被人薦舉,終未改其志。皇慶二年(一三一三)曾於金陵講學,但次年即返歸東陽,於八華山中收徒講學。雖「身立草萊,而心存當世」(《宋元學案·北山四先生學案》)。

白雲之學以朱熹理學爲宗主,卻無門户之見,主張「於先儒之説,有所不安,亦不苟同」。因此,他注解經書時往往與朱熹不同。其教學以「五性人倫爲本,以開明心術、變化氣質爲先,以爲己爲立心之要,以分辨義利爲處事之制」(《元史·許謙傳》)。許謙繼承其師「理不患其不一,所難者分殊耳」(《宋元學案·北山四先生學案》)之論,重視格物致知,在探求理學本體的基礎上,傾向於具體事物的研究。因此,許謙的《讀四書叢説》《讀書叢説》《詩集傳名物鈔》中可見大量名物制度等方面的考證，正是此觀念的體現。

朱熹弟子蔡沈曾作《書集傳》，以傳續朱子《尚書》之學。此書元、明立於官學，影響甚大。許謙與其師金履祥爲朱熹理學之嫡傳，故而十分重視蔡沈《書集傳》。金履祥《資治通鑑前編》《尚書表注》都有所引用，許謙《讀書叢説》即有意訂補《書集傳》之不足。書中有關天文、地理、典章制度等方面皆加以考證，並不時引據前人之説，其中年代判斷則引據其師金履祥《資治通鑑前編》。清人有言：「是書大致似黄鎮《尚書通考》，而於名物度數之外兼詮義理。其論七政與蔡《傳》異，論律吕相生根柢《史記》《漢書》，兼采注疏，亦不盡與蔡《傳》同。」（《四庫全書初次進呈存目》）

此書曾有元刊本，與《讀四書叢説》一並刊行，至今不存（《鐵琴銅劍樓藏書目》卷六）。今整理所見之本有七：

朱彝尊藏抄本（簡稱朱本），國家圖書館藏。半葉十行廿字，小字雙行十九字。卷端鈐印「謙牧堂藏書記」、「朱彝尊錫鬯印」、「結一廬藏書印」、「東莞莫伯驥所藏經籍印」、「東莞莫氏五十萬卷樓劫後珠還之」，卷六末鈐印「謙牧堂書畫記」、「東莞莫伯驥號天一藏」、「莫培樾印」。莫伯驥《五十萬卷樓群書跋文》有詳細著録。朱彝尊《經義考》之《讀書叢説》條下載有張樞序部分内容，言此書最早刻本爲元至正六年，此後未見有刻本記載。

陸樹聲藏抄本（簡稱陸本），後歸日本静嘉堂文庫。半葉十行行廿字，小字雙行十九字。扉頁題「璧巢家藏」，鈐印「汪森之印」。卷端鈐印「歸安陸樹聲藏書之記」、「古沐居士」、「静嘉堂藏書」。按汪森（一六五三—一七二六），字晉賢，號碧巢，浙江桐鄉人，康熙拔貢，官户部郎中。藏書樓爲「裘杼樓」。知此本康熙年間已出現。按陸樹聲（一八八二—一九三三）字叔同，號遹軒，陸心源六子。此本與銅劍樓本、朱本行款格式一致。通校三本，可判定三本同出一源，由于人爲抄寫，存在文字訛誤、脱文等問題。其中尤以銅劍樓本最劣，卷一即有大段脱文，文字訛誤則多與陸本一致。朱本與此二本亦有文字上差異，可訂正銅劍樓本、陸本一些文字訛誤。總之，三本訛誤之處，基本可由丘象寧本加以訂正。

四明丘象寧抄本（簡稱丘本），國家圖書館藏。半葉十行廿四字，小字雙行廿三字，有版框，界格。卷端鈐印「國立北平圖書館珍藏」、「延古堂李氏珍藏」。版心下方書「四明邱象寧録」。按李氏以清末李士銘、李士鉁爲代表，皆清末著名藏書家。延古堂曾收藏四明盧氏抱經樓藏書。此抄本可能與此有關。二十世紀三十年代，李氏藏書一部分售予北平圖書館，據藏書印，今國家圖書館所藏當即源於此。此本「玄」、「丘」字避諱。清雍正三年下令避諱孔丘，「丘」多寫作「邱」，則此本蓋雍正三年以後所抄録。且書後題跋載張樞序，較《經義考》的記載要完整。通過版本比對，丘本可補他本卷二、卷三、卷五、卷六的大段闕文，然亦有因抄寫而出現的少量脱文。又可正他本諸多相同之訛誤，而丘本訛誤則與他本有所不同。整體來看，丘本要優於他本。

文淵閣《四庫全書》本（簡稱《四庫》本），半葉八行廿字，小字雙行同。此本據《四庫全書總目提要》所載，知爲浙江吴玉墀家藏本。據《四庫全書初次進呈存目》，知有張樞序，被館臣删去。其第二卷中脱四頁，第三卷中脱二頁，第五卷、第六卷各脱四頁。當時館臣亦見他本，但脱文皆同。今所見各本，除丘本外，皆有相同闕文。

瞿氏鐵琴銅劍樓藏抄本（簡稱銅劍樓本），國家圖書館藏。半葉十行廿字，小字雙行十九字。卷端、卷六末鈐印「鐵琴銅劍樓」。《鐵琴銅劍樓藏書目》未著録。

另外，朱本、銅劍樓本、陸本與《四庫》本有一定差異，諸如脱文處二者便不一致，《四庫》本闕文處皆以「闕」字注明，而抄本則往往不注明「闕」字。亦有《四庫》本闕文，三本反不闕者。文字方面，有朱本與《四庫》本不誤，陸本、銅劍樓本訛誤者。其次，《四庫》本卷六文末無點校者姓名，而此三本則有之。通校一過可知，此三本與《四庫》本雖有異同，但所據底本當差别不大，故而闕文皆一致，而丘本正可補足三本之闕文。

又《學海類編》本（簡稱學海本），道光十一年（一八三一）晁氏活字印本，民國九年上海涵芬樓即據此本影印。半葉九行廿一字，小字雙行廿字，白口，單魚尾，左右雙邊。

又《金華叢書》本（簡稱金華本），同治十一年（一八七二）胡鳳丹退補齋刻。半葉九行廿字，小字雙行十九字，白口，單魚尾，四周雙邊。版心下刻「退補齋」。書前有胡鳳丹《讀書叢説序》。此本源於《學海類編》本。二刻本與《四庫》本相同處甚多，亦呈現新的訛誤，且有擅改文字之嫌。又此二本亦可訂正丘本、朱本、陸本、銅劍樓本一些訛誤。

另外，張金吾《愛日精廬藏書志》、沈德壽《抱經樓藏書志》皆載有一部抄本，有許謙序、張樞序。朱彝尊《經義考》載有所謂的許謙序，他本皆有此序文，《鐵琴銅劍樓藏書目》已言此許謙序乃朱彝尊誤讀，實非許謙之序。朱彝尊《經義考》又載有張樞序，據此序知元至正六年《讀書叢説》與《讀四書叢説》曾一併刊刻。今所見陸本、《四庫》本、學海本、金華本皆無張樞序，惟丘本卷末有之。孫星衍《平津館鑒藏書籍記》載元刻本《讀論語叢説》三卷，前有至正七年張樞序。今國家圖書館藏元刻本《讀論語叢説》即載有張樞序。而朱彝尊《經義考》所載俞實序，實爲張樞序内容，且許謙弟子「俞實叟」誤作「俞實」。

今人整理本有浙江文叢《許謙集》，收録《讀書叢説》，所用底本爲《四庫》本，未能用丘本加以校對，故底本多處闕文無法補足。

此次點校《讀書叢説》，以國家圖書館藏清丘象寧抄本爲底本，以國家圖書館藏清朱彝尊藏抄本（簡稱朱本）、文淵閣《四庫全書》本（簡稱《四庫》本）爲通校本，以日本静嘉堂藏清陸樹聲藏抄本（簡稱陸本）、《學海類編》本（簡稱學海本）爲參校本。

凡底本之譌、脱、衍、倒，皆據各校本訂正，並出校勘記予以説明。校勘記置於各卷卷末，依序排列。凡底本與他本不同，且難以辨别是非時，則在校勘記中列出，不作判斷。

底本中相關俗字、避諱字等徑改不出校。

本書校點，由於整理者水平有限，錯誤在所難免，敬請方家不吝賜教。

浙江師範大學人文學院　鮑有爲

讀書叢説卷之一

東陽許謙

書五十八篇

今文三十三篇

伏生所傳凡二十八篇，而以《舜典》合于《堯典》，《益稷》合于《臯陶謨》，《盤庚》三篇合爲一，《康王之誥》合于《顧命》。因古文出後，方别出此五篇，故成三十三篇。

虞書四伏生爲二篇。

堯典　舜典復出。　臯陶謨

益稷復出。

夏書二

禹貢　甘誓

商書七伏生爲五篇。

湯誓　盤庚上　盤庚中復出。

盤庚下復出。　高宗肜日　西伯戡黎

微子

周書二十伏生爲十九篇。

牧誓　洪範　金縢

大誥　康誥　酒誥

梓材　召誥　洛誥

多士　無逸　君奭

多方　立政　顧命

康王之誥復出。　呂刑

文侯之命　費誓　秦誓

古文二十五篇

虞書一

大禹謨

夏書二

五子之歌　胤征

商書十

仲虺之誥　湯誥　伊訓

太甲上　太甲中　太甲下

咸有一德　説命上　説命中

説命下

周書十二

秦誓上　秦誓中　秦誓下

武成　旅獒　微子之命

蔡仲之命　周官　君陳

畢命　君牙　冏命

亡書四十二篇

虞書十一

汨作　九共九篇　槀飫

夏書五

帝告　釐沃　湯征

汝鳩　汝方

商書十八

夏社　疑至　臣扈

典寶　明居　肆命

徂后　沃丁　咸乂四篇

伊陟　原命　仲丁

河亶甲　祖乙　高宗之訓

周書八

分器　旅巢命　歸禾

嘉禾　成王政　將蒲姑

賄肅慎之命　亳姑

漢文帝時，今文二十八篇出于伏生。即立學官，夏侯勝、夏侯建、歐陽和伯治之。《史記》：伏生教濟南張生及歐陽生〔一〕。後漢蔡邕勒于石，謂之石經。孝武時，古文五十八篇并序一篇，出於孔壁。安國就古文體而從隸定之。存古爲可慕，以隸爲可識，故曰隸古。蓋安國以隸書雜古書法成字，故曰古文。伏生書全用隸文，故曰今文。孔安國作傳而未行，世皆未見。孝武末，民間有得《泰誓》于壁内者獻之。此僞書也，與伏生所傳者共爲二十九篇。故東萊張霸知五十八篇之數，又見百篇之序，而于今文内似見得《盤庚》本三篇〔二〕，《康王之誥》自爲一篇，及僞書《泰誓》三篇，共三十四篇，而造僞書二十四篇以合五十八篇。

孝成時，古文立學官，尋廢，故漢儒不見真古文。

東漢末，鄭玄亦不見古文，而見百篇序及知五十八篇之目，則就伏生二十九篇内分出《盤庚》二篇，《康王之誥》、《泰誓》二篇，爲三十四篇，足五十八篇之數。僞書二十四篇：《舜典》、《汩作》、《九共》九篇、《大禹謨》、《益稷》、《五子之歌》、《胤征》、《湯誥》、《咸有一德》、《典寶》、《伊訓》、《肆命》、《原命》、《武成》、《旅獒》、《冏命》。

前晉豫章内史梅賾上古文《尚書孔傳》，缺《舜典》一篇，而僞書始廢。

南齊蕭鸞時〔三〕，姚方興上《舜典孔傳》，至隋時，此篇方行于北方。

右大意並依疏文。蓋蔡《傳》序文節入疏文内，於伏生二十八篇者「復出」下誤入「舜典益稷」四字，故篇名及數目皆不能合。今按疏文説，如上甚明。疏内明言孔安國於伏生書内分出《舜典》、《益稷》、《盤庚》二篇、《康王之誥》，共五十八篇。鄭玄則于前二十八篇並僞《泰誓》内，分出《盤庚》二篇、《康王之誥》、《泰誓》二篇，爲三十四，共僞書爲五十八。

書紀年

帝堯百載

《堯典》前初年事，後七十載事。　《禹貢》蔡氏謂《禹貢》作于虞時。金〔四〕先生《通鑑前編》係于水土平之年。

帝舜五十載

《舜典》　《大禹謨》前初年事。自「格汝禹」爲三十二載以後事。

《皋陶謨》元載。《益稷》

右唐虞一百五十載，書六篇。

夏禹八歲又居喪二載。

啓九歲

《甘誓》三歲。

太康二十九歲。

《五子之歌》十九歲。

仲康十三歲

《胤征》元歲。

相二十八歲浞滅之。

少康六十一歲
杼十七歲
槐二十六歲
芒十八歲
泄十六歲
不降五十九歲
扃二十一歲
廑二十一歲
孔甲三十一歲
皋十一歲
發十九歲
癸五十二歲

右夏十七君，四百三十九歲，書三篇。

商湯十三祀即諸侯位十八歲而放桀，共三十祀。

《湯誓》元祀。　　《仲虺之誥》　　《湯誥》

太甲三十三祀

《伊訓》元祀。　《太甲上》　《太甲中》三祀。

《太甲下》　《咸有一德》

沃丁二十九祀

大庚二十五祀

小甲十七祀

雍巳十二祀

大戊七十五祀

仲丁十三祀

外壬十五祀

河亶甲九祀

祖乙十九祀

祖辛十六祀

沃甲二十五祀

祖丁三十二祀

南庚二十五祀

陽甲七祀

盤庚二十八祀

《盤庚上》元祀。　《盤庚中》　《盤庚下》

小辛二十一祀

小乙二十八祀

武丁五十九祀

《説命上》三祀。　《説命中》　《説命下》

祖庚七祀

《高宗肜日》三祀

祖甲三十三祀

廩辛六祀

庚丁二十一祀

武乙四祀

大丁三祀

帝乙三十七祀

紂辛三十二祀

《西伯戡黎》三十一祀。　《微子》三十一祀。

右商二十八君，六百四十四祀，書十七篇。

周武王七年即諸侯位十三年而伐紂，共十九年。

《泰誓》〔五〕十三年一月。　《泰誓中》

《泰誓下》　《牧誓》二月。

《康誥》蔡氏謂此武王封康叔之書，與《酒誥》、《梓材》皆武王書也。金先生按：《逸周書》「二月甲申，俘衛君，而以衛封康叔，同監殷。」

《酒誥》　《梓材》金先生附《成王紀》爲作洛事。

《武成》四月。　《洪範》　《旅獒》十四年。

《金縢》

成王三十七年

《君奭》元年。　《大誥》三年。　《費誓》

《微子之命》　《立政》四年。　《多方》五年。

《周官》六年。　《召誥》七年。　《多士》

《洛誥》　《蔡仲之命》八年。

《無逸》十一年。　《君陳》　《顧命》三十七年。

康王二十六年

《康王之誥》初即位。　《畢命》十二祀〔六〕。

昭王五十一年

穆王五十五年

　《君牙》三年。　《冏命》　《呂刑》五十年。

共王十二年

懿王二十五年

孝王十五年

夷王十六年

厲王五十一年

宣王四十六年

幽王十一年

平王五十一年

　《文侯之命》元年。

桓王二十三年

莊王十五年

僖王五年

惠王二十五年

襄王三十三年

《秦誓》二十八年。

右周歷十八君。自武王滅商之年，至襄王二十八年，共四百九十九年，書二十八篇。

并依蔡氏説，譜入《王紀》。其下注年者，皆金先生所定。

自堯至襄王六十五君。堯元年至襄二十八年，歷年一千七百三十四，而惟十八君之世有書。以亡書考之，亦惟沃丁、大戊、仲丁、河亶甲、祖乙五君之世有書十篇耳。自此二十三君之外，其餘豈無出號令、紀政事之言，蓋皆孔子所芟夷者。緯書謂孔子求帝魁之書，迄于秦穆，凡三千二百四十篇。雖其言未必實，然有書者不止二十三君則明矣。愚嘗謂聖人欲納天下於善，無他道焉，惟示之勸戒而已。故孔子于《春秋》嚴其褒貶之辭，使人知所懼；于《書》獨存其善，使人知所法。是故《春秋》之貶辭多而褒甚寡，《書》則全去其不善，獨存其善也〔七〕。雖桀、紂、管、蔡之事，猶存于篇。蓋有聖人誅鉏其暴虐，消弭其禍亂，獨取乎湯、武、周公之作爲，非欲徒紀其不善也。至于羿浞之篡夏，幽厲之滅周，略不及之。觀此，則聖人之心可見矣。

【校記】

〔一〕「史記」，學海本作「史記儒林列傳」。

〔二〕「似見得」，學海本作「但得見」。
〔三〕「蕭鸞時」，學海本作「建武中」。
〔四〕「禹貢」至「時金」原脱，據朱本、《四庫》本、陸本、學海本補。
〔五〕「泰誓」，原作「泰誓下」，據朱本、《四庫》本、陸本、學海本删「下」字。
〔六〕「祀」，朱本、《四庫》本、陸本、學海本作「年」。
〔七〕「獨存其善也」，「善」上原衍「獨」字，據朱本、《四庫》本、陸本、學海本删。

讀書叢説卷之二

東陽許謙

堯典

「典」，從册，在丌上，皆象形字。以丌尊閣册爲典，爲兩體會意。以可常法而訓爲常，是就音假借。此字今備六書三體。

「欽明文思」，分而言之，欽體而明用，誠敬主於中，而精明發于外也；思體而文用，智意動於内，而文章著於外也。合而言之，欽明爲體，而文思爲用。主於中者誠敬，則思之發也周盡；存諸内者精明，則文章著於外者焕然矣。「光被四表，格于上下」，皆文思之昭著充塞，而放勳之極至也。

「光被四表」，横説明文。「格于上下」，豎説欽思。

「九族」，古注：高祖玄孫之親。蔡《傳》謂「舉近以該遠，五服異姓之親，亦在其中」。《疏》云：「又《異義》九族者，父族四，母族三，妻族二。鄭玄云：異姓之服，不過緦麻，非外族也。」朱子謂九族且從古注。

九族之説不一：

《白虎通》：父族四謂父之姓，父女昆弟適人有子，身女昆弟適人有子，身女子適人有子者也。母族三，母之父母，母之昆弟，母昆弟子也。妻族二，妻之父，妻之母也。

《朱子語録》：父族四謂本族姑之夫，姊妹之夫，女子之夫也。此與《白虎通》同。母族三，母本族，母母族，與姨母之家也。此與《白虎通》異。妻族二。亦與《白虎通》同。

按《白虎通》言母之父母昆弟及昆弟子，止是本姓一族，不可謂三族也。若《語録》之云，則母有母之族而父反無之。二家皆言妻之母族，是又厚于妻而薄於父也。今但自高祖至玄孫，而一以服斷之，則上下旁殺之餘，外姓凡有服之親，皆該在其中，親疏畢舉，輕重皆當，而無前説之失。

《楚語》：「少皞之衰也，九黎亂德。顓頊受之，命南正重司天以屬神，命火正黎司地以屬民。堯復育重、黎之後，不忘舊者，使復典之。至于夏商，故重、黎氏世叙天地，而别其分主。」韋昭注曰：即羲氏、和氏。《史記·序傳》「火正」作「北正」爲是，而《楚世家》又叙重、黎如一人者，非。此兩氏，子孫之世官也。則羲、和爲二伯，與仲、叔共六人無疑。金先生謂《書大傳》舜巡四岳，祀太山、霍山，皆奏羲伯之樂；華山、弘山，奏和伯之樂。方與時，皆與二氏所掌者合，二伯當有其人也。

三方皆寅敬於日，而北方不言，於文勢亦少一句，非缺文也。蓋歲與方與晝夜各以類從，故春之中於東方朝時賓日，秋則西方昏時餞之，夏則南方午時致之，冬則北方宜於夜半，非禮日之時，而地去日遠，非所徑地，故北方無祭日之文。

仲叔專候天以驗曆。以日景驗，一也；以中星驗，二也；既仰觀而又俯察於人事，三也；「析」、「因」、「夷」、「隩」皆人性不謀而同者，又慮人爲或相習而成，則又遠取諸物，四也。蓋鳥獸無智而囿於氣，其動出於自然故也。驗之詳如此，所以正曆，正曆則專爲使民趨作訛成。易之時體天，雖聖人之事，亦凡以爲民也。

「易」，改易也。仲冬建子之月，新舊承續之交，是除舊易新之時。《疏》謂：「人三時在野，冬入隩室。物則三時生長，冬入囷倉。是人與物皆改易也。謹約蓋藏，循行積聚，『曰爲改歲，入此室處』。故在察其政，以順天常。」

四方之職皆互文而見。宅西則嵎夷爲東可知，朔言方則三方可知，北曰幽都則南明都可知，言南交則朔方爲北可知，舉春日中則宵中可知，秋宵中則日中可知，日永短則宵永短可知。春中星全舉七宿言鳥，則夏秋冬之爲龍、虎、玄武可知。夏獨舉大火一辰，則春鶉火、秋玄枵、冬大梁可知。秋冬獨言一宿，則春星宿、夏房宿可知。至於「分」申，「殷」正，又是明互者。虞廷史官皆大賢，不惟紀事之精，其文章之妙亦有不可勝既者。

日月之行，蔡《傳》與古注不同。横渠先生曰：「天左旋，處其中者順之，少遲則反右矣。」此蔡《傳》之説所由起。今重述其説，以明蔡《傳》之意。蔡《傳》天與日月行度分數皆本《疏》文，但其言日月之行與《疏》異。

周天三百六十五度四分度之一。天本無度，而有經星附麗不動者可考。以日行一晝夜之所至，考之于經星，必三百六十五日零三時，然復周一匝，故以天分爲三百六十五度四分度之一而紀數，此以天體東西而言也。南北亦因分之，其數如上。東西以紀七政之常行，南北以紀分至日月之行道。蓋天體至圓，虚而包於地外，地則浮于氣中，地面常居天之半。天雖圓運，而有南北二極爲之樞，天動而樞常居其所不動。北極出地三十六度，常見不隱。南極入地三十六度，常隱不見。《晉・天文志》以夏至之日景而以句股法計之，自地上去天得八萬一千三百九十四里三十步五尺三寸六分，此天徑之半。倍之得十六萬二千七百八十八里六十一步四尺七寸二分，以周率乘之，徑率約之，得五十一萬三千六百八十七里六十八步一尺八寸二分，此周天之數也。今以其數分之，每度計一千四百單六里一百一十九步四尺一寸六分一千四百六十一分分之七百五十二。天一日繞地一周而過一度，以地面校之，是天一晝夜行三百六十六度四分度之一。如東方地面，今日天明時，見井一度，明日天明時，見井二度。天只定有三百六十五度四分度之一，因日不及天一度，故地面數之，見大過一度爾。

日行於天内，亦一日繞地一周，而不及天一度。以地面校之，是一晝夜行三百六十五度四分度之一。如東方地面，今日天明時日在井一度，若日與天齊行，則明日天明時亦在井一度。爲趕不上天，故只在井二度，是不及天一度也。日既不及天一度，而退行則盡三百六十五日零三時方再遇天前度。謂如今年夏至在井一度，只管退行至明年夏至，方再到井一度。所謂日一歲一周天也。

太陰舊法，日行十三度十九分度之七，天度有奇零難合。今析一度爲七十六分，即四分十九也[一]。一晝夜不及天十三度七十六分度之二十八。即十九分度之七。盡將十三度以七十六析之，則一日共得一千零一十六分〔二〕。十三度析爲九百八十八，并元零二十八，共得此數。却以百刻分之，一刻得十分一釐六毫。以上月周天法。○一晝夜不及日十二度七十六分度之二十八，盡將十二度以七十六析之，一日共得九百四十分。十二度析爲九百一十二，并元零二十八，共得此數。却以百刻分之，一刻得九分四釐。以上月與日會法。○以天度四分度之一析爲十九。

月亦行於天内一日繞地未周而不及天十三度七十六分度之二十八，是一晝夜行三百五十一度七十六分度之六十七。如今日天明時月在井一度，明日天明時却在井第十四度中，未滿十四度。既一日不及天十三度二十八分，則二十七日又三十二刻有餘而遇天前度。如初一日卯時，月在井一度，至廿八日午時，仍在井一度。○其法二十七日用十三度計之，得三百五十一度，又以二十八分計之，得七百五十六分，以七十六約之，得九度零七十二分。以九合三百五十一，共三百六十度七十二分，尚有四度零二十三分未遍，以四度皆析爲七十六，得三百四，合二十三共得三百二十七分，而以刻法除之，爲三十二刻有餘。是總爲二十七日三十二刻有餘也。是則月一周，天之數也。○然推步之法，日以計歲，月以計月，故論日則與天會而定一歲之期，論月則與日會而爲一月之限〔三〕。所以月雖周天，在所不論也。今以前法求之，則二十九日又五十三刻少强，然後月與日會，而謂之合朔而成一月也。其法二十九日用十二度計之，得三百四十八度。又以二十八分計之，得八百一十二分。以七十六約之，得十度零五十二分。以十合三百四十八，共得三百五十八度五十二分，尚有六度四十三分未遍。以六度皆析爲七十六，得四百五十六，合四十三，共得四百九十九分，而以刻法除之，爲五十三刻少强。是總爲二十九日五十三刻少强，爲日月之會也。○五十三刻計六時零三刻，如前月子初一刻會于井一度，此月午初四刻内會于井三十度，未滿四刻。

七政疑

唐堯命羲和居四方考天象，惟舉分至四中星而知月之所在，又言以「閏月定四時成歲」，而知月之所行。典文簡古，存其大法，推步之術，未詳也。西漢《天文志》始曰日東行星西轉，而周髀家有日月實東行，而天牽西没之説，其論天轉如磨者則非，論日月右行者則是〔四〕。自是志天文者轉相祖述，以爲定論。言日月則五星從可知矣。唐一行鑄渾天儀，注水激輪，一晝夜天西旋一周，日東行一度，月行十三度十九分度之七，晦明朔望，遲速有準。然則二十八宿附天西循而爲經，七政錯行而爲緯，其説爲得之，而文公傳《詩》亦猶是也。蔡仲默傳《堯典》則曰：天體周圍三百六十五度四分度之一，繞地左旋，一日一周而過一度。日月麗天，亦左旋，日則一日繞地一周，而在天爲不及一度。月則尤遲，一日不及天十三度十九分度之七，積二十九日復有餘分，而與日會合，氣盈朔虚而閏生。《典》《謨》之傳，已經文公是正，而公蓋許之矣。意以爲日者，陽之精，其健當次於天。月，陰精也，其行當緩。月之行晝夜常過於日十二度有奇，是陰速於陽，不若二曜與天皆西轉，則於陰陽遲速爲合宜。蓋亦祖横渠先生之意，其説可謂正矣。然愚以古説校之，其可疑者有七：天體左旋，七政右逆，則七政皆附著天體，遲速雖順其性，而西行則爲天之所牽爾。然有所倚著，各得循序。若七政與天同西行，恐錯亂紛雜，似泛然無統。一也。日，君道也；月，臣道也。從東行則合朔，後月先行，既望則月在日後，及再合朔，是月之從日，爲臣從君爲順。若西行，則日在月前，至望後再合朔，必日行從月，是君從臣爲逆。二也。大而一歲陰陽升降，小而一月日月合朔，此正天地生物之心，而陰陽得於此會合，而以造就萬類者也。以一歲之運，陰盛乃生意收斂之時，而品物流形，舉霄壤之間，曷嘗有一息間斷哉！其所以於盛陰閉塞之時，而生生猶不息者，正以日月之合，以繼助元氣之偏也。然凡進者，陽道也，生道也；退者，陰道也，死道也。日月東行，則月之進從日之進；西行，則月之退又符於日之退〔五〕。三也。日月雖皆進行，比天行不及則如退。日月五星行無殊，金水在太陽前後，率歲一周天爲最速，次火，次木。惟土積重厚之氣，入天體最深，故在五星形最小，行最遲，而二十八歲一周天。若七政皆西行，則向謂遲者今反速，向謂速者今更遲。是金水行最遲，故一日即退一度，而一歲周天。土行最速，常及於天，大約二十八日始不及天一度，而二十八歲然後周。四也。星雖陽精，然亦日之餘也。以日之陽次於天，且一日不及一度，星之陽不及日遠甚。而木十餘日，土二十餘日，始不及天一度，是木土之精反過於日遠矣。五也。五星以退留、遲疾、伏伏、疾遲、留退五段推步。姑以歲星言之，大約退九十三日而留，留二十三日而遲疾伏，共行二百六十餘日而復留，而復退，是行常三倍於退，而退四倍於留之日。然後行乃其常，而退乃其變也。若西行，則行爲退，退爲行，是五星進日甚少，而退日何其多。六也。星家步星，伏行最急，疾行次急，遲行爲緩，留則不行，退則逆而西，此皆以星附著天體而言者也。若七政隨天西行，則天自天，星自星，不可附著天體，但附著則爲東行矣。然則星家所謂遲疾伏，皆爲最緩而不及天，所謂留則不可言留，乃行而與天同健，一日皆能過於太陽一度。至於所謂退，乃更速過於天運矣。七也。由是言之，則古法比蔡《傳》爲密，文公不可復作，而吾師亦已即世，無所質疑，姑識于此，以俟知者而問焉。

日月之行，當從古法，要而有序。蔡《傳》言日月尚可，若言五星則有不能通者，愚故著《七政疑》以明其說。若依古法，則日月之會亦以前法求之，易其進退足矣。

或問天度四分之一而有餘，歲日四分之一而不足，故天度常平運而舒，日道常內轉而縮，天漸差而西，歲漸差而東，此天行之速邪？日行之速邪？曰非有遲速也。日之於天，晝夜百刻必滿一度，三百六十五日之外，當二十五刻而周天，果爾，則天日常合而無差矣。蓋日乃不滿二十四刻而成歲，所以不能滿天度四分之一。一歲之差不可見，積歲之久乃可見爾。問者曰：天本無度，因日行而謂之度。日行既成歲，則是周天矣，又何以不及天邪？曰：天固無度，而經星附麗者昭昭，日行不滿而有成歲，則今歲冬至與去歲冬至之度必微有不及。問者又曰：成歲以日周天爲率，當必待滿天度而定爲歲，何故云有行不至邪？曰：日之行有冬有夏，南北旦旦推移，夏至至北之極，即回而漸南，冬至至南之極，即回而漸北，南北周回有定則。故一周歲自不能滿三百六十五日二十五刻，而止二十三刻餘也。以天而言，一度析爲九百四十，則四分之一當得二百三十五，而日之行一歲，止及三百六十五度二十四分餘耳，歲與天安得不差乎？

閏法，十九歲氣朔分齊爲一章，此亦大略也。蓋十九歲猶有餘分未盡，若整齊則須十一月甲子朔子時半冬至爲曆元，而十九年爲章，二十七章爲會，五百一十三年。三會爲統，一千五百三十九年。三統爲元，積四千六百一十七年，則日月皆無餘分，而又得十一月甲子朔夜半冬至，而又爲曆元矣。

篇中六「咨」字，「下民其咨」之「咨」，訓嗟，愁怨之意。餘五字，孔例訓嗟。蔡在「帝曰」下者則訓嗟，在「疇」下者訓訪問。《説文》曰：「謀事曰咨。」五「咨」皆謀訪之意，恐不必作兩訓，但從訪問之意看，自有意，况古文皆作「資」。

「登庸」未須便指曰禪位〔六〕，大意亦是欲授相職，故放齊舉胤國之君。蓋堯廷大事必咨四岳，治水禪位是也。而此但曰「疇」，可見其輕重。若朱是丹朱，恐不必放齊舉。

「下民其咨」，「其」之爲言意之之辭也。聖人治天下，民生富贍而水旱有備，斯時雖有水災，民未病也。然聖人愛民之心，如慈母之於子，豈待飢寒叫號而後衣食之邪？故其咨之，言先已意之矣。

金先生曰：史稱黄帝生玄囂，玄囂生蟜極，蟜極生嚳，嚳生子堯，則堯，黄帝之玄孫也。又稱黄帝生昌意，昌意生顓頊，歷窮蟬、敬康、句望、橋牛以至瞽叟，而生舜，則舜，黄帝八世孫也。堯舜俱出於黄帝〔七〕，則二女之妻，不亦亡宗嬻姓亂序無别乎？世系之傳，《史記》失考。

司馬遷，漢史也，其紀漢之初已不知高祖之世系，父曰太公而不知名，母曰劉媼而不知氏，耳目所及尚如此，傳聞者其足信乎？考之《書》曰「虞舜」，曰「嬪于虞」，是虞者，有國之稱也。《國語》史伯曰：「成天地之大功者，其子孫未嘗不章，虞、夏、商、周是也。虞幕能聽協風以成樂物生，夏禹平水土以處庶類，商契和合五教以保百姓，周棄播殖穀疏以衣食民人，其後皆爲王公侯伯。」夫以虞幕並契、稷而言，則幕爲有功始封之君，虞爲有國之號。《左氏》史趙曰：「自幕至瞽叟無違命，舜重之以明德。」自幕至瞽叟，則非自黃帝、昌意、顓頊、窮蟬、敬康、句望、橋牛以至瞽叟也。或曰：《國語》不曰「幕能帥顓頊」，《左氏》不曰「陳，顓頊之族」乎？曰：幕之出于顓頊，《左氏》《國語》之説固足徵；謂顓頊必出于黃帝，《史記》之説果足徵乎？黃帝氏歿，則少昊氏作，是爲五帝之首。《國語》稱「少昊之衰，九黎亂德，顓頊受之」，則少昊似一代之通稱，後世始衰，非少昊帝之世即衰也。而《史記》于黃帝之後不及少昊，懸紀顓頊，損爲黃帝之孫，隔遠無序，少昊之代何所往，而黃帝之孫何其壽。莫難明者譜諜，莫易知者朝代。《史記》序朝代尚有遺，則其序譜諜豈足信乎？《書》稱帝堯「明俊德以親九族」，使堯舜果同出於黃帝，則爲同高祖之族也。舜在九族内，爲父母弟所惡，屢瀕於死而不一顧省，豈足謂之親九族？迨四岳明揚，而直妻以二女，豈足謂之「克明俊德」？以天下之大聖人，推而納諸天下之大惡，則《史記》《世本》誣陷聖人，罪不勝誅矣。

舜父不知其名。瞽者，無目之稱也。古注謂「不能分别好惡，故謂之瞽」，非也。《史記》

作盲者子。

舜母名握登，舜生而母死。瞽瞍更娶而生象，象傲。瞽瞍愛後妻子，常欲殺舜。蓋瞽瞍有虞之國君，欲殺舜者，愛象而欲奪嫡也。然欲殺之，乃嬪虞以前事。舜以孝感，烝烝乂，不格姦，然後嬪之也。孟子不辨世俗之訛，唯在發明聖人之心耳。

舜典

「濬哲」體，而「文明」用。存于中者深沈而智哲，則見於外者文理而光明。「温恭」用，而「允塞」體。見於外者和粹而恭敬，則知存于中者誠信而充實。此即「玄德」而「重華協于帝」者也。

「讓德弗嗣」之下，王魯齋先生謂堯試舜如此之詳，而「讓德弗嗣」之下無再命之辭，巽位之際，亦無丁寧告戒之語，何也？按《論語·堯曰》篇首二十字乃此脱文也。

以形體謂之天，以主宰謂之帝。上帝者，昊天上帝也。昊，廣大也。言廣大之天，主宰之帝也。《祭法》曰：「燔柴於泰壇，祭天也。瘞埋於泰折，祭地也〔八〕。用騂犢，埋少牢於泰昭，祭時也。相近于坎壇，祭寒暑也。王宫，祭日也。夜明，祭月也。幽宗，祭星也。雩宗，祭水旱也。四坎壇，祭四方也。山林川谷丘陵能出雲，爲風雨，見怪物，皆曰神。有天下者祭百神。」蔡《傳》全用此語釋「肆類」至「羣神」四句。祭天即類上帝，所以于「泰昭」以下至「雩宗」釋六宗〔九〕，至于「四方」以下，皆該在群神中。○「相近」當爲「禳祈」，「宗」當爲「禜」〔一〇〕，皆誤字也。泰昭、王宮、夜明、幽宗、雩宗，皆壇名。「坎壇」，則坎爲下地，而壇封土也。「時」，四時，謂陰陽之神。陰陽之氣，出入地中，故埋其牲。寒暑不時，或禳之，或祈之。祭暑必於國南之壇，祭寒必於國北之坎，求其類也。「王」，尊名。「宮」，壇之營域。天以日爲君，故號之曰君，而爲宮以祭之。夜之有明者，月也，故以名月壇。「禜」，營也〔一一〕，亦謂營爲壇也。「幽」者，暗也，星見於夜爲幽暗之時，故祭星之壇爲幽。禜星五緯也，或司中、司命之類，亦是于昏始見禜之。「雩」，吁嗟而祭龍也。建巳之月，龍星見之時，於此祭之，或水或旱，亦於此祭。言「騂犢」於上，以見祭天之用特。埋少牢冠於泰昭之上，則以下皆用少牢可知。群神如山林、川谷、丘陵、墳衍，民所取財用，又如法施於民〔一二〕，以死勤事，以勞定國，能禦大災，能捍大患，則祀之之類。然此皆常祀，舜蓋特祭之而告攝位也。

「六宗」，疏中名不一，今記于此，以廣異聞。歐陽、大小夏侯皆云所祭者六，上不謂天，下不謂地，旁不謂四方，在六者之間，助陰陽變化，實一而名六宗。孔光、劉歆謂乾坤六子：水、火、雷、風、山、澤。賈逵謂天宗三，日、月、星；地宗三，河、海、岱。馬融云天、地、春、夏、秋、冬。鄭玄云禋與祭天同名，六者皆天神，謂星、五緯。辰、十二次。司中、司命、文昌第五、第四星。風師、箕。雨師。畢。張髦云祀祖考三昭、三穆。司馬彪云：天宗，日、月、星、辰、寒、暑之屬。地宗，社稷、五祀之屬。四方之宗，四時、五帝之屬。

凡數，天子用十二，天地之極數也。自上公以降，則用九以至于二，凡八等。君用其奇而臣用其偶，陰陽之義也。故上公九而侯伯七，子男五，天子之三公八，卿六，而大夫四。凡車旗、冠服、圭璧、器用，皆以此爲節，上可以兼下，隨所宜而用之。君則兼其奇，臣則兼其偶。

圭制博三寸，厚半寸，上剡寸半，其長則隨命數，惟天子之大圭長三尺。蓋天子之圭有二，搢大圭而執鎮圭也。桓，雙植也，象宮室爲桓楹，以宮室須桓楹乃安。天子在上，得諸侯乃安，故桓圭有文，如重立狀。桓或作瓛。信，直也。躬，曲也。信者尊，足以侯外而蔽内〔一三〕。躬者卑，足以長人而已。一説信圭之體直，躬圭之體面。一説圭皆直，而瑑人形於其上。信者直而躬者曲。璧則體圓而徑五寸，肉倍好，則好一寸而肉兩旁共四寸也。《禮》注疏曰：穀所以養人，蒲席所以安人，故瑑爲穀蒲之形爲飾。又曰：子男執圭者，未成國也。圭者，天之用。璧者，天之體。盡其用者，必得其體〔一四〕；得其體，未必盡其用。圭璧所以不同也。愚謂子男之國，止五十里，所以謂之未成國。圭爲天之用，其數奇也。璧爲天之體，其形圓也。

「燔柴以祀天」，蓋以牲燔其香氣，上達于天也。「柴」字古注、蔡《傳》皆作祭天，若巡狩四岳，一歲四祭，不亦瀆乎？金先生謂祭山則埋，祭水則沈〔一五〕，禮也。今不能遍沈埋，故亦柴之，使氣旁達。舊説「柴」作一句，非，當連下讀。

望者，巡狩至方岳，不能遍祭群神，止于岳下，總望而祭之。秩則隨所祭之神，品秩高下，如岳視三公，瀆視諸侯，餘視伯子男。疏家謂牲幣、粢盛、籩豆、爵獻之數，引「《大行人》云：上公九獻，侯伯七獻，子男五獻。掌客，上公饔餼九牢，飧五牢。侯伯饔餼七牢，飧四牢。子男饔餼五牢，飧三牢。又上公豆四十，侯伯三十二，子男二十四。」此即秩之類也〔一六〕，但恐唐虞周禮有不同耳。至於天子祭之，則祀四望山川毳冕，群小祀玄冕，亦如其秩。

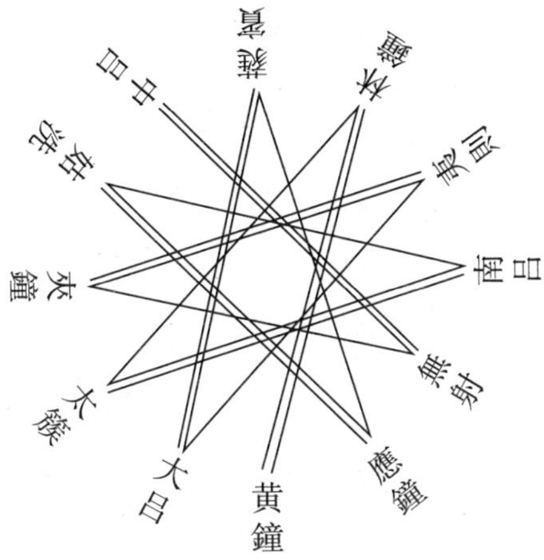

律呂相配圖

天地果有初乎？凡有形者，必由始以終，由成而敗。天地亦囿於形者也，惡得無初？然則孰始而孰終之？理爲之體，而氣爲之用也。盈天地之間者唯萬物，其能生物者，氣也。其所以生物者，理也。人爲萬物之靈而用物者也，故可以參天地而贊化育。然天地因氣而成，人物憑氣而生，氣不可以目見耳聞也。而有形者必有聲，聲則可以耳聞而不可以目見，此用之徵者也，故近于氣者莫若聲。聲之發雖出於一，而其高下清濁亦莫不有節焉。自陰陽分而爲五，五而爲十二，五與十二相因而爲六十[一七]，而陰陽之用周矣。故聲之條理亦在五與十二爾，萬物之聲未有外於此者也。人爲物靈，故其聲獨著而多變，有哀樂、喜怒、敬愛之感，則有噍殺、嘽緩、發散、粗厲、直廉、和柔之應，其感也無窮，則聲之變也多矣。聖人以物之聲皆出于自然，而人之聲乃發于有意。出於自然則合于道者多，發于有意則違道或遠。故合人物之聲，制爲之節，因人之所本有而易求者以協之，以盡其用。自聖人之明哲，聲律身度豈不能自爲之制，而必取物之無知者謂之聲之和，反以協人之聲，寧智不及之邪？蓋不自用聰明而任道，因物之自然而節人之有意，皆欲歸于中而已。故聲之妙，可以動天地、感鬼神、和人心、協物類。自載籍所紀，聲之用之效之感不可勝數。其應之善惡有殊，則係乎聲之中正淫邪。其所以能感則爲聲與氣爲最近故也。是以聖人慎之而立法焉。自伏羲有網罟之詠，伊耆有葦籥之音，葛天之八闋，神農之五弦，古之制聲也尚矣。然以聖哲自爲之，而法未立也。黄帝氏欲立憲以垂萬世，故使伶倫自大夏之西、昆侖之陰，取竹之嶰谷生而竅厚薄均者，竹孔與肉厚薄均等者，截以爲筒，不復加削刮也。斷兩節之間，而爲黄鐘之宫，因制十二筩，吹其六以應鳳鳴爲陽，六應皇鳴爲陰，比黄鐘之宫而皆可以生之，是爲律本。定六律、六吕之制〔一八〕，以候氣之應，而調宫商角徵羽之聲，故能協和中聲，候氣不爽，五聲六律旋相爲宫，而聲不窮矣。然律之制，豈惟用於樂而已。故又因以起度而度長短焉，又因以爲量而量多少焉，又因以爲權衡而平輕重焉，故備數、和聲、審度、嘉量、權衡，而聖人治天下之具無違聲之妙用〔一九〕，與天地侔矣。

數始于一。物必有對待，有陽則有陰，有天則有地，故有二。天地之體圓方，圓者徑一而圍三，故有三，一倚二亦三也。方者徑一而圍四，故有四，一倚三亦四也。圍三者，以一爲一而用其全，見其三而不可析也，故三。圍四者，以二爲一而用其半，見其二而半必析也，故二。

所謂參天兩地也，合三與二則五也，一倚四亦五也。天地之數五而已，以此爲不足以盡天下之數，故又以一二三四因于五[二〇]，而爲六七八九。五五自相因而爲十，以一倚六七八九，亦七八九十，故天地之數各以奇偶，亦止于十焉。然一函三，三而三之則爲九，故九爲陽之盛，而十則復爲一矣。陽統夫陰者也，故用數止用九焉，又以九因三則爲十二，故十二又爲天地之用數也。天有十二次，地有十二位，天地之數止于一元，而元有十二會，運有十二世，歲有十二月，日有十二時。夫寒暑一周而爲一歲，不可誣也。而一周之間，日月之會必十二度，此象著于天者也。斗杓之指必十二方，此象著于地者也。故十二者，又天地之用數也。然數止於是而已，過此以往，雖百千萬皆積而至者也。然則數衍於三而盛於九，合于五而極于十，其始皆原于一也。一者，太極也。太極者何？理而已矣。今夫黄鐘亦始于一爾，以次而言，則位固居一矣。一則函三，故三爲其徑之數。徑一圍三，則九乃其圍之數，以九伸之而自相因，爲長九寸之數。故黄鐘爲衆律之原，百度之本也。陽至于此，不可復加，而陰亦不可先陽。故有減而退，無益而進，三分損其一，以下生林鐘，由是而三分，益之損之，上生下生，至於中呂而止。皆原於一，而莫非陽九之用也。

《漢·律曆志》曰：數者，一十百千萬也，本起於黄鐘之數，始于一而三之，三三積之，歷十二辰之數，十有七萬七千一百四十七而五數備矣。律十有二，陽六爲律，陰六爲呂。律以統氣類物，吕以旅陽宣氣。黄鐘，黄者，中之色；鐘者，種也。陽氣施種于黄泉，孳萌萬物，爲六氣。元始於子，在十一月，大呂。呂，旅也，言陰大旅助黃鍾宣氣而牙物。位於丑，在十二月，太簇。簇，奏也，言陽氣大奏地而達物。位于寅，在正月，夾鍾，言陰夾助太簇，宣四方之氣而出種物。位于卯，在二月，姑洗。洗，絜也，言陽氣洗物辜絜之也。位於辰，在三月，中呂，言微陰始起未成，著於其中，旅助姑洗，宣氣齊物。位於巳，在四月，蕤賓。蕤，繼；賓，導也。言陽始導陰氣，使繼養物。位於午，在五月，林鍾。林，君也，言陰氣受任，助蕤賓君主種物，使長大楙成。位于未，在六月，夷則。則，法也，言陽氣正法度，而使陰氣夷當傷之物。位於申，在七月，南呂。南，任也，言陰氣旅助夷則，任成萬物。位於酉〔二〕，在八月，亡射。射，厭也，言陽氣究物而使陰氣畢剥落之，終而復始亡厭已。位于戌，在九月，應鍾，言陰氣應亡射，該藏萬物而雜陽閡種。位于亥，在十月，有三統之義焉。十一月，乾之初九，陽始著爲一，萬物萌動，鍾於太陰。故黃鍾爲天統，律長九寸九者，所以究極中和，爲萬物元也。《易》曰：「立天之道，曰陰與陽。」六月，坤之初六，陰氣受任於太陽，萬物生長，楙之於未，令種剛强大。故林鍾爲地統，律長六寸六者，所以含陽之施，楙之于六合之内，令剛柔有體也。「立地之道，曰柔與剛。」正月，乾之九三，萬物族出於寅，人奉而成之，仁以養之，義以行之。寅，木也，爲仁，其聲商也，爲義。故太簇爲人統，律長八寸，象八卦，所以順天地，通神明，類萬物之情也。「立人之道，曰仁與義。」是爲三統。三律皆整寸無餘分。

《周禮·大師》：「掌六律六同，以合陰陽之聲。」鄭玄注曰：「黃鍾，初九也，下生林鍾之初六，林鐘上生太簇之九二，太簇下生南吕之六二，南吕上生姑洗之九三，姑洗下生應鐘之六三，應鐘上生蕤賓之九四，蕤賓又上生大吕之六四，大吕下生夷則之九五，夷則上生夾鐘之六五，夾鐘下生無射之上九，無射上生中吕之上六。同位者象夫妻，異位者象子母。」

十二律起算成法 一寸十分法。

黄鐘九寸九，陽之盛也。自一而函三，故黄鐘位居一而徑三分。徑一者圍三，則其圍九分。九其九，故八十一爲黄鐘之長數。起于一，一則含三，故三者數之用。是以十二律皆以三損益之，陽不可過，故先損三分之一，而下生林鐘。

林鐘六寸以三分黄鐘之九寸，三爲一分，三分損一，去其三寸，得林鐘之數。○三分益一，上生太簇。

太簇八寸以三分林鐘之六寸，二爲一分，三分益一，則加二寸，而得太簇之數。○三分損一，下生南吕。

南吕五寸三分寸之一自此以下，析寸爲分，皆以三加之。○以三分太簇之八寸爲二十四，以三約之，八爲一分，三分損一，得一十六，以三約其十五，爲五而餘一，是爲南吕之數。○三分益一，上生姑洗。

姑洗七寸九分寸之一以九分南吕之五寸爲四十五，又以三乘其餘一爲三，合四十八，以三約之，十六爲一分，三分益一，共得六十四，以九約其六十三爲七而餘一，是爲姑洗之數。○三分損一，下生應鐘。

應鐘四寸二十七分寸之二十以二十七分姑洗之七寸爲百八十九，又以三乘其餘一爲三，合一百九十二，以三約之六十四爲一分，三分損一，得一百二十八，以二十七約其一百八爲四，而餘二十，是爲應鐘之數。○三分益一，上生蕤賓。

蕤賓六寸八十一分寸之二十六以八十一分應鐘之四寸爲三百二十四，又以三乘其餘二十爲六十，合三百八十四，以三約之一百二十八爲一分，三分益一，共得五百一十二，以八十一約其四百八十六爲六而餘二十六，是爲蕤賓之數。○三分益一，上生大吕。

大吕八寸二百四十三分寸之一百四以二百四十三分蕤賓之六寸，爲一千四百五十八，又以三乘其餘二十六爲七十八，合一千五百三十六，以三約之五百一十二爲一分，三分益一，共得二千四十八，以二百四十三約其一千九百四十四爲八而餘一百四，是爲大吕之數。○三分損一，下生夷則。

夷則五寸七百二十九分寸之四百五十一以七百二十九分大吕之八寸，爲五千八百三十二，又以三乘其餘一百四爲三百一十二，合六千一百四十四，以三約之二千四十八爲一分，三分損一，得四千九十六，以七百二十九約其三千六百四十五爲五，而餘四百五十一，是爲夷則之數。○三分益一，上生夾鐘。

夾鐘七寸二千一百八十七分寸之一千七十五以二千一百八十七分夷則之五寸，爲一萬九百三十五，又以三乘其餘四百五十一爲一千三百五十三，合一萬二千二百八十八〔二二〕，以三約之四千九十六爲一分，三分益一，共得一萬六千三百八十四，以二千一百八十七約其一萬五千三百九爲七而餘一千七十五，是爲夾鐘之數。○三分損一，下生無射。

無射四寸六千五百六十一分寸之六千五百二十四以六千五百六十一分夾鐘之七寸，爲四萬五千九百二十七，又以三乘其餘一千七十五爲三千二百二十五，合四萬九千一百五十二，以三約之一萬六千三百八十四爲一分，三分損一，得三萬二千七百六十八，以六千五百六十一約其二萬六千二百四十四爲四而餘六千五百二十四，是爲無射之數。○三分益一，上生中吕。

中吕六寸一萬九千六百八十三分寸之一萬二千九百七十四以一萬九千六百八十三分無射之四寸，爲七萬八千七百三十二，又以三乘其餘六千五百二十四爲一萬九千五百七十二，合九萬八千三百四，以三約之三萬二千七百六十八爲一分，三分益一，共得十三萬一千七十二，而以一萬九千六百八十三約其十一萬八千九十八爲六而餘一萬二千九百七十四，是爲中呂之數也。

《漢志》又曰：「黄鐘叁分損一，下生林鐘。叁分林鐘益一，上生太簇。叁分太簇損一，下生南吕。叁分南吕益一，上生姑洗。叁分姑洗損一，下生應鐘。叁分應鐘益一，上生蕤賓。叁分蕤賓損一，下生大吕。叁分大吕益一，上生夷則。叁分夷則損一，下生夾鐘。叁分夾鐘益一，上生亡射。叁分亡射損一，下生中吕。陰陽相生，自黄鐘始而左旋，八八爲伍。」

《史記·律書》：「生鐘分曰：子一分，丑三分二，寅九分八，卯二十七分十六，辰八十一分六十四，巳二百四十三分一百二十八，午七百二十九分五百一十二，未二千一百八十七分一千二十四，申六千五百六十一分四千九十六，酉一萬九千六百八十三分八千一百九十二，戌五萬九千四十九分三萬二千七百六十八，亥十七萬七千一百四十七分六萬五千五百三十六。術曰：以下生者，倍其實，三其法；以上生者，四其實，三其法。」

西山蔡先生《律吕本原》曰：按黄鐘九寸，以三分爲損益，故以三歷十二辰，得一十七萬七千一百四十七，爲黄鐘之實。其十二辰所得之數，在子寅辰午申戌六陽辰，爲黄鐘寸分釐毫絲之數。子爲黄鐘之律，寅爲九寸，辰爲八十一分，午爲七百二十九釐，申爲六千五百六十一毫，戌爲五萬九千四十九絲。在亥酉未巳卯丑六陰辰，爲黄鐘寸分釐毫絲之法。亥爲黄鐘之實，酉之一萬九千六百八十三爲寸，未之二千一百八十七爲分，巳之二百四十三爲釐，卯之二十七爲毫，丑之三爲絲。其寸分釐毫絲之法，皆有九數，故九絲爲毫，九毫爲釐，九釐爲分，九分爲寸，九寸爲黄鐘。蓋黄鐘之實一十七萬七千一百四十七之數，以三約之，爲絲者五萬九千四十九，以二十七約之，爲毫者六千五百六十一，以二百四十三約之，爲釐者七百二十九，以二千一百八十七約之，爲分者八十一，以一萬九千六百八十三約之，爲寸者九。由是三分損益，以生十二律焉〔二三〕。愚按數止於絲，以十七萬七千一百四十七三約之也。然則十七萬七千一百四十七者，一爲三忽也，衍之則五十三萬一千四百四十一者，忽之數也。

又曰：黄鐘生十二律，子寅辰午申戌六陽辰皆下生，丑卯巳未酉亥六陰辰皆上生。其上以三歷十二辰者，皆黄鐘之全數。其下陰數以倍者，即算法倍其實。三分本律而損其一也。其陽數以四者，即算法四其實。三分本律而增其一也。六陽辰當位自得，六陰辰則居其衡。林鐘、南吕、應鐘三吕在陰無所增損，大吕、夾鐘、仲吕三吕在陽則用倍數，方與十二月之氣相應。蓋陰之從陽，自然之理也。其上即十二辰分字以上，子一丑三寅九是也。其下則十二辰分字以下，二八十六是也。

又十二律起算成法一寸九分法。

黄鐘九寸一數之始，九陽之盛也。故黄鐘位居一而圍九分，九其九，故八十一分爲黄鐘之長。九分爲寸，八十一分爲九寸也。自一而以三歷十二辰，其數一十七萬七千一百四十七，爲黄鐘之實，而以寸法一萬九千六百八十三約之得九，亦爲九寸。數起於一，一則含三，故三者數之用，是以十二律皆以三而損益之。陽不可過，故先損三分之一，而下生林鐘。

林鐘六寸法曰丑三分二，以三分黃鐘之長，一爲三寸，得其二爲林鐘之六寸。○三分黃鐘之九寸，則三寸爲一，損一亦得六寸。○二黃鐘之九寸爲十八寸，信其實也，以三約之爲六寸，三其法也。○陰辰居其衡，故林鐘居未。下酉亥丑卯巳放此。○以黃鐘之實一十七萬七千一百四十七，三分損一，得十一萬八千九十八，爲林鐘之實。○三分益一，上生太簇。

太簇八寸法曰寅九分八，以九分黃鐘之長，一寸爲一，得其八爲太簇之八寸。○三分林鐘之六寸，則一爲二寸[二四]，益一亦得八寸。○四林鐘之六寸爲二十四寸，四其實也，以三約之爲八寸，三其法也。○陽辰當位自得，故太簇居寅。下辰午申戌放此。○以林鐘之實十一萬八千九十八，三分益一，得十五萬七千四百六十四，爲太簇之實。○三分損一，下生南呂。

南呂五寸三分自此以下，析寸爲分，九分爲寸。○黃鐘分法二千一百八十七。○法曰：卯二十七分十六，以二十七分黃鐘之長，一爲三分，得其十六，以三爲一寸，則十五爲五寸，一爲三分[二五]，故南呂之長五寸三分。○三分太簇之八寸，則二寸六分爲一，損一亦得五寸三分。○二太簇之八寸，爲一百四十四分，倍其實也，以三約之，得四十八分，是爲五寸三分，三其法也。○以太簇之實十五萬七千四百六十四，三分損一，得十萬四千九百七十六，爲南呂之實。○三分益一，上生姑洗。

姑洗七寸一分法曰：辰八十一分六十四，以八十一分黃鐘之長，一爲一分，得其六十四，以九爲一寸，則六十三爲七寸，一爲一分，故姑洗之長七寸一分。○三分南呂之五寸三分，則一寸七分爲一，益一，亦得七寸一分。○四南呂之五寸三分，爲一百九十二分，四其實也，以三約之，得六十四分，是爲七寸一分，三其法也。○以南呂之實十萬四千九百七十六，三分益一，得十三萬九千九百六十八，爲姑洗之實。○三分損一，下生應鐘。

應鐘四寸六分六釐自此以下，析分爲釐，九釐爲分。○黃鐘釐法二百四十三。○法曰：巳二百四十三分一百二十八，以二百四十三分黃鐘之長，一爲三釐，得其一百二十八，則二十七分爲一寸，一百八爲四寸，三爲一分，十八爲六分，二爲六釐，故應鐘之長四寸六分六釐。○三分姑洗之七寸一分，則二寸三分三釐爲一，損一，亦得四寸六分六釐。○二姑洗之七寸一分，爲一千一百五十二釐，倍其實也，以三約之，得三百八十四釐，又約之爲四十二分六釐，是爲四寸六分六釐，三其法也。○以姑洗之實十三萬九千九百六十八，三分損一得九萬三千三百一十二，爲應鐘之實。○三分益一，上生蕤賓。

蕤賓六寸二分八釐法曰：午七百二十九分五百一十二，以七百二十九分黃鐘之長，一爲一釐，得其五百一十二，則八十一爲一寸，四百八十六爲六寸，九爲一分，十八爲二分，八爲八釐，故蕤賓之長六寸二分八釐。○三分應鐘之四寸六分六釐，則一寸五分二釐爲一，益一，亦得六寸二分八釐。○四應鐘之四寸六分六釐，爲一千五百三十六釐，四其實也。以三約之，得五百一十二，又約之爲五十六分八釐，是爲六寸二分八釐，三其法也。○以應鐘之實九萬三千三百一十二，三分益一，得十二萬四千四百一十六，爲蕤賓之實。○三分損一，下生大呂〔二六〕。

爲毫。○黃鐘絲法三。○法曰：酉一萬九千六百八十三分八千一百九十二，以一萬九千六百八十二分黃鐘之長，一爲三絲，得其八千一百九十二。則二千一百八十七爲一寸，六千五百六十一爲三寸。二百四十三爲一分，一千四百五十八爲六分，二十七爲一釐，一百六十二爲六釐。三爲一毫，九爲三毫。二爲六絲。是爲三寸六分六釐三毫六絲。○三分夷則之五寸五分五釐一毫，則一寸七分七釐六毫三絲爲一，損一亦得三寸六分六釐三毫六絲。○二夷則之五寸五分五釐一毫爲七萬三千七百二十八絲，倍其實也。以三約之，得二萬四千五百七十六絲。又約之，爲三十三分六釐三毫六絲，是爲三寸六分六釐三毫六絲，陰位倍之，爲七寸四分三釐七毫三絲。○以夷則之實十一萬五百九十二，三分損一，得七萬三千七百二十八。倍之，得十四萬七千四百五十六，爲夾鐘之實。○三分益一，上生亡射。

亡射四寸八分八釐四毫八絲法曰：戌五萬九千四十九分三萬二千七百六十八，以五萬九千四十九分黃鐘之長，一爲一絲，得其三萬二千七百六十八。則六千五百六十一爲一寸，二萬六千二百四十四爲四寸，七百二十九爲一分，五千八百三十二爲八分。八十一爲一釐，六百四十八爲八釐。九爲一毫，三十六爲四毫。八爲八絲。是爲四寸八分八釐四毫八絲。〇三分夾鐘之本數三寸六分六釐三毫六絲，則一寸二分二釐一毫二絲爲一，益一亦得四寸八分八釐四毫八絲。〇四夾鐘之三寸六分六釐三毫六絲爲九萬八千三百四絲，四其實也。以三約之，得三萬二千七百六十八絲。又約之爲四十四分八釐四毫八絲，是爲四寸八分八釐四毫八絲，三其法也。〇以夾鐘之實本數七萬三千七百二十八，三分益一，得九萬八千三百四，爲亡射之實。〇三分損一，下生中吕。

中吕六寸五分八釐三毫四絲六忽此當析絲爲忽，九忽爲絲。〇黄鐘之數，一爲三忽。〇法曰亥一十七萬七千一百四十七分六萬五千五百三十六，以一十七萬七千一百四十七分黄鐘之長，一爲三忽，得其六萬五千五百三十六。則一萬九千六百八十三爲一寸，五萬九千四十九爲三寸，二千一百八十七爲一分，四千三百七十四爲二分，二百四十三爲一釐，一千九百四十四爲八釐，二十七爲一毫，一百六十二爲六毫，三爲一絲，六爲二絲，一爲三忽，是爲三寸二分八釐六毫二絲三忽。〇三分無射之四寸八分八釐四毫八絲，則一寸五分八釐七毫五絲六忽爲一，損一，亦得三寸二分八釐六毫二絲三忽。〇二亡射之四寸八分八釐四毫八絲，三而衍之，五十八萬九千八百二十四忽，倍其實也。以三約之，得一千九萬六千六百八忽，是爲三寸二分八釐六毫二絲三忽，三其法也。陰位倍之，爲六寸五分八釐三毫四絲六忽。〇以亡射之實九萬八千三百四，三分損一，得六萬五千五百三十六，倍之爲十三萬一千七十二，爲中吕之實。〇以中吕之實本數六萬五千五百三十六，三分之餘一算，倍之亦餘二算，不能相生，故律止於中吕。

蔡先生曰：按《吕氏春秋》《淮南子》上下相生，與司馬氏《律書》《漢前志》不同，雖大吕、夾鐘、仲吕用倍數則一，然《吕氏》《淮南》不過以數之多寡爲生之上下，律吕陰陽皆錯亂而無倫，非其本法也。〇今按鄭康成注《禮》上下相生之説，即本《吕氏》《淮南》之論。又按《國語》

韋昭注，於大呂、夾鐘、中呂三吕下，皆有本數，又有倍數，雖用鄭氏十分寸之法，而知倍之説又不全與鄭氏同〔二七〕，但未發明陽皆下生，陰皆上生之義，又若未盡了然爾。

陽生於子之半而極於午，陰生於午之半而極於子。黄鐘應乾之初九，故位居子。林鐘應坤之初六〔二八〕，當位居午，而午亦陽也，故避而居未。黄鐘隔八而下生林鐘，林鐘隔八而上生太簇，三者皆全寸，故爲三統。天，陽也；地，陰也；而人亦陽也。人雖生於地，而上同於天之陽，此見天人之合，而人可與天比德也。

六律亦謂之六始，六呂亦謂六間，夾鐘又曰圜鐘，林鐘又曰函鐘，南呂又曰南事，中呂又曰小呂。

《漢志》曰：「度者，分、寸、尺、丈、引。本起黄鐘之長，以子穀、秬、黍中者，一黍之廣，度之九十分，黄鐘之長。一爲一分，十分爲寸，十寸爲尺，十尺爲丈，十丈爲引，而五度審。法用銅，高一寸，廣二寸，長一丈，而分、寸、尺、丈存焉。用竹爲引，高一分，廣六分，長十丈。」○「量者，龠、合、升、斗、斛。本起於黄鐘之龠，用度數審其容，以子穀、秬、黍中者千有二百實其龠，合龠爲合，十合爲升，十升爲斗，十斗爲斛，而五量嘉。法用銅，方尺而圜其外，旁有庣焉，「庣」，吐雕反。方一尺，過九氂五毫，然後成斛。上爲斛，下爲斗，左耳爲升，右耳爲合龠。狀似爵，上三下二，參天兩地，圜而函方，左一右二，陰陽之象。圜象規，重二鈞，聲中黄鐘。」○「衡權者，銖、兩、斤、鈞、石。本起於黄鐘之重。一龠容千二百黍，重十二銖，兩之爲兩，十六兩爲斤，三十斤爲鈞，四鈞爲石。」此法乃古法，而度量之器乃漢制。

五禮見《周禮·大宗伯》。正文按《周禮》，注字取鄭玄、王昭禹《禮注》、《通典》、《春秋纂例》、《禮書》。以吉禮事邦國之鬼神示。其別有十二。

以禋祀祀昊天上帝。

「禋」之爲言煙，燔燎升煙，所以報陽。又曰精意以享爲禋。昊天上帝，冬至於圓丘祭之。又以春孟祈穀于上帝，禮神之玉以蒼璧，牲用一犢，幣用繒，丈八尺，牲幣各隨玉色，器以瓦，爵以匏，藁秸及蒲爲藉神席。

以實柴祀日月星辰。

積柴以實牲體上下，三祀皆同。日壇王宮，月壇夜明，牲幣俱赤，玉以圭璧。凡祭日月，歲四：迎氣之時，祭日於東郊，祭月於西郊，一也。二分祭日月，二也。郊之祭，大報天而主日，配以月，三也。十月祭天宗，合祭日月，四也。四時之祭，二分二合，星謂五緯，辰謂日月所會十二次，星辰蓋於祭天宗時祭之。天宗謂日月星辰之類，天之宗也。又周仲秋祭靈星，秋分享壽星南郊，亦是。

以槱燎祀司中司命飌師雨師。

「槱」，積也，積薪而燎牲，同上。司中，三能。司命，文昌宮星。或曰司中、司命，文昌第五、第四星〔二九〕。或曰中能、上能。風師，箕星。雨師，畢星。立春後丑日，祭風師於國城東北。立夏後申日，祀雨師於國城西南。立冬後亥日，祀司中、司命於國城西北。

以上祀天神。

以血祭祭社稷五祀五嶽。

陰祀自血起，貴氣臭也。不言祭地，此皆地示，祭地可知。○夏后氏以五月祭地示，殷以六月祭。周夏日至，禮地示於澤中之方丘，在國北，黄琮、黄犢、黄幣。○其神州地示，謂王者所居吉土，兩圭五寸，有邸，黝犢黑幣，北郊築壇名泰折。○「社」者，五土之神。五土者，山林、川澤、丘陵、墳衍、原隰，各吐生物，群生賴之。又曰土地之神，能生五穀。稷者，五土之中，特以原隰，以此生五穀功多。稷爲五穀之長，故名其神，表言其處能生穀也。共工氏子勾龍能平水土，故祀配社。烈山氏子柱能殖百穀，故祀配稷。湯遷柱而祀棄。周制天子三社：大社，王社，亳社。諸侯三社：國社，侯社，亳社。大夫一社。社稷壇皆北面，兩圭，有邸。天子太牢，諸侯少牢，黝色黑幣，日用甲三獻。○王昭禹曰：門户，司出入之神。中霤，司居處之神。竈，司飲食。行，司道路。人資之以安，故祀之。户以羊，竈以鷄，中霤以牛，門以犬，行以豕，歲遍。○五嶽升血，兩圭有邸，五寸，少牢牲幣各隨方色，器用蜃，五獻。不言四瀆，或省文。

以貍沈祭山林川澤。

祭山林貍，祭川澤沈。

以疈辜祭四方百物。

「疈辜」，疈牲胷而磔之，以十二月合聚萬物而索享之，即蜡祭也。八蜡以記四方，一曰先嗇，田祖也，若神農爲主。二曰司嗇，若后稷爲佐。三曰農，田畯也，古之先教田者。四曰郵表畷，田畯爲郵亭，督約百姓處。五曰貓虎，迎貓爲食田鼠也，迎虎爲食田豕也。六曰防，爲障水也。七曰水庸，溝也。八曰昆蟲螟螽之屬，能爲穀害者。索鬼神而致百物，百物謂岳鎮、海瀆、五土、井泉，能雲雨，有功益於人者。動物，羽、蠃、毛、鱗、介、四靈等。

以上祭地示。

以肆獻祼享先王。

「肆」者，進所解牲體，謂薦孰特也。「獻」，獻醴，謂薦血腥也。「祼」之言灌也，以鬱鬯灌地，謂始獻尸求神也。此禘祭也，以夏之孟月爲之，不知年數。

以饋食享先王。

饋食，主於有黍稷，互相備也。肆獻以牲體爲主，饋食以熟食爲主。凡祭者必祼，下四者皆同。此祫祭也，三年一祭，行於冬。

以祠春享先王。

以禴夏享先王。

以嘗秋享先王。

以烝冬享先王。

此四時常祭。

以上享人鬼。

以凶禮哀邦國之憂。其別有五。

以喪禮哀死亡。

親者服焉，疏者含襚〔三〇〕。

以荒禮哀凶札。

「荒」，人物有害也。《禮》曰：「歲凶，年穀不登，君膳不祭肺，馬不食穀，馳道不除，祭事不縣，大夫不食粱，士飲酒不樂。」

以弔禮哀禍災。

神所示爲禍，天所毁爲災，吊以慰之也。

以禬禮哀圍敗。

國見圍，師敗績，同盟者會合財貨以更其所喪。

以恤禮哀寇亂。

兵作於外爲「寇」，作於内爲「亂」，恤以救之。

以賓禮親邦國其别有八。

春見曰朝。

此以下六禮以諸侯見王爲文。〇朝在春，東方諸侯。「朝」猶早朝之朝〔三二〕，欲其來之早。

夏見曰宗。

南方諸侯。「宗」，尊也。

秋見曰覲。

西方諸侯。「覲」，勤也。

冬見曰遇。

北方諸侯。「遇」，偶也。若不期而俱至。

時見曰會。

無常期。諸侯有不服，王將征討。既朝覲，王爲壇於國外，合諸侯而命事。

殷見曰同。

「殷」，衆也。十二歲王不巡狩，則六服盡朝。既畢爲壇，合諸侯以命政。

時聘曰問。

天子有事乃聘之。

殷覜曰視。

一服朝之歲，以朝者少，諸侯使卿以大禮衆聘焉。

以軍禮同邦國。其別有五。

大師之禮，用衆也。

用其義勇。

大均之禮，恤衆也。

均其地政、地守、地職之賦，所以憂民。

大田之禮，簡衆也。

因田習兵，簡閲車徒。

大役之禮，任衆也。

築宮室，任其力。

大封之禮，合衆也。

正封疆溝涂，所以合聚其民。

以嘉禮親萬民。其別有六。

以飲食之禮親宗族兄弟。

有食宗族飲酒之禮〔三〕，所以親之。

以昏冠之禮親成男女。

以賓射之禮親故舊朋友。

射禮，雖王亦立賓主，天子在學時亦有朋友。

以饗燕之禮親四方賓客。

朝聘者。

以脤膰之禮親兄弟之國。

脤膰，社稷宗廟之肉，以賜同姓之國，同福禄。

以賀慶之禮親異姓之國。

異姓，王昏姻舅甥。

右五禮皆周制，其隨時損益，雖不盡與唐虞同，然亦皆其遺法也。今存者惟周禮耳，觀此則可見古禮之大概矣。

《典命》云：「諸侯之適子誓於天子，攝其君，則下其君之禮一等。未誓，則以皮帛繼子男。」「誓」，謂天子命之爲樹子也。「降一等」，謂公之子如侯，侯子如伯之數。今注「世子執纁」，以未誓者言也。「公之孤四命，以皮帛眡小國之君。」今不言皮，虞、周禮異也。凡帛其長一丈八尺，兩而合之爲卷。五卷凡十端，共爲一束。三入爲纁，淺絳也，赤與黄也。六入爲玄黑，而有赤色。玄爲衣，纁黄皆爲裳。○舊説五玉即五瑞，既贄乃還，三帛、生、死則不還也。則是諸侯皆虚禮，而孤以下反有所獻，恐未安。或以爲玉必有籍，是亦受帛而還玉爾。然諸侯聘天子皆以圭，又璧琮九寸，諸侯以享天子。恐五玉即五等諸侯聘享之玉也。前言五瑞，此言五玉，其辭亦不同。○羔，小羊，取其群而不失類。雁取其候時而行。雉取其守分，死不失節。

《周禮》六器六贄，以玉作六器 以禮天地四方。蒼璧禮天，黄琮禮地，青圭禮東方，赤璋禮南方，白琥禮西方，玄璜北方。以禽作六贄，以等諸臣。孤執皮帛，虎豹皮。卿羔，大夫雁，士雉，庶人鶩，工商雞。

「五載一巡守，群后四朝。」唐虞制也。四方諸侯，各年一朝。蔡氏説也。《通典》又謂諸侯歲一朝，則恐太煩。在《周禮》則六服隨地遠近，分方而來，不同此。

夏，楸也，梓類。楚，荆也。

「眚災」雖大必赦，「怙終」爲害必刑。即「宥過無大刑，故無小」之意。

四凶之誅，因論刑而序於此，非一時事。金先生謂殛鯀放驩兜，在堯七十載。流共工在七十四載。竄三苗在七十六載。

「亮采惠疇」。有能奮起庸功廣堯之事者，使居百揆，亮相吾之事，與惠者誰歟？惠，謂及於下也。

百姓之不親者，爲五品之不遜也。

金先生曰：放勛曰「勞之來之」云云，堯命契之辭也。此舜申命之辭也。

三禮主於祭祀言。蓋禮雖有五而吉禮爲先，餘皆行之於人。吉禮獨交於鬼神，尤所當敬也。《周禮》大宗伯之職，亦惟曰掌建邦之天神人鬼地示之禮。

「夙夜惟寅」，致敬於平日也。「直哉惟清」，致敬於臨事也。敬固禮之本，而於祭尤宜致其謹也。伯夷雖典五禮，而帝命專以三禮言，舉其重也。直内而無少私曲，則心潔清而無物欲之汙，可以交於神明。若平日不能一於敬畏，則臨時未必能直清。故聖人而教之如此。

金先生曰：古之教者，非有簡編文字之多也，而必以樂。蓋簡編文字者，聞見之粗；而樂者，轉移氣質之妙。所以消融其渣滓，蕩滌其血氣而漑暢乎中和者，其妙機在乎是也。

又曰「直而温」以下教冑子之目。「詩言志」以下，典樂之目。

直寬剛簡及《臯謨》九德，皆是言其天質之善。或學而成此質者，則如此防其過，濟其不及。若性質乖戾卑下者，又不在此。

五聲相生圖

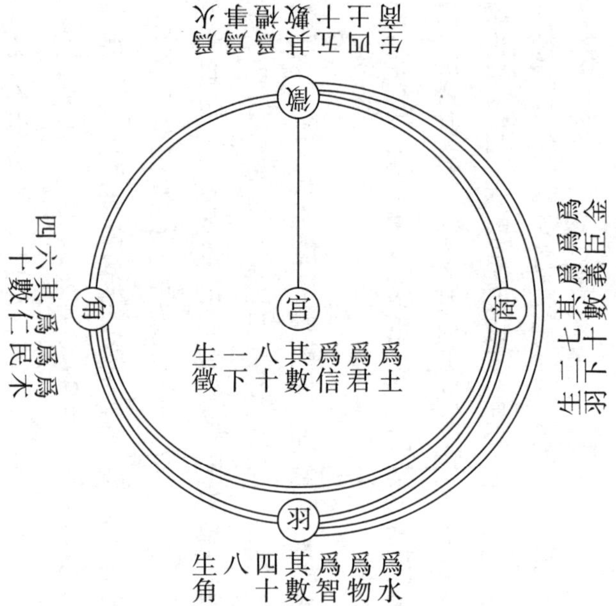
徵
爲火 爲事 爲禮 其數五十四 上生商
商
爲金 爲臣 爲義 其數七十二 下生羽
宮
爲土 爲君 爲信 其數八十一 下生徵
角
爲木 爲民 爲仁 其數六十四
羽
爲水 爲物 爲智 其數四十八 生角

《漢志》：「商」，章也，物成熟可章度。「角」，觸也，物觸而出，戴芒角。「宫」，中也，居中央暢四方，唱始施生，爲四聲綱。「徵」，祉也，物盛大而繁祉。「羽」，宇也，物聚藏，宇覆之。四聲爲宫紀。

五聲生於黄鐘，黄鐘爲宫，而管九寸。九之，則其數八十一。三分去一，益一，下生，上生，至於角而止。角不能生宫者，君不可先，亦中吕不能生黄鐘之義也。「宫」，君象也，處於中君之所也。向明而治，君之道也。故損而首生徵，自徵而商、羽、角，象天道之左旋也。以宫、商、角、徵、羽爲序，而配以君臣民事物，以數之多寡爲先後也。民居左，養民當以仁也。臣居右，臣所守者義也。事居前，禮事尚明也。物在後，不以物爲先也。其配於律，如黄鐘爲宫，太簇爲商，姑洗爲角，林鐘爲徵，南吕爲羽，順數多寡之序言也。以律相生之序，則又順宫、徵、商、羽、角相生之序言之也。

八音配八風圖

主朔易者，坎也。爲果蓏者，艮也。震竹而巽木也。匏，火精也。瓦，土類也。兑金而乾玉也。故八音之配如是也。匏竹則木類也〔三三〕，金石則土類也。東，生之方也；西，凝之方也。絲成於夏而革成於冬也。亦各從其類也。

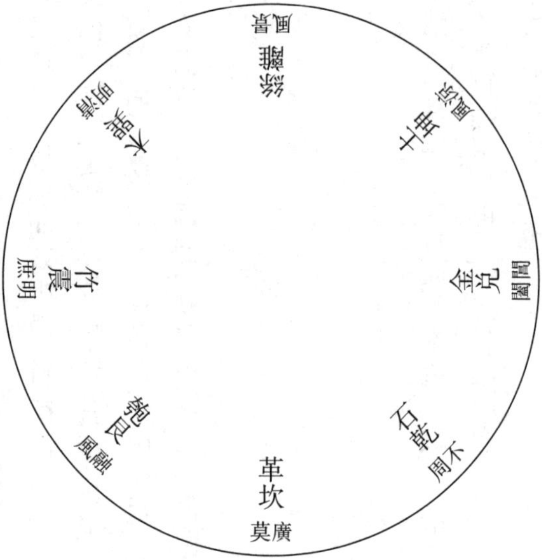

百揆輔弼君身，總攝庶政，故居一。民以食爲天，故后稷居二。飽食煖衣，逸居而無教，則近於禽獸，故司徒次之。道之不從，齊之以刑，故士次之。工以備器用，亦以率天下之工也，故工次之。山林、川澤、草木、鳥獸各得其序，所以養生送死，故虞次之。衣食足，教化行，刑罪遠，器用良，牲殺備，然後可以行禮，故秩宗次之。禮以節其外，樂以和其中，故典樂次之。禮樂達於天下，則德言興，善行立，故納言次之。此九官之序也。

《堯典》四「欽」字，《舜典》亦四「欽」字。「欽明文思」，史臣頌堯之全德也。「欽哉欽哉」，史臣頌舜用刑之善也。餘五「欽」則戒人。是皆堯舜躬行心得之餘，措諸人者也。堯舜之聖，亦惟「欽」而已矣。讀二《典》者之所當知，而日用之所當先也。

【校記】

〔一〕「分」，原作「其」，據學海本改。

〔二〕「零」，原作空圍，《四庫》本闕文，據學海本補。

〔三〕「故論日」至「論月」，原脱，據朱本、《四庫》本、陸本、學海本補。

〔四〕「論」，原脱，據朱本、《四庫》本、陸本、學海本補。

〔五〕「符」，《四庫》本同，學海本作「等」。

〔六〕「便」，原脱，據朱本、《四庫》本、陸本、學海本補。

〔七〕「俱」，《四庫》本、學海本同，朱本、陸本作「既」。

〔八〕「折祭地也」，原脱，據朱本、《四庫》本、陸本、學海本補。

〔九〕「所以于泰昭以下」，原作「所以以泰昭以」，據《四庫》本改。

〔一〇〕「爲」，原脱，據朱本、《四庫》本、陸本、學海本補。

〔一一〕「營也」，原脱，據朱本、《四庫》本、陸本、學海本補。
〔一二〕「如法施於民」，原誤作「如此法死於民」，據朱本、《四庫》本、陸本、學海本改。
〔一三〕「侯」，原誤作「俟」，據朱本、《四庫》本、陸本、學海本改。
〔一四〕「盡其用者，必得其體」，原無上「其」字，「得」作「盡」，據學海本補正。
〔一五〕「水」，原脱，據朱本、《四庫》本、陸本、學海本補。
〔一六〕「秩」，原誤作「佚」，據朱本、《四庫》本、陸本、學海本改。
〔一七〕「五與十二」，原脱，據朱本、《四庫》本、陸本、學海本補。
〔一八〕「黄鐘之宫」至「定六」，原脱，據朱本、《四庫》本、陸本、學海本補。
〔一九〕「平輕重」至「權衡而」，原脱，據朱本、《四庫》本、陸本、學海本補。
〔二〇〕「三」，原脱，據朱本、《四庫》本、陸本、學海本補。
〔二一〕「酉」，原誤作「西」，據朱本、《四庫》本、陸本、學海本改。
〔二二〕「二百」，原脱，據朱本、《四庫》本、陸本、學海本補。
〔二三〕「二」，原誤作「一」，據朱本、《四庫》本、陸本、學海本改。
〔二四〕「則一」，原誤作「則二」，據《四庫》本、學海本改。
〔二五〕「三」，原誤作「二」，據《四庫》本、學海本改。
〔二六〕「大吕」下有闕文，朱本、《四庫》本、陸本、學海本同。
〔二七〕「知」，《四庫》本、學海本作「加」。

〔二八〕「應」，原脱，據《四庫》本補。

〔二九〕「或曰司中」至「第四星」，原脱，據朱本、《四庫》本、陸本、學海本補。

〔三〇〕「禒」，原誤作「遂」，據朱本、《四庫》本、陸本、學海本改。

〔三一〕「朝猶」，原脱「朝」，據朱本、《四庫》本、陸本、學海本補。

〔三二〕「飲」，原誤作「餘」，據朱本、《四庫》本、陸本、學海本改。

〔三三〕「兑金」至「木類也」，原脱，據朱本、《四庫》本、陸本、學海本補。

讀書叢說卷之三

東陽許謙

大禹謨

三《謨》皆陳於帝舜之前，乃《舜典》之餘事。《禹謨》自「格汝禹」以下，舜晚年事，以禹王天下，故在益、皋前。

「允若茲」一章，「萬邦咸寧」以上，以效驗言。「稽于衆」以下，以工夫言。稽衆從人則嘉言罔伏，「不虐無告」則萬邦咸寧，「不廢困窮」則野無遺賢。后臣克艱，禹本兩平說，舜則歸重於己，謂惟堯時克其意。若曰惟「后克艱厥后」，則「臣克艱厥臣」。

東萊先生曰：不虐不廢，不必横政暴刑也。哀憐矜憫之心有一毫精神念慮不到，是廢之虐之也。

「益曰吁」一章，五罔、三勿、二無，皆儆戒之目。作四節看：上三「罔」屬「儆戒無虞」一句，蓋此三者多失於無事之時。三「勿」自爲一節，歷數之也。下二「罔」屬「百志惟熙」一句，蓋違道從欲只爲私意固蔽。私則志不廣矣，若所見者大，必不違道從欲，要在道、欲二字上。

下兩句又結上三節，謂於是八者無怠無荒，則四夷皆來王矣。

「六府」。蔡《傳》謂：「或相制以洩其過，或相助以補其不足。」如濬川設防，四時變國火以救時疾，斬冰出冰以節陰陽氣之類，然頗費力。金先生曰：《禮記》殷制，天子之六府曰司土、司木、司水、司草、司器、司貨，典司六職，蓋本有虞氏之舊制也。土、木、水三司，其名不易。司草則穀府，司貨則金府，司器則火府，鎔冶之事也。鄭氏謂在周則「司土，土均也。司木，山虞也。司水，川衡也。司草，稻人也。司貨，丱人也。」在虞豈非司空、朕虞、后稷、共工之職歟？或九官之外自有專司六府者歟？或當時六府以事而名，不必專職歟？六府各修其職矣，而政事之大有三焉：教之以正其德，通之以利其用，節之以厚其生。此三事所以同天下也，故謂之和。正德則厚典庸禮之事，如司徒敷教，伯夷降典，后夔典樂，士制百姓，皆是。利用即同律度量衡，懋遷有無化居之事。厚生則制用均節之事，如老者衣帛食肉，黎民不飢不寒，三十年之通民無菜色是也。舊説三事既指人力之爲，六府乃指五行自然之利，非類例矣。

「念兹在兹」四句。蔡《傳》：禹自道也。金先生謂禹勉帝舜。「念兹」謂念之也熟〔一〕，則雖捨之而不可易；言之也熟，則雖外之而不可違。如此則無上下兩「念」字相應，而三「念」字皆是一意。

「洚水儆予」一章，總言功德二字。「成允成功」、「汝惟不伐」、「嘉乃丕績」，皆以功言也。克勤儉、不滿假、「汝惟不矜」、「予懋乃德」，皆以德言也。

「成允成功」，能成其實成之功也。

「汝惟不矜」、「不伐」四句，言禹惟其不矜不伐，故天下莫與争能争功。蓋矜伐者，自有其能與功也。凡物據以爲己有，則人亦將據之，故有争。我不以爲有而無所據，則無迹之可尋，人何從而争之乎？故禹之功能雖極大，人竟莫能指而與之争相上也。又一説禹惟但不矜不伐而已，而人之功能自然無出其上者，况敢争乎！

「人心」可善可惡，理欲皆可包在裹許。目視、耳聽、鼻臭、口味、四肢之奉，皆是道心，則一於理而不雜以私，惻隱、羞惡、辭讓、是非是也。「精」則於凡人心之所接處，事事察之極精，而知理欲分曉。「一」則專守於理，而不使一毫私欲間於其間〔二〕。其及於事物，信能執其中矣。「精」是知得到，「一」是守得堅，「中」是行得及。如此即純是道心，然亦未嘗出於人心之外，但無私耳。

「弗詢之謀」，金先生謂己之謀也。人言無考於實者勿聽，己謀不詢於衆者勿庸。

臯陶謨

「曰若稽古」，尊辭也。堯、舜、禹、臯其德與位固有不同，而史臣皆以此稱之，蓋於此下各叙德而後及功者，二《典》法也。堯舜之德，固又非禹比，禹雖亦有帝位，而《謨》中所載實虞廷事，故《禹謨》但叙其功而不言德。皋陶始終臣道也，故但叙其言而又不及其功。此蓋史臣之意也。

史臣以皋陶所言「允迪厥德，謨明弼諧」兩語，明皋陶之謨，亦以見皋陶之德，而一篇綱領，亦惟在此兩句。「慎厥身脩」、「惇叙九族」、「安民」及「天叙」以下，皆迪德之類也。「庶明勵翼」、「知人」及「九德」以下，皆明諧之類也。然迪德則可以知人，明諧則可以安民。而「知人」之目，其末戒以「兢兢業業」，則又迪德之事。「安民」之目，其中有五服之用〔三〕，則又明諧之事。雖分言互言，各有條理，大要不過兩端耳。

「九德」。金先生曰：自「寬」以至「彊」九者，氣質之性也。自「栗」以至「義」九者，變化進修之學也。有上九者而無下九者以濟之，是氣禀之偏，非所以爲德之中也。「愿」者，謹厚之意。「恭」者，敬之見於事而中禮者也。「愿」則或爲鄉愿之同流合污，敬而中禮則爲德。「亂」與「擾」不同，「亂」是有才會做事者，「擾」是做事純熟者。有才能而不敬畏，則輕視其事而流蕩。熟於事者見事或不屑爲，故欲其果毅。「簡」或流於慢，有廉隅則能收斂。「剛」與「彊」不同，「剛」是有斷制，「彊」是果敢塞實也，而有止意。「剛」足以有爲，若所向無前而不知止，則爲暴矣。

「三德」、「六德」、「九德」，以人才之多少而爲治之大小也。蓋「九德」之人，其質與學各成於一而不得相同，以其人而布於官守，各有攸當。天下國家規模政事，其體固自不同。若於

「九德」之中大略得三等人爲輔，則大夫之家事深明矣。得六等之人爲輔，則諸侯之有國者皆明於事矣。至於王者，天下之大，非兼衆長不可也。故總得「九德」之人，翕合而敷布於百執事，然後「俊乂在官」而有「百僚師師」以下之效矣。此言知人之要，雖大夫之家亦當然，况有天下者乎？○舊説以一人之身而欲其備「三德」、「六德」。謂備「三德」者，則命爲大夫；備「六德」者，則命爲諸侯。是於此身而備衆德，則可以爲人上，至於「翕受敷施」處，卻以爲人君合而受，布而用，則德又在人而君不與焉，上下之言亦非倫矣。若以德之大小，稱位之高下，則天子當備「九德」可也。且「九德」各自一體，至有相反者，如「剛」、「柔」、「擾」、「簡」，固不可相入也，當從人成一德而以得人多寡之説爲是。

「宣」與「嚴祗敬」，在上人之事。「浚明」、「亮采」，則有德者之事。

「無教逸欲」一節，即是承上接下之辭。上三句迪德之事，下二句明諧之原。

「天叙有典」至「懋哉」一章，此正言迪德而安民之事也。「天叙」，君臣、父子、夫婦、長幼、朋友自然之倫叙。「典」則君臣之義、父子之親及别序信之五則。謂之「有典」，是「天叙」之中有常道。「天秩」，尊卑貴賤，天理自然之品節。「五禮」，吉凶軍賓嘉也。「寅」指人心言，「恭」指人事言，「衷」則天之所降而人受以生之常理也。天之叙則有典常，在我當敕正之，使於五者皆厚至。至於所以相接之序秩，則有五者之禮，自我當用之而不違。兩言「我」而又言敕於「自」，是謂在人君所當盡其道者，我既能盡之，則用此以同人心之寅畏，協人事之恭敬，和人所得之衷，蓋使之合於中而無過不及、乖戾者，「和」之謂也。所謂同之協之和之者，以我躬行心得而措諸彼，亦使之惇五典，庸五禮而已。至於人蹈典禮而有德，則命五服以章之，悖典禮而有罪，則用五刑以討之。用賞用刑，所以勸戒，使人皆歸於德也。而賞刑之政事，則當勉而又勉者也。四「天」字皆言出於天理之自然而不敢忽，不敢容私於其間者也。

「天聰明」至「敬哉有土」一章，此專戒君所以當迪德者也。「明威」，天之所以加於君身者也。天難諶，命靡常，善則降祥，不善則降殃，必然之理也。天豈有意哉！亦以民爲聰明爾。敕我自我之不惇庸，命德討罪之不當，則民怨而天怒矣。末又明言之曰：天人一理，上下通達，無有少間，有土者可不敬哉！能敬則能安民矣。

益稷

「四載」。蔡《傳》：「水乘舟，陸乘車，泥乘楯，山乘樏。」此從古注説。陸德明曰：「輴，丑倫反。樏，力追反。」《疏》曰：《史記·河渠書》泥行蹈橇，音蕝。山行即橋。丘遥反。徐廣注：「橋，一作檋。」几玉反。《尸子》云：「泥行乘蕝。」《漢·溝洫志》：「泥行乘毳，與橇同。山則梮。」居足反。如淳謂：毳以板置泥上，以通行路。韋昭謂：梮，木器也。如今輿牀，人輿以行。又按《夏本紀》：「泥行乘橇，山行乘檋。」然則輴與橇、毳、蕝爲一物，板置泥上也。樏與橋、檋、樺、梮爲一物，木牀，人舁以行也。

「安汝止，惟幾惟康。其弼直，惟動丕應徯志。」金先生曰：「止」者，静也，謂未動之時。「安」，猶保養也。「哉」，事端之徵也。「康」，安静而不爲也。大抵君心當静止無爲之時，必安静以存養之。惟當察其幾微之端，亦惟當守其康靖無爲之規。其爲之輔弼者，亦於此時當致其忠直之益。必如是而後可以善其動，動而愜乎人心之同然。

「股肱耳目」，應「翼」、「爲」、「明」、「聽」。「翼」，輔也〔四〕，以肱言。「爲」，行也，以股言。「明」以目言。「聽」以耳言。

「宗彝」，宗廟之尊彝也。有六彝，虎、蜼各居其一，虎取其義，蜼取其智。會彝於衣，則取其孝也。

《疏》：「鄭氏云：惟曰采，施曰色，以本性施於繒帛，故云以五采施於五色。」

唐虞之禮不可考，今凡言禮者，皆周禮爾。《皋謨》五服與五刑對言，主於諸侯卿大夫士而言之。《益稷》十二章則兼上下言之也。《典命》：上公九命，侯伯七命，子男五命，其衣服皆以其命數爲節。王之三公八命，卿六命，大夫四命，及其出封，皆加一等。公之孤四命，公侯伯之卿三命，大夫再命，士一命，子男之卿再命，大夫一命，衣服皆視其命數。鄭氏推王之上士三命，中士再命，下士一命。《司服》：王祀昊天上帝，則大裘而冕，享先王衮冕，享先公饗射鷩冕，祀四望山川毳冕，祭社稷五祀希冕，群小祀玄冕。公之服自衮冕而下，侯伯自鷩冕而下，子男自毳冕而下，孤之服自希冕而下，卿大夫自玄冕而下。蓋王之三公卿大夫曰出封加一等，則在王朝爲降一等，是三公鷩冕〔五〕，孤與卿毳冕，大夫希冕矣。《司服》所謂孤、卿、大夫者，諸侯之孤、卿、大夫也。先儒以鄭氏所言周升三辰於旂服，則自山龍以下者，臆説也。大裘之上亦蒙以衣，然則備十二章之服歟？總是而言之，則十二章之服，獨王祀帝之所用，衮冕則王之享先王也。上公也鷩冕，則王之享先公饗射也。侯伯也、王之三公也毳冕，則王之祀四望山川也。子男也、王之孤也、卿也希冕，則王之祭社稷五祀也。王之大夫也、公之孤也玄冕，則王之祭群小祀也。王之上士也、中士也、下士也，公侯伯之卿也、大夫也、士也，子男之卿也、大夫也，命數不同而同服其服者，則繅旒有異也。雖周制如此，其必有所本，唐虞之制從可知矣。

「絺」字，古注：勑其反。葛之精者。《疏》：「讀爲黹，紩也。」黹，展几反。紩，直質反，縫也。蔡《傳》從之，則是以繒爲裳，而以綫紩之也。

蔡《傳》：「衣之六章，其序自上而下；裳之六章，其序自下而上。」此謂衣則日月爲尊，裳則黼黻爲尊也。《疏》云：「衣在上爲陽，陽統於上，故尊在先。裳在下爲陰，陰統於下，故重在後〔六〕。天子諸侯下至黼黻，大夫粉米兼服藻火，是上得兼下也。士不得服粉米，大夫不得服黼黻，是下不得僭上也。」

杏溪傅先生合樂圖

堂上樂	堂下樂		
堂上樂	堂下樂	升歌三終。	笙入三終。
磬《書》鳴球也。	鞉	一歌	一笙
	鼓	二歌	二笙
		三歌	三笙
琴	管	間歌一歌一笙，相間而作，共三終。	
	鏞	一歌	一笙
		二歌	二笙
瑟	笙	三歌	三笙

樂有四節：曰升歌，曰笙入，曰間歌，曰合樂。升歌者，工升自西階，歌某詩是也。笙入者，工以笙入于堂下，奏某詩是也。間歌者，堂上歌某詩，堂下笙某詩，一〔七〕歌一笙相間而作也。合樂者，堂上堂下之樂並作也。升歌三終，笙入三終，間歌三終，合樂三終，通之爲十二，而謂之九成者，升歌、笙入共爲三成也。蓋間歌合而言之爲三終，分而言之爲六終，與升歌笙入同也。是六終乃爲三成，合樂三終，則六終具其中矣〔八〕，故謂之三成。

《書》言「戛擊鳴球，搏拊琴瑟以詠」，蓋詠時擊磬拊琴瑟也，此是説升歌。三成。言「下管鼗鼓，笙鏞以間」，蓋間時奏笙堂下，而隨之管鼗鼓鏞也，此是説間歌。三成。言「《簫韶》九成，鳳凰來儀」，此是説合樂。三成。

以上九成，不言笙入者，笙入與升歌共爲三成，故不言。

【校記】

〔一〕「茲」，原作「之」，據《四庫》本、學海本改。

〔二〕「使」，原作「私」，據朱本、《四庫》本、陸本、學海本改。

〔三〕「五服」，朱本、《四庫》本、陸本、學海本作「服刑」。

〔四〕「翼輔也」，原作「輔翼」，據《四庫》本、學海本乙正。

〔五〕「鷩冕」，原作「鱉」，據朱本、《四庫》本、陸本、學海本改。

〔六〕「重」，原脱，據朱本、《四庫》本、陸本、學海本補。

〔七〕「詩一」，原脱，據朱本、《四庫》本、陸本、學海本補。

〔八〕「則六終」，原脱，據朱本、《四庫》本、陸本、學海本補。

讀書叢說卷之四

東陽許謙

禹貢

州境	山	水	澤	原隰	土	田	賦	貢	草木	夷	貢道
冀州	既載壺口，治梁及岐。至于岳陽。	至于衡漳，恒、衛既從。		既修太原，覃懷厎績，大陸既作。	厥土惟白壤。	厥田惟中中。	厥賦惟上上錯。	島夷皮服。		島夷	夾右碣石入于河。
濟河惟兗州。		九河既道，灉、沮會同。	雷夏既澤。	桑土既蠶，是降丘宅土。	厥土黑墳。	厥田惟中下。	厥賦貞，作十有三載乃同。	厥貢漆、絲，厥篚織文。	厥草惟繇，厥木惟條。		浮于濟、漯，達于河。
海岱惟青州。	岱畎。	濰、淄其道。		海濱廣斥。	厥土白墳。	厥田惟上下。	厥賦中上。	厥貢鹽絺，海物惟錯，岱畎絲枲、鉛、松、怪石。厥篚檿絲。		嵎夷既略。萊夷作牧。	浮于汶，達于濟。

（續表）

州境	山	水	澤	原隰	土	田	賦	貢	草木	夷	貢道
海、岱及淮惟徐州。	蒙羽其藝。羽畎嶧。	淮、沂其乂。	大野既豬。	東原厎平。	厥土赤埴墳。	厥田惟上中。	厥賦中中。	厥貢惟土五色，羽畎夏翟，嶧陽孤桐，泗濱浮磬。淮夷蠙珠暨魚。厥篚玄、纖、縞。	草木漸包。	淮夷。	浮于淮、泗，達于河。
淮海惟揚州。		三江既入。	彭蠡既豬，陽鳥攸居。震澤厎定。		厥土惟塗泥。	厥田惟下下。	厥賦下上上錯。	厥貢惟金三品，瑶、琨、篠、簜、齒、革、羽、毛惟木。島夷卉服，厥篚織貝。厥包橘、柚，錫貢。	篠簜既敷，厥草惟夭，厥木惟喬。	島夷。	沿于江海，達于淮、泗。

（續表）

	荊州	豫州
州境	荊及衡陽惟荊州。	荊河惟豫州。
山		
水	江、漢朝宗于海，九江孔殷，沱、潛既道。	伊、洛、瀍、澗，既入于河。
澤	雲土夢作乂。	滎波既豬，導菏澤，被孟豬。
原隰		
土	厥土惟塗泥。	厥土惟壤，下土墳壚。
田	厥田惟下中。	厥田惟中上。
賦	厥賦上下。	厥賦錯上中。
貢	厥貢羽、毛、齒、革，惟金三品，杶、榦、栝、柏，礪、砥、砮、丹，惟箘、簵、楛，三邦厎貢厥名。包匭菁茅。九江納錫大龜。厥篚玄、纁、璣組。	厥貢漆、枲、絺、紵。錫貢磬錯。厥篚纖纊。
草木		
夷		
貢道	浮于江、沱、潛、漢，逾于洛，至于南河。	浮于洛，達于河。

（續表）

州境	山	水	澤	原隰	土	田	賦	貢	草木	夷	貢道
華陽黑水惟梁州。	岷、嶓既藝。蔡、蒙旅平。	沱、潛既道。			厥土青黎。	厥田惟下上。	厥賦下中三錯。	厥貢璆、鐵、銀、鏤、砮、磬、熊、羆、狐、狸織皮。		和夷厎績。	浮于潛，逾于沔，入于渭，亂于河。
黑水西河惟雍州。	荆、岐既旅，終南、惇物，至于鳥鼠。三危既宅。	弱水既西，涇屬渭汭，漆、沮既從，灃水攸同。	至于豬野。	原隰厎績。	厥土惟黄壤。	厥田惟上上。	厥賦中下。	厥貢惟球、琳、琅玕。織皮。		三苗丕叙。崐崘、析支、渠搜，西戎即叙。	浮于積石，至于龍門、西河，會于渭汭。

《禹貢》專爲紀治水之成功，而并及貢賦之數，故九州紀水道、土色、田賦之等，貢物、貢道爲詳，餘皆或見，或不見。古史言簡而意密，則又有言外之意。惟冀、梁、雍言山獨詳，諸州不言者，天下之勢，西北高而多山故也。徐雖言山，乃蒙羽之小者，又止言藝，則不專主于導山。冀、青、梁不言澤者，冀、梁多山而地峻，青邊海而水易泄，故三州無澤也。雍雖多山而豬野在其西北之偏，黄河之外，地形稍下，故有之也。揚、荆、豫、梁不言原隰者，諸州有大澤者無原隰，有原隰者無澤。揚州彭蠡、太湖其浸甚大；荆州雲夢，闊數百里；豫之滎波、菏澤、孟豬，皆巨浸，則原隰之地固少矣。兖、徐、雍二者皆有，兖止言宜桑之土耳，而雍則豬野在河外，原

隰在河内，相去甚遠。惟徐之東原不同。東原地甚卑，常有水患，雖曰原，其實下濕，謂居濟之東而稍高爾。梁州二者皆無者，爲多山而下不足豬水，且無曠平之地也。梁、雍無篚者，多山之地，惟出獸皮，而所織爲罽，不假于篚也。兖、荆、豫不言夷者，凡地接于山海邊陲之地，則有夷，豫居天下之中，荆雖居于南，而禹貢之地不踰嶺，兖雖在東北，而其東南則接青、徐〔一〕，西北皆冀境，故三州無夷也。兖、徐、揚獨言草木者，三州在東方，皆河、淮、江之下流，被水特甚，草木不生。今水既泄而生草木，故特書此以表地平也。至于冀之不言境域及貢篚，則《傳》已言之矣。

田賦之等	田	賦
上上	雍	冀 豫錯
上中	徐	豫 冀錯
上下	青	荊
中上	豫	青
中中	冀	徐
中下	兗	雍 揚錯
下上	梁	揚 梁錯
下中	荊	梁
下下	揚	兗 梁錯

書隨山九條八法

既載　冀既載壺口。

治　冀治梁及岐。

至于　冀至于岳陽。既修太原云云。　雍至于鳥鼠。

其藝　徐蒙、羽其藝。

既藝　梁岷、嶓既藝。

旅平　梁蔡、蒙旅平。

既旅　雍荆、岐既旅。

既宅　雍三危既宅。

書治水十五條十一法

至于　冀至于衡漳。

既從　冀恒、衛既從。　雍漆、沮既從〔二〕。

會同　兖灉、沮會同。

攸同　雍灃水攸同。

其道　青濰、淄其道。

其乂　徐淮、沂其乂。

既入　揚三江既入。

豫伊、洛、瀍、澗既入于河。

既道　兖九河既道。　荆沱、潛既道〔三〕。

梁沱、潛既道。

孔殷　荆九江孔殷。

既西　雍弱水既西。

屬　雍涇屬渭汭。

書澤十條八法

既澤　兖雷夏既澤。

既豬　徐大野既豬。　揚彭蠡既豬。

豫滎波既豬。

厎定　揚震澤厎定。

導　豫導菏澤。

被　豫被孟豬。

至于　雍至于豬野。

土　荊雲土。

乂　荊夢作乂。

書原隰七條六法

既修　冀既修太原。

厎績　冀覃懷厎績。　雍原隰厎績。

既作　冀大陸既作。

既蠶　兗桑土既蠶。

廣斥　青海濱廣斥。

厎平　徐東原厎平。

書土十一法

土色五：白，冀、青。黑，兖。赤，徐。青，梁。黄。雍。

土性六：壤，冀、豫、雍。墳，兖、青。墳壚，豫。有性無色。埴墳〔四〕，徐。塗泥。揚、荆。皆有性無色。黎。梁。細而疏也〔五〕。

既二十一

書山四：既載一，冀既載，壺口。既藝一，梁岷、嶓既藝。既旅一，雍荆、岐既旅。終南惇物至于鳥鼠。既宅一。雍三危既宅。

書水八：既從二，冀恒、衛既從，雍漆、沮既從。既道三，兖九河既道，荆沱、潛既道，梁沱、潛既道。既入二，揚三江既入，豫伊、洛、瀍、澗既入于河。既西一。雍弱水既西。

書澤四：既澤一，兖雷夏既澤。既豬三。徐大野既豬，揚彭蠡既豬，豫滎波既豬。

書原隰三：

既修一，冀既修太原。既作一，冀大陸既作。既蠶一。兖桑土既蠶。

書草木一：

既敷一。揚篠、簜既敷。

書夷一：

既略一。青嵎夷既略。

厎六：

厎績三　冀覃懷厎績，雍原隰厎績、梁和夷厎績。

厎平一　徐東原厎平。

厎定一　揚震澤厎定。

厎貢一　荆三邦厎貢厥名。

「惟」字三十有四，當有三義：

語助三十：

州名之上八，冀無。厥土下五，冀、揚、荆、豫、雍。厥田下九，厥賦下一，冀。草木下四，兖草繇、木條。楊草夭、木喬。厥貢下三。徐惟土，揚惟金，雍惟球、琳。

訓及三：

青海物惟錯，揚羽毛惟木，荆惟金三品。

訓獨一

只荆州「惟箘、簵、楛」之「惟」以「三邦厎貢厥名」觀之，當作獨義。

山總四十有二：

正導二十有七〔六〕：

岍　岐　荆山北　壺口　雷首　太岳　底柱　析城　王屋　太行　恒山　碣石正陰列十有二。　西傾　朱圉　鳥鼠　太華　熊耳　外方　桐柏　陪尾次陰列八。　嶓冢　荆山南。　内方　大别次楊列四。　岷山　衡山　敷淺原正陽列三。

雜見十有六：

梁　岐冀。　岱青。　蒙　羽　嶧徐。　蔡　蒙梁。　終南　惇物　三危　積石　龍門　崐崘　合黎雍。　大伾兖。

水總四十有二：

正導九：

弱水　黑水　河　漢　江　濟　淮　渭　洛

雜見三十有三：

洚水　漾　滄浪　三澨　沱梁州沱。　澧　九江　沇　汶　泗沂　沂　澧　涇　漆　沮雍州沮。　澗　瀍　伊以上導水。　衡漳　恒　衛　灉　淮兖州沮。　漯　濰　淄　三江　沱荆州沱。　潛荆州潛。　潛梁州潛。　桓　沔　流沙

澤總十有一：

並見前圖。兖、徐、雍各一，豫四。　揚、荆各二，

原隰總九：

七見前圖。冀三，兗、青、徐、雍各一。

東陵　陶丘

水道會同源委圖

弱水　吐谷渾界窮石山　——　流沙　入西海

黑水　張掖鷄山　——　南海　雲南

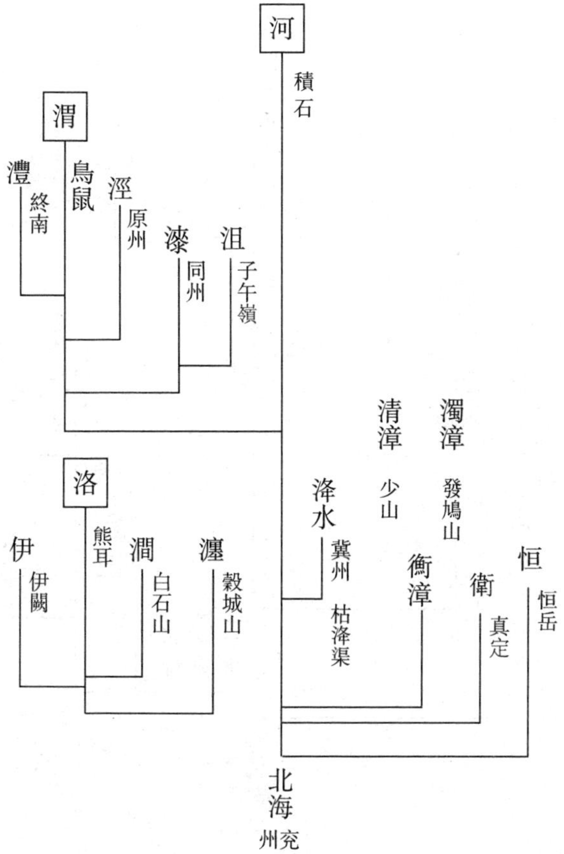
河
積石
渭
灃
終南
鳥鼠
涇
原州
漆
同州
沮
子午嶺
洛
伊
伊闕
熊耳
澗
白石山
瀍
穀城山
清漳
少山
濁漳
發鳩山
洚水
冀州
枯洚渠
衡漳
衛
真定
恒
恒岳
北海
兖州

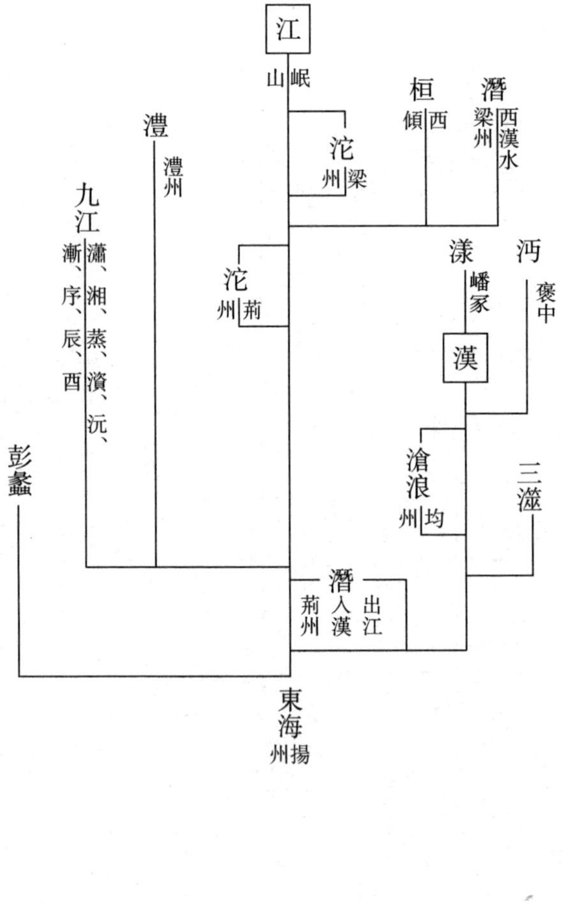
江
岷山
沱
梁州
桓
西傾
潛
西漢水
梁州
澧
澧州
九江
瀟、湘、蒸、濆、沅、
漸、序、辰、西
沱
荊州
漾
嶓冢
沔
褒中
漢
滄浪
均州
三澨
彭蠡
潛
出江入漢
荊州
東海
揚州

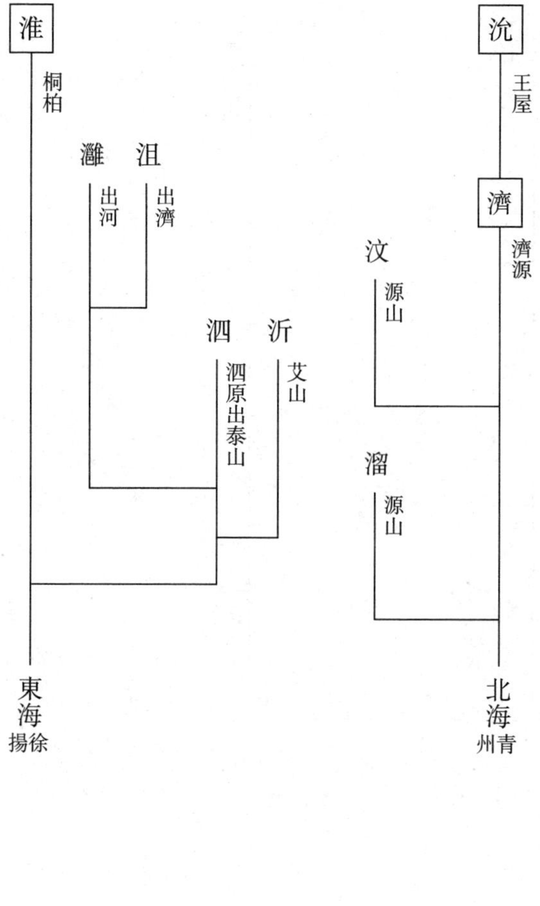
沇
王屋
濟
濟源
汶
源山
溜
源山
北海
青州
淮
桐柏
灉
出河
沮
出濟
泗
泗原出泰山
沂
艾山
東海
徐揚

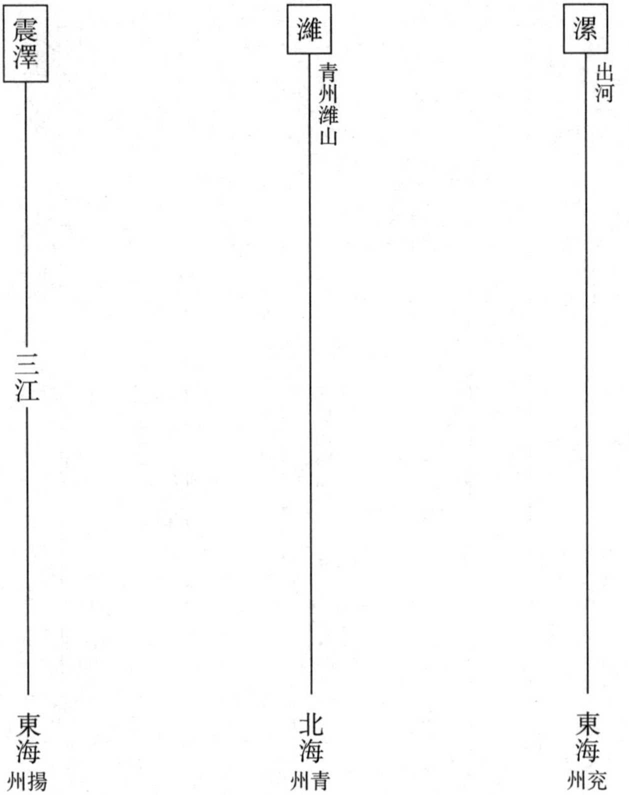
漯
出河
東海
兗州
濰
青州濰山
北海
青州
震澤
三江
東海
揚州

四服圖

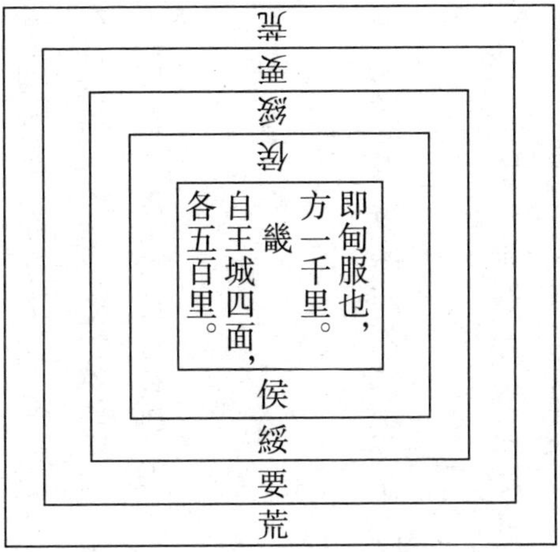

四服每服各五百里，共方五千里。

甘誓

《周禮・小宗伯》：大師則帥有司而立軍社，奉主車。注曰：王出軍必先有事于社，及遷廟，而以其主行。社主曰軍社，遷主曰祖。《春秋傳》曰：軍行，祓社釁鼓，祝奉以從。《曾子問》曰：天子巡守，以遷廟主行，載于齊車，言必有尊也。

五子之歌

「逸」者，縱肆而不收斂。「豫」者，悠惰而不恭敬。故以滅其本有之德。下文「盤遊」方説遊樂。

夏都安邑在河北冀州之境，窮國在窮石，居安邑之北。太康十九歲，據「前編」。度河而南畋，故羿拒之于河，不使北歸。羿遂有河北之地，稱帝夷羿。而河南仍屬太康，夏國猶存也，故五子但惜冀方之喪。後十年，太康崩，仲康立，十三歲崩。夏后相立，八歲，寒浞烹羿而據其國。王相二十八歲，浞殺王。自作歌之歲，計三十二年而浞滅羿，又二十年而浞滅夏。

胤征

「官師相規」至「邦有常刑」，皆遒人徇于路之言也。此正先王之所謹臣人之憲而修輔者。《疏》云：平等有闕，猶尚相規。見上之過，諫之必矣。百工之賤，猶令進諫。百工以上，不得不諫矣。

自「政典」之上截斷，以下爲誓師之辭。「天子威命」以上，使士衆同心同力，欽承威命，以毋犯《政典》先後時之誅。「火炎崐岡」以下，戒其多殺，當擇善惡。「威克厥愛」以下，戒其縱緩。「其爾衆士懋戒哉」一語，總結上文。

「政典」以下，是戒士衆毋太過、毋不及。然有兩意，「先時者」謂輕進而邀功，「不及時者」謂失期而怯敵。皆是致敗之道，此以軍陣言。「火炎崐岡」，戒威鋒猛暴；「愛克厥威」，戒威武不振，此以氣勢言。

【校記】

〔一〕「南」，原作「北」，據朱本、《四庫》本、陸本、學海本改。

〔二〕「雍漆沮既從」，原脱，據朱本、《四庫》本、陸本、學海本補。

〔三〕「荆沱潛既道」，原脱，據朱本、《四庫》本、陸本、學海本補。

〔四〕「墳」，原作「壤」，據朱本、《四庫》本、陸本、學海本改。

〔五〕「細」，原作「一細」，據朱本、《四庫》本、陸本、學海本删。

〔六〕「有七」以下二十七山次序錯亂，且無「衡山」，據朱本、《四庫》本、陸本、學海本改。

讀書叢説卷之五

東陽許謙

湯誓

《湯誓》一篇，首尾皆以天命言，蓋生成萬物者天之道，而福善禍淫者亦天之道也。爲君者體天而教養其民，而仁愛之心流及庶彙，能參贊化育者，則可謂之天子。天則錫之福，居於其位；而暴虐烝民，是逆天生生之意，尸其位而不克肖天，不能任責，則天必降之禍，易有德者而任之。

「絶命」、「受命」。雖曰聖人之心與天爲一，其感召契合之妙有非人所能知者。然「天聰明自我民聰明」，亦以彼之惡極，天下之人無不怨；我之仁至，天下之心無不歸。只就民心上看天意，得時即動，動則如意，即是受天命。張子所謂間不容髮者，蓋非聖人之聰明睿知，洞見天理人心，而有一毫私意于其間者，則爲妄作僭亂，其間何啻千里〔一〕。

《湯誓》止是誓亳衆，所以有「不恤我衆」、「夏罪其如台」之語。可見天下皆怨桀，獨亳衆樂湯之化，不知有桀之暴故也。

仲虺之誥

人之所不能爲者，湯能爲之，是其勇。人之所不能知者，湯能知之，是其智。

「矧予之德」爲句，朱子曾有此說，謂況在我之德彰著，人之言誦我之德者，滿于聽聞。

「德懋懋官，功懋懋賞。」「懋」，勉也。人能勉于德者，則以官勉之；能勉于功者，則以賞勉之。此古注之意。

「用人惟己」，謂用人則取人之善爲己之善，是則有小善者無不用之，但欲成我之德爾。

自「邦乃其昌」以上釋湯慙之辭，「德日新」以下勉湯之辭，「佑賢」以下八事正湯所以得天下之道。惟其賢德忠良者，則佑輔顯遂之。弱昧亂亡者，則無攻取侮之。是其賞罰皆得其當，無非奉天命順天道而爲之，所謂栽者培之，傾者覆之也。兼攻取侮，即十一征而天下無敵之事。「推亡固存」，謂凡可以亡國之道，湯皆推而去之，凡可以存國之道，湯皆固而守之，此邦國乃如此其昌也。此正贊湯之德，謂其順天，有功于天下，而不必慙之意。

「王懋昭大德，建中于民，以義制事，以禮制心，垂裕後昆。」金先生曰：此承德日新之意而言也。「懋昭」即日新之推也，「中者」無過不及之正理。舉天下事物莫〔二〕。

秋之辭曰：「凡天子崩，諸侯薨，既殯，而嗣子爲君，《康王之誥》是也。未就阼階之位，來年正月朔日，乃就位南面而改元，《春秋》所書是也。」啖子所言周禮也。三代之禮相因，此禮其有自來矣。

伊訓〔三〕

「祠」者，祭告之名。「先王」、「厥祖」皆湯也，自伊尹而言則曰「先王」，自太甲而言則曰「厥祖」。此太甲即位改元之初，伊尹欲發訓以告。故特行此禮，蓋非常禮也。喪三年不祭，唯祭天地社稷，越紼而行事。嗣君固不得行祠事，而臣子一也，伊尹亦安得吉服以攝祀乎？成王崩，太保逆子釗入翼室。越九日，王與太保皆麻冕，受傳顧命，見諸侯乃釋冕及喪服，召公爲之也。伊尹將陳烈祖之德，官刑之制，質之於湯主而告之，故特祠焉。此伊尹、召公變禮行權，非可執常禮議之也。湯之崩，雖不可考知在何月，三祀十有二月，以冕服奉嗣王歸亳，蓋適當除喪之初，則元祀十有二月湯猶未葬也，直告于殯宫爾。伊氏蓋堯之後，尹，其名也。侯服、甸服羣后，近畿之諸侯也。冢宰、太宰，卿之長也。「百官總己以聽冢宰」，謂百官各總己之職以聽伊尹之訓，斯與孔子之云辭同而意異者也。伊尹之訓雖主于告王，而官刑之戒蓋亦兼告羣后百官〔四〕，故史臣之序如是。

古注以太甲繼湯立者則是，謂踰月而改元者非，蔡氏辨之甚詳。蔡氏謂太甲繼仲壬而立者則非，胡五峰辨之甚詳。

「三風十愆。」《疏》曰：「舞及游畋，得有時爲之，而不可常然，故三事特言『恒』。歌則可矣，不可樂酒而歌，故以『酣』配之。」

「聖謨洋洋，嘉言孔彰。」聖人之謨訓固廣大而難窺測，如官刑之嘉言，則甚彰著易見。

太甲

伊尹之德與湯並，而孟子曰「湯之于伊尹，學焉而後臣之。」高宗亦曰「昔先正保衡作我先王」。然則伊尹又湯之先覺者。湯之所以受天下，爲天下王，而尹不與者，特以勢耳，湯爲諸侯而尹則匹夫故也。其奉天命而伐夏救民，謀猷措置，及立國之規模，皆湯、尹同其功勞。及湯既没，故尹獨以天下爲己任。其告太甲之言，大率多有己與湯同其天下之意。其丁寧告戒太甲，使之毋墜失基業者，尤諄諄也。後三篇皆此意。

金先生説「欽厥止」之「止」與《益稷》「安汝止」之「止」皆作此心静止未發、未接物時説，謂于平日不接物而心静之時以敬存此心，使之虚靈專一，故于接物之際，動皆中理。「欽」者，敬也。上「慎乃儉德」，戒其驕奢。惟懷永圖，戒其苟且。若「機張省括于度」，戒其輕發。故于不接物時戒其敬，而動則「率乃祖之攸行」。

「無輕民事惟難，無安厥位惟危。」二「惟」字作接語辭看。言逆于心，毋以爲怒，必求諸道，合於道者宜從之。言遜于志，毋以爲喜，必求諸非道，不合于道者去之。逆耳之言，非必可從。遜志之言，非必可違。故又在求于道，專以道爲中。

咸有一德

「監于萬方，啓迪有命，眷求一德，俾作神主。」「有命」，是始初天賦之以清淳之美質。「德」，是作爲止于至善者。正如《中庸》言天下至聖，先曰「聰明睿知，足以有臨」，是以質言。其下仁義禮智四者〔五〕，是以德言也。蓋天降生人，其得氣之清，而聰明睿知亦時有其人，但能全其德者少。既曰湯武反之，則知有美質失而不能反者，亦多矣。天既厭夏，于是監觀萬國。凡有命者，皆開啓迪導，使之全其德，而又獨求萬行全善聖德具備者眷念之，使作祀神之主，于是得湯與尹焉。其語意有如孟子「出乎其類，拔乎其萃」兩語。

「啓迪有命」、「受天明命」，兩「命」字所指不同。上「命」字氣兼理，下「命」字全以理言。「有命」是天降生人之命，是理氣兼有。「明命」是俾作神主之命，是湯德之全，動與天理合，而天自然歸之。獨以理言，「明命」當與上「命靡常」之「命」同。

「惟吉凶不僭在人，惟天降災祥在德。」惟吉凶之及於人，未嘗僭差，在人爲善不善爾。惟天之降災祥亦無他，在德之一不一爾。「僭」、「祥」當兩讀。《疏》云：指其已然則爲吉凶，言其徵兆則爲災祥。吉凶，已成之事，指人言之，故曰在人。災祥〔六〕，未至之徵，行之所招，故言在德。吉凶已在其身，故不言來處。災祥自外而至，故曰天降。其實吉凶亦天降也。

「德無常師，主善爲師。善無常主，協于克一。」

蔡氏之意曰：「德」者，善之總稱。善者，德之實行。「一」者，其本原統會。德兼衆善，主於善，故得一本萬殊之理。善原于一，協于一，故達萬殊一本之妙。金先生之意曰：「德」指行言，「善」指理言，「一」指心言。「協」參會考比之意，古今之德皆可師，而制行不同，不可拘一定之師，在于擇其善而已。天下之理，雖善而隨時取中，則又不可拘一定之主。所以參會考比之者，又在于此心之克一而已。蓋古今德行或柔可剛，或正直〔七〕，或清或和，或無爲或勤勞〔八〕，在我不可拘一定之法，必擇善者從之。然善無定主，均一事也，或施之彼時則爲是，施之此時則爲否。均一節也，或用之此事則非，或用之彼事則是，所謂時中是也。所以參比會同之者，非純誠有定之心，其孰能精擇而無差也哉。

蔡氏「德」「善」「一」皆以理言，專主一本萬殊之説。其説渾融，恐用功者難見入頭處。且本文謂德「主善爲師」，是師善以成德也。若曰德兼衆善，則善爲德之子目，于主而師之之義，恐有微礙。于下兩句用功，恐爲尤難。當從金先生説，則條理分明而脈絡貫穿，學者可以爲用功之方矣。

金先生曰：「七世之廟，可以觀德」，即前可以知後。「萬夫之長，可以觀政」，即小可以知大。蓋人之修德，豈止尊一身、安天下、利一時而已，至于廟享百世不祧，亦其餘澤也。長萬夫者尚可觀其政之善惡，况爲天下之君，或有小惡，乃謂人之不知乎？深勉戒之也。

末三句只一意，「匹夫匹婦不獲自盡」者，舉凡天下之民，有一人不得遂其生其情，無所告訴，不得上達，蓋因自廣狹人，所以致此。是則德澤不能盡遍，不能成平治之功矣。

盤庚

「五邦」，蓋湯居亳一，仲丁遷囂二，河亶甲居相三，祖乙遷耿四，徙邢五。自囂以下，皆河北地。

「由」，《説文》作「甹，木生條也。」「蘖」與「枿」同，伐木餘枿，謂斫髡而復生。

「汝曷弗念我古后之聞」，汝何不以所聞于古后者，而思念我今日之事乎？

「用降我凶德」，金先生曰：猶《傳》所謂「有汾澮以流其惡」，《國語》所謂「沃土民不才，瘠土民好義」之意。蓋消斯民沈溺重膇之疾，而絶後世驕奢淫侈之風也。

篇末「朕志」絶句，則「若否」二字如《傳》意。或「否」字絶句，則「若」爲虚字。謂告汝以我之志及非我之志者，汝皆當欽之。

説命

「知之曰明哲，明哲實作則。天子惟君萬邦，百官承式。王言，惟作命。不言，臣下罔攸稟令。」知道固謂之明哲，然豈徒知而已，實欲見之辭令事爲，以爲民之準則，使人法而行之可也。居天子之位而君臨萬邦，百官之所承仰法式，王出言則爲命令。今王固以明哲之資君萬邦，乃默不發言，則臣下無所稟令，而王亦失爲君之道矣。

「恭」者，敬身以處。「默」者，不言而居。「思道」者，思天下之理。惟其思之精，故此心誠敬純一，通于神明。心爲人身之主宰，帝則天之主宰也。天者，理之所自出。帝則理之妙而莫測者也。此心誠敬，與理爲一，則自然達于神妙而説之。心亦純誠無間者也，故高宗夢帝賚良弼，惟在於説。此以心感心，以理融理，而莫可以常情觀者也。

傅氏本堯之後，説蓋姓伊祁而傅氏也。或曰説不知其本姓氏，以築於傳巖，以地爲氏。

若金用作礪，鈍則欲使之鋭，謂事有所不得行而求輔其決，此以行言也。若濟用作舟楫，阻則欲使之通，謂理有所不能明而求輔其通，此以知言也。若旱用作霖雨，枯澀燥竭，欲得其沛然，謂義理未融，而求其滋助以致于化，此以涵養言也。

金先生曰：「若藥弗瞑眩，厥疾弗瘳」，謂言不直則己之宿疾不除。「若跣弗視地，厥足用傷」，謂知不明，則行有所不遂。

「明王奉若天道，建邦設都，樹后王君公，承以大夫師長，不惟逸豫，惟以亂民。」天者，理之所自出，故王者法天象，莫大於天。雖無所不覆，而化育萬物者亦豈自用。凡日月星宿雨露風霆，皆所以爲天之用而代天之行者也。王者雖處至尊之位，豈能以一人之聰明偏及庶物，故樹立君長以共治之，皆奉順天道而爲之也。雖位有尊卑，皆在民之上，豈惟使其身安康豫樂而已，正欲其治民也。二語總指有位者而言，下文四「惟」字則歸重于王。聖王上法于天，則臣敬順而民從治。精神運量命令舉措稍爽于天，則下有不得其所者矣。

「惟天聰明」下四「惟」字有三意。第一字起語辭，第二獨意，三四則接語辭。「惟口起羞」下四「惟」字則歷數之辭。

「干戈省厥躬」，謂欲以干戈加於人，則先當自省其躬。在我之德已至，澤已加于人，而有不順者，則動而丕應厥志。若在我者有一毫未盡，則在彼者有辭，而我之心不能無愧矣。王者之師有征無戰，不可輕動也。此當與益贊禹征苗之意兼看。

「禮煩」又是黷祭裏面事。黷祭是祭之數，禮煩是一祭之間用禮煩碎。

金先生曰：「求多聞，時惟建事」，此學于往行也。「學古訓，乃有獲」，此學于前言也。所謂考迹以觀其用，察言以求其志也。總之曰「事不師古」，以不學前言往行則不能長世也。

「惟斆學半」以下當看《表注》。

高宗肜日

金先生從《史記》作祖庚祭高宗，以高宗是廟號，又于「典祀于昵」而見之。

微子

微子之去，恐商亡身没，商祀遂絶，先出而不與滅亡之禍，則身存而或可繼殷之祀。一意也。紂之朝固不容直臣，而箕子曾勸帝乙立微子，則微子乃紂之所深忌，不出恐致紂有殺兄之惡。二意也。前儒皆已言之。蓋殷之三仁，箕子、比干，太師、少師也，居位任職，惟有死義無去義。微子不過一公子耳，可以去而不必致死，故微子自欲遯于荒，而二子「詔王子出迪」，各爲其所當爲而已，所謂「自靖」也。

「吾家耄遜于荒。今爾無指告予，顛隮若之何？」其謂我爲家之老者，今當遜避于荒野。二師無指以告我，則既出之後或又顛隕隮墮，則將若之何哉？蓋微子去意已決，特卜于二師以審之爾。故二師「詔王子出迪」，以下正答此問也。若如舊説，則微子乃茫然未知所止，徒心煩意亂，而一求决策於他人。及父師詔之「出迪」，而「出迪」亦漫去商而已。孔子稱之曰仁，而於出處之大分未能明，理之隱曲未能著，仁者固如是乎？

【校記】

〔一〕「里」，原作「里乎」，據朱本、《四庫》本、陸本、學海本删。

〔二〕「物莫」，各本「物莫」下闕文。

〔三〕「伊訓」，原脱，據學海本補。

〔四〕「百官」，「百」，原誤作「之」，據《四庫》本、學海本改。

〔五〕「四」，原作「曰」，據《四庫》本、學海本改。

〔六〕「吉凶已成」至「災祥」原脱，據朱本、《四庫》本、陸本、學海本補。

〔七〕「或正直」原脱「或」，據朱本、《四庫》本、陸本、學海本補。

〔八〕「無爲」，原脱「無」，據朱本、《四庫》本、陸本、學海本補。

讀書叢説卷之六

東陽許謙

泰誓上

讀《泰誓》者有三大條目當先辨。其一，舊説以虞芮質成爲文王受命之年，至九年文王卒，武王立，仍冒文王之年而不改元。至三年觀兵孟津，蓋因《書》「九年大統未集」及《史記·伯夷傳》「父死不葬」而附合《書序》十有一年之説。此不可信，蔡氏已辨之。其一，小序「十有一年，武王伐殷」，經「十有三年春，大會于孟津」，孔氏謂序十一年爲觀兵，經十三年伐紂。歐陽公從序以爲經誤，此説非，當從經。蔡氏亦已辨。其一，「王曰」蔡氏以爲史臣追稱，此説非也。湯武知天命已去桀紂而歸己，故正位號，以天子而伐獨夫，若猶用舊名則是諸侯而伐天子，豈足號令天下哉！《泰誓》《牧誓》《武成》諸篇，證驗明白，蔡氏皆曲爲之説，故反有滯礙。「類上帝」，告皇天，天子之禮也。「予一人」，天子之名也。「六師」，天子之六軍也。豈特此哉？如曰「有道曾孫周王發」，又曰「昭我周王」，若當時未稱王，史何故破碎本語，一一改之。

「命我文考肅將天威」作一句，謂皇天命文考使敬將天威〔一〕，以定天下。或「考」字絶句，則謂皇天既怒紂，則命我文考矣。文王于是敬將其天威，欲有爲而未集。

「以爾友邦冢君，觀政于商。」師能左右之曰以之，「以」謂武王率諸侯事殷，以觀殷之政事，視其能悛惡與否，非謂有所窺伺也。

牧誓

車上五兵：戈、殳、戟、酋矛、夷矛。戈長六尺六寸，次殳長尋有四尺，自是而上各益四尺，至於夷矛則長二丈四尺。

「崇」，尊之也。「長」，居人之上也。信任而使令之，是皆左右便辟用事者，又甚則使之有位而居大夫卿士之任〔二〕。

洪範

神龜負文

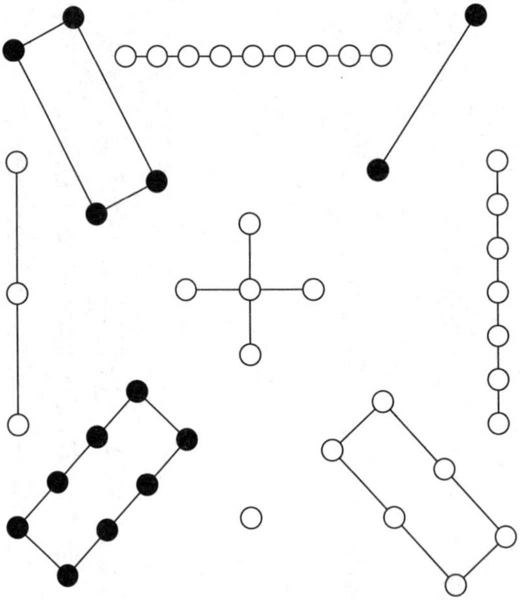

大禹次九疇本經

㊃協用五紀	㊈嚮用五福 威用六極	㊁敬用五事
㊂農用八政	㊄建用皇極	㊆明用稽疑
㊇念用庶徵	㊀五行	㊅乂用三德

大禹法象龜文止于前十句。其「初一曰」至「次九曰」二十七字，是箕子對武王陳述之辭。其後九疇之目亦禹之經，箕子陳之，時散見于後。

「十有三祀」，以見武王于伐紂之後，既釋箕子之囚，即訪之，急于道〔三〕。

箕子，殷所封爵邑。武王克商，封先代之後及功臣殆遍，而經不言封箕子，蓋箕子不臣周，而武王亦遂其志，故止仍其舊邑而已。

王問天陰定下民，而輔合其居止，我不知其秉彝人倫之所以能叙者。其意若曰：天生民之初，無言語以告訓，無聲色以警示，而民之彝倫自然有叙，其所以然如何，蓋極本窮源之問也。意武王惟知箕子之有道知天，未必豫知箕子有《洪範》之傳也。儻先知世有《洪範》之傳，武王安得不深造其理而直待問于箕子乎？箕子之對若曰天道所以流行不息者五行也，其生物者亦此也。人稟五行之氣以成形，稟五行之理以爲性，然則令彝倫所以叙者，乃天道之自然，不待諄諄命之而不可以逃者也。故九疇之叙，首五行，次即及五事，餘亦皆不外乎五行。蓋大禹之心即天之心，天示之象而禹形於言，所以爲萬世之法。而《洪範》者，實五行之書也。

有陰陽而後有五行，有五行而後生萬物。天地既開，民生衆，而聖人作，彝倫之序也尚矣，非有待乎禹之興也。箕子之答云此，而又曰「帝不畀」、「天乃錫」，若有意然者。蓋義理無窮，終身由知而不知者衆，聖人豈能使人人必知之乎？故天又顯以示人，使知人之所以原於天，天之所以合乎人者如此，而於堯舜盛時，大禹任治水之事，地平天成，五行順序之後而錫之，則天豈無意哉！然所謂「天乃錫禹《洪範》九疇」者，正說也。鯀陻洪水，帝不畀之者，因禹而對言之也。

「鯀陻洪水」爲五行之一，而謂「汩陳其五行」者，蓋水之性惟下，鯀陻之乃激之使高，是汩亂水之常性。五行水爲首，遞相生以成用，汩其一則餘皆亂矣。五行之氣均則生物，而水又陰類也。陻之而盛於中國，則陰道盛而陽明虧。四行之氣不相適宜，則生意消滅而陰陽之道或幾乎息。水不順，所以汩五行也。「彝倫攸斁」者，洪水氾濫，五穀不登，禽獸逼人，巢居營窟，猶不足以避。至於父子不相見，兄弟妻子離散，朋友不可以相助，上無以養其下，下或以怨其上，則人之大倫有五不爲，斁敗者幾何哉？

九疇，五行居一而不言用，謂人物皆本於五行而無適非用也。自五事至六極，皆五行之用，其先後之叙，蔡《傳》及金先生論之已詳。

蔡《傳》五行先後以微著爲次，蓋一氣運行而漸成天地者，皆氣之積也。水火於氣爲近，而水尤甚。夫流爲江河，注爲四海，地中固無有大於水者。然地氣蒸而上騰爲雨霧，爲露霜，涓滴纖微皆水類也。又其漸漬膏潤，無微不入，至不見其形而唯知其性，爲其合散無常。及於物者氣爲多而形爲少，居一火則光燄雖有形，而尚虛其温熱之氣，入於物者類於水而不能如水之周遍以及乎細微。故居二木則全於質而尚柔，故居三金則質而堅固，故居四土則質大，而居五蓋有水火木金，而後全乎土之用，所以最居後也。

五行雖生於陰陽，而五行中又各有陰陽，如《洪範》言五行之性，亦有此義。「潤」、「炎」「曲」、「從」、「穡」，陰也。「下」、「上」、「直」、「革」、「稼」，陽也。「潤」、「炎」以氣言，「下」、「上」以勢言，「曲」、「直」以體言，「從」、「革」以用言，「稼」、「穡」以德言。鹹，水鹵所生之味，若焦味。酸，木實之味。辛，金氣之味。今于五金之器，盛物久而後見，惟銅爲甚。甘則穀味爲多。以上聖賢取用之意，各自不同，觀造化者不可執一，此類可見。五味，唯木實皆有，于此又見五行之中，又各其陰陽五行。

蔡《傳》：「五行有聲色氣味。」水之聲羽，色黑氣朽。火之聲徵，色赤氣焦。木之聲角，色音氣羶。金之聲商，色白臭腥。土之聲宫，色黄氣香。味則經文是也。

「恭」、「從」、「明」、「聰」、「睿」，金先生曰五事之則。「肅」、「乂」、「哲」、「謀」、「聖」，金先生曰五則之功，謂修五事之效也。「從」者，順于理也。「明」、「聰」謂無不見聞，是於見聞者極知其善惡邪正，所謂「視遠惟明，聽德惟聰」是也。「睿」者通乎微，以一事言也。「聖」者無不通，以萬事言也。自通一事，以至于萬事。自「睿」以至于「聖」，「聖」所以爲效也。總而言之，睿似貫，聖似一，見事之明，所以爲知哲，聽事之詳，所以成我之謨謀。

五行、五事。第二重皆言「曰」，第三重皆言「作」。五行之「曰」，謂其自然如此也。五事之「曰」，謂其當如此也。言「作」則皆謂馴致以至如此也。

用八政。總曰農，民以食爲天也，故食居一。孔《傳》：「『農』，厚也。」蓋非訓「農」爲厚，謂農所以厚民也。貨非必金玉珠貝也，布帛亦貨也。食以養其口，非布帛不足以養其體，故貨居二。此二者皆出于農，爲政有此本，然後可施其餘。有衣食以養其身，而不知此身及衣食之所從來，則無異于禽獸，則當爲祭祀以報本，故祀居三。有衣食祭祀，又當有土地宮室以居之，故司空居四。然亦以民事所始之先後而言。蓋上古民之初生，雖未有火食粒食之美，冠屨衣裳之制，固已食禽獸之肉而衣其皮矣，而食又居衣之前。古人飲食必自祭其先，此天性不待教而能者，觀豺獺之祭魚獸可見矣。故食貨祀之次如此。而分井授廛爲宮室，以易巢穴，又在其後〔四〕，故司空次祀後也。慮飽食暖衣逸居而無教，故司徒居五。教而不從，刑以威之，故司寇居六。《洪範》，治天下之道也，欲教化達於天下，必諸侯遠人有交際之道，故賓居七。萬國之衆，或有不朝不臣，必加以兵，故師居八。

「八政」，即《周禮》六官。「冢宰制國用」，則食貨冢宰也。祀賓，宗伯也。師，司馬也。與三官共六官。

蔡《傳》：「曆數，步占之法。」步謂推其常，占謂察其變。

「時人斯其惟皇之極」一語，總上三節言。此三者，人君既念之受之錫之福，則是人斯其能歸于皇極矣。

無偏陂好惡，無偏黨反側，戒辭也。遵王之義道路，勸辭也。「王道蕩蕩」、「平平」、「正直」，贊辭也。會其極，遵其義道路也。歸其極，皆至于蕩蕩、平平、正直也。大抵「皇建其有極」一語，爲君之職。此韻語，乃教民歌詠之，以求合于君之極者也。

金先生曰：三德「直」字與「克」字相類，謂平康之世以正道直而行之〔五〕。

「蒙」者，木兆蒙冒也。蓋兆直上，如木冒土而出者也。

蔡《傳》「貞《屯》悔《豫》皆八」，蓋《易》九六變而七八不變。《屯》䷂《豫》䷏，此一四五爻變者皆九六也，而二三六爻不變者皆八也。

五事五兆庶徵，皆順配五形，則「肅」、「乂」、「哲」、「謀」、「聖」，與「雨」、「暘」、「燠」、「寒」、「風」自以類應。「雨」者，陰陽之和也。貌恭而肅，則敬德潤身，百體和順，故時雨順之。金先生曰：言從而乂，則號令順理，人心開明，故致「時暘」之順。視明而哲，則陽明内主，故致「時燠」之順。聽聰而謀，則閉藏默運，好謀能斷，故致「時寒」之順。思睿作聖，則妙萬物而無迹，故致「時風」之順。

「狂」、「僭」、「豫」、「急」、「蒙」而爲恒若之應，則是五事皆不能謹，而其心術、威儀、事功之舛謬所致也。必求其說，反于上五者則鑿矣。「狂」，縱也。狂縱則泛濫流下〔六〕，如水之洋溢，有潤下之勢，故恒雨順之。「僭」者，差也，大過也。僭差而過，則剛果發揚，如火之燄燄，有炎上之勢，故恒暘順之。「豫」，怠緩也。優遊無斷，姑息不忍，猶生物而不能成物，是有春而無秋也，故恒燠順之。「急」，嚴迫也。嚴苛峻迫，暴虐不仁，有推折而無發生，是長秋殺而無春榮也，故恒寒順之。此所謂周末無寒歲，秦亡無燠年者也。「蒙」，昏昧也。昏晦黯闇瞀亂溷濁，政事無章而風行于地，則蟲亂飛揚，故有恒風之應也〔七〕。五事皆順於則，故五者時至而間見。五事皆不順于則，則政令偏陂而恒有此應矣。

日月麗乎天，四時各有常道。雖經于宿度而不入于宿之中，或有入于宿中，則爲失常道，而隨宿之所主爲災異。間有當自宿内過者，則不爲異。夫休咎之徵，自上而生，豈特王爲然。凡居民上者皆足以致之，但其應有大小爾。民則不足以致徵，而休咎係上人之得失。故撫民者當視民之好惡而好惡之，其所好不過飽煖、安逸、煢獨得所而已，此其常也。然生民有欲所好，又豈止此而已哉。則其好必有異于衆者。故爲上者順其常而遏其異，此治民之道也。譬則星雖所好不同，而日月之行自有常道，星有好亦不得施。儻爲人上，曲從民之私欲以干譽，則上害於政，下妨于民，而爲國之病矣。譬則日月失當行之道，而入于星宿之中，以其所好而應立至也。日行處不見星象，故但言月。

日有中道，月有九行。中道者，黄道也。天本無黄道，步天者欲按圖以定太陽周歲經行之處，而以黄色紀之，此黄道之名所由起。而日，君象也，其所經行則爲中，故曰中道。蓋天之北極出地面三十六度，自極之南五十五度爲天之中，又南十二度爲夏至之日道，是去極六十七度也。又南二十四度爲春秋分之日道，是去極九十一度也。又南二十四度爲冬至之日道，是去極百一十五度也。所謂北至東井去極近，南至牽牛去極遠，此南北字以人仰望于天，而於夏至、冬至之時見日經行，去極之遠近而言也〔八〕。東至角，西至婁〔九〕，去極中者，此東西字，則以二十八宿一定之位而言，以角亢七宿居東，奎婁七宿居西者也。去極中則亦以二分之時，仰觀于天，見其經行者，而于冬、夏至之遠近爲中也。凡此皆言日行之道。九行者，青、赤、白、黑道各二〔一〇〕，並黃道爲九也。日一歲一周天，故以分至定日經行之位。月一月一周天〔一一〕，而歲十二與日會，故凡言月之行道，必以朔望而言之。月之于日，臣之于君之象也。臣從君而行有扈從，而不敢當道，嫌似君也。故月常行下道而不敢當君行，常與黃道異塗而相去六度，至二道之交，則在一度之間。但言道者，主于圖，而圖所以仰窺，故必易置宿度東西之位而左布，然後可得而通也。若以定位而言，則青道、白道以圖横看，青道二出黃道東，而立春、春分行之者，謂巳、辰、卯、亥、戌、酉六辰之位，青道皆出黃道之東，而南北爲青、黃道之交。白道二出黃道西，而立秋、秋分行之者，亦謂上六辰之位，白道皆出黃道之西，而南北爲白、黃道之交也。蓋日春三月在亥、戌、酉三辰，秋三月在巳、辰、卯三辰故也。赤道、黑道以圖竪看，赤道二出黃道南，而立夏、夏至行之者，謂申、未、午、寅、丑、子六辰之位，赤道皆出黃道之南，而東西爲赤、黃道之交。黑道二出黃道北，立冬、冬至行之者，亦謂上六辰之位，黑道皆出黃道之北，而東西爲黑、黃道之交也。以日夏三月在申、未、午三辰，冬三月在寅、丑、子三辰故也。若以經行而言，則春秋冬之月道，望常行于日道之内，而朔常行于日道之外，惟夏之月道，朔、望皆行于日道之外，如春分之朔當在婁，而望當在角。在婁者去極九十七度，在角者去極八十五度，上弦去極六十七度，下弦去極五十五度也。秋分之朔當在角，而望當在婁。在角者去極九十七度，在婁者去極八十五度。上弦去極百十五度，下弦去極六十七度也。夏至之朔當在井，而望當在牛。在井者去極七十三度，在牛者去極一百九度，兩弦各去極九十一度也。冬至之朔當在牛，而望當在井。在牛者去極一百二十一度，在井者去極六十一度，兩弦亦各去極九十一度也。然此特以分、至言其大略耳，大要以日之所經行而爲之進退。蓋日主于氣，月主于朔，而九行以氣言者，月從日也，但氣朔必不齊。月之易道，常在四立以漸推移，朔、望兩弦隨所而遇，故朔、望值兩道交處必蝕。凡此皆言月之行道。然日月之行，二分二至，相去懸絶如是者，蓋亦以日時漸差而然，非謂春分方在此，而夏至遽移至彼也。

觀此則日有中道，月有九行之說，或可見矣。

南望去地面

冬至	日三十一	朔二十五	望八十五
夏至	日七十九	朔七十三	望三十七
二分	日五十五	朔四十九	望六十一

此以大較言之，若朔、望遇交，則日月必蝕。

魯齋先生福極對義圖

福	極
壽	短折
富	貧
康寧	疾　憂
攸好德	惡　弱
考終命	凶折

福極本天之所與，而君民共之者也。君建皇極于上，則能備受五福，而六極不足以及之矣。君則順天以理民，集五福于身而導之，使之避極而趨福，所謂斂福以錫之也。其予奪蓋可與天同功，而不可有一毫私意于其間。有一毫之私，則有不當錫之福，不當加之極矣。此蓋係于皇極之建不建也。夫鰥寡孤獨者常有養，水旱凶荒則賙其急，仁政以閑其良心，醫藥以濟其夭死，錫之壽也。分井廛以生其財，輕賦斂以厚其用，錫之富也。諸侯用命，盜賊屏息，則民以康。徭役不興，游畋有時，則民以寧。修身以先之，學校以教之，則能攸好德。明德于良心未喪之前，慎罰於惡幾未甚之際，則可考終命。反是，則用極于民矣。然民之一身，天所以與之者素有分，而秉彝好德之心又上下之所同然，是民欲受天之福，則惟好德之一節耳。能好德，則四福亦莫不隨之，而六極自遠矣。雖其分有厚薄之不同，而知富貴之在天，能殀壽而不二，是皆好德者爲能，而所以成四福者也。故《洪範》之書言錫之福，惟曰有猷爲能守好德者也。此福雖主于禄而言，然亦可見上之導下，下之敬天，惟在于好德而已。上之人能使下好德，則可遂其錫福之公。下之人能攸好德，則可享天所賦之分。上之人好德，則能建其有極。下民好德，則能錫汝保極矣。故《洪範》惟言錫福而不言錫極，蓋入此則出彼，而善固人之所本有也。

金先生洪範經傳文

一，五行。漢石經無「一」字，餘傳俱無疇數。一曰水，二曰火，三曰木，四曰金，五曰土。水曰潤下，火曰炎上，木曰曲直，金曰從革，土爰稼穡。潤下作鹹，炎上作苦，曲直作酸，從革作辛，稼穡作甘。金先生曰：此九疇之目，蓋大禹本經。其發明者蓋禹之意，而箕子傳文也。然則此自「水曰潤下」以下，爲箕子傳文。

二，五事。一曰貌，二曰言，三曰視，四曰聽，五曰思。禹經。貌曰恭，言曰從，視曰明，聽曰聰，思曰睿。恭作肅，從作乂，明作哲，聰作謀，睿作聖。箕傳。

三，八政。一曰食，二曰貨，三曰祀，四曰司空，五曰司徒，六曰司寇，七曰賓，八曰師。禹經。無傳。

四，五紀。一曰歲，二曰月，三曰日，四曰星辰，五曰曆數。禹經。曰王省惟歲，卿士惟月，師尹惟日。歲月日時無易，百穀用成，乂用明，俊民用章，家用平康。日月歲時既易，百穀用不成，乂用昏不明，俊民用微，家用不寧。庶民惟星，星有好風，星有好雨。日月之行，則有冬有夏。月之從星，則以風雨。此箕子五紀傳，舊錯簡在「庶徵」。

歲統十二月，月統三十日。故觀五紀而法之者，王自省如歲，卿士省如月，師尹省如日。

蓋師尹統于卿士，卿士統于王，其事任大小可見，故各以其位之大小，以盡其職分之所當然。儻上不逼下，下不僭上，則上和下順，而有「百穀用成」以下之善應。無易者，不僭不逼之意也。或僭逼横生，所謂「既易」而有「用不成」以下不善之應。星宿雜陳于天，亦猶庶民之處于下也。師尹以上，治人者也。庶民，治于人者也。其所好不同者蓋無窮，而治之者則以常道而已。苟徇民之欲，則枉常道而亂矣，故曰「月之從星，則以風雨也」。然兩「日月」字不同，上「日月」統于歲者也，下「日月」麗乎天者也。蓋上取法乎歲月日，而下取法於星故也。五紀不言曆數，言歲月日星，則曆數固在其中矣。

五，皇極。皇建其有極，無偏無陂，遵王之義。無有作好，遵王之道。無有作惡，遵王之路。無偏無黨，王道蕩蕩。無黨無偏，王道平平。無反無側，王道正直。會其有極，歸其有極。禹經。曰皇極之敷言，是彝是訓，于帝其訓。凡厥庶民，極之敷言，是訓是行，以近天子之光。曰天子作民父母，以爲天下王。箕傳。

六，三德。一曰正直，二曰剛克，三曰柔克。禹經。平康正直，强弗友剛克，燮友柔克。沈潛剛克，高明柔克。箕傳。

七，稽疑。擇建立卜筮人，乃命卜筮，曰雨，曰霽，曰蒙，曰驛，曰克，曰貞，曰悔。禹經。凡七，卜五，佔用二，衍忒。立時人作卜筮，三人占，則從二人之言。汝則有大疑，謀及乃心，謀及卿士，謀及庶人，謀及卜筮。汝則從，龜從，筮從，卿士從，庶民從，是之謂大同。身其康强，子孫其逢吉。汝則從，龜從，筮從，卿士逆，庶民逆，吉。卿士從，龜從，筮從，汝則逆，庶民逆，吉。庶民從，龜從，筮從，汝則逆，卿士逆，吉。汝則從，龜從，筮逆，卿士逆，庶民逆，作内吉，作外凶。龜筮共違于人，用静吉，用作凶。箕傳。

八，庶徵。曰雨，曰暘，曰燠，曰寒，曰風。禹經。曰時五者來備，各以其叙，庶草蕃廡。一極備，凶。一極無，凶。曰休徵。曰肅，時雨若。曰乂，時暘若。曰晢，時燠若。曰謀，時寒若。曰聖，時風若。曰咎徵。曰狂，恒雨若。曰僭，恒暘若。曰豫，恒燠若。曰急，恒寒若。曰蒙，恒風若。箕傳。

九，五福。一曰壽，二曰富，三曰康寧，四曰攸好德，五曰考終命。禹經。歛時五福，用敷錫厥庶民。惟時厥庶民于汝極，錫汝保極。凡厥庶民，無有淫朋，人無有比德，惟皇作極。凡厥庶民，有猷，有爲，有守，汝則念之。不協于極，不罹于咎，皇則受之。而康而色，曰「予攸好德」，汝則錫之福，時人斯其惟皇之極。無虐煢獨，而畏高明。人之有能有爲，使羞其行，而邦其昌。凡厥正人，既富方穀，汝弗能使有好于而家，時人斯其辜。于其無好德，汝雖錫之福，其作汝用咎。箕傳。舊以有「皇極」之語，故錯簡在「皇極」。

六極。一曰凶短折，二曰疾，三曰憂，四曰貧，五曰惡，六曰弱。禹經。惟辟作福，惟辟作威，惟辟玉食，臣無有作福、作威、玉食。臣之有作福、作威、玉食，其害于而家，凶于而國。人用側頗僻，民用僭忒。此福極總傳〔二〕，舊錯簡在「三德」。

金縢

三王「有丕子之責于天」，金先生從朱子說。如責其侍之責，謂天責取武王於三王也。蔡氏疑前既言「天責取」之，後卻言「無墜天之寶命」，似乎相反，故作「三王當任保護之責」，而于「天」之下有闕文。然詳文意，其重乃在「定爾子孫」及「先王永有依歸」兩句。其意蓋曰：元孫遇危暴之疾，蓋將必死，若是三王蒙天責取武王，則以旦代之，蓋予仁順于祖考，又能事鬼神也。鬼神即天，不必指三王也。武王乃者受命于帝，遂能定爾子孫而撫有天下。今三王幸勿墜天元降之命以佑武王，則先王有依而子孫永定〔一三〕。蓋謂前後雖皆天命，而前命所係者重，三王宜佑之，而以我應天之後命也。

大誥

「有大艱于西土」至「我有大事休」，金先生以爲命龜之辭。蓋因武庚之叛而卜，今並以祝辭告於衆，所以前不叙殷叛事，無費辭也。自「茲不忘大功」以下共爲一章，兩「天降威」與前「天降割」，皆言武王崩也。上「天降威」，告于衆也。下「天降威」，述命龜之辭也。閉者，有所避而不出之意。言今兹不敢忘武王之大功，且不敢避天威而不爲。凡武庚之叛，意皆在「兹」字内。于是用寧王所遺之大寶龜，以介紹知天之明命〔一四〕。即祝之曰：有大艱難之事于西土，我周國本爲西土之人〔一五〕，如三叔亦且摇蕩不静〔一六〕，于此蠢動。而殷小厚之國，大敢經紀其遺叙，以天降威于我國。武王初喪，又知我國有兄弟之疵隙而民不安静，言曰：我將復殷之天下，反鄙邑我周國。今於其蠢動之明日，民有獻賢者十人，出爲予助，以往撫寧大難，繼武先王所圖之功。我有此大事，其休美乎！既命之，則我灼龜而卜，乃并吉。并吉者，習吉也。金先生之大意如此。

「天棐忱辭」。朱子曰：「棐」本木名，而借爲匪字。顔師古注《漢書》云：「棐」，古匪字，通用是也。天畏以忱，猶曰天難諶爾。孔《傳》訓作輔字，殊無義理。文十一卷〔一七〕。金先生書中「棐」字皆作匪説，惟《洛誥》不然。

康誥

「乃服惟弘王，應保殷民，亦惟助王宅天命，作新民。」言汝之所當服者，惟在廣王德意，和保殷民，亦惟助王宅定天命，作新斯民。「應保」，養之也。「作新」，化之也。上有「惟」字，下亦有「惟」字，語意若曰惟當如此，又當如此。

「非汝封」四句。刑殺者，天所以討有罪，非汝封可以私意刑人殺人，無或以私意刑人殺人。非汝封又言可以私意劓刵人，無或以私意劓刵人。蓋謂非獨刑之大者不可私，刑之小者亦不可以私意用也。

酒誥

《周禮·春官》：大史掌建邦之六典以逆邦國之治，掌法以逆官府之治，掌則以逆都鄙之治。內史掌王之八枋之法以詔王治。四者即《天官》大宰所建之六典、八法、八則、八柄也。

大宰掌建邦之六典，以佐王治邦國。「大宰」即冢宰，天官也。「典」，經常之法也。「邦國」，王及諸侯皆是也。「六典」，六官各掌其一。「冢宰」，則相職也。故皆建之。

一曰治典，以經邦國，治官府，紀萬民。大宰所掌。「治典」者，凡政事法制，所以治天下之大法，皆主之。

二曰教典，以安邦國，教官府，擾萬民。地官司徒所掌。「擾」者，勞而熟之之謂。司徒掌徒衆，其政莫大于教人爲善，故曰教官府而擾萬民。

三曰禮典，以和邦國，統百官，諧萬民。春官宗伯所掌。禮之用有叙而和，故曰「和」、曰「統」、曰「諧」。

四曰政典，以平邦國，正百官，均萬民。夏官司馬所掌。政之大者爲兵，故司馬獨曰「政典」。外以「平邦國」之亂，內以政而「正百官」。職方制貢賦，故曰「均萬民」。

五曰刑典，以詰邦國，刑百官，糾萬民。秋官司寇所掌。

六曰事典，以富邦國，任百官，生萬民。冬官司空所掌。冬官主事，故曰「任百官」。主空土以給民，故曰「富邦國」，生養萬民。

以八法治官府。百官所居曰「府」，此是朝廷之官府。故下文惟曰「邦」而不及國，邦者，天子之邦也。

一曰官屬，以舉邦治。「官屬」謂六官，其屬皆六十。

二曰官職，以辨邦治。「官職」謂六官之職，如治職、教職之類。「辨」，別也，謂各司其職。

三曰官聯，以會官治。「官聯」謂國有大事，一官不能獨治，則六官共舉之。小宰有六聯，謂祭祀、賓客、喪荒、軍旅、田役、斂弛也。

四曰官常，以聽官治。「官常」謂各自領其官之常職。

五曰官成，以經邦治。「官成」謂官府之成事品式。

六曰官法，以正邦治。「官法」謂職所主之法度，掌祭祀、朝覲、會同、賓客之法度。

七曰官刑，以糾邦治。

八曰官計，以弊邦治。三年大計羣吏之治而誅賞之。

以八則治都鄙。「則」亦法也。都之所居曰「鄙」。「都鄙」，公卿大夫之采邑，王子弟所食邑在畿内者。

一曰祭祀，以馭其神。「馭」謂敺之納于善。

二曰法則，以馭其官。

三曰廢置，以馭其吏。

四曰禄位，以馭其士。

五曰賦貢，以馭其用。

六曰禮俗，以馭其民。謂昏姻喪祭之禮〔一八〕。

七曰刑賞，以馭其威。

八曰田役，以馭其衆。

以八柄詔王馭羣臣。

一曰爵，以馭其貴。

二曰禄，以馭其富。

三曰予，以馭其幸。「幸」謂言行偶合于善，則有以賜予之以勸後。

四曰置，以馭其行。有賢行則置于位。

五曰生，以馭其福。「生」猶養也。賢臣之老者，王有以養之。

六曰奪，以馭其貧。臣有大罪，没入家財。

七曰廢，以馭其罪。「廢」，猶放也。

八曰誅，以馭其過。「誅」，責讓也。

此皆大宰之所建，而大史、内史又以逆王詔王也。然内史之八枋，則一曰爵，二曰禄，三曰廢，四曰置，五曰殺，六曰生，七曰予，八曰奪。名與次有與前不同者，因事無常而互見也。

太史、內史，王朝官，非衛所有。蓋此章百宗工以上皆言殷之舊臣，侯、甸、男、衛亦以近殷都者言之也。自「矧惟爾事」以下，方指衛國官。

「宏父定辟」。蔡《傳》：「宏父」，事官，司空也，主廓地居民。「廓」即辟也，則「定辟」之「辟」當作開闢之義。

梓材

《梓材》舊以爲告康叔爲政之書。蔡氏以爲簡編斷爛而誤屬一篇之中，意不可强合。金先生曰：《梓材》之書，營洛之書也。其總叙見于《召誥》，曰：「周公乃朝用書，命庶殷侯、甸、男邦伯。」其命庶殷，即《多士》之書叙，所謂「惟三月，周公初于新邑洛用告商王士」者也。其命侯、甸、男邦伯，《梓材》之書是也。其叙即《康誥》之叙，所謂「惟三月周公初基，作新大邑于東國洛，四方民大和會。侯、甸、男邦、采、衛，百工播民和，見士于周。周公咸勤，乃洪大誥治。」蘇氏所謂《洛誥》之叙是也。《梓材》前章皆「咸勤」之意，後章則乃「洪大誥治」之辭，其間辭意無不吻合者。篇首「王曰封」之「封」誤，衍之也。《左氏》曰「成王合諸侯城成周」以爲東都，是作洛之際必合諸侯，各率其卿士大家，將其徒衆以受役。所謂「四方民大和會」「侯、甸、男邦、采、衛，百工播民和，見士于周」也。「周公咸勤」，則勞來撫恤之也。「大家」則皆將其醜類，從于諸侯以聽役于王室。爲諸侯者，當以其臣民下通意于大家，以其臣上通意于王室。承上勞下，邦君之常職也。故曰：「以厥庶民暨厥臣，達大家。以厥臣達王，惟邦君汝若恒也。」古者動大衆興大役，則司徒率徒衆，司空晝土疆，司馬以軍法治之。「君行師從」，師師者，一師之長也，即三卿也。「卿行旅從」，尹旅者，一旅之長，三卿之副也。周公喻邦君，又欲邦君告其卿大夫，曰「予罔暴厲殺人」，蓋不欲以軍法從事也。然亦必邦君先能敬以勞來其民，則自此以往，卿尹皆能敬以勞來其民。故曰「越曰：我有師師、司徒、司馬、司空、尹旅。曰：予罔厲殺人。亦厥君先敬勞，肆徂厥敬勞」也。古者徒役起于夫家丘甸，而罪隸之人又服役于其下，故凡往日姦宄殺人者〔一九〕，自有本罪。而所連歷之人，古法所謂胥靡，今法所謂干連。知情藏匿者，與爲公家之事而並緣傷人者，皆入于罪隸。今既與此大役，服勞王事，皆與赦除，同於良民，故曰「肆往，姦宄殺人歷人宥。肆亦見「見」疑作「爲」。厥君事，戕敗人，宥」也。凡此優恤赦宥之事，皆邦君所當承流。則又述王啓侯監之言，在于爲民，不在于厲虐，故曰「王啓監，厥亂爲民。曰無胥戕，無胥虐」也。古者興役動衆，孤寡之人無所與。不幸而在焉，必加優恤之，若晉師之歸老疾，勾踐反耆老之子是也。古者徒役之中亦有臣妾，如女子入于舂藁之類，蓋供樵爨之役于此，亦必優恤之。故曰「至于敬寡，「敬」疑作「矜」。至于屬婦，合由以容」也。則又繼述王教邦君之命，皆爲恬養之仁而不在他。故曰「王其效邦君，越御事，厥命曷以?引養引恬」也。自此以上皆爲「咸勤」之事,而又以「自古王若兹監,罔攸辟」結之。宅洛之事,上承武王定鼎之意,而繼志述事以文太平,故即作洛之時,田里居室器用之事爲喻。故曰「惟曰若稽田,既勤敷菑,惟其陳修,爲厥疆畎。若作室家,既勤垣墉,惟其塗塈茨。若作梓材,既勤樸斲,惟其塗丹雘」者,此遷洛之議而又述「今王惟曰」以繼之。夫營洛之事,一爲四方朝貢道里之均,故曰「先王既勤用明德,懷爲夾,庶邦享作,兄弟方來。亦既用明德,后式典,集庶邦丕享。」一爲殷民密邇王化,故曰:「皇天既付中國民,越厥疆土于先王。肆王惟德用,和懌先後迷民,用懌先王受命。」而又終之曰「已若兹監,惟曰欲至于萬年,惟王子子孫孫永保民」。則又述王之德意,使諸侯皆知之,不惟作洛之際敬勞其民,而所以爲國家久長之計者亦無出于保民者,此又《召誥》之意。凡此以上所謂「洪大誥治」也。

召誥

「王敬作所,不可不敬德。」二句再提起前「敬德」之語,而以夏商往事爲言當監之。而「疾敬德」下至「嗣若功」共爲一章,言王者以敬爲安居之所,今王不可不「疾敬」其德,不可不監視夏、殷二代。禹、湯有德,既服天命,當有歷久之年。其後子孫不能延長,弗克享國。我于天命幽微之理皆不敢知,我但知不敬其德者,即早墜壞其所受之命而喪亡爾。今王嗣文、武而受其大命，我亦惟此夏、殷二國之命，繼禹、湯及二代賢哲之君有功者，庶幾不墜文、武所受命，固不可不疾敬德而以敬爲所也。我昔爲成王言也〔二〇〕。前言相夏、殷謂天命無常不可保，此言國祚興亡惟在人君敬德，不敬德不可信〔二一〕。

洛誥

周公至洛而卜，蓋卜下都以處商民。舊説以卜澗東瀍西爲卜王城，非也。《召誥》召公三月戊申至洛卜宅，得卜則經營。庚戌攻位，甲寅位成。翼日己卯周公至洛，則達觀于新邑營，無再卜之意。《洛誥》乙卯朝至于洛，與《召誥》合。夫召公既卜且攻位而有成矣，周公乃再卜之何耶？儻卜而不吉，又將遷位耶？則召公爲不可信矣。况武王定鼎于郟鄏，所以營東都繼先志也。而謂卜都于河朔，又何也？儻以卜河朔爲下都，澗東瀍西爲王城，則尊卑緩急又無序矣。此時王城已定，周公但卜處商民之地，以河朔頗近商舊都，遷民之便而先卜之，次及澗、瀍，二者皆「惟洛食」。「我乃」者，改事之辭，是兩卜也。又「卜瀍東，亦惟洛食」，是三卜也〔二二〕。蓋王都在洛，三卜之龜墨，皆以洛與此地對定，故皆「惟洛食」也。舊説以澗東瀍西爲王城，蓋以二水皆南流入洛故也。且瀍水出穀城，澗水出新安，流而至洛，其經行已遠。今亦不詳周公所卜定于何處，而王城迫近洛水之陽，蓋不患其説之不通也。

「孺子其朋」至「叙弗其絶」。金先生之意，謂「孺子」成王也，「朋」者友之也，「其」者期辭也。孺子其友于百工，謂與之議論謀猷，公其心以與共天下之事。又言「孺子其朋」而往治于洛，無若火始然，其光燄燄。用此小明以御事，則心機日熟而欲日熾，必至灼爍延爇而不可絶矣。

王「以秬鬯二卣曰明禋」，以「休享」于周公，以爲事周公如事神明也。「禋」，精意以享也。鬱鬯雖所以祭宗廟，而賓客亦以此祼之〔三〕。如《周禮·大行人》「上公再祼而酢」、「侯伯一祼而酢」之類，是天子待諸侯之禮也。然則此文惟「禋」字爲主爾，「鬯」非必事神明也。

多士

金先生以《多士》之書即《召誥》告庶殷之書也。「三月」即《召誥》周公至洛之三月。孔《傳》以爲周公致政明年三月，蔡氏以爲成王祀洛次年三月，皆仿像之辭，恐不得事實。

「朕不敢有後」，謂所以遷居于西者，非我樂于不安也，是惟天命如此，無敢有違。故我不敢後之，爾無我怨。

君奭

「天命不易」謂未受命時，不可以易受。「天難諶」，已受命而又不可信，惟恐將移而之他。「天惟純佑命」至「罔不是孚」。金先生曰：天所以純佑命者，則商家實有許多故家遺俗，王朝群臣無不秉持其德，明恤官屬。外而藩屏侯甸，况及奔走之人？皆能各用其德，以輔厥辟之治。故一人有所作爲于四方，人心無不孚信。

「迪見冒聞于上帝」。「見」謂德昭著于上，「冒」謂德覆冒于下，然後聞于上帝。「見」就自身言，「冒」就及民言。

「收罔勗不及」。金先生曰：召公收身而退，不勉其所不及。

多方

「奄」，蓋與淮夷徐戎同叛，以應武庚者。成王、周公既定殷，而就伐奄，至三年然後平。只一時事，未嘗兩出軍。孟子謂伐奄三年討其君，與《詩·東山》三年歸之説合，即此事也〔二四〕。所以三年之久者，奄非能抗天下之兵也。聖賢用兵不以多殺人、急成功爲事，直欲其心服爾，故若是其久也。

「告爾四國多方」至「弗永寅念于祀」。告爾管、蔡、商、奄之四國及多方之國，紂罪貫盈，禮宜誅絶而廢其宗祀，其民久化紂惡，亦皆當誅。惟爾殷侯武庚仍爲殷君而尹正其民者，我惟天降宥爾之死命，恩可謂大矣。爾乃昏罔不知方，且大思圖謀天命，爲叛逆之事，是乃弗長永敬念于宗祀而自欲絶之爾。

「自作不典，圖忱于正。」自爲不合典常之事，乃欲圖謀人信之以爲正。

立政

「兹惟后矣，謀面用丕訓德，則乃宅人。」自「乃敢告教厥后」以下，乃大臣深知俊乂之德，博求之而告于君，謂可居三宅。此一節謂于是夏之爲君者聞其言，又不輕信而必謀之于人，面之於己，灼見才德，然後用之，果有大訓于德，則乃使之爲三宅人。

「兹乃三宅」。所以無義民者，蓋因桀弗如其先君任人之道。

成湯既升陟，居天子之位，乃丕釐上帝耿光之命。「丕」以推其大規，「釐」以理其條目。乃用人居于三宅，所用之人則克即其宅，謂果能勝其任也。然人才當廣求，雖已有人遍居三事，又當畜才以待其需，儲之以待充三事者，則謂之三俊。曰「三有俊則克即其俊」，謂實能有其才也。湯則深嚴思惟其治天下丕大之法式，事制曲防已有成規，然後能用三宅三俊。所以在商邑則能和協于此，在四方則雖遠莫不於丕式之中以見君德。

「文王惟克厥宅心」三句，謂文王惟自能宅安其心，則能自立此常事司牧之人，皆是能俊有德者。

成湯、文王于三宅之人能宅之者，蓋能因紬繹其人，灼知其心，玆乃使之乂事。「繹」則謀面之謂也。

以上皆金先生之意推而爲説。從《表注》句讀段落，方可從此説。

周官

「六服」。《周禮・大行人》：邦畿方千里，其外方五百里謂之侯服，又外五百里甸服〔二五〕，又外五百里男服，又外五百里采服，又外五百里衛服，又外五百里要服，「要服」，蠻服也。九州之外謂之蕃國。《職方氏》：方千里曰王畿，其外侯、甸、男、采、衛、蠻、夷、鎮、蕃，各方五百里。二説不同。蓋方五百里，總言兩面也，一面二百五十里，王畿及九服共方五千五百里。《職方》九服，而《大行人》自侯至要止六服，謂九州内也。九州外蕃國則兼夷、鎮、蕃而言，世一見者也。此書六服，即要以上六服也。

《傳》曰：有虞氏官百，夏二百，商三百，周三百有六十。

「道」即事理當行之路。論道者，論脩身治人之常道，所以爲經邦之本者也。「陰陽」則天地所以造化，氣運有不齊，人君固當燮和調理。「經邦」即燮調也。

「化」即經邦之運用。副貳三公經邦之化，敬明天地之道。「三公」言燮理，參天地贊化育，德隆位尊而任大。「三孤」位卑，不過敬明其道以啓導其君耳。

前言「六服」，此又言「五服一朝」，聖人詳内略外，不治夷狄，歲朝止於五服。

顧命

「誓言嗣」，謂恐不及戒誓以言嗣子之事。

「須材」。金先生謂即下文禮器几席、車輅、戈鉞之屬。舊説供喪用，與上下文不相入〔二六〕。

《周禮·司几筵》：「凡大朝覲、大饗射，凡封國命諸侯，王位設黼依，依前南鄉，設筦筵紛純，加繅席畫純，加次席黼純，左右玉几。」鄭玄謂「次席，桃枝席，有次列成文。」然則此所謂篾席，乃三重席之最上重也。《書·疏》：「篾，析竹之次青者。」

「弁」者，士也，立堂下。冕者，大夫也，立堂上。「戺」，階下之隅角。東西堂，東西廂之前堂，是兩夾室之南。堂上東西垂，謂凡堂上東西面各一階橫下，而各有一人立於其階之上際。「側階」則東房北堂之上也。

「三宿，三祭，三咤。」「宿」，肅也。用此一同，三宿而三祭。孔《傳》以「咤」爲奠爵，蔡氏從之。《疏》謂經典無此「咤」字。「咤」爲奠爵，傳記無文。金先生曰：「咤」，歎也。親没而始受顧命，雖不敢死其親，用祭服祭禮而不哭〔二七〕，然三咤之情則不可遏也。

「王答拜」。金先生曰：明爲後也。古者始喪，雖卑者亦拜之，此雜用喪禮故也。

金先生曰：在喪祭告，王不歆福，太保攝歆福，故「太保受同，祭，嚌，宅。」「宅」亦當作「咤」，絶句。

康王之誥

天子五門：一曰皋門，外朝所在，朝覲四方諸侯之所。二曰庫門，府庫所在。三曰雉門，外設兩觀，懸象魏其内，左祖右社之途。四曰應門，其内治朝之所在，亦曰内朝。日朝羣臣之所。五曰畢門，又曰虎門，又曰路門。其内燕朝之所在。既日朝羣臣於治朝而退，適路寢聽政，即此地也。今曰應門之内，則宜曰治朝，或曰内朝。蔡《傳》既言外朝在路門外，而又曰應門之内蓋内朝所在〔二八〕，兩語不相應，恐上外字誤。

「羑」。金先生曰：字書「羑」，進善也。即「誘」字。「羑若」，蓋天誘其衷之意。言皇天以大邦之命而改命周，亦以文、武大能承受其誘衷助順之理，而憂勤西土之民爾。

畢命

「道有升降，政由俗革。」治道有所當升，有所當降，初無執一之用，故爲政者當視時俗爲之更張。

「辭尚體要」〔二九〕，辭令貴大體而不煩細，貴簡要而不泛濫。

君牙

暑雨祁寒，小民怨咨者，蓋寒暑雨暘，天之令也。小民無知，爲其不便於己且怨咨之，即民心之罔中也。其導之難也如此，故曰「厥惟艱哉」，思艱圖易即導之中也。與上文作一串説，下此段似相應。此篇上下皆是説教，恐未及衣食。

呂刑

炎帝之末，諸侯有蚩尤者爲始作亂〔三〇〕。蓋自天地開闢以來，風氣淳朴，民俗敦厚，皆知尊上，蚩尤乃始爲亂。故黄帝作法以矯正虔劉之，此言制刑之始。苗民「作五虐之刑曰法」，謂之「曰法」者，言專以刑爲治國之法而不用禮教也。又謂始淫爲「劓刵椓黥」，言初過用其刑，而且并制罪無差等，皆是因聖人所制之刑而過用之、專用之耳，非謂苗始制刑也。如此看則自無堯舜，因有苗制刑而遂爲常法之礙。

「皇帝」者，總言堯舜也。蓋竄三苗乃舜居攝時事，未可專指舜，征苗分北乃舜時事。古注言堯，蔡《傳》言舜，恐皆失偏，當兼言之。

「皇帝清問下民」至「率乂于民棐彝」。金先生曰：「清問下民」而民皆言有苗之暴虐，與其風聲氣習之爲害。於是以德爲威，而人心知所畏；以德明民，而人心知所向。先命三后以爲教養之具，此德明惟明之事，而後命士師以刑法之防，此德威惟畏之事也。聖人制刑之本如此。伯夷降下典禮以示天下，天神、地祇、人鬼既各有正禮。然出禮則入刑，降典所以折其民之入刑者而回入於禮也。禹平水土以安民生，爲山川立主祭之典以正民心。蓋既絶地天通，於是脩山川之正祀，又各使有土之君主之，不至於瀆。稷降播種之法，使農殖嘉穀。蓋前此民猶雜食草木之實，自稷教民稼穡而民始皆殖嘉穀矣。三后成功，民俗殷盛，而後命皋陶爲士師，制百姓以刑法之中，不偏於輕以惠姦，不過於重以虐民，立爲中典，亦所以使民祇敬爲德而已。蓋其君臣之間，和敬示德於上而精明承德於下，躬行心得，其表裏政令皆可爲民之法，灼于四方，人心觀感，罔不爲德之勉，而後明刑法之中，治其民之非彝者而已。蓋教養如此，而猶或有非彝者，然後刑之也。

此篇始述有苗之刑，以爲暴虐之戒。繼述聖人之刑，以爲後世之準。聖人教養之具無一不至。然則立刑以制之，而刑法之中亦無非教此，蓋發明聖人立刑之本末。

「天齊于民，俾我一日，非終惟終，在人。」天以刑罰整齊其民，既俾我君臣之用，一日之間不能盡其事與能盡其事，則其責在人。

先儒以贖刑上及大辟，有千鍰之貲者，無往不可殺人，殆非然也。明曰「五刑之疑有赦」，疑者則贖，非刑皆可贖也，可贖者乃唐虞之世宥而流者爾，固曰：「罰懲非死，人極于病。」蓋雖免於流而入金亦足困之，無疑者未嘗不刑殺也。

「上下比罪，無僭亂辭」，謂以刑之上下比附其罪，使合其宜，不可差亂其獄辭，而妄爲升降。此言凡以罪定刑，皆當如此。

「無或私家于獄之兩辭」者，無或以私意鬻獄以成家，特此心而聽獄之兩辭。

「非天不中，惟人在命。天罰不極，庶民罔有令政在于天下。」金先生曰：是非天偏治鬻之人，亦惟人自致其禍罰之命，使天罰不至，則獄吏皆得以行其私，庶民無復被善政之澤于天下矣。「今往何監？非德于民之中？」言子孫自今以往，何所監視，豈非以德爲民所取中乎？

篇中十「中」字，「罔中于信」，「制百姓于刑之中」，「明于刑之中」，「觀于五刑之中」，「罔非在中」，「咸庶中正」，「罔不中聽」，「非天不中」，「于民之中」，「咸中有慶」，皆無過不及意。

費誓

戰車甲士三人，御者居前，左執弓矢，右用五兵。弓矢爲長兵，五兵爲短兵。弓一用矢百，又有一弓以備損折，故《詩》曰「交韔二弓」。必二弓百矢具足，故曰「備」。五兵者，戈、殳、戟、酋矛、夷矛，建於車右，隨所宜用之。以金爲之，故曰「鍛」。唯殳積竹爲之，爲毄兵，不主刺。此言戈矛，總該五兵也。礪鋒刃，則又總上兩句，兼矢、戈、戟、矛言之。

凡言「常刑」者，軍律之常，於此申言之爾。曰「大刑」，曰「無餘刑」，則此誓之權也。

秦誓

《左傳・僖三十年》：晉文公、秦穆公同圍鄭，鄭人説秦伯，秦伯使其大夫杞子、逢孫、楊孫戍之而還。三十二年，杞子告于秦曰：「鄭人使我掌北門之管，若潛師以來，國可得也。」穆公訪諸蹇叔，蹇叔曰：「勞師襲遠，遠主備之。勤而無所，必有悖心。」公辭焉，使百里、孟明視、西乞術、白乙丙出師於東門之外。蹇叔哭之，曰：「孟子，吾見師之出而不見其入也。」公使謂之曰：「爾何知！中壽，爾墓之木拱矣。」三十三年，秦師行及滑，鄭商人弦高遇之，以牛十二犒師，曰：「寡君聞吾子將步師出於敝邑，敢犒從者。敝邑爲從者之淹〔三一〕，居則具一日之積，行則備一夕之衛。」孟明曰：「鄭有備矣，吾其還也。」滅滑而還。晉原軫曰：「秦違蹇叔，以貪勤民，不哀吾喪，伐吾同姓。」遂發命，遽興姜戎。敗秦師于殽，獲三帥以歸。文嬴請而歸之。秦伯曰：「孤違蹇叔以辱二三子，孤之罪也。」文二年，春，秦孟明視帥師伐晉，以報殽之役。晉侯禦之，秦師敗績。三年，秦伯伐晉，濟河焚舟，取王官及郊。晉人不出。遂自茅津濟，封殽尸而還。《史記》曰：穆公自茅津渡河，封殽中尸，乃誓於軍曰云云〔三二〕，以申不用蹇叔、百里奚之謀，故作此誓。

商周之書多引夏商之興廢爲監。商周初興，起事之書陳桀紂之惡以告之于衆，固宜也。至功成治定之後，凡所以告戒之辭，莫不引之爲説。蓋義理雖人心之所固有，又不若指其已然之跡以告之，尤爲易見。

起事數所征之罪

商書舉夏事
湯誓
周書舉商事
泰誓上　泰誓中　泰誓下
牧誓　武成
功成自戒
商書舉夏事
仲虺之誥　湯誥
治定子孫爲戒
商書舉夏事
伊訓　太甲上　咸有一德
周書兼舉夏商

召誥　多士　多方

周書獨舉商事

微子之命　無逸　君奭

立政

自引祖考

夏書

五子之歌

商書

伊訓　太甲上　太甲中

太甲下　咸有一德　盤庚上

盤庚中　盤庚下　説命下

微子

周書

大誥　康誥　酒誥

洛誥　多士　無逸

君奭　多方　立政

顧命　康王之誥　畢命

君才　冏命　文侯之命

引古

周書

周官　呂刑

點校

門人　俞實叟　葉儀　方麒　唐懷德　范祖幹

孤子元

【校記】

〔一〕「謂」，原誤作「讀」，據朱本、《四庫》本、陸本、學海本改。
〔二〕「士」，原誤作「仕」，據朱本、《四庫》本、陸本、學海本改。
〔三〕「道」，《四庫》本脱，學海本作「求道」。
〔四〕「在」，原脱，據朱本、《四庫》本、陸本、學海本補。
〔五〕「直」，原誤作「正」，據朱本、《四庫》本、陸本、學海本改。
〔六〕「下」，原誤作「水」，據朱本、《四庫》本、陸本、學海本改。
〔七〕「之應」，原作「應之」，據朱本、《四庫》本、陸本、學海本乙正。
〔八〕「近」，原誤作「方」，據朱本、《四庫》本、陸本、學海本改。
〔九〕「婁」，原誤作「樓」，據朱本、《四庫》本、陸本、學海本改。
〔一〇〕「各」，原脱，據朱本、《四庫》本、陸本、學海本補。
〔一一〕「故以」至「一周天」，原脱，據朱本、《四庫》本、陸本、學海本補。
〔一二〕「極」，原脱，據朱本、《四庫》本、陸本、學海本補。
〔一三〕「永」，原誤作「未」，據朱本、《四庫》本、陸本、學海本改。
〔一四〕「介」，原誤作「分」，據朱本、《四庫》本、陸本、學海本改。
〔一五〕「我」，原作「之」，據學海本改。
〔一六〕「叔」，朱本、《四庫》本、陸本闕，學海本作「監」。

〔一七〕「文十一卷」，《四庫》本作「文（闕）七十一卷」，學海本作「文七十一卷」。
〔一八〕「祭」，原誤作「紀」，據學海本改。
〔一九〕「宂」，原無，據朱本、《四庫》本、陸本、學海本補。
〔二〇〕「言」，原作「我」，據陸本、學海本改。
〔二一〕「不」，原作「必」，據陸本、學海本改。
〔二二〕「我乃者」至「惟洛食」，原脱，據朱本、《四庫》本、陸本、學海本補。
〔二三〕「賓」，原誤作「賈」，據朱本、《四庫》本、陸本、學海本改。
〔二四〕「事」，原誤作「是」，據朱本、《四庫》本、陸本、學海本改。
〔二五〕「百」，原誤作「伯」，據朱本、《四庫》本、陸本、學海本改。
〔二六〕「文」，原無，據朱本、《四庫》本、陸本、學海本補。
〔二七〕「哭」，原誤作「器」，據朱本、《四庫》本、陸本、學海本改。
〔二八〕「既言外朝」至「蓋内朝」，原脱，據朱本、《四庫》本、陸本、學海本補。
〔二九〕「辭尚」，原無「辭」，據《四庫》本、學海本補。
〔三〇〕「亂」，原誤作「辭」，據朱本、《四庫》本、陸本、學海本改。
〔三一〕「敢犒從者敝邑」，原脱，據朱本、《四庫》本、陸本、學海本補。
〔三二〕「軍」，原誤作「君」，據朱本、《四庫》本、陸本、學海本改。

附録

讀書叢説序

［元］張　樞

右白雲先生文懿許公所著《讀書叢説》六篇，先生之子元與門人俞實叟等之所校讎，其文字無譌舛，可誦習。東陽張樞考其終始而序次其説曰：古者左史記事，右史記言。《春秋》者，左史之流。而《書》者，言與事皆記之也。古《書》篇第至多，聖人取其嘉言善行，可以垂世立教，近於時，切於事者，定著爲書百篇。凡聖賢傳道之微旨，帝王經世之大猷，盡在是矣。遭秦滅學，漢興，掇拾補綴於焚棄之餘，雖有所佚亡，猶幸其不遂堙没而無傳於世也。於是立之學官，以教學子。孔安國始爲《書》傳，辭義簡質。至唐孔穎達撰《正義》，以推演其説。其以後，《書》説浸廣，見於著録者數十百家，疲精神，瘁枯竹，間有所明，而其大要卒不能以出夫二家之爲。朱子之爲經，於《書》屬之門人，蔡氏固嘗質疑問難，然非若《易》、《詩》之有全書也。本朝設科取士，並絀衆説而專用古注疏，蔡氏猶以朱子故也。蔡氏之説或有未備，仁山先生文安金公於《書表注》、《通鑑前編》引《書》語中，既剖析而著明之矣。先生受學之久，聞義之邃，獨患是經之傳出於朱子之門人，苟一豪之不盡，則學者無所折衷，非所以稱國家崇奬訓厲之意。迺研精覃思，博求其義，爲之圖説，以示學者，使人人易知焉。於是言行並彰，細大畢備，《書》之奥義微旨至此無餘藴矣。《叢説》中所引傳疏諸家之説，或采掇其辭而易置其次，不必盡如舊也。蓋皆有所裁定而畢致其意，非徒隨文引援而已。雖其説時時少異於蔡氏，而異者所以爲同也。要歸於是而已。」豈不信哉！至正六年，門人南臺監御史白野普化怗睦爾，與其僚大梁楊公惠移浙東廉訪使，謂先生之遺書雖已行於世而學者倦於繙録，使得鋟板以傳，此誠學者之幸。廉訪使既受牒轉移浙東宣慰使，請下屬郡，取於校官羡財以給資用，如監察御史言，於先生所著《詩名物鈔》八篇，《四書叢説》二十篇，與《讀書叢説》皆刊行。樞聞古之有道有德者，必推己之所明，以發人之所未明。已得之而後施於人，禮樂政教之謂也，夫豈自爲己哉？其或邂逅無位，不能見之事業，將以正人心，覺來世者，莫大乎爲經。自世學不明，而士之爲經者各騖其偏私以求聖人之意。求之愈深而失之愈遠，言之愈廣而襲之愈晦，此世士之爲經者之所同病也。先生不幸無位，退而求之於經，不爲奇新，不求近名，率以救往之偏，得聖人之意而會夫大中之歸。既没而其言立，其施於人者博矣。宜其爲士所宗，爲時所尚，考行易名，而令聞長世也。先生金華人，其諱字世系言行本末，具今翰林直學士烏傷黄公溍所爲墓志序銘，兹不述。

至正七年丁亥歲夏五月壬寅朔序

（國家圖書館藏《讀書叢説》丘象寧抄本）

四庫全書總目讀書叢説提要

［清］紀　昀

《讀書叢説》，六卷。

元許謙撰。謙字益之，金華人。延祐中以講學名一時，儒者所稱白雲先生是也。事迹具《元史·儒學傳》。自蔡沈《書集傳》出，解經者大抵樂其簡易，不復參考諸書。謙獨博覈事實，不株守一家，故稱「叢説」。如蔡氏釋《堯典》，本張子「天左旋，處其中者順之，小遲則反右」之説。不知左旋者東西旋，右旋者南北旋，截然殊致，非以遲而成右也。日東出西没，隨大氣而左，以成晝夜，非日之自行。其自行則冬至後由南斂北，夏至後由北發南，以成寒暑。月之隨大氣而左，及其自行亦如之。謙雖不能盡攻其失，然「七政疑」一條謂「七政與天同西行，恐錯亂紛雜，泛然無統」，可謂不苟同矣。舊説《洛誥》「我乃卜澗水東，瀍水西」爲王城。據《召誥》、《洛誥》，周公皆乙卯至洛，在召公得卜，經營攻位，五日位成之後，是王城無庸再卜。謙謂「此時王城已定，但卜處殷民之地。故先河朔黎水，以近殷舊都，民遷之便。次及澗東、瀍西，次及瀍東，皆以洛與此地相對定墨，而皆惟洛食。瀍、澗流至洛，所經已遠，不知周公所卜者何處。」又《吕刑》稱「惟作五虐之刑曰法，稱爰始淫爲劓刵椓黥」，舊説以爲其刑造自有苗。謙謂苗乃專以刑爲治國之法，乃始過用其刑，非創造刑也。如此之類，亦頗不爲習聞所囿。至於説六律五聲，漫録《律吕新書》；説唐虞之修五禮，漫録《周官·大宗伯》之文；説《酒誥》太史、内史，漫録《周官·太宰》六典、八法、八則、八柄之文，殊屬泛衍。書内載其師金履祥説爲多，卷首《書紀年》一篇即據履祥《綱目前編》起算。其間得失雜出，亦不盡確。然宋末元初説經者多尚虚談，而謙於《詩》考名物，於《書》考典制，猶有先儒篤實之遺，是足貴也。其書與《詩名物鈔》、《四書叢説》並刊於至正六年，其版久佚。此本爲浙江吴玉墀家所藏，其第二卷中脱四頁，第三卷中脱二頁，第五卷、第六卷各脱四頁。勘驗别本，亦皆相同。今亦無從校補，姑仍其舊焉。

讀書叢説序

［清］胡鳳丹

白雲先生以講學名一時，博極群書，著述宏富。其讀《詩》有《集傳名物鈔》，余已重鋟之。今觀其《讀書叢説》，旁徵博引，考覈精嚴，雖祖述舊聞，要不肯株守一家，以自封其聞見。吾獨異世之學者墨守蔡《傳》，樂其説之簡易，而不復參考諸書以折衷而通其變，亦隘且陋矣。是書出，既砭後學孔疏之病，而仍不失先儒篤實之遺，是可寶也。《四庫書目》二卷中脱四頁，三卷中脱兩頁，五卷、六卷各脱四頁，無從校補。兹從《學海類編》鈔出付梓，以俟世之藏書家得古本以訂正焉，斯幸矣。

同治十一年壬申八月，永康後學胡鳳丹棫甫謹序。

（《金華叢書》）

讀四書叢説

〔元〕許謙 撰
金曉剛 整理
黄靈庚
陳開勇
李聖華
慈 波

整理説明

黄靈庚

北山四先生爲朱、吕嫡傳，通經學古，闡説性理，解經各有所長，治《四書》則皆所擅。何基有《四書發揮》，王柏有《大學疑》《論語通旨》《論語衍義》《魯經章句》《孟子通旨》《批點標注四書》，金履祥有《大學疏義》《中庸表注》《論語集注考證》《孟子集注考證》，許謙有《讀四書叢説》。從朱子《四書章句集注》《四書或問》，到黄榦《四書通釋》，再到四先生著述十餘種，可見四先生《四書》學淵源，亦可見朱學流傳及其盛行浙東之况。吴師道爲許謙撰《讀四書叢説序》云：「君師仁山金先生履祥，仁山師魯齋王先生柏，從登北山何先生基之門，北山則學於勉齋黄公而得朱子之傳者也。《四書》自二程子表章肇明其旨，至朱子《章句集注》之出，折衷羣言，集厥大成，説者固蔑以加矣。門人高弟不爲不多，然一再傳之後，不泯滅而就微，則泮涣而離真，其能的然久而不失傳授之正，則未有如於吾鄉諸先生也。蓋自北山取《語録》《精義》以爲《發揮》，與《章句集注》相發；魯齋爲《標注》《點抹》，提挈開示；仁山於《大學》有《疏義》《指義》，《論》《孟》有《考証》，《中庸》有《標抹》，又推所得於何、王者，與其已意併載之。君上承淵源之懿，雖見仁山甚晚，而契誼最深。天資純明，而又加以堅苦篤實之功，妙理融於言表，成説具於胸中，問難開陳，無少疑滯，抑揚反覆，使人竦聽深思，隨其淺深而有得焉。故自遠方來從學者，至數百人，遂爲一時之盛。」惜何、王《四書》著作盡佚，僅可輯得碎章零句。金、許之書，《中庸表注》已佚外，其他數種幸而尚存。

《讀四書叢説》爲許謙率衆講學，門人記其講説之編，生前未刻。黄溍《白雲許先生墓誌銘》：「讀《四書章句集注》，有《叢説》二十卷。」《元史·許謙傳》沿之。按吴師道《詩集傳名物鈔序》：「白雲先生許君益之《讀四書叢説》，某既爲之序矣，其徒復有請曰：『先生所論著，獨《詩傳名物鈔》爲成書。向聞屢以示子，而一二説亦厠子名於其間，子盍有以播其説？』」《讀四書叢説序》：「先是君未没時，西州人有得其書而欲刊之者。君聞，亟使人止之，且恐記録之差也，則自取以視，因得遂爲善本。」二十卷乃許謙手訂之本，藏於家。元至正六年，浙東校刻許氏遺書，《讀四書叢説》刊爲八卷：《讀大學叢説》一卷、《讀中庸叢説》二卷、《讀論語叢説》三卷，《讀孟子叢説》二卷。至正末，許謙之孫存仁應朱元璋之召入金陵，吴元年授國子祭酒。明初南廱所藏四先生之書，爲存仁所傳，《叢説》即其一也。

《叢説》以闡揚朱熹《四書章句集注》爲宗旨。黄溍《白雲許先生墓誌銘》論其大旨云：「敷繹義理，惟務平實。每戒學者曰：士之爲學當以聖人爲準的，至于進修利鋭，則視己之力量何如，然必得聖人之心而後可學聖人之事。舍其書，何以得其心乎？聖賢之心，盡在《四書》，而《四書》之義備于朱子。顧其立言辭約意廣，讀者或得其粗而不能悉究其義，或以一篇之致自異，而初不知未離其範圍。世之詆訾貿亂，務爲新奇者，其弊正坐此耳。始予三四讀，自以爲瞭然，已而不能無惑，久若有得，覺其意初不與己異，愈久而所得愈深，與己意合者亦大異於初矣。」吴師道《讀四書叢説序》云：「今觀《叢説》之編，其于《章句集注》也，奧者白之，約者暢之，要者提之，異者通之，畫圖以形其妙，析段以顯其義，至于訓詁名物之缺，考証補而未備者，又詳著焉。其或異義微悟，則曰：『自我言之，則爲忠臣；自他人言之，則爲讒賊。』金先生有是言也。』此可以見其志之所存矣。嗚呼！欲通《四書》之旨者，必讀朱子之書；欲讀朱子之書者，必由許君之説。兹非適道之津梁，示學者之標的歟？」是書擴擇《四書章句集注》，分列條目，以劄記方式疏通其義，明顯保留講疏風格。秉承朱子道統，以仁山師説爲根基，發揮遺意，别創新見。如《書·大禹謨》：「人心惟危，道心惟微，惟精惟一，允執厥中。」此四句是自宋以來，儒師闡發理義依據，而説解繁複，不可勝舉。許謙《讀中庸叢説序》云：「理與氣合而生人，心爲一身之主宰，又理氣之會而能知覺者也。人心發於氣，如耳、目、口、鼻、四肢之欲是也。然此亦是人身之所必有，但有發之正不正爾。非全不善，故但云『危』，謂易流入於不善而没其善也。『道心』發於理，如惻隱、羞惡、辭遜、是非之端是也，亦存乎氣之中。爲人心之『危』者晦之，故『微』而難見。心只是一，於『心』上加『人』字、『道』字看，便見不同。若只順讀『人心』『道心』字，却似有二心矣。謂之『道』，則是天理之公；謂之『人』，則是我身之私。雖我身之私，亦非全是不善，因身之所欲者，發而正，即合乎『道』，而爲『道心』之用矣。如《鄉黨》所言飲食衣服之類，皆『人心』之發，在聖人則全是『道心』。君子於每事皆合乎理義，則亦無非『道心』也。大抵『人心』可善、可惡，『道心』全善而無惡。」以「人心」「道心」爲其論説綱目，且參合朱子「理」「氣」之説，條理清晰，義旨平實，揭示庶無遺蘊矣。又如《中庸叢説》二章「小人反中庸」、「小人無忌憚」句下釋云：「平時既有小人之心，而臨事爲惡，又無所忌憚，縱意而行。『反』字是用力字，謂他故意反中庸之道行之。蓋此小人，非但是愚者而已。」許氏以爲「愚」、「惡」性質絶然不同，「愚」是無意，猶可諒解；「惡」是「故意」，不可饒恕。則「小人」行惡與「愚人」犯錯，自不可同日語矣。或者發明經義微旨。如《論語叢説・學而章》「朋來」，云：「朋來之樂有二意：善固人所同有，我既得之，而朋友相從，亦皆知之能之，道合志同，人我無間，自是可樂；又我之樂，雖自以爲得，而尚未知邪正淺深，今朋友之來，自近及遠，如是之衆，則是我之學果同於人心而可信，真有以合乎君子之道，乃可樂。上是及人之樂，下是爲己之樂。」其以「及人」、「爲己」發明「朋來之樂」，相較舊注，内涵充實豐贍，蓋爲其所創見，亦朱子所未及者。或者抉發朱子餘意。如《公冶長・道不行章》：「或曰：《集注》謂夫子見『子路勇於義，故謂其能從己』。夫子以子路爲道果不行而必當浮海，能決去就之義而從己乎？抑以能盡事三如一之道，而致死以衛己乎？曰：隨身所在以致死，固子路之所優爲，而聖人之意則不在是也。道不行而浮海，聖人不得已之言。居中國而因時進退，君子之常情也。今聖人忽幡然去此而取彼，即義之所在矣，非篤信聖人而勇於義者能之乎？故夫子獨許子路也。子路之喜，正喜許己之行義與聖人同心，非在事三之義也。」所謂「事三如一」者，事君、事父、事師皆一以義，故或謂師之浮海而子路必從之。許氏以爲此非朱子《集注》之意，「子路之喜，正喜許己之行義與聖人同心」。或者補朱注之未備。類此闡發，比比可見，毋庸覼縷矣。

是書二十卷本久不傳。明人據黄溍《墓誌銘》、《元史》本傳所載，著録《叢説》二十卷。黄佐《南廱志》、陳第《世善堂藏書目録》、焦竑《國史經籍志》皆然。清人沿之，雍正《浙江通志》、盧文弨《經籍考》、邵遠平《元史類編》、曾廉《元書》、魏源《元史新編》等亦是。八卷本今傳元刻本、清刻本及抄本多種。其元刻本今見三部：一藏於國家圖書館，曾爲黄丕烈舊藏，止五卷，缺《讀論語叢説》三卷，其本後歸平陽汪士鐘，再歸瞿紹基，紹基繼得德清徐氏舊藏元刻《讀論語叢説》三卷，遂爲延津之合。一藏於臺北故宫博物院，存五卷，缺《讀論語叢説》三卷。一藏於上海圖書館。其清刻本著者三種：清嘉慶間錢塘何元錫刻本，錢儀吉編刻《經苑》本，胡鳳丹校刻《金華叢書》本。抄本多種，著者有浙江圖書館藏明藍格抄本，臺北故宫博物院藏舊抄本、國圖藏瞿氏鐵琴銅劍樓影元本等。

元本八卷傳本未多，後人抄寫，未見其全，遂有四卷本、五卷本。倪燦《補遼金元藝文志》：「許謙《四書叢説》二十卷（注：今止四卷）。」嵇璜《續通志·藝文略》：「《讀四書叢説》

四卷，元許謙撰。」《四庫全書》收録四卷，凡《大學》一卷、《中庸》一卷、《孟子》二卷，《中庸》闕其半。黄丕烈得殘元本五卷，《中庸》下卷全，以告錢大昕，大昕採入《元史藝文志》：「許謙《四書叢説》二十卷（注：今存《大學》一卷、《中庸》二卷、《孟子》二卷）。」

此外又有七卷本。朱睦㮮《萬卷堂書目》著録《四書叢説》七卷。黄虞稷《千頃堂書目》卷三著録《四書叢説》七卷。按黄佐《南廱志》卷十八《經籍考》：「《中庸叢説》一卷，好板六十四面，失十八面。○許謙撰。謙有《四書叢説》二十卷，今《語》《孟》不存。又，《大學叢説》一卷，好板二十六面，壞板二塊，餘皆缺。○白雲許謙撰。國初謙孫存仁爲祭酒，凡金、王、何、許之書，皆其所傳。」元本《讀大學叢説》刻板二十四面，《讀中庸叢説》刻板四十三面，與《南廱志》所載不合。《四部叢刊續編》影印瞿氏合璧本八卷，張元濟《跋》已疑南廱存本乃另一本。云：「此爲密行細字，頗疑南廱所存行疏字大，故版面多而未全。」按至正《四明續志》卷七載王應麟《玉海》《詩考》諸書板片與傳世元本刻葉數尠合，《南廱志》所載板片數與今存元本不合，實不足爲其有别本之據。此一問題，姑存疑可矣。《萬卷堂書目》著録《讀四書叢説》七卷，其爲抄本或刻本，全帙亦或殘缺，難得其詳。黄丕烈跋殘元本云：「《璜川吴氏書目》收藏較近，則云七卷，然係抄白，未之敢信。」錢儀吉校刻《經苑》本，《甘泉鄉人稿》卷九《曝書亭雜記下》、平步青《霞外攟屑》卷六皆載爲七卷。清同治間刻《經苑》本，實爲八卷。

兹略述諸傳本如下：

一、國圖藏元刻本八卷（六册），即鐵琴銅劍樓舊藏合璧本。黑口，雙魚尾，左右雙欄。每半葉小字十六行，行二十六字。各卷端題曰：「東陽許謙。」黄氏舊藏殘元本五卷，鈐「虞山瞿紹基藏書之印」「鐵琴銅劍樓」「平陽汪氏」「汪士鐘讀書」圖記。德清徐氏舊藏元本《讀論語叢説》三卷，僅各卷端鈐「桐軒主人」，即杭州汪憲藏書印。此本蓋自汪氏流入徐氏。瞿鏞《鐵琴銅劍樓藏書目録》卷六著録《讀四書叢説》八卷「元刊本」，即此本。書末有黄丕烈手書《跋》。書前有抄序二：一爲吴師道《讀四書叢説序》，附「黄溍作《墓志》曰：先生《叢説》敷繹義」云云，已見於朱彝尊《經義考》。一爲東陽張樞撰《序》，云：「右白雲先生文懿許公所著《讀書叢説》六篇，先生之子與門人俞實叟等之所校。」殆爲《讀書叢説》後序。孫星衍《平津館鑒藏書籍記》卷一著録元刻《讀論語叢説》三卷，云「前有至正七年張樞《序》」。未言序爲刻葉，抑或抄葉。瞿氏爲延津之合，次張《序》於吴《序》後。八卷雖皆元板刷印，然刻板顯有開裂，爲後印本無疑。《讀論語叢説》卷下末二條爲「五美章（「因民之所利」一條）」、「不知命章（「有天理之命」一條）」。同治間刻《經苑》本至「堯曰章」末一條「興滅亡」條止，無「因民之所利」、「有天理之命」二條。《金華叢書》本覆刻《經苑》本，亦無此二條。臺北故宫博物院藏舊抄本，有此二條。細審合璧本刻字，此二條與前顯異，知爲後人修補所增。《四部叢刊續編》影印合璧本，黄氏《跋》後，增張元濟《跋》，云：「此雖坊刻，且爲完璧，不可謂非罕見之書矣。黄蕘圃《後跋》乃謂尚缺《論語》三卷者，或撰時尚未蒐得。按：《論語》所鈐藏印，與其他三書不同，殆黄氏散出，而後人續獲者歟？」疑黄丕烈購得元刻《讀論語叢説》三卷，實未然也，殆未詳考《鐵琴銅劍樓藏書目録》所載。影印本頗修補元本漫漶之葉。如《讀論語叢説》卷中第二十五葉、第三十九葉，補字尤多，其文字大抵同於何元錫抄本。

二、臺北故宫博物院藏元刻八卷（殘，存《讀大學叢説》一卷、《讀中庸叢説》二卷、《讀孟子叢説》二卷，三册）。印本大小、闊狹、刻字，與合璧本無異，亦爲元刻後印本。

三、臺北故宫博物院藏舊抄本八卷（三册）。無版框、界格。每半葉小字十六行，行二十六字。封題「景元鈔足本《讀四書叢説》，三册全」。無序跋。抄寫出一人之手，「玄」字不避。據元本寫録，《讀論語叢説》三卷以底本漫漶殘損，多缺字留白。對勘諸本，知顯非據德清徐氏舊藏元本寫録。

四、浙圖藏明藍格抄本（清佚名校注，六册）。藍絲欄。每半葉十行，行十九至二十五字不等。各册鈐「墨海樓」「祖藁遺經在，親恩積善餘」圖記。曾爲清末蔡鴻鑒、蔡和霽父子墨海樓舊藏。書中「玄」字不避。館目作明抄本（佚名校注），《中國古籍總目》從之。審其字蹟，察其書風，斷爲明抄，則可信矣。《讀論語叢説》前有張樞《序》。書前有校者增補吴師道《讀四書叢説序》并附「黄溍作《墓志》曰」一段文字。吴《序》首行朱筆記曰：「丁丑九月廿日，登從禮部集校。」《讀論語叢説》卷下末二條爲「五美章」「不知命章」各一條。卷中「之才之美章」之「程子開説」條不缺字，然有誤字。如「方尺驕吝氣象」，「尺」字朱筆校作「是」。按德清徐氏舊藏元刊本，「尺」當作「盡」。接下「各者則不驕」條「勢常相因及」前，元刊本有「圈外」二字，此本改作「然」，未確。其寫時爲早，所據底本殘損未太甚，故可備參酌。朱筆校字，大都訂正抄寫訛誤，理校居多，注則僅爲一條，無足觀。

五、國圖藏瞿氏鐵琴銅劍樓影元本八卷（六册）。有版框、界格。白口，單魚尾，左右雙欄。每半葉小字十六行，行二十六字。有吴師道《序》、張樞《序》，未收黄丕烈《跋》。各葉框外俱書「臣瞿啓甲呈進」小字一行。據鐵琴銅劍樓藏合璧本元本八卷寫録。瞿啓甲字良士，謹守世藏，録此副本進呈。嘉慶間何元錫爲黄丕烈從元本影録《讀論語叢説》，於元本漫漶難識文字多有補綴。何氏影元本亦流入鐵琴銅劍樓，啓甲未採之，遇元本漫漶難識者，空缺留白，蓋爲影抄留真也。

六、《金華叢書》本八卷（六册）。白口，單魚尾，四周雙欄。每半葉九行，行二十字。各卷端題曰：「元許謙撰，郡後學胡鳳丹月樵校梓。」有胡鳳丹同治十一年八月《讀四書叢説序》。先是鳳丹取《通志堂經解》本校刻《詩集傳名物鈔》，時尚未見《讀四書叢説》八卷。元本難覓，乃取《經苑》本重刻之。《經苑》本《讀論語叢説》卷下至「堯曰章」末一條「興滅亡」條止；元刊本《讀論語叢説》漫漶難識者，《經苑》本注明闕字，此本皆從之。雖題「郡胡鳳丹月樵校梓」，實無多校讎之功。

七、國圖藏清嘉慶間何元錫影抄元本《讀論語叢説》三卷（一册）。有版框、界格。白口，無魚尾，左右雙欄。每半葉小字十六行，行二十六字。書前無序，卷尾有黄丕烈嘉慶十四年六月手書《跋》。先是黄氏於嘉慶五年購得《讀四書叢説》殘元本五卷，缺《讀論語叢説》三卷。何元錫假抄德清徐氏藏元本三卷相贈，即此本。元錫字敬祉，號夢華，又號蜨隱，錢塘人，嘉慶間嘗校刻《讀四書叢説》。此本後歸汪士鐘，再歸瞿紹基。眉端校字，間有可觀，惜未詳出何人之手。元刻本漫漶難識之字，此本大都補綴完整，今未詳其所據。

此外，尚有嘉慶間何元錫刻本八卷、錢儀吉校刊《經苑》本八卷，《宛委別藏》本《論語叢説》三卷、《讀中庸叢説》二卷，《庫》本《讀四書叢説》四卷等，不一一述之。

《叢説》已有蔣金德氏整理本，收入所編《許謙集》，雖稱精善，然亦有可商議者。故藉今編纂《北山四先生全書》之機，重新整理《四書叢説》。此次整理以國圖藏元刻八卷合璧本爲底本，參校本如下：

臺北故宫博物院藏殘元本五卷，簡稱「博本」；

臺北故宫博物院藏舊抄本八卷，簡稱「影元本」；

浙圖藏明藍格抄本八卷，簡稱「明抄本」；

國圖藏瞿氏鐵琴銅劍樓影元本八卷，簡稱「瞿本」；

國圖藏清嘉慶間何元錫影元本《讀論語叢説》三卷，簡稱「何本」；

《金華叢書》本八卷，簡稱「胡本」。

《經苑》本、清嘉慶間何元錫刊本、《宛委别藏》本，略備參酌。至於《庫》本，不惟不全，且擅自改易，兹不取用。

《叢説》八卷整理分工如下：《大學叢説》一卷，由浙江師範大學人文學院金曉剛博士整理。《中庸叢説》二卷，由首都師範大學文學院黄靈庚教授整理。《論語叢説》上卷，由浙江師範大學人文學院陳開勇教授整理；中卷，由黄靈庚教授整理；下卷，由紹興文理學院李聖華教授整理。《孟子叢説》二卷，由浙江師範大學人文學院慈波教授整理。最後由黄靈庚教授統稿。不當之處，祈方家批評指正。

讀大學叢説

東陽許謙

序

《章句序》作三大節，每節又分作兩段。

自篇首至「非後世所能及」爲第一節。

首兩句言《大學》之用。「蓋自」至「之性」，言得於天之理，人人皆同。「然其」至「不能齊」，言得於天之氣，人人皆異。「是以」至「全之」，言因氣之昏，牽引物欲，故失其善。「一有」至「復其性」，言得其氣之至清至淳者爲聖人，自然能盡其性。於是體天道，立標準而教化其民，欲人復其已失之性，此原三皇二帝立教之始。

「三代之隆」以下言設教之法，至周大備。

自「及周之衰」至「壞亂極」爲第二節。

「周衰」至「鮮矣」，言上無聖君，而聖人在下，移其教於下，君師之職始分。此天運之失常，世道之大變，然教法尤詳。聖人有位者，其政教止及於當時。孔子之道，有所畀付，筆之於書，而傳教於萬世。人雖没而書則存，後有興者可復振。

「俗儒記誦」以下，言人亡教熄。

自「天運循環」至篇終爲第三節。

前段言程子應運而生，上接孟子。

後段言補程子，而全孔、曾之書。

復性圖

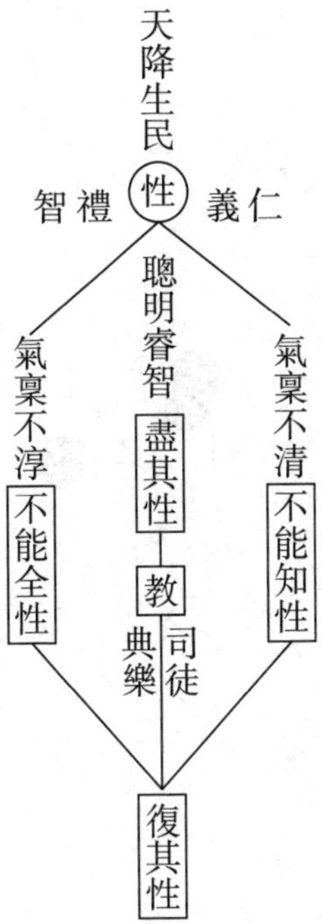

陰陽五行相涵之圖

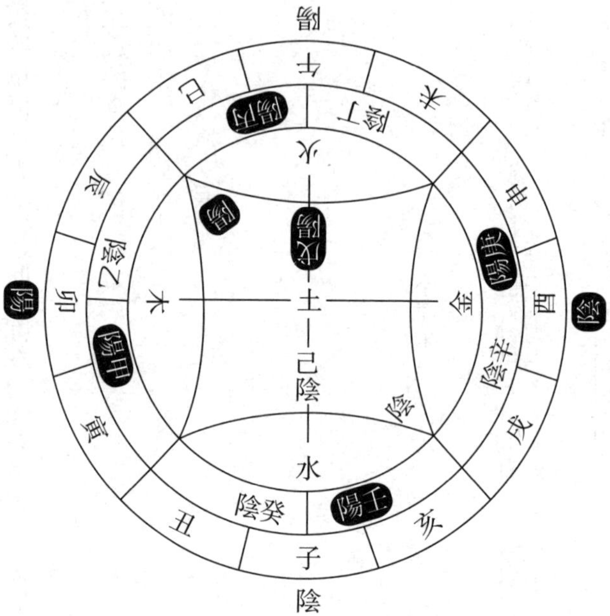

陰陽五行，合下齊有；非是先有陰陽，後生五行。古人察氣之來往，便立陽陰之名；又見流行者有微有甚，又立五行之名。康節推天地自開闢至于復闔，十有二萬九千六百年爲一元，一元之間只是一箇大來往而已：一元有十二會，則子至巳會，六萬四千八百年，爲氣之來，爲陽；午至亥會，六萬四千八百年，爲氣之往，爲陰。一元十二會，一會三十運，一運十二世，一世三十年，一年十二月，一月三十日，一日十二時。小而歲、月、日、時，大而元、會、運、世，只一般。今於一歲之氣上易見：冬至之日，陽氣生於九泉之下，至春則上至地面，漸舒布，夏而盛，秋則收歛，冬而伏藏，又復起于九泉矣，循環無端；以歲序則自春始爾；一元亦不過如此。然則元、會、運、世、歲、月、日、時之間各有陰陽，有陰陽則有五行矣。

木神爲仁，火神爲禮，金神爲義，水神爲智，土神爲信。凡言往來開闔，只是説氣，然必有理爲之主。氣譬如舟所以乘載，理譬如柂所以運舟者也。此所謂神，即理之妙者也。大抵説陰陽、五行只是説氣，而理自然在其中。

《太玄》：木爲性仁，金爲性義，火爲性禮，水爲性智，土爲性信。五性本於五行者如此。細玩其理，無不吻合。鄭康成乃謂水神爲信，土神爲智者，非是。

天之生人，理氣俱到；然有此氣，故理有所泊。是以談者多是先説氣，如《中庸章句》「天以陰陽、五行化生萬物，氣以成形，理亦賦焉」是也。此《序》却先單説理，然後言氣質，又著「然」字反接。蓋要見人性本善而全，皆可爲聖賢，却被氣質有偏，故受而生者不等，是人皆可以學，且〔一〕又不可不學也。

氣稟不齊，大約且分四等，曰清、濁、純、駁。清者智而濁者愚，純粹者賢而駁雜者不肖，此以四者不雜兩端極處言之。若清多濁少，濁多清少，純多駁少，駁多純少，或清而駁，或純而濁，萬有不齊，故人之資質各各不同。

「聰明睿智」，聖人之資質。聰明不專在耳目，蓋主於心而言也；聽得精審，見得明了，皆是心上事。睿是思通乎微，智是知識周遍；睿如「物格」，智如「知至」。

「禮智」之智，性之名。「睿智」之智，質之稱。

「盡其性」，是知之到行之。「極」，兼上「知」「全」兩字。

天命爲君師，天非能諄諄然命之也，天理只在人心。天下朝覲、訟獄、謳歌者不之堯、舜之子，而之舜、禹，人心既歸，即知天命歸之矣，故孟子曰：「天與之，人與之。」

「治」者，法制禁令，賞善罰惡。凡政事施設，皆是教者躬行心得，能感化而可推充者也。大、小學之教，固在其中。

「極」字，本義是屋棟，借以爲至高至中之喻，今匝角亭子之棟最可見，故曰至極之義，標準之名。此是聖人處天位，爲父子則極於慈孝，爲兄弟則極於友恭，至於百度萬行，一言一動，無非天理之正中；立此標準於上，然後臣民莫不仰視，争趨興起而效之矣。

舜命契曰：「百姓不親，五品不遜，汝作司徒。」命夔曰：「命汝典樂，教胄子。」《周禮·大司徒》：「以鄉三物教萬民。」《大司樂》：掌成均之法，以教國子弟。曰「百姓」，曰鄉萬民，則司徒主鄉學之教；曰「胄子」，曰「國子弟」，而成均又國學之名，則典樂主國學之教也。

「三代之隆〔二〕」，是專指夏禹、商湯、武王、周公之盛時。是言聖人一代之興，必脩法度，改制作，亦因前代之舊而增益之，至周公則大備矣。

《王制》：「有虞氏養國老於上庠，養庶老於下庠。夏后氏養國老於東序，養庶老於西序。殷人養國老於右學，養庶老於左學。周人養國老於東膠，養庶老於虞庠，虞庠在國之西郊。」鄭氏《注》曰：「上庠、右學，大學也，在西郊。下庠、左學，小學也，在國中王宮之東。東序、東膠，亦大學，在國中王宮之東。西序、虞庠，亦小學也，在西郊。」孔氏《疏》曰：「養老必於學者，教孝悌也。國老謂卿大夫致仕者，庶老謂士及庶人在官者。」

陳祥道曰：「四代之學如此，而周又有辟廱、成均、瞽宗之名。」《記》曰：「天子設四學。」周之制也。蓋周之學，成均居中，成均，以成性也。又曰，均其過不及則曰成均。其左東序，其右瞽宗，此大學也。虞庠在國之西郊，則小學也。《記》曰：「天子視學，命有司行事，祭先師、先聖焉。卒事，遂適東序，設三老、五更之席。」又曰：「食三老、五更於太學，所以教諸侯之弟；祀先賢於西學，所以教諸侯之德。」夫「天子視學」，則「成均」也。「命有司行事，祭先師、先聖」，即「祀先賢於西學」也，所謂「祭於瞽宗」者也。「適東序設三老、五更之席」，即「養國老於東膠」，所謂「食三老五更於太學」者也。然則商之右學，在周謂之西學，亦謂之瞽宗。夏之東序，在周謂之東膠，亦謂之太學。蓋夏學上東而下西，商學上右而下左，周之所存，特其上者，而右學、東序蓋與成均並建於一丘之上。成均頒學政，右學祀樂祖，東序養老、更也。

陳氏周學圖

商之右學，周謂之西學，亦謂之瞽宗。

夏之東序，周謂之東膠，亦謂之太學。

朱子曰：諸儒皆以養國老者爲大學，養庶老者爲小學，蓋亦因《王制》之言而意之耳。陳氏説其位置，又與鄭氏諸儒之説不同。皆無所考，闕之可也。

《明堂位》曰：「米廩，有虞氏之庠也。序，夏后氏之序也。瞽宗，殷學也。頖宮，周學也。」《王制》曰：「天子曰辟廱，諸侯曰頖宮。」孟子曰：「夏曰校，殷曰序，周曰庠，學則三代共之。」項安世《松滋縣學記》曰：「學制之可見於書者，自五帝始，其名曰成均，説者以成性也。有虞氏即學以藏粢，而命之曰庠。」又曰：「米廩，自其孝養之心發之也。夏后氏以射造士，而命之曰序，以檢其行也。商人以樂造士，而命之曰學，又曰瞽宗，以成其德也。學之音則校，校之義則教也。至於商，先王所以教者，備矣。周人脩而兼用之，内即近郊，並建四學，虞庠在其北，夏序在其東，商校在西，當代之學居中，南面，而三學環之，命之曰膠，又曰辟廱。郊言其地，璧言其象，皆假借字也。侯國皆立當代之學而損其制，曰泮宮。凡鄉皆立虞庠，州皆立夏序，黨皆立商校。於是四代之學達於天下矣。」

項氏周學圖

右天子之學，即王宮之學。諸儒之言不同。

《王制》：「諸侯：天子命之教，然後爲學。小學在公宮南之左，大學在郊，名曰頖宮。」長樂陳氏曰：「諸侯之學，小學在內，大學在外，故《王制》言『小學在公宮南之左，大學在郊』，以其選士由內以升於外，然後以達於京故也。天子之學，小學居外，大學居內，故《文王世子》言『凡語于郊，然後於成均，取爵於上尊』，以其選士由外以升於内，然後達於朝也。」

右諸侯之學，即國都之學。

鄉 五州 鄉大夫卿	萬二千五百家	遂 五縣 遂大夫中大夫
州 五黨 州長中大夫	二千五百家	縣 五鄙 縣正下大夫
黨 五族 黨正下大夫〔三〕	五百家	鄙 五酇 鄙師上士〔四〕
族 四閭 族師上士	百家	酇 四里 酇長中士
閭 五比 閭胥中士	二十五家	里 五鄰 里宰下士
比 比長下士	五家	鄰 鄰長無爵

《學記》曰：「古之教者，家有塾，黨有庠，術有序，國有學。」《注》曰：「術當爲遂聲之誤也。古者仕焉而已者，歸教於閭里，朝夕坐於門，門側之堂謂之塾。」《疏》曰：「按《書傳說》云：七十致仕而退老歸鄉里，大夫爲父師，士爲少師。新穀已入，餘子皆入學，距冬至四十五

日，始出學。上老平明坐於右塾，庶老坐於左塾，餘子畢出，然後皆歸。夕亦如之。」上老，父師。庶老，少師。《漢書・食貨志》曰：「春令民畢出在壄，冬則畢入於邑。春，將出民，里胥平旦坐於右塾，鄰長坐於左塾，畢出，然後歸。夕亦如之。入者必持薪樵，輕重相分，斑白不提挈。」陳祥道《禮書》曰：「坐上老、庶老於此，所以教之學也。坐里胥、鄰長於此，所以教之耕也。」疏又曰：「六鄉舉黨，六遂舉序，則餘閭里以上皆有學可知。」鄭注「州長」云：「序，州黨之學。」注《鄉飲酒義》云：「庠，鄉學也。」此云黨有庠，是鄉之所居黨爲鄉學之庠，不別立序。凡六鄉之內，州學以下，皆爲庠。六遂之內，縣學以下，皆爲序。又曰：「黨有庠，疑夏、殷禮也。」

右鄉學，天子之制，百里爲近郊，有六鄉。二百里爲遠郊，有六遂。大國三鄉三遂，次國二鄉二遂，小國一鄉一遂。《尚書傳》曰：「百里之國，二十里之郊。七十里國，九里之郊。五十里國，三里之郊。」按上注疏所言，則閭里以上，凡鄉、州、黨、族、遂、縣、鄙、酇皆有學。但閭里之塾爲小學，餘皆大學也。

《大戴禮》曰：「王子八歲出就外舍，學小藝，履小節。束髮而就大學。」《白虎通》亦曰：「八歲入小學，十五入大學。」《尚書大傳》曰：「公卿之太子，大夫、元士之適子，十有三年入小學，二十入大學。」又曰：「歲事已畢，餘子皆入學，年十五入小學，十八入大學。」按《大戴禮》是王子入學歲數，《書傳》前說是公卿、大夫、元士之子入學歲數，遲速不同。程子止據《大戴禮》酌中爲定，朱子從之。

「灑埽」「應對」「進退」是其所行，故教其節；六藝非幼少能盡行，故教誦其文。灑者，播水於地以浥塵。埽者，運帚於地以拂塵也。實水于盤，攘袂及肘，堂上播灑，室中握手，灑之節也。如「爲長者糞之禮，必加帚於箕上，以袂拘而退，以箕自鄉而扱之」，如「拚席不以鬣，執箕膺擖」，又如「凡拚之紀，必由奥始，俯仰磬折，拚毋有徹」之類，是埽之節也。扱，音吸。拚，弗運反。鬣，力輒反，帚也。擖，又作揲，舌也，並以涉反。執箕以舌自鄉也。如「先生問焉，終則對」，如「長者問，不辭讓而對，非禮也」，又如「長者不及，毋儳言，毋勦説，毋雷同」之類，應對之節也。如「見父之執，不謂之進不敢進，不謂之退不敢退」，如「侍坐於君子，請見不請退」、「君子欠伸，運笏，澤劍首，還屨，問日蚤莫，請退可也」之類，進退之節也。

「禮」謂五禮：吉禮，祭天神、祀地示、享人鬼之禮，凡十有二；凶禮，喪、荒、弔、禬、恤，凡五；賓禮，朝、宗、覲、遇、會、同、問、視，凡八；軍禮，師、均、田、役、封，凡五；嘉禮，飲食、昏冠、賓射、饗燕、脤膰、賀慶，凡六。「樂」謂六樂：《雲門》，黄帝樂；《大咸》，堯樂；《大磬》，舜樂；《大夏》，禹樂；《大濩》，湯樂；《大武》，武王樂。「射」謂五射：白矢，謂矢貫侯過，見鏃白；參連，前放一矢，後三矢連續而去；剡注，羽頭高，鏃低，去剡剡然；襄尺，謂臣與君射，立襄君一尺而退。井儀，謂四矢貫侯，如井之容儀。剡，失再反。襄音讓。「御」謂五御：鳴和鸞，和在式，鸞在衡，升車馬動則鸞鳴，鸞鳴則和應；逐水曲，謂隨逐水勢之屈曲，而不墜水；過君表，謂若《毛詩傳》云「褐纏旃以爲門，間容握，驅而入，擊則不得入」是也；舞交衢，謂在交道，而車旋應舞節；逐禽左，謂御驅逆之車，逆驅禽獸使左，當人君以射之。「書」謂六書：象形，謂「日」「月」之類，象形體爲之；會意，謂「武」「信」之類，止戈爲武，人言爲信，會合人意也；轉注，謂「考」「老」之類，建類一首，左右相注；處事，謂「上」「下」之類；假借，謂「令」「長」之類，一字兩用；諧聲，謂形聲一也，「江」「河」之類，皆以水爲形，工、可爲聲。「數」謂九數：方田，以御田疇界域；粟布，以御交質變易；衰分，以御貴賤稟稅；少廣，以御積羃方圓；商功，以御功程積實；均輸，以御遠近勞費；盈朒，以御隱雜互見；方程，以御錯糅正圓；勾股，以御高深廣遠。衰，初危反。稟，力錦反。羃，莫狄反。朒，女六反。

天子「元子」將繼世有天下，「衆子」將封國爲諸侯；「以至」二字包諸侯在其中，諸侯元子將繼世有國，衆子將爲大夫。公、卿、大夫、元士「適子」皆將繼世有祿位，不問賢愚，皆必當學；若公、卿、大夫、元士之衆子，則與凡民同，擇俊秀入大學焉。

漢有秀才，士之美稱也；《北史》「萬人之秀曰俊」：凡「俊秀」只是人才出衆之名。

「次第」，言小、大入學之年。「節目」，言小學之節文，大學之八條目。「心得」，不是知得，是此身體道而行，理融神會，契合之妙者，所以著在「躬行」之下。

「日用」，如飲食、起居皆是。「彝倫」，只是五者之常倫。

「性分」，是從天理大原頭分來底。「職分」，是見處地位，君臣、父子、長幼、朋友，隨事合當做底。

「陵」，小山也；「夷」，平也：「陵夷」，言丘陵斜阤，漸漸與地夷平。教化漸廢至於無，類此。誦傳先王之法，兼大、小學言之；「傳」是傳之當時，與下「詔後世」對説。「支」者，木之末；「流」者，水之末；「餘」者，食之末；「裔」者，衣之末：「支流餘裔」，却是止把水與衣二者來比，謂支分之流，餘末之裔也。

「規模」「節目」：以三綱八條對言，則三綱爲規模，八條爲節目，謂八條即三綱中事也。獨以八條言之，則「平天下」爲規模，上七條爲節目；「平天下」是大學之極功，然須是有上七條，節節做工夫，行至于極，然後可以天下平。

「俗儒」是害於内者，「異端」是害於外者。凡非聖人之道，而别立異論者皆異端，此是總名；「虚無寂滅」，又是其中目之大者。老氏以無爲道，而其用專以清静爲宗；釋氏以萬物皆空，然後見其本性，而以寂滅爲期。聖學止是五常人倫，一切都是實事，全然相反戾。「權」，變詐也；「謀」，陰計也；「術數」，小道智數也。「百家」，各自立意持論，人人不同，諸子小説是也；「衆技」，陰陽、卜筮、醫藥、種樹、雜藝是也。「一切就功名」者專以功利惑世，「百家衆技」又以新奇、詭異、禍福、射利之説誣民，所以人皆眩瞀，奔趨之不暇，是故沈迷汩没，不復知仁義之歸，是「充塞」而不能行也。「雜出乎其間」，是「俗儒」、「異端」之間。蓋老、釋二教雖背正道，然其立言高遠，又無塵俗勢利之趨，故被他立得根基牢，若可與正道角。此外則必須依傍以成説，故必出乎二者之間。《漢・藝文志》：權謀家，兵法也；數術家，天文、曆譜、五行、著龜、雜占、形法也。方技家，醫藥之類也。此《序》蓋用彼名，而所該者或廣。如月之晦，如目之盲，如氣之否，如川之塞。「晦盲」言不明，「否塞」言不行。「反覆」，是展轉愈深而不可去底意。「沈」，如物没於水而不可浮。「痼」，如病著於身而不可愈。

戰國以來，固是治少亂多，然五季五十三年間，五易代，八易姓，于時天下分裂爲十餘國，争地殺人，無日無之，至於弑父弑君、篡攘傾奪、權譎變詐，無所不有，人倫盡喪，天理消亡。自古以來未有甚於此時，故曰季世。

「治」休美，而「教」詳明。

「表」而出之，「章」而顯之。

指歸趣向。「趣」言其始，「歸」言其終。

「私淑」者，私善於人。孟子不得爲孔子之徒，而私善於再傳之子思。朱子不得爲程子之徒，而私善於三傳之李氏。此「私淑」字最切。

經

經一章，「明明德」，「新民」，「止於至善」，及下逆、順兩言八條目，共四十三字，先王立學教人之法。其餘皆孔子發明之言,看三「在」字及「古之」字可見。

凡言道有二意:天理氣化運行不息者,謂之道;人由義理而行,亦謂之道。聖人贊《易》多言天之道,餘經中所言皆是言人所行之道也。此大學之道,又非二者之謂,却是言大學中教人脩爲之方爾,如「君子深造之以道」之「道」。

凡言德亦有二意:得天理而存於心者,德也;行道有得於心,亦德也。此「明明德」字就得處言,則是上一意;及加明之之功而有得於己,然後有下一意。

人之初生,稟天地之氣以爲形,稟天地之理以爲性。理無有不善,則其性亦皆善。所謂德也,以其虚靈而能具萬物之理,而可應萬事,故謂之「明德」。氣則有清濁淳駁之不同,得清者爲智,得濁者爲愚,淳者爲賢,駁者爲不肖,此朱子所謂「氣稟所拘」;及其有知,又爲物欲牽引於外,内有私意,逐物而起,此朱子所謂「物欲所蔽」也。「氣稟所拘」就有生之初言之,「物欲所蔽」就有知之後言之,因此二者,所得之明德竟被昏昧。學者當憑開發磨瑩之功,變化其氣質,消去其物欲,使此德復明,此「明明德」之意。人之生同得此理,與我無異,既自明其明德,又當推以及人,使亦如我之用功明其德,此「新民」之意。

天以善理賦人,而人受之,存於心者爲性,故性字從心從生,是有此心即有此理也。得此性存於心,其本則盡具萬物之理,其用則可應天下之事,故謂之德。然性是單説理,德是就泊在氣上處説。故如此光明洞徹,縱横妙用,應物無窮,不可雜氣言之,然不可離氣言之。蓋此理搭在正通氣上，方能如此明；若搭在物之偏塞氣上，如何會具衆理、應萬事？是故不可離氣言之也，但不可道明德是氣耳，此要體認。

三句固是大學之綱領，分而推之，則上一句爲下兩句之總綱領，下一句爲上兩句之標的。「明德」「新民」雖兩事對舉，而「新民」亦是「明德」中事。

「知止」謂知「至善」所在，「定」以理言，「静」以心言，「安」以身言，「慮」以處事言，「得」謂得其所止。

「定」「静」「安」屬知，「慮」「得」屬行。「定」「静」在事至之先，「安」在事至之際，「慮」在處事之時，「得」在應事之後。「静」如不惑，「安」如不動心。朱子以「不惑」解「不動心」，固若一般。今且借此分開體認二節：「静」是明物理，各見有定向後，其心自然無紛擾，故曰如不惑；「安」是事來之時，素有以應之，如俗語不手忙脚亂，故曰如不動心。看孟子論北宮黝、孟施舍、曾子，皆是就臨應事上説；此「安」字與朱子所言略有不同，然亦不妨通意，試審思之。

「物」即「事」也，「事」即「物」也。物有形而事無迹，故互舉。就明德、新民以己對人言，故曰物；五者是一事之始終，故曰事。《朱子語録》曰：「對言則事是事，物是物；獨言則兼事在其中。如仁者不過乎物，所説物亦只是事。」

「古之欲明明德於天下」，此處上「明」字，又與篇首上「明」字稍不同，此謂推明「明明德」之道於天下，下「明德」字包章首「明明德」三字。《章句》「使天下之人」，「使」字體貼上「明」

字意。

不曰欲平天下，「先治其國」，而曰「明明德」者，是要見「新民」是「明德」中事，又見「新民」不過使人各明其德而已。

凡言必先而后，固是謂欲如此必先如此，既如此了然後如此，然而致知、力行並行不悖。若曰必格盡天下之物然後謂之知至，心知無有不明然後可以誠意，則或者終身無可行之日矣。聖賢之意，蓋以一物之格，便是吾之心知，於此一理爲至；及應此事，便當誠其意，正其心，脩其身也；須一條一節，逐旋理會，他日湊合將來，遂全其知，而足應天下之事矣。

八條目，前段自下説上者，「明明德」「新民」工夫；後段自上説下者，「止至善」之功效。「格物」「致知」以知言，「誠意」以下以行言。

「其本亂而末治者否」，此「本」字舉身而言，上該「誠意」「正心」，下對「家」「國」「天下」。「厚」謂「家」，「薄」謂「國」與「天下」。家者，父子、兄弟、夫婦所在，固所當厚；國與天下皆推此以接之，故當薄：其勢自然如此。此非是教人薄於遠，正是教人厚於近也。君子之學，只是要明得分，輕重之分既明，則家厚而國薄，自不容已。

《章句》「人之所得乎天」，原「明德」之所從來。「虚靈不昧」，解「明」字。「具衆理」「應萬事」解「德」字。「虚靈」正説，「不昧」反説。作一貫看下：惟「虚」故「靈」，虚是體，靈是用；惟「虚靈」故「不昧」，虚靈是體，不昧是用；惟「虚靈不昧」，故「能具衆理」，虚靈不昧是體，具衆理是用；惟其「具衆理」，故能「應萬事」，具衆理是體，應萬事是用。又分看：惟「虚靈」故能「具衆理」，惟「不昧」故能「應萬事」。「人之所得」至「萬事者也」，是「明德」正訓；下三轉却是説上「明」字：「但爲氣稟」至「有時而昏」，原其所當明；「然其本體」至「未嘗息者」，證其所可明；下言明之之方，「復其初」言明之之效。

氣稟是内根，物欲是外染。氣稟濁駁有微甚，則物欲所染有淺深。「明明德」是要變化氣質，消除物欲。氣稟已一定，物欲則日增。用功者，但要隨時隨事，止遏物欲使不行，開廓氣稟使通暢，是皆開發吾本有之光明所能至。

「止」者，必至於是而不遷之意。「至善」即是義理極處，即中。「必至於是」，是不可不及。「不遷」，是不可過。

「事理當然」，釋「善」字。「極」，釋「至」字。

「脩身以上」至「新民之事」，結八條目前節工夫，而上至於「明德」「新民」二綱；「物格知至」至「所止之序」，結八條目後節效驗，上貫「知止」「能得」五句；而總於止「至善」之綱。

三綱領八條目圖

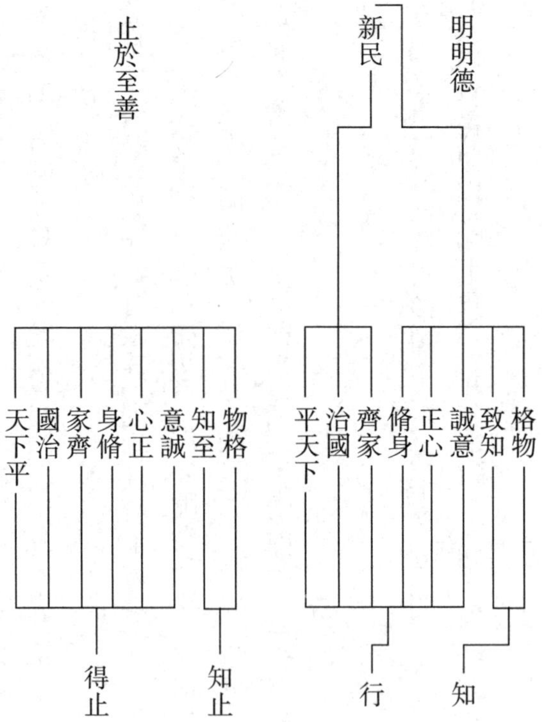
明明德
新民
止於至善
格物
致知
誠意
正心
脩身
齊家
治國
平天下
物格
知至
意誠
心正
身脩
家齊
國治
天下平
知
行
知止
得止

本末圖

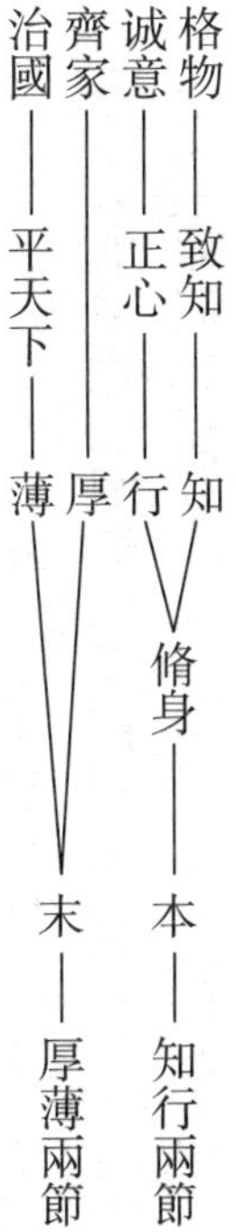

傳首章

「《康誥》」者，周武王封弟康叔於衛，而告之之書。「克明德」，言文王之能明其德也。曾子引之解「明德」：「克」字有力；「明」字，即上「明」字；「德」字，包「明德」字。

太甲，湯孫之名。湯崩，太甲立不明，伊尹作書以告之，史官題曰「《太甲》」。「顧諟天之明命」，言湯之德也，亦引之釋「明明德」。「顧諟」，上「明」字。「明命」，即「明德」：就天付予處説，謂之「明命」；就人得之而言，謂之「明德」。

「顧諟」，動静皆顧。一息之頃，一事之毫末放過，便不是顧。「天之明命」，雖是就付與我處言，然此明命即是萬物之理在裏面；故於應事處，才有照管不到，便暗損了此明命。

「《帝典》」即《堯典》。「克明俊德」，史官贊堯之德；亦引釋「明明德」，「俊德」即「明德」。

第一節，平説「明明德」。第二節，是明之之功，學者全當法此而用功。第三節，言明其德以至於大，此明明德之極功。「皆自明也」，雖結上文，「自」字有力，「明德」須是自去明之方可。

傳二章

古人沐浴用盤盛水，以杓取水澆身，以杅承之。「苟」訓「誠」，猶今人言果能真能。此一節「自新」即「明明德」之意。

「日日新」是接續意。「又日新」是無間斷不已意。

第二節，文公以「新民」爲「自新之民」。蓋民心皆有此善，才善心發見，便是自新之機，因其欲新而鼓舞之。「作」字是前「新」字意。新民工夫只是推充、感化兩事。明明德於上則感而自新，又因其自新之機，推其有餘而引導勸誘之，則民德日新矣。

第三節，「周雖舊邦」，文王明明德，而及於民，政教日新，初受天命。

「日新」一節，言自新，接上「明明德」。「作新民」，是新民工夫。「其命維新」，言新民功效。第四節，「無所不」是指言「明明德」「新民」兩事，「用其極」言兩事皆「止於至善」，下接「至善」傳。

此章釋「新民」，而章内五「新」字皆非「新民」之「新」。《盤銘》以自新言，《康誥》以民之自新言，《詩》以天命之新言，然「新民」之意却只於中可見。

傳三章

王者所居，地方千里，謂之王畿，王者所自治。王畿居天下之中，四方之人環視内向，皆欲歸止於其地。猶事中各有至善之理，人當止之也。

「緝熙」與「敬止」是文王作聖功用。「緝熙」是接續光明，謂明德常明，無時止息，而又「敬」而行之，則事事得其當，而「止於至善」也。「緝熙」體上言，「敬止」用上言。「爲人君」以下是曾子之意，言文王止於至善者如此。「君」「臣」「父」「子」「交」是事，「仁」「敬」「孝」「慈」「信」是五者之則，即「至善」也。此五者人倫之大，故曾子提出言之。天下事無大小皆有至善，所以貴於窮理而力行。

五「止」，是曾子就文王之德之實而言，使學者效之，亦無不敬而「止於至善」也。如文王之視民如傷，發政施仁，必先矜寡孤獨，無凍餒之老、罪人不孥之類，止於仁也。崇侯譖文王欲叛，紂怒，囚之羑里，文王歎曰：「父有不慈，子不可以不孝。君有不明，臣不可以不忠。豈有君而可叛乎？」及既釋之，乃率殷之叛國以事紂，所謂「三分天下有其二，以服事殷」，止於敬也。《禮記》言文王爲世子事王季之節，及言「文王之祭，事死如事生，思死者如不欲生，忌日必哀，稱諱如見親，如欲色然」，止於孝也。君子慈其子，莫大於教之使成聖賢之德；文王之子武王、周公爲聖人，康叔封、聃季載爲賢者，畢公、召公亦以爲文王子，則止於慈可見矣。文王治岐，耕者九一，仕者世禄，平虞、芮之田，而歸者四十餘國；又如文王伐崇，三旬不降，退脩教而復伐之，因壘而降；又如《汝墳》詩言：「魴魚赬尾，王室如燬。雖則如燬，父母孔邇。」則止於信可見矣。

「《淇澳》」之詩，美衛武公之德也。此節工夫，全在「切」「磋」「琢」「磨」四字上。《章句》謂「治之有緒，而益致其精」：「治之有緒」謂先「切」「琢」而後可「磋」「磨」，循序而進，功夫不亂；「益致其精」謂既「切」「琢」，而又須「磋」「磨」，求其極至，工夫不輟。「切」「磋」，曾子以喻學，是就知上説止至善，講習討論，窮究事物之理，自淺以至深，自表以至裏，直究至其極處；「琢」「磨」，曾子是就行上説止至善，謂脩行者省察克治，至於私欲净盡，天理流行，直行至是處。「瑟兮」以下，皆以效言：「瑟兮僩兮」，曾子謂「恂慄」，是德存於中者完；「赫兮喧兮」，曾子謂「威儀」，是德見於外者著。

「賢」「親」「樂」「利」，金先生曰：「『賢其賢』者，高山仰止，景行行止，崇其德也。『親其親』者，敬其所尊，愛其所親，象其賢也。『樂其樂』者，風清俗美，上安下順，樂其遺化也。『利其利』者，分井受廛，安居樂業，沐其餘澤也。」

「邦畿」一節，言物各有當止之地，只平説「止」字。「緜蠻」一節，言「知止」。「穆穆」一節，言「止於至善」。「淇澳」一節，言「明明德」止至善。「於戲」一節，言「新民」止至善。

《章句》「丘隅，岑蔚之處」，是山岑鋭蓊蔚之地。岑鋭則網羅、弓矢不可到，蓊蔚則鷹隼不可及，可謂知其地之善而止之。

朱子注《文王》之詩曰：「緝，續。熙，明。亦不已之意。言穆穆然文王之德，不已其敬如此。」注《載見》「俾緝熙于純嘏」曰：「使我得繼而明之，以至於純嘏也。」注《敬之》「學有緝熙于光明」曰：「續而明之，以至于光明。」而注此則曰：「緝，繼續也。熙，光明也。」《或問》曰：「連續光明，自無不敬，而所止者，莫非善也。」以三詩之注例之，則此「熙」字，非指光明之實，乃緝之熙之，是繼續之，光明之也。其重在「敬」字，謂緝熙其敬，而自然止至善也；二詩言緝熙「純嘏」、緝熙「光明」，而此詩則緝熙其「敬」也。

「精」是明白之至理，指五事而言。「微」是五事中纖悉之事，及每事之間曲折隱微處。

「推類盡其餘」：推君臣、父子、國人之類，而知其餘有夫婦、兄弟之倫；推仁敬之類，知其餘有夫義婦順、兄友弟恭之則；又推凡天下之萬物衆事，亦莫不有至善之所在。

「嚴密」是嚴厲縝密；「武毅」是剛武彊毅。曾子以「恂栗」釋「瑟」「僩」；而朱子謂「『恂栗』者，嚴敬存乎中」；金先生謂「所守者嚴密，所養者剛毅。嚴密是不麤疏，武毅是不頽惰。以此展轉體認，則『瑟』『僩』之義可見」。「宣著盛大」是四字兩意，總解「赫」「喧」二字。

「講習討論」是一串説，「省察克治」是兩節意。既講之，又重習之，復討論之，言之轉密。「省」是内自警省，「察」是密察精詳，此求己有未善也；「克」者勝去，「治」者平之，此去其不善以從善也。

饒雙峯曰：「『咏嘆』言其詞，『淫泆』言其義。淫泆者，意味溢乎言詞之外也。」

傳四章

「聽訟」是「新民」之末節。「治國」「平天下」，豈專在聽訟乎？况「齊家」一條，聽訟更用不著。古人言語不急迫，雖是解經，亦偶取聖人兩句來説一事以爲例爾。此章當自下看上，從「大畏民志」起。聖人言爲人上而聽斷獄訟得其平，我亦與衆人無異。然爲治者，致民有所訟，方爲之剖斷，亦末矣；必使民皆無可訟之事，乃得其本也。此語有未發之意，故曾子引之而續以明之。其意蓋曰，何以使民無訟？蓋上之人，能使無情實之人不敢盡其虚誕之辭。天下事是非自有一定，爲人不肯認己之非而妄與人争，故致訟；及至訟庭，亦以非爲是，用虚妄誕謾之辭，强辯力争以惑上聽，上之人爲其所誑，而亂事之真是非，則人無所忌憚，訴訟者紛然而起。無實之言既不行，則無訟矣。又言何以使無情者不得盡其辭？必大有以畏服民之心志然後可。然此句猶是歇後語，不曾説破何以使民志服，是使讀者自思。其實德明，便可服人心。「此謂知本」一句，只是結「聽訟」之本，不是結凡「新民」之本，詳讀可見。「聽訟」是「新民」一端，「新民」末也；然須有其本，本即「明明德」也。我之德既明，則自能服民志，而不敢盡其無實之言。凡人争訟，必有一直一曲，只是爲聽訟者可瞞，故雖理屈者也敢來争。若聽訟者德既明，則人自不敢欺；人既不可欺其上，則不敢爲惡，不敢飾非，而民德亦新，自然無訟可聽。如虞、芮争田，不敢復文王之庭，是文王之德「大畏民志」，自然無訟。

傳五章

「此謂知本。」饒雙峯云：「『知本』只是『物格』二字之誤，『知』字仿佛與『物』字相類，『本』字從木，亦是『格』字偏傍。」此説亦有意思，若如此，則兩句總是「格物致知」章結句爾，不必作衍文。

《大學》在《禮記》中，其次第錯亂不齊；程子曾正之而未盡；朱子重正之，分爲經、傳。其餘傳與經相合，皆有條理；惟「格物」「致知」無傳，而大學工夫始於「格物」，若無傳，則「格物」無用功之方。朱子取程子之意爲「格物致知」傳，「致知在格物」，是推極我之心知，在窮究事物之理，只是一意，但在我、在物不同耳，所以只作一傳，不分爲二。

言「欲致吾之知，在即物而窮其理」，是先解「致知」即是「格物」一事，見「在」字意明。「人心之靈莫不有知」，「天下之物莫不有理」，是推知與理之原。「惟於理有未窮，故其知有不盡」，是言氣稟拘、物欲蔽者，不可不致格。「大學始教」是言大學教人以「格物」「致知」爲始，謂是大學用功起頭，即「凡天下之物，莫不因其已知之理而益窮之，以求至乎其極」，此正是格物用功處。但只把致、格兩事統説在裏：推〔五〕極我之心知，在窮究事物之理；格物之理，所以推致我之心知。「用力之久，一旦豁然貫通」，是言格物本是逐一件窮究，格來格去，忽然貫通。如知事人之理便知事鬼之理，知生之道便知死之道；又如曾子聞一貫之説，便説出忠恕來。蓋事雖萬殊，理只是一。曉理之在此事如此，便可曉理之在彼事亦如此。到此須有融會貫通，脱然無礙，如冰消雪釋，怡然涣然處。格物工夫，至此方極。「物之表裏精粗無不到」，是言格物於一事之中，須推明得到底透徹，全無疑礙方是，然後又去格一物。不可於一事之中，做半節工夫了便且住。譬如看文字，且於一章中窮究其訓詁辭語，旨意隱微處無不洞曉了，然後看第二章，此是一物中表裏精粗無不到。事事如此詳細，是衆物表裏精粗無不到。天下事物至多，固不可件件窮格，但格得物多，後不揀見甚麼物來，只把這道理格將去，自然貫通。文公曾把破竹譬喻，大意謂初破時，逐節破，數節之後，一直破開去，更無凝滯，此喻最切。「吾心之全體大用無不明」，「全體」即前「具衆理」，「大用」即前「應萬事」。程先生教人格物有三事，或讀書講明義理，或論古今人物而别其是非，或應接事物而處其當否；文公取在格物致知《或問》中；然三事又當以讀書爲先。

「表裏精粗」，事事皆有。且如子之事親，其道當孝，此是表。如《孝經》一書之中，有許多節目，又諸書言孝，節目不一，此是裏。粗是節目中之所當然，謂其間事爲禮節也。精是節目中之所以然，謂事爲禮節中之至理也。

此章須兼看《或問》。

傳六章

「誠意」只是着實爲善，着實去惡。自欺是誠意之反，「毋自欺」是誠意工夫。二「如」是誠意之實。「自慊」是自欺之反，而誠意之效。「慎獨」是誠意地頭。

「欺」「慊」皆言自，是意之誠不誠皆自爲之。自欺者適害己，不自慊者徒爲人。曾子以「毋」字禁之，使人凛然知所戒；又以二「如」字表之，使人知所趨。

「惡惡臭」「好好色」，人人皆實有此心，非僞也。二「如」字曉學者當實爲善去惡，若「惡惡臭」「好好色」之爲也。此二句作兩層看。

前「慎獨」以心言，後「慎獨」兼所處言。

「潤身」「體胖」，已含脩身意。

此章第一節誠意正義，二節誠意之反，三節惡誠中形外，四節善誠中形外。

誠意是致知以後事，故《章句》曰：「知爲善以去惡，而心之所發有未實也。」「苟且」是去惡不決，「徇外」是爲善非爲己也。

《章句》於經云「意者，心之所發」，發如言初動處，又於「慎獨」云「審其幾」，幾亦是初動處，此固言心纔動便要實。然心以體統言，意即是心發而應事處，初動固要誠，應事至於終亦要誠。若只是初發人未知時要誠，及至事形之後却不必誠，可乎？「慎獨」而謂之「審其幾」者，是一動便須誠其實，直至事之終，首尾皆誠。不然，則發已形見了，此時於工夫却何所屬？又不可入正心之目也。下文言「小人閒居爲不善，無所不至」，則是著於事爲明矣，而亦曰慎獨。又十目、手所視、指，及「潤身」「體胖」皆歸之誠意，則意字相關前後始終，可謂分曉。

「銷沮閉藏」，銷沮出於無心，閉藏却是用意。大凡爲惡亦是有此氣充此惡念行出此。小人平時可謂張王，爲是他已曉得惡不可爲，故見君子之專爲善者，一時慚愧，前張王之氣銷沮自不可留，於是暫爲善以閉藏不善。「厭」，鄭氏讀爲黶，注「閉藏貌」。朱子加「銷沮」字，是閉藏之原，若不銷沮，則不肯閉藏也。陸氏有烏斬、烏簟兩音。《説文》歐減反，釋曰「中黑也」，正是闇晦意思。今宜讀從烏斬。

「用力之始」，言致知；「用力之終」，言誠意。「序不可亂」，謂致知然後誠意。「功不可闕」，謂致知又不可不誠意。

傳七章

「有」字當重讀。「忿懥」「恐懼」「好樂」「憂患」四者，是人不可免者，但不可有之於心。若一事有之於心，則應他事皆不合理，即是心不得其正。

《集義》：「心不可有一物，外面酬酢萬變，都只是隨分限應去，都不關自家心事。纔繫於物，心便爲其所動。所以繫於物者有三，或是事未來，而自家先有這箇期待底心，或事已應過去了，又却長留在胷中不能忘，或正應事時，意有偏重，這都是爲物繫縛。」愚按：朱子說此三箇「有所」可謂推明詳盡。「子莫執中」，事未來之「有所」也；莊周「緣督」，應事際之「有所」也；顔子「不遷怒」，事過後不「有所」也。

事未來，不可有意；事已往，不可留心。

「忿懥」四者，情也。《中庸》言喜、怒、哀、樂，《禮運》言喜、怒、哀、懼、愛、惡、欲，皆是情之名。聖賢隨事提出，告人所以不同。

前言心不正，是心雖在所應事上，而情之用不當。或以怒應當喜者，或以樂應當哀者。後言心不在，是心不在所應事上，謂身心全不相關。所以前節便要察，後節便當敬。

雙峯謂「心不正，以義理言；心不在，以知覺言」。

大率「忿」「恐」「好」「憂」四字稍輕，下四字尤重。此章兩節，前節説正心，後節説脩身。「四者，心之用，固人所不能無。」傳是「有所」二字爲重。事來感此心，隨其輕重大小，以理應之，而適於中，事既往，則此心便消釋，如此則不是「有所」。事來動此心，被他著得重，則應之亦重，如忿至於懥，恐至於懼，好至於樂，憂至於患，此是「有所」；或固滯於心，而以忿懥應當喜者，以好樂應當憂者，亦是「有所」。蓋四者便是喜、怒、哀、樂，但喜、怒、哀、樂是平説，此稍不同。「忿懥，怒也。」但忿是怒之暴，懥則〔六〕怒而有恚結意。「好樂」則喜與樂也，但「好樂」字有力而近於欲。「恐懼」「憂患」皆哀之類也，但恐而至懼，憂而至患，皆有過當意。金先生謂此四者重累其辭，即是情之勝而滯之深也。朱子用「欲動情勝」字，蓋欲動是事來之初，情勝是應事之際。若此事已往，情猶留滯，移以應他事而不當，亦情勝也。

「蓋意誠」以下，言誠意然後能正心。「然或」以下，言既誠意又須正心。

傳八章

「親愛」「賤惡」「畏敬」「哀矜」「敖惰」本十事，以其意思相似作五句。「親愛」「畏敬」「哀矜」是好上事，「敖惰」「賤惡」是惡上事。此十事亦日用常行，必不可去者。但不可偏，一偏則非好惡之正。

金先生曰：「敖惰只是常情之所忽，如卑幼婢妾之類，若一向偏於忽之，則亦有不知其善之弊。」又曰：「前四事是心上失，故在『正心』章。此五事在事上失，故在『脩身』章。」「誠意」章正言工夫，又反復言其弊。「正心」「脩身」兩章，皆是反説其病。緊要工夫，只在誠意，意既誠，則所行都是善一邊事。但恐遇事時，又有未盡善，又要逐節關防。

傳九章

「孝」「弟」「慈」三字，是自脩身上説來，以求齊家之原。人自能盡孝、弟、慈之道，推之治國，便是事君、事長、使衆之道。

「保赤子」是父母愛子之心。「如保」者是言君養民，亦當如父母之保赤子。赤子不能言，父母保之，雖不中不遠，況民之能言而意易曉者，所欲與之聚，所惡勿施，雖不中民之心，亦不遠矣。前言「孝」「弟」「慈」，而此獨就「慈」上言者，蓋治國是上之撫下，故專就愛民處言。

「仁」「讓」必一家方能一國化，「貪戾」只一人便能一國亂，至於「僨事」，又只在人之一言。以此見爲善難，爲惡易，不可忽如此。

「其所令反其所好，而民不從」一句，只就桀、紂上説。桀、紂雖惡，其出令亦未嘗不善，只是民不從，而從其好。

「藏乎身不恕」，是存乎身者，無可推之道。

「孝」「弟」「慈」而爲「事君」「事長」「使衆」之道，是善底不出家而成教於國。「仁」「讓」「貪戾」而國皆從，是善惡兩端不出家而成教於國。「堯、舜帥天下以仁，而民從」，繼「一家仁讓、一國仁讓」而言。「桀、紂帥天下以暴，而民從」，繼「一人貪戾，一國作亂」而言。

「宜其家人」，詩中本言女子能宜家，曾子引此以明學者德化行於閨門之内，而使女子能宜家。進一進説，第三引《詩》而言「父子兄弟足法」，亦是我之威儀全無差忒，誠心德化，感格上下，而父子兄弟之慈孝友恭皆可爲天下法，然後「民法之也」。

三引《詩》自内以至外。婦人、女子最難於化，而夫婦之間，常人之情，最易失於動不以正，化能行於閨門，則德盛矣。故引《詩》言夫婦爲首，而兄弟次之，總一家言者又次之。

治國平天下，一曰感化，二曰推充。己有德，人感而化於善者，上也；推此道而充廣者，次之。然人不能盡化，而所觀感者亦未必盡天下之事，故須有禮樂政教，使人有可效之法，是以《大學》中皆具此二意。此章章首至「成教於國」是化；三「所以」是推；「保赤子」是就「慈，所以使衆」一條上説，是推；「仁讓」一節是化；「帥天下」一節是化；「有諸己」「無諸己」是推；三引《詩》是化。

傳十章

此章分作四節看，自章首至「失衆則失國」爲一節，自「是故君子先慎乎德」至「不善則失之」爲一節，自「《楚書》」至「驕泰以失之」爲一節，自「生財有大道」至篇終爲一節。四節中又分爲小段看。

第一節，專反覆言「絜矩」，分五段。

第一段，「老老」「長長」「恤孤」是直從齊家上説來，即前章「孝」「弟」「慈」也。老老、長長、恤孤是上之人能盡此，則足以感於下。興孝弟不倍，是下民觀其上而化之。好善、惡惡，人心所同，故上之人盡孝、弟、慈，而民便興起，可見人同有此明德而易化矣。則上之人凡所好惡，民無不同者。然天下之大，兆民之衆，須有規矩制度，使各守其分，以遂其孝弟不倍之心，而不拂其好惡之情然後可。不然，則上下無節，不能均平齊一也。是以以己之心，度人之心，品量位置以爲之限，則天下無不平矣，故有絜矩之道。上三句是化，絜矩是推。

九章言孝、弟、慈，十章亦言孝、弟、慈。九章是推充，是正説，孝、弟、慈者，脩身也，所以齊其家，推而治國者也。十章是感化，是發凡，説上之人孝、弟、慈，下之人便能如此。則是凡上之人所欲得者，下之人皆所同欲。既爲人上，則境内匹夫匹婦不獲自盡，則無以成治平之功。然而地大民衆，必有規橅法制，然後可以周遍而公平，故須度義以處之，故曰「是以君子有絜矩之道」。平天下之道在絜矩，絜矩之原在識其端而推己耳。所推者只是好惡兩面，在上者，己之好惡無不得，則使人人各得其好惡，至於大小、高下、厚薄，則隨人所當得之分。

「矩」，以器言，即木匠之曲尺也；以義言，則方也。總言則用曲尺以度方。「絜矩」只是度義兩字。

第二段，專釋絜矩之義。上下四方均齊方正，自守所當得之分，不侵越出外。上之人如此，則下民化之，亦循其矩而不敢侵其外也。

且如君十卿禄，爲君者但於十分之外多有所取，若不損百官，便是損於民。我所得既多，它所得必少，此即是不能絜矩。凡事皆是如此。

第三段，言上之人能如愛子之道愛其民，則下民愛其上如愛父母。然愛民之道，不過順其好惡之心而已。大約言之，民所好者飽暖安樂，所惡者飢寒勞苦，使民常得其所好，而不以所惡之事加之，則愛民之道也。

此段言能絜矩之效。

第四段，《節南山》詩，家父所作，其首章曰：「節彼南山，維石岩岩。赫赫師尹，民具爾瞻。憂心如惔，不敢戲談。國既卒斬，何用不監。」赫赫，顯盛也。師，太師，三公。惔，燔也。談，言也。卒，盡也。斬，絶也。監，視也。上兩句興兼比體，下六句賦體。言截然高大之南山，維見其石之岩岩然。此赫赫然尹氏，居太師之位，乃下民之所瞻望者，今乃暴虐無道，下民憂之，其心如火焚。「惔」，憂之極而不安處也，甚而至於不敢相戲言語，可謂極矣。如此則國家既已終至斬絶，汝何不監視之乎？此家父知下民困於尹氏之虐，而爲此詩也。《大學》只引上四句，則下四句意亦在其中。凡引《詩》《書》皆是斷章取義，此處却當兼下文看，尤見分曉。言爲人上者赫然如此，則當謹絜矩之道，不可稍有所偏，偏則爲天下僇。

此段言不能絜矩之害。

第五段，引《文王》詩，言殷家未失衆之時，則能配上帝；既失衆之後，則不能配上帝矣。當監視之，而知天之大命不易得也。「命不易」，即喪師而不配帝也。下「得衆」，言未喪師；「失衆」，言喪師也。

此段結上文兩段，「得衆」「得國」結能絜矩之效，「失衆」「失國」結不能絜矩之害。

第二節言爲人上者，明德爲本，而財用爲末。財固是國家所必用而不可無者，但當脩德爲本，絜矩而取於民有制。中分五段。

第一段，「君子先慎乎德」至「此有用」，言德明而人服，有土而有財。

第二段，「德者本也」至「施奪」，言當脩德而絜矩，取民財有制。

第三段，「財聚」「財散」兩句。「財聚」「民散」，言不能絜矩，取於民無制之害。「財散」「民聚」，言能絜矩，取於民有制之利。散財，不是要上之人把財與人，只是取其當得者而不過。蓋土地所生，年年只有許多數目，上取之多則在下少。

第四段，「言悖」「貨悖」四句，又以言之出入，比貨出入，不能絜矩，取於民無制之害。

第五段，引《書》以結之，與前《文王》詩相應。

第三節，言用人，蓋治天下之要，專在於用善人故也。中分七段。

第一段，引《楚書》：「楚王孫圉聘於晉，趙簡子問曰：『楚之白珩猶在乎？』對曰：『然。』簡子曰：『其爲寶也，幾何？』曰：『未嘗爲寶。楚之所寶者，曰觀射父，能作訓辭，以行事於諸侯，使無以寡君爲口實。又有左史倚相，能道訓典，以叙百物，以朝夕獻善敗于寡君，使寡君無忘先王之業；又能上下説于鬼神，順道其欲惡，使神無有怨痛于楚國。』」曾子取其意，而言金玉不當寶，惟當寶善人。

第二段，語見《檀弓》，蓋重耳出亡在外而有父喪，秦穆公使人吊之，意欲使之争國，而舅犯之言如此。《大學》引之，其意若曰：豈惟不寶金玉，至於國家之利亦非所寶，而惟寶人也。

此兩段承上内德外財之意，而起下用善人之説。

第三段，引《秦誓》，專言爲政者好惡之公私。此段又當分作兩截看，「尚亦有利哉」以上是一截，以下是一截。每節當假作三人。

「休休」，中心樂易之意。有一个臣，其心誠一樂易，而能容物者，此以在上爲政者言。「有技」，以才言。「彥聖」，以德言。上面「斷斷」「休休」之人，見下有才有德者，則能舉用而容之，便可興國家而利及子孫衆民。此一截言能絜矩，而以公心好人。

下截「人之有技」上自然含「斷斷」「休休」之反之意。謂有一个臣，其心僞雜傾躁而不能容物者，見有才者妬之，有德者阻之，使不得進。既不能容引善人，則惡人進，以敗其國家，而不能保子孫衆民。此一截言不能絜矩，而以私心惡人。

第四段，言能絜矩而惡惡得其正。所謂「放流」，則放流上文娼疾蔽賢之人。朝廷之上，惡人既去，則善人方得通。下又以「仁人」總結之，言能絜矩者也。

第五段，言絜矩而薦賢當速，退不肖當遠。

第六段，言不能絜矩而好惡之反。

第七段，以得失結之。「忠信」，善人也。「驕泰」，惡人也。忠信則能絜矩者也，驕泰則不能絜矩者也。此節雖主用人言，然爲君者，自忠信則能用忠信之人，其原又在上。《章句》謂「三言得失，而語益加切」，蓋第一得失，以人言之；第二得失，以事言之；第三得失，就心上言。至上之人心不善，則事皆不善而失之，故曰「語益切」。

一、能絜矩、不能絜矩之得失；二、尚德、尚財之得失；三、用善人、用惡人之得失。大率絜矩則得，不絜矩則失。

第四節，言生財之道。前節但言内德而外財，此節直言生財之方。而生財當用君子，不可用小人。總上兩節之意。中分五段。

第一段，正言生財之方。吕氏解極明白切當，而朱子謂務本、節用，尤爲精密。生衆、爲疾，務本也；食寡、用舒，節用也。

第二段，言仁者外末，不仁者内末。即前節内德、外財之意。

第三段，言内本外末之效。「絜矩」章本多是推意，此段却是化。

第四段，言上之人當絜矩，不可侵下之利。雖養雞豚之小利尚不可與民争，而況爲君者專事聚斂以虐民乎？

以利爲利，快目前之意，而爲禍深；以義爲利，不過儉目前之用，而福自遠。

「伐冰之家」，《章句》謂：「卿大夫以上，喪祭用冰者也。」《周禮·天官·凌人》：「祭祀共冰鑑。大喪共夷盤冰。」共音恭。鑑，胡監反。甕大口者；春夏祭時，用鑑盛冰，而致祭物於其中，以禦温熱之氣，防其味之變也。夷，尸也；夷盤，廣八尺，長一丈二尺，深三尺；實冰其中，而以尸床置其上，所以寒人死之尸也。

此段言君子能絜矩而生財之利。

第五段，又言有天下者當用善人；若用惡人，至於天災見於上，人害生於下，國勢將崩，此時雖有聖賢欲來扶持，亦不可爲。再三戒用人之詳也。

天災，如日食、星變、水旱、蝗疫皆是。人害，如民心怨叛、寇賊姦宄、兵戈變亂皆是。

此段言小人不能絜矩而生財之害。

此章大意，治天下在乎絜矩，而絜矩於用人、取財處爲要，然得失之幾，全在「忠信」「驕泰」上。發於心者忠，接於物者信，則事皆務實，好善、惡惡皆得其正，而能盡絜矩之道。存於心者矜驕，行之以侈肆，必不能絜矩，則遠正人，而讒諂聚歛之人進矣。故「忠信」「驕泰」，治亂之原也。

【校記】

〔一〕且，底本作「文」，據胡本改。
〔二〕隆，底本作「降」，據明抄本、胡本改。
〔三〕黨正下大夫，底本「正」字漫漶，據影元本、胡本改。
〔四〕鄙師上士，底本「師」字漫漶，據影元本、胡本改。
〔五〕推，底本作「惟」，據影元本、明抄本朱批、胡本改。
〔六〕則，底本作「而」，據影元本改。

讀中庸叢説卷上

東陽許謙

序

《中庸》專言道，故起首便言道學、道統。道學主於學，兼上下言之。道統主於行，獨以有位者言之。至孔子之生，他無聖人在位，則道統自在孔子。凡言「統」者「學」亦在其中，「學」字固可包「統」字。

「上古聖神繼天立極，而道統之傳有自來矣」，此是言堯、舜以前。夫子翼《易》，始於伏羲。今之言聖人者，必自伏羲始。然自開闢生物以來，即有「首出庶物」之聖人，與天同道，而立乎其位者。但前聖所未道，故不知其名。此但言「上古聖神」，益混言之，又不如《大學章句序》專以伏羲爲始也。

聖人大率有兩等：有自然之聖，生知安行，所謂性者也；有學而成之聖，積而至於大而化之，所謂反之者也。此不言聖人而言「聖神」，是指性之自然，神明不測之聖也。此言上古創始有位、道與天合之聖人，言動皆可爲天下法則者，爲道統之始。下此，皆是接傳其統者。

「繼」「立」二字，不要重看。天道流行，無物不在，衆人所不能知，惟神聖自然與天合，而言動皆可爲萬世標準，非是有意繼續天道，特爲人而立法也。

《論語·堯曰》「咨爾舜」至「天禄永終」，王文憲以爲《舜典》脱簡，當在「舜讓于德弗嗣」之下。此正傳心之要也。

理與氣合而生人，心爲一身之主宰，又理氣之會而能知覺者也。人心發於氣，如耳、目、口、鼻、四肢之欲是也。然此亦是人身之所必有，但有發之正不正爾。非全不善，故但云「危」，謂易流入於不善而没其善也。「道心」發於理，如惻隱、羞惡、辭遜、是非之端是也，亦存乎氣之中。爲人心之「危」者晦之，故微而難見。心只是一，於「心」上加「人」字、「道」字看，便見不同。若只順讀「人心」「道心」字，却似有二心矣。謂之「道」，則是天理之公；謂之「人」，則是我身之私。雖我身之私，亦非全是不善，因身之所欲者，發而正，即合乎「道」，而爲「道心」之用矣。如《鄉黨》所言飲食衣服之類，皆「人心」之發，在聖人則全是「道心」。君子於每事皆合乎理義，則亦無非「道心」也。大抵「人心」可善、可惡，「道心」全善而無惡。

朱子《書傳》曰：「心者，人之知覺主於中而應於外者也。指其發於形氣者而言，則謂之人心；指其發於義理者而言，則謂之道心。人心易私而難公，故『危』。道心難明而易昧，故『微』。惟能精以察之，而不雜形氣之私，一以守之，而純乎義理之正，道心常爲之主，而人心聽命焉，則危者安，微者著。動静云爲，自無過、不及之差，而信能執其中矣。」大旨皆同而傳注與作文之體自不同，故此語尤簡潔易看。

「人心」是所欲爲之事，「道心」是發應事之理。「人心」聽命於「道心」，只是事皆順理。危者既安，則便是道。

「微」，只是隱微之意，故難見。今添「妙」字，是貼襯「微」字説，不必重看。

「精則察夫二者之間」，是察人心、道心之間，要察到疑似纖毫之際。此言心，是指動處。當時告大禹，故言如此。若學者則用格物致知之功，辨别衆理，明至善審，然後可精其動處也。

「私」字，就形氣上來。善既見此形氣而成人，則此人爲一人之私，故必欲得於外，以濟乎己，所以易流於欲。下當與「公」字對，却用「正」字者，謂「性命之正」則是得之於天者，固與天地人物同。言「正」，則「公」意自在其中，而「正」字於己切。

「繼往聖，開來學」，此「學」字應前「道學」字。前「道學」是總包上古以來相傳者，此「學」字是夫子教後人者。言「繼往聖」，是明夫子教人，亦是述上古聖聖相傳者耳。則子思所憂者，豈專指夫子之教哉？

更迭交互，推演紬繹。

「切」言深要。「詳」言周備。憂深，爲道之不明也，故言之深而要。慮遠，恐久而復失也，故説之周而備。

「天命」，即道也。能「率性」，即道心也。「擇善」者，察之精也。「固執」者，守之一也。「時中」，即中也。惟君子爲能執之也。

「綱維」，言道體之大；「緼奥」，言節目之詳及精密隱微之理。「明」，言「綱維」；「盡」，言「緼奥」。

孟子「推明此書」，謂見之行事及著七篇。

上言「異端」，下言「老佛」，是異端至多，楊朱、墨翟、許行之徒以及諸子百家各立門户，議論不合聖道者皆是。

爲其「彌近理」，所以「大亂真」。蓋其説宏遠幽微，陳説道德，指明心性，或有類乎吾道之言，故爲所亂，非如百家之淺近易見也。然而道德非聖賢所言之道德，心性非聖賢所指之心性，固亦不難辨也。儻無《中庸》之書，則吾道反晦而不明，學者莫知所從，又焉得辨之乎？

裳之要，衣之領，皆是總會處。

《章句》《輯略》《或問》三書既備，然後《中庸》之書，如支體之分，骨節之解，而脈絡却相貫穿通透。《中庸》一書，分爲四大章。如第一章、十二章、二十一章皆言其略，而餘章繼其後者皆詳言之，三十三章又一章之詳者，「詳略」謂此。「巨」謂「綱維」，「細」謂「緼奥」。「諸説同異」以下專言《或問》。

中庸

《中庸》《大學》二書，與《論》《孟》二書不同。《論》《孟》或聖賢自立言教人，或隨問而答，或記聖賢出處，動静日用，皆是一條一件，各見意趣。《庸》《學》皆成片文字，首尾備具，故讀者尤難。然二書規模，又有不同。《大學》是言學，《中庸》是言道。《大學》綱目相維，經傳明整，猶可尋求。《中庸》贊道之極，有就天言者，有就聖人言者，有就學者言者，廣大精微，開闔變化，高下兼包，巨細畢舉，故尤不易窮究。

「中庸」，德行之至極，夫子嘗言之，故子思取以名篇。

解題

「偏」，則不在中而在一邊；「倚」，則斜迤而不正。「過」，是越過於中；「不及」，是未至於中。「不偏不倚」，是竪説「中」字，指未發之體而言。「無過不及」，是横説「中」字，指已發之用而言。此皆是反説，以四旁影出「中」字。「平」，如地之平而無杌隉危處；「常」者，一定之理，無詭異，又常久而不可變易。惟其平正，便可長久；奇異險怪，便不可長久。「平」，横説；

之道。「常」，竪説。此是正解「庸」字。總而言之，惟「中」故可「庸」，「中」而又須可「庸」，乃「中庸」

程子謂「不偏之謂中」，固兼舉動静。朱子「不偏不倚」，則專指「未發」者。譬如置物，不偏者，在四方之正中，不略近東西南北之一邊；不倚者，非傾倚於一邊而不正。以心體而言，不偏者，渾然中正而無頗；不倚者，不著於喜怒哀樂之一事。雖皆指未發而言，然自有兩意：不偏，指其體之本然；不倚，指其用之未發。

「常」字該前後：自前而言則常定而無異，自後而言則常久而不易。「不偏」「不易」兩句，是「中庸」之訓詁[一]。「正道」「定理」兩句，是釋「中庸」之義。

「始言一理」者，首「率」是也。約而言之，首三句是也；又約而言之，「天命之謂性」一句是也。「末合爲一理」者，末章是也。約而言之，「不顯惟德」以下是也；究其極言之，「上天之載，無聲無臭」二語是也。

首章

首三句，言「性」「道」「教」之名義。總人物言之，而主於人。「率性之謂道」一句，該上句而貫下句，故篇中皆是説道，而性、教在其中。蓋氣化流行不息者，天之道也，是理也。人得天道之流行者爲性，當順此而行者，人之道也，所謂「率性」也，亦是理也。然率性，惟聖人爲能之。聖人之治己，則盡己之性；接人用物，則盡人物之性。以衆人當率之，而不能以失其生之本，故以己之安行者品節之以爲教，使各知治己。接人、用物之道處之既各得其宜，則人與物莫不各得遂其性矣。如此，則雖開説名義，而未嘗不貫穿爲一也。自「道也者」至篇終，皆是明人當行之道，而教其進之之方也。

首三句是總説人物。第三句「脩道」，固是人上意思多，然聖人「脩」處，亦和物都脩了。物雖不可教，是教人處物之道。如春田不圍澤、不殺胎、不殀夭，草木黄落，斧斤入山林，魚不滿尺不粥之類，皆是順物之性而成就之，不逆生意之意；如馬絡頭、牛穿鼻亦是也。殀，於表反。夭，烏老反。

「性，即理也。」在天地事物間爲理，天賦於人物爲命，人物得之以生爲性，只是一物所爲，地頭不同，故其名不同。

理存於心，故「不可須臾離」。「不可」者，有贊其不能離之之意，有戒其勿離之之意。「不睹」、「不聞」，己之不睹不聞也。「獨」者，人之不睹不聞也。「道，不可須臾離，可離非道」與「莫見乎隱」「莫顯乎微」對説，此言其定體如此。「戒慎」「恐懼」與「慎獨」對説，此言脩之之方。前一節是操存，即致中之事；後一節是省察，即致和之事。

戒懼不睹不聞，謂但於不接物、不當思慮時，常敬以存其心；究其極，則至於無所睹聞之際，亦當戒懼，工夫至此而極密。非謂止於不睹不聞時用功，尋常只恁悠悠過。故《章句》謂「常存敬畏，雖不見聞，亦不敢忽」，玩「常」字、「雖」字、「亦」字可見。蓋戒懼、慎獨兩事，包括定心之動静，故凡非有所主之思慮及接物時，皆在戒懼界限裹。如此看，然後與「不可須臾離」一句意脈相接續。

經中於「不睹」上用「戒慎」字，「不聞」上用「恐懼」字，雖是分説，其實合説。蓋不睹、不聞，只是無聲色、無可見聞處，非有兩端。故《章句》總用「敬畏」字，以「敬」字體「戒慎」，「畏」字體「恐懼」；下又總言「雖不見聞，亦不敢忽」，只是兼舉互見。今且先當分戒懼與慎獨兩項界限。蓋慎獨是就裹面説出，戒懼是就外面説入。但起念頭處，便是慎獨境界；無所思而有所睹聞，自外來者，皆屬戒懼境界。獨是心欲應事，見聞是事來動心，界限亦甚分曉。不睹不聞，是就極處説，《章句》用「常存」字、「雖」字、「亦」字，皆是補貼起此意。蓋心意不動之時，自有睹聞，至於無所睹聞，皆當敬畏，然至於不睹不聞之地，則敬畏之工夫尤難，但用意則屬已發矣。愚嘗妄爲之説曰：當此之時，此心當無物而有主，然又要看得真，會得活，若著箇「物」字、「主」字而欲無之有之，則又大不可矣。以此體之，而實存之，久當自見，言愈多則愈爲病矣。

或問：戒慎、恐懼工夫如此，與「不思善惡」及「致虚静篤」之説何以異？曰：冰炭不相入也。彼學專務於静，吾道動静不違。彼以静定爲功，惟恐物來動心，故一切截斷，然後有覺。聖人之學，事來即應，事去則静，應事時既無不敬，至無所睹聞時亦敬以存之，自然虚静。惟虚静,故愈靈明,而發以應事無不當。雖無睹聞,若有當思,固思之無害,但所思者正爾,非以静爲功,而置心如墻壁也。

諸書不曾言戒懼工夫,惟《中庸》言之。蓋子思自性上説來,學者欲體道以全性,若無此工夫,則心未發時,可在道之外邪!

天者,理之所出;心者,理之所存。心知即理動,理動即天知。故有萌於心,則著見明顯,莫大乎此,豈必待人知之乎?

《中庸》「慎獨」,兼《大學》兩「慎獨」意。《大學》「慎獨」,是誠意地頭,故先專主於心,而後乃兼於身。《中庸》前既言「戒懼」工夫,故「慎獨」兼外説。《章句》謂「隱是暗處」,又曰「幽闇之中」,此兼内外言之;「細事」非是小事,是事之未著者:二者皆是人所未見聞者,亦只是毋自欺之意。

「致中和」,是「戒懼」「慎獨」推行積累至乎極處,則有「天地位,萬物育」之效驗。

致中,是逼向裏極底;致和,是推向外盡頭。

位育,以有位者言之固易曉。若以無位者言之,則一身一家,皆各有天地萬物。以一身言,若心正氣順,則自然睟面盎背,動容周旋中理,是位育也。以一家言,以孝感而父母安,以慈化而子孫順,以弟友接而兄弟和,以敬處而夫婦正,以寬御而奴僕盡其職,及一家之事,莫不當理,皆位育也。但不如有位者所感大而全爾。

此章首言「性」「道」「教」之義，次又言性情之則，而兩節工夫，止是戒懼、慎獨兩端。「致」，則極乎此二者也。致中，是戒懼而守其未發之大本，所以養天命之性；致和，是慎獨而精其中節之達道，所以全率性之道。前後只是「性」「道」兩句工夫，而「教」在其中。其用功處，只有「戒慎」「恐懼」「慎」「致」六字而已。

此書以「中庸」名篇，而第一章乃無「中庸」字。未發之中，非中庸之謂也。蓋「率性之謂道」一句，即中庸也。此句總言人物，是説自然能如此者，在人則惟聖人能之，是中庸也。若衆人則教之，使率其性，期至於中庸也。

《章句》：「天以陰陽五行化生萬物，氣以成形，而理亦賦焉。」蓋人物之生，雖皆出於天理，而氣有通塞之不同，則隨所遇有生人、物之異。氣通者爲人而得人之理，氣塞者爲物亦得物之理。雖曰有理然後有氣，然生物之時，其氣至而後理有所寓，氣是載理之具也。故《章句》先言「氣以成形」，後言「理亦賦焉」。

天生人物，是氣也，而理即在其中。理主乎氣，氣載乎理，二者未嘗可離。故本文「天命之性」雖專言理，而《章句》必須兼氣説。若不言「氣以成形」一句，則理著在何處，安有所謂人物？蓋言氣，則有善有惡。言理，則全善無惡。故子思專舉理以曉人，謂此理具於心者謂之性，即道心也。率者循此而已，脩者品節此而已，學者學此而已，自可欲之善，進而至於大而化之，全此而已。《章句》云「天以陰陽五行化生萬物」，是總説。却分言「氣以成形，理亦賦焉」兩句，下「猶命令也」一句獨接「理亦賦焉」説，「於是人物之生」以下却是專説理以釋「性」字。蓋若不兼氣來説，則「教」字説不去，既全是理，則人無不善，又何須教？

動静、開闔、往來、屈伸，只是兩端而已，故古之聖人定陰陽之名。然消者不能遽長，暑必不能遽寒，皆有其漸，故又定五行之名。五行之名既立，則見得造化，或相生以循環，或相制以成物，錯綜交互，其用無窮矣。然而陰陽生五行，而五行又各具陰陽，亦不可指其先後也。

「人物之生，各得所賦之理，爲健順五常之德。」蓋健是陽之德，順是陰之德，五常是五行之德，七者亦皆因氣而有此德。人、物雖皆有，只是人全具，而物得其偏，如馬健而不順，牛順而不健，虎狼父子有仁，蜂蟻君臣有義，而無他德之類。

健者陽之德，順者陰之德，五常者五行之德。然此健順，不是言乾健坤順，就造化上説；此是就人物上言，其性自具此七者。

性中只有五常，而此加健順，是本上文陰陽而言也。五常固已具健順之理：分而言之，仁、禮爲陽爲健，義、智爲陰爲順，信則冲和而兼健順也；錯而言之，則五常各有健順，義斷智明，非健乎？仁不忍而用主於愛，禮分定而節不可踰，非順乎？

「人物各循其性之自然」，謂順理之自然者行之即是道。「率」字不是工夫，只是順説。蓋《中庸》首三句且只説性、道、教三者之名義及聖人品節爲教之後，下面方説學者工夫。「品節」，是品量節約。

「氣稟或異」，應上「氣以成形」説。此其所以聖人立教也。

「人物所當行者」，固人物各「率性」之道。然唯聖人能盡己之性而盡人物之性，故可品節之，以己之所能者使人能之，以物之所當然者使人用之。

「人之所以爲人」一句，代「天命之謂性」一句，蓋言性則人物之所共者。此段言人，只就人性上説，《中庸》是教人全性之書故也。人全其性，亦只是盡爲人之道而已。

「天地萬物本吾一體」，《章句》前面皆言理、言性，到此乃言「體」字。蓋理、性無形，恐難體認，此則就實處言之，包下「心」「氣」二字。父母之於子同體而分形，天地乃吾之大父母，而吾之身本大父母之遺體，惟其一體也，故吾心可感天地之心，吾氣可感天地之氣，而其效驗如此。但致和主於行事中節而言，不但在我身之氣順萬物便能育也，與上心正即能感天心之意頗不盡同，此言當細體認。蓋「萬物育」不專在默然感應，須要所以處物之道施於政事者得其宜，則是事雖在外，乃我在内之氣得以達之，須著如此轉一轉看。

兩箇「一體」字意不同。

二章

《語録》：「『君子而時中』，與《易傳》『中重於正，正者未必中』之意同。」「如『君子而時中』，則是『中無不正』。若君子有時而不中，即『正未必中』。」此説極好比並體認。

「小人反中庸」「小人而無忌憚」，平時既有小人之心，而臨事爲惡，又無所忌憚，縱意而行。「反」字是用力字，謂他故意反中庸之道行之。蓋此小人，非但是愚者而已。

《章句》曰「隨時以處中」，又曰中「隨時而在」。此「隨時」字含兩意，謂君子每應事之時，各隨其事以處乎中，是一日之間事事皆處乎中也；又同此一事，今日應之如此爲中，他日應之乃如彼爲中，是一事各於時宜不同者處乎中也。

《章句》二「又」字是眼目。

《章句》上既言「隨時處中」矣，下却言「戒謹」「恐懼」，「而無時不中」。時中，當是慎獨事，而言如此，似有可疑。今詳朱子意，蓋以本文但言「君子中庸」，未見有專指用處意，且安有無體之用？故復如前《解題》而全舉曰「不偏不倚、無過不及，而平常之理」，是則所謂「君子中庸」者，體用兼全，動静一貫者也。故下文先言「以其有君子之德，而又能隨時處中」，以「德」字貼襯在「君子」字上。其下却云「戒謹」「恐懼」，「而無時不中」。戒懼是言平日存中之體，應上「德」字，而「無時不中」，則發處皆中庸矣。「君子而時中」，「時」字當用力看便見意。《中庸》一篇凡七章有「中庸」字，餘六章皆與此不同。故於此章全解，次章則曰「過則失中，不及則未至」，是從用上説。以三章爲例，則後章從可知。八章又曰「行之無過不及」，二十七章曰「不使過不及」，可見與此「君子中庸」一語，不可同論。

三章

《論語》言：「中庸之爲德也，其至矣乎！民鮮久矣。」此章上無「德」字，下有「能」字。此「能」字，即所謂「德」也。但《論語》言中庸之德，此言中庸之道。

四章

道不行不明，非是人不行之、不明之，是言道自不行於天下、不明於天下，謂大道窒而晦也。

知、賢者之過，當作兩層意看。大率道者極乎中而已，兩「道」字便是中。所謂「過」者，過乎中也。稟氣清而淳者則爲聖人，知之至，行之及，自合乎中。稟偏於清者則爲知，知者唯務於知，既不以行爲事，則所知愈至高遠而過中矣；稟偏於淳者則爲賢，賢者唯篤於行，既不求知其至，則所行必至激切而過中矣：此止就正理上看。若知者如老、釋之空寂，賢者如沮、溺之遠道，又如下索隱行怪之類，是又非正道而過於中者。須作兩意看，方盡得「知」、「賢」過「中」之義，「愚」、「不肖」之「不及」却只是一般。

道不行者，知之過與不及。道不明者，行之過與不及。是固然矣。然下乃結之曰「人莫不飲食也，鮮能知味也」，是又總於知。蓋二者皆欠真知爾。若真知理義之極至，則賢者固無過，智者亦必篤於行，不徒知之而已矣。

「不足知」「不足行」，正言知、賢者之心。蓋是他心唯通這一路，更不管那一路。

五章

前章主於知，此章主於行。蓋知然後能行，既知之又須能行，故此二章發明次第如此。金先生曰：「第二章以來，小人反中庸，民鮮中庸之久，賢、智過中庸，愚、不肖不及中庸，總嘆曰『道其不行矣夫！』故自六章以後，開示擇道中庸之方，在智、仁、勇三達德。」

六章

「好問」，是有疑而問於下，如臣，如民，下至蒭蕘，無不詢之。「察邇言」，是於所問而對者，及下人之言凡達於上者，雖淺近必詳察其理。古者民俗歌謠，必採之以觀民風，亦察邇言之類。

舜固聰明睿智，而不自用，故「好問」「察邇」「擇善」，而「用其中」。此所以愈成知之大，聖德固是如此。然或有見聞所不及，必須問而知者，民事幽隱，因蒭蕘之言而聞者，則亦揚善用中。故必兼此兩意看。

執兩端而用中，謂衆人所言，於此一事雖同於善，然却有處之厚薄不同，却將己之權度在心者，度而取其中，或在厚，或在薄，必合於此事之宜者行之。

《章句》「廣大」謂隱惡而不宣，「光明」謂揚善而不匿。言惡者掩覆涵容，足見其量之廣大；言善者播告發揚，足見其心之光明。「權度精切」，舜本然之智也。又「好問」「察邇」，欲周天下之細故也。此其所以爲智之大也歟！

七章

其義在於「不能期月守」中庸，以起下章之「能守」，意不在「罟擭陷穽」。以不知意承上章之知，以不能守中庸起下章[二]之能守。

八章

「擇」字兼知行。惟知之明乃能擇，既擇即見之行事。所以下面只説守，不再説行。擇是當應事之時，守是事過之後。常守，在復遇此事又如此應，皆合中庸。「服膺」，是守也。「弗失」，又覆説守之固也。

舜知是全體之知，顔仁是每事之仁。凡已擇乎中庸者固仁矣，而應天下之事，猶擇之未全也。每得一善，則服膺弗失，守之者固，日新其德，則漸可全也。三月之違，可見此意。

人之於道，不過知、行兩事耳。知者，智也。行者，仁也。四章既言道之不行不明，然所謂愚、不肖者固易見，不足論。惟智者知之過而不務行，賢者行之過而不求知，所以至於中庸者鮮。賢者之過，如柳下惠之和，伯夷之清，未及孔子之時。智者之過，如曾皙之言高而行不掩者近之矣。故六章言舜之智，而謂隱惡揚善，執兩端而用中，是行之意重，此舜不專於知而道所以行矣。八章言顔子之仁，而曰「擇乎中庸」，是知之意重，此顔子不專於行而道所以明矣。

九章

七章能擇中庸而不能守，是知其理而行未至。此章能爲三者，而不能中庸，是能行所難而知未至者。故此二章處於知、仁之後，而下接言勇之前，蓋謂知、仁皆當勇也。

七、八、九章皆言中庸而意不同。上兩「擇乎中庸」，每事上言；「中庸不可能」，全體上言。「義精」是知之極，「仁熟」是行之裕，是就應此事之前說。「無一毫之私」，是就應此事時說。件件如此，則全乎中庸矣。

十章

子思引夫子告子路當强之目，以合舜知、顔淵仁爲三達德之事，非子路之所已能者。子路好勇，是子路生質本剛，事皆勇爲，至此蓋亦未知勇之所當務者，故以爲問。

「南方之强」，雖君子之强，然亦未是中庸，不及於强者；北方是過於强者。君子則爲後四者之强。上「君子」字輕，下「君子」字重。

君子之道中而止。南方之强不及中，北方之强過於中，固皆未至。然上言「君子居之」，則比「强者居之」者爲勝之矣。不及者勉强至中，頗易；過者矯揉至中，尤難。兩「君子」字雖不同，然言君子四「强哉」，終是接著君子説。

南陽方，北陰方。陽舒散而陰收斂，舒散便和柔，收斂便剛勁，此蓋大約言風氣之偏，則風俗隨異。其實南人豈盡柔弱？亦有剛勁者；北人豈盡剛勁？亦有柔弱者。然「寬柔以教，不報無道」，是言柔之甚而善者；「衽金革，死而不厭」，是言剛之甚而過者。

章内兩「而强」不同：前是汝之所當强者，後「而」字是承上句虚字。兩「君子」亦不同：「君子居之」輕，如善人長者之類；「故君子」重，是全德之人。

四「强矯」，上兩節言守身應事之常，下兩節言出處至極之變。下兩節雖尤難，然上兩節常貫在其中。國有道必出而仕，人於未達，其所守者正而堅；既達之後，接物廣，應變多，或有易其守者。國無道，固不可出，能守之至死，略不易其志，如夷、齊餓死而無怨者，方是强之至。君子或出或處，必當合於中庸者如此。

四「强哉矯」，雖是言勇，而合中庸之體段。而「不流」「不倚」「不變」，正是立則防弊，以教學者處。

「有道」、「無道」，只言國之治、亂。有道乃可仕之時，無道無可出之理。君子之出也，固當合乎中庸。然此却只言出以後事，蓋君子平日自脩，須有能守之節，上之人亦爲其有所守，故用之。及既仕，則必堅守平昔所守者可也。今乃不能守其前志，不爲富貴所淫，則爲事物所汩爾。爲所汩者知未盡，爲所淫者仁未至，皆是不能勇以全夫知、仁者也，故以「不變塞」爲强。若國無道，不變平生所守，是窮而在下，當不可仕之時，雖困悴窮蹙，不能全其生，亦必死而安於天耳。推而言之，雖已仕者，適逢國變而無道，則必屹立不移，以身殉國。若此，豈非至强者歟？

《章句》「含容」形容寬之量，「巽順」體倣柔之容，皆不可以爲正訓。資質既寬柔，其心必愛人，所以能誨人之不及。若無道之來，直受之，不思報之者，亦以能「含容巽順」故也。上兩字以質言，下兩字以接物言。「衽金革，死而不厭」，却只是一意。

言「以含忍之力勝人爲强」，善斡旋説。

中庸之道，知固在前，然行之及方是。曰「非有以自勝人欲之私」，仍舊是説仁重。

十一章

「索隱」，是求人之所不必知。「行怪」，是行人之所不必行。

「索隱」，知者之過。「行怪」，賢者之過。此不能「擇乎中庸」者，聖人不爲也。或有雖不索隱行怪，而能擇中庸，然行之止於半塗，而不力以求至，是不能守者。聖人自不能止，必行至於終也。是以君子常不違乎中庸，則不爲隱怪可知。由仁義行，雖終身不見知於世，亦未嘗有所悔艾，不半塗而廢也，豈非聖人之事乎？孔子前既有兩「吾」字，以身任之，故下文謙不肯當，但曰「唯聖者能之」。其實「依乎中庸」，即夫子之「弗爲」者。「遯世不見知而不悔」，即夫子「弗能已」者。雖欲避聖人之名，自有不可得者。

上兩節各有「吾」字，第三〔三〕節乃言「聖者能之」。雖聖人不肯自居，然曰「聖者能之」，正是爲學者標的。

前章言「至死不變，强哉矯」，此又言「遯世不見知而不悔，唯聖者能之」，正見得君子能處困瘁厄窮而裕如者爲尤難，故子思連引聖言以爲戒，此亦章中一意。

第一節「索隱行怪」，皆是知之不明，是不知也；第二節行而不能守，是未仁也；第三節知、仁俱至。故《章句》謂一是「不當强而强」，二是「當强而不强」，三是「不賴勇而裕如者」。《章句》「知之盡、仁之至、不賴勇而裕如」，總結三節：弗爲「索隱行怪」，知也；「依乎中庸」，則「知之盡」也。弗能「半塗而廢」，仁也；「遯世不見知不悔」，「仁之至」也。皆出於自然，則「不賴勇」也。

十二章

「費」者，用之廣，當作芳味反；若「符味反」者，則姓也。《章句》此音當改。

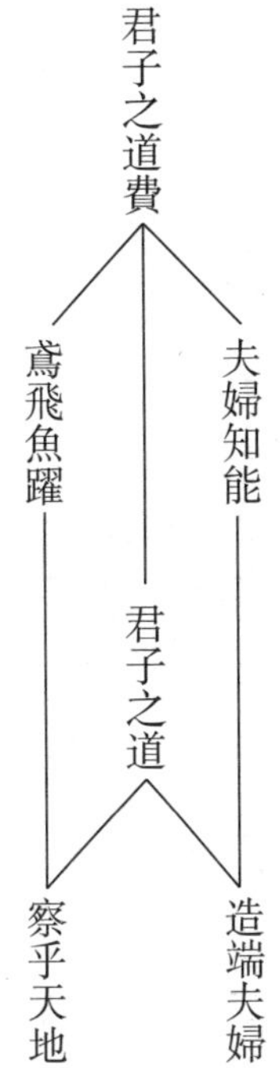

兩「君子之道」無異。前後「夫婦」、前後「天地」字，皆不同。夫婦知能，只是衣食起居日用之常，皆道之費；「造端夫婦」，是言夫婦暗室幽微之處，亦道之費。天地有憾，是言天地之偏，反形容道之全；「察乎天地」，是指天地之大，正發明道之廣。蓋此章以「君子之道費而隱」一語發端。夫婦、聖人，於人上見道之費；鳶飛、魚躍，於物上見道之費。下又再提起「道」字而言「造端」，是就夫婦知、能處，舉其至隱微者，明道之至近；又言「天地」，是就鳶之上、魚之下，推極以明道之至遠。此章不言工夫，只是言「費」；「造端」只如「爲始」兩字，不可作工夫看。

聖人不能知行，非就一事上説，是就萬事上説。如孔子不如農圃，及百工技藝瑣細之事，聖人豈盡知盡能？若君子之所當務者，則聖人必知得徹、行得極。

「大」「小」二字，接「道」而言。「天地之大，人猶有憾」者，爲功不能全也。君子之語大、小，而莫能載、破者，爲道無不在也。天地對大小，「猶有憾」對莫能載、破。金先生曰：「物有限量則可載，道無限量故莫能載。物有罅隙則可破，道無罅隙故莫能破。」

「鳶飛魚躍」，大概言上天下地，道無不在，偶借《詩》兩語以明之，其義不專在於鳶魚也。觀此則囿于兩間者，飛潛動植，何所往而非道之著？且蒼然在上，塊焉在下者，又庸非道之著乎？則人於日用之間，雖欲離道有不可得者。其可造次顛沛之頃，不用功於此哉？

此章專明道充滿天地萬物之間，使學者體認，欲其灼然如見，皆不言功夫，然既知自吾身之小，以極天地之大，萬物之微，無非是道，則道不可離，當體之而不可少有間斷明矣。

《中庸》三大章，前章言「中庸」，此章言「費」「隱」，後章言「誠」。中庸者，道之用於萬物，無所不在，其體固隱，是亦「費而隱」也。但中庸是就人事上言道之用，費隱是就天地人物上言道之用。蓋先言中和見道之統攝於人心，次言中庸見道之著見於事物，此言費隱見道之充塞天地，後言誠則見聖人與天地爲一。中和以戒、懼、慎獨爲存養省察之功，中庸則以知、仁、勇爲入德之門，費隱則於諸章雜言其大者、小者，欲人隨處致察，以全中庸之用，皆所以求至於誠也。

《章句》「近自」「遠而」四字，中間包盡事物之無窮，此是解「及其至」三字，是就始終兩端説。

「體之微」指理性言。「舉全體」指道之全體言，二「體」字不同。

《家語·觀周》篇：「孔子謂南宫敬叔曰：『吾聞老聃博古知今，通禮樂之原，明道德之歸，則吾師也。今將往矣。』敬叔與俱。至周，問禮於老聃，學樂於萇弘，歷郊社之所，考明堂之則，察廟朝之度。於是喟然曰：『吾乃今知周公之聖與周之所以王也。』」《史記·孔子世家》亦載其事。老聃爲周柱下史，明習典禮，故往問之。

《春秋左氏傳》昭十七年：「郯子來朝，昭子問曰：『少皞氏鳥名官，何故也？』郯子曰：『我高祖少皞摯之立也，鳳鳥適至，故紀於鳥，爲鳥師而鳥名：鳳鳥氏，歷正也；玄鳥氏，司分者也；伯趙氏，司至者也；青鳥氏，司啓者也；丹鳥氏，司閉者也；祝鳩氏，司徒也；鴡鳩氏，司馬也；鳲鳩氏，司空也；爽鳩氏，司寇也；鶻鳩氏，司事也；五雉爲五工正，九扈爲九農正。』仲尼聞之，見於郯子而學之，既而告人曰：『吾聞之，「天子失官，學在四夷」，猶信。』」

聖人不能，「孔子不得位」，「堯舜病博施」，是兩樣意思。「孔子不得位」，是在天而非己所能；「堯舜病博施」，是其勢而非力所能。二者皆是舉大綱説，其實細事末節，不出道之用，自有聖人不必能者。

「憾」，只是不足意。「覆載生成」，分言天地各有所主，固不可全。「寒暑災祥」，合言天地氣數之變，有不能已者。

「化育流行，上下昭著」，此雖言鳶魚而非獨言鳶魚也，正謂道於天地萬物無不在爾。

「活潑〔四〕潑地」，此是程子形容子思用鳶、魚兩語，使人知化育流行，如此活潑潑地。學者須真見得天地萬物皆如此流動充滿，活潑潑地，略無滯礙之意方可。

十三章

「人之爲道而遠人」，此「爲」字重，猶言行道。「不可以爲道」，此「爲」字輕，猶言謂之道。「睨」，邪視，視所執之柯也。「視」，正視，視所伐之柯也。《詩》言「伐柯」者，取則不遠。子思謂柯有彼此之異，尚猶是遠。道在人身而不可離，又非柯之比，故教者只消就衆人自身所有之道而治之爾。行道者不假外求，治人者無可外加。

第三節言行道之方，惟在忠恕，自此行之，則可至中庸之道。故曰「違道不遠，施諸己而不願，亦勿施於人」，推己之恕也，然非忠爲本，則亦無可推者矣。蓋忠以心之全體言，恕就每事上言。所接之事，萬有不同，皆自此心而推；然應一事時，盡己之心推之，則心之全體却又只在此。故恕非忠無以本，忠非恕不能行，二者相須，缺一不可。所以經以「施諸己」兩句，總言忠恕；而《章句》亦曰「施諸己而不願，亦勿施於人，忠恕之事也」。

「施諸己不願，亦勿施於人。」上就事不善一邊説，反而言之，己之所願者，則必使人亦得之，亦當如此推。

「事父」「事君」「事兄」上三「以」自訓「用」字，意甚重，非語助也。蓋求責於人者，乃道之當然，而已行之，乃未至此，故欲「用以」事父君兄，先施之際，以責人者責之於己，使必合乎道之當然，則事父也孝，事君也忠，事兄也弟，施之朋友也信，我之所行，亦若責之於人者矣。此節專言自脩，「以」下句爲重，亦恕之道也。

人倫有五。夫婦之倫，不可自反，故不舉。下文著「庸德」「庸言」兩句〔五〕關定，謂盡人倫不過在「庸德」「庸言」之間。「行」與「謹」字對。德每不足，故當勉於行；言每有餘，故當謹而不敢盡。

「庸德」「庸言」，謂如上四事所以責己欲盡其道者，亦不過常道爾。但行之難，故每不足，則當勉而至；言之易，故每有餘，不可恣其出。若是則言行相顧，豈非篤實之君子乎？此雖接上四「未能」而言，推而廣之，於凡天下之事，皆當如是也。

第一節言脩己，第二節言治人，第三節脩己治人之方，第四節即是恕。蓋恕是推己，上「不願」「勿施」是從裏面推出，下「以事」「未能」却就外面反推入。然推而知其未能，則於及人必欲其能，是又就裏面推出也。

《章句》「衆人望人」，此衆人只是天下人所同行、所可至，公共的道理。又以等級言，則與聖人相對説，正是體貼「改而止」之意。

《左傳》哀公二十七年，晉荀瑶帥師伐鄭，次于桐丘。鄭請救于齊，齊師救鄭，「及留舒，違穀七里，穀人不知」。

章下謂「丘未能一者，聖人所不能」，此只就此章内摘出説「費」字，非是孔子真不能。於此與十二章「聖人有所不能」意自不同，讀者不可一律看。

十四章

《輯略》：呂氏曰：「達則兼善天下，得志則澤加於民，素富貴行乎富貴者也。窮則獨善其身，不得志則脩身見於世，素貧賤行乎貧賤者也。言忠信，行篤敬，雖蠻貊之邦行矣，素夷狄行乎夷狄者也。文王内文明而外柔順以蒙大難，箕子内難而能正其志，素患難行乎患難者也。愛人不親反其仁，治人不治反其智，此在上位所以不陵下也。彼以其富，我以吾仁，彼以其爵，我以吾義，吾何慊乎哉？此在下位所以不援上也。」游氏曰：「上不陵下，下不援上，惟正己而不求於人者能之，故能上不怨天，下不尤人。君子循理，故居易以俟命；居易未必不得也，故窮通皆好。小人反是，故行險以徼幸，行險未必常得也，故窮通皆醜。學者當篤信而已。『失諸正鵠』，亦行有不得之説也。」此二家説此章極明。

君子道中庸，不過因其所居之位，行其所當然，無思出乎其位而外慕也。「素位而行」，是正説；「不願乎外」，是反説。纔願乎外，即是不能素位而行。下面却自作兩節分説去，吕氏之説已詳。蓋居「富貴」，自有富貴所當行之道，不能行所當行者，固不可；而位有高下，任有大小，又當隨所宜而行，若有不中其節者，皆非也。居「貧賤」，亦有所當行之道，安分樂天，不厭不懾，常守不變，若有不甘爲之意，皆非也。凡人非富貴則貧賤，此是人之大分。至於「夷狄」「患難」，又是上兩等人或有遇之之時，亦各於其中行所當行。此所以君子無所往而不自得。「自得」，是從容無急迫滯礙而自快足之意，此説素位而行也。次兩句「不陵」「不援」，再言不願乎外，「陵下」「援上」，皆願外也，吕氏、游氏之説已明。又如晏平仲一狐裘三十年，祀先人豚肩不揜豆，難爲下也；管敬仲鏤簋朱紘，山節藻棁，難爲上也：亦陵下援上之意，皆非中庸也。「正己不求於人」，結上二句；「無怨」，亦説己無怨。既是「正己不求於人」，則凡事惟恐不自盡，亦奚暇見人之不足於我而怨之哉？故己有所藴，固有當得於外者，天不畀而無不平於天，人不從而不歸罪於人，所以「君子居易以俟命」。此句又是戒君子當如此。「小人行險以徼幸」，反此一句説。以射爲比，又引夫子之言，證正己不求人之意。

「正鵠」，見《論語》「射不主皮」章。

十五章

此章專言行道必自近始，未有目前日用細微處不合道，而於遠大之事能合道者也。君子之道，其理勢必當如此。故於費隱之後，十三章先言脩己治人，必恕以行之，而謹其庸德、庸言；次十四章，則言正己不求於外；此章則言自近及遠，是言凡行道皆當如是也。引《詩》本是比喻説，然於道中言治家，則次序又如此。

夫婦，人倫之首，故先言夫婦之道。常人處夫婦之間多褻狎，不則又太嚴厲，二者皆不可也。是以古人貴相敬如賓者，處夫婦之道和而正則善矣。爲琴瑟之聲，和而正，故以爲比。此章首言夫婦，兄弟次之，家人又次之，自内以及外，即《大學》三引《詩》之意。

人能處其家使正而和如此，則其能孝，而父母之心安樂可知矣。

《章句》「人能和妻子，宜兄弟，則父母安樂之」。和妻子，結《詩》上二句。「宜兄弟」，結中二句。便言父母順，則《詩》下二句。皆言效驗也。

十六章

十五章自「費隱」章「造端夫婦」語意來，此章察乎天地意也。

「齊明」二字只就心上説；「盛服」乃説身。「齊」是用功屏其思慮之不齊者，而一於所祭之鬼神；「明」是既齊而心之體明潔不雜，可交於鬼神也。

凡祭有三，曰天神、地示、人鬼。總言之，亦通謂之鬼神。大率天之神皆陽類也，其中亦有陽中之陰，如月，如五星之金、水，如雨師之類，然終是麗乎天者。地之示，皆陰類也，亦有陰中之陽。山林與川澤對，則山林陽也；原與隰對，則原陽也。然終是麗乎地者。惟祭人鬼，則求魂於天，求魄於地，是合陰陽而祭之。鬼雖是陰，其中却是合陰陽來格。「如在上」，「如在左右」，不是或在上，或在左右，是言在上，又在左右，搿塞滿都是鬼神。此是於祭祀時見體物不可遺處，所以《章句》言「乃其體物不可遺之驗」。這是就祭祀人所易知之鬼神上指出，使人知大鬼神之德如此。

「神之格思，不可度思，矧可射思」，謂神之來格也，既不可測度，是有祭則鬼神必臨之矣，其可厭怠而不敬乎？

「微」者，隱不可見聞也。「顯」者，理之昭著也。此是誠之不可揜覆者也。

第二節言鬼神之大者，三節主祭祀而言鬼神之小者，四節與三節同，五節又總贊鬼神之德，「誠」即鬼神之德也。

《章句》「天地之功用」：「天」主神而言，「地」主鬼而言。此以天地間二氣往來大體言之，是横説鬼神。「造化之迹」：「造」是造就萬物，以神而言。「化」是物既成，氣盡時至而消化去，以鬼而言。是竪説鬼神。所以造化萬物者，其理之妙不可見，至於鬼神往來始可見爾，故曰「造化之迹」。

「天地之功用」，「造化之迹」：「功」如功業，是能如此者；「用」如用事，是見如此施爲者。天地無非生成萬物，其功用於生成處見，此是合説鬼神。「造化」，乃天地陰陽之妙用，亦是造化萬物也。其所以然者不可見，其可見者則於物之成敗、生死上顯，故曰「迹」，此是開説鬼神。「天地之功用」，是陰陽相合者，總言鬼神也。「造化之迹」，是兩頭説鬼神，是見他如此成，又見他如此敗，其蹤迹皆有實。「是見如此」之「見」，賢遍反。

「天地」言其形。「造化」言其理。造化之理，妙不可見，惟見其成敗之迹耳。「二氣之良能」，謂二氣自然之善道能如此屈伸消息者。「良能」二字精妙。

鬼神者，陰陽之靈。「靈」字易見，「靈」字便包含著祭祀之鬼神。

「二氣」是開説，前節是陽，後節是陰。如春夏是陽，秋冬是陰。如有二物相磨蕩，一進一退。「一氣」是合説，共是一箇氣，來則全來便是陽，去則全去便是陰。鬼神於二者之間皆可見，都只是這氣，在人體認，故曰「實一物」而已。

視弗見，聽弗聞，性也。體物不可遺，情也。使人承祭祀者，功效也。

前以「天地」「造化」「二氣」「一氣」言鬼神，是言鬼神之全，是大底鬼神。後所謂「承祭祀」者，如天神、地示、人鬼及諸小祀，亦皆鬼神，却是從全體中指出祭祀者，是小底鬼神，使人因此識其大者。

物之終始，莫非陰陽合散之所爲。陰與陽合爲物之始，陰與陽散爲物之終。上言氣至而伸爲陽爲神，氣反而歸爲陰爲鬼，是就兩頭説。此又言陰陽二氣合而生，離而死，是就中間混同處説。陰陽鬼神，無往不在，只要人看得活。

「陰陽合散」，又是陰與陽之氣二者相合生物，爲物之始。及其久也，此物中之陽氣上升，陰氣下降，其物即死，爲物之終。是就一物上説陰陽。「體物」者，爲物之體也。「幹事」者，爲事之質幹也。此倒用之，則「體」字、「幹」字俱是用字。

《禮記·祭統》曰：「齊之爲言齊也，齊不齊以致齊也。君子將齊也，防其邪物，訖其嗜欲。耳不聽樂；心不苟慮，必依於道；手足不苟動，必依於禮。君子之齊也，專致其精明之德。精明之至，然後可以交於神明也。」此「齊明」之説也。

《祭義》：「宰我曰：『吾聞鬼神之名，不知其所謂。』子曰：『氣也者，神之盛也。魄也者，鬼之盛也。合鬼與神，教之至也。衆生必死，死必歸土，此之謂鬼。骨肉斃于下，陰爲野土。陰與蔭同。其氣發揚于上，爲昭明，焄蒿，悽愴，此百物之精也，神之著也。』」《注》：「焄謂香臭。蒿謂氣烝出貌。」朱子謂「昭明」是人死時自有一般光景，「焄蒿」是其氣升騰，「悽愴」是使人慘慄感傷之意。因説脩養，人死時，氣衝突，知得焄蒿之意親切；謂氣襲人，知得悽愴之意分明。此百物之精爽也。何文定曰：「此是陰陽乍離之際，有此聲氣。」此是《祭義》所言正意。若《中庸章句》所引，乃是借來形容祭祀來格，洋洋如在之氣象。此是感召復伸之氣，與《祭義》所指自不同，讀者詳之。

十七章

自「舜其大孝」至「子孫保之」一節，言舜之事實。自「故大德」至「必得其壽」一節，泛言理之必然。自「故天之生物」至「覆之」一節，言善惡之應所必至。後引《詩》又證有德之應如此，故以「大德者必受命」結之。

「舜其大孝也與」一句是綱，「德爲聖人」下五句皆孝之目。「父母全而生之，子全而歸之」，是孝也，以身言之也。「德爲聖人」，盡己性而盡人物之性，是全其心，豈非孝之大者？「爲天子父，尊之至矣；以天下養，養之至矣。」「宗廟饗」，「子孫保」，雖就舜言之，然欲子孫之安富尊榮歷世之久，皆父母之願，人之情也。今皆得之，則此五者，豈非皆孝之大者？

爲人子者，以有德光顯祖、父爲榮。舜之德則至於聖人。爲天子，則祭祀奉養之禮極其尊；有四海，則祭祀奉養之具極其備。「宗廟饗之」，却是就舜身上説。昔者舜傳禹，禹既即位，祀舜爲宗；而又封商均於虞，舜封子均於商，蓋禹改封於虞，後有虞思是也。虞亦立廟祀舜及其祖、父；至周武王，又封舜後胡公滿於陳：則是「子孫保之」也。舜之德至上使祖、父如此榮盛綿遠，是所謂「大孝」。

大德者必得位禄名壽，乃理之常。然獨孔子有德而不得位禄與壽，惟得聖人之名耳，此乃氣數之變。金先生曰：「此所謂聖人所不能也。然爲教無窮，而萬世享之，子孫保之，此又大德必得之驗也。」

「栽」「培」、「傾」「覆」。如春至，草木有發生之意，故天以雨露滋長之；秋冬，草木有黄落之意，天乃以霜雪雕零之：此以物言也。以人言之，有此德者，天必以上四者與之；無其德者，天必棄絶之。如大舜以匹夫而有天下，桀、紂以天子而喪其身，此「栽」「培」、「傾」「覆」之意。

「栽」「培」、「傾」「覆」，言天之於物，其理如此，實以喻人。栽、傾屬人，培、覆屬天。栽、傾是其材，培、覆乃篤也。如此章大舜之德是栽也，得四者是培之也。桀、紂，傾也，喪亡覆之也。下引《詩》，皆是因栽而培之。《章句》「氣至」兩句，只是培、覆之訓詁，不是説盡此節之意。

可嘉可樂之君子，其令善之德顯顯昭著，宜於人民，故受天之禄，而爲天下之主。既受天禄矣，而天又保之祐之，復申重之，其所以反覆眷顧之者如此。又重明上文大德必得四者之一節也。

所引《詩》，是節節説上「受禄于天，保佑命之，自天申之」，是三節意，只是箇感應。

十八章

十八章、十九章，皆以周事繼大舜而言；二十章，又以孔子繼周：皆是聖人所行所言見道之「費」，而無不合於中庸者。

「無憂」，專就國家上説，如文王羑里之囚，若可憂矣，雖聖人無入不自得，然亦是一身事，「父作」「子述」，却是言國家事。周家上世節節有憂患：自夏君棄稷不務，不窋即失其官守，逃之西戎；至公劉方復遷豳，大王又爲狄人所侵，遷岐，雖肇基王迹，而身遭憂患矣；王季雖勤王家，辟國漸廣，亦但守舊國而已。文王三分天下有其二，而猶守諸侯之舊，至武王方受命爲王，故惟文王用得「無憂」二字。蓋文王上承已大之國，已不勞力，不逢變故，以歸之子，適當商家天命未絶之時，已得從容其間，至承天命，著戎衣，奄有四海，乃是武王事，文王都不費力。

贊武王之言，與贊舜意同。但此言「身不失天下之顯名」，彼言「德爲聖人」，微有輕重，亦論《韶》《武》之意。然此顯名，亦聖德也。

「末」，猶後也，終也。蓋周自大王、王季、文王累世，積德累功，國土已大，最後至武王始受天命，爲天下君。周公乃承之，而追王先王。如此説「末」字，則與上下文都相貫穿。訓「末」爲「老」，恐未安。蓋武王之齡，古書不一。

追王三王，武王既滅商，在商郊已行之。《禮記大傳》曰：「牧之野，武王之大事也。既事而退，柴於上帝，祈於社，設奠於牧室。牧野之室。遂率天下諸侯，執豆籩，駿奔走，追王大王亶父、王季歷、文王昌，不以卑臨尊也。」又《書・武成》《金縢》《康誥》《酒誥》諸篇皆可見。所謂

「周公成文武之德」，只是又推大王、王季之意，而以天子之禮祀先公也。「斯禮也」以下，又是因此以定上下之通禮。

《章句》：「實始翦商」，見《論語·泰伯》「至德」章。

「先公，組紺以上」，《通鑑前編》曰：「堯封棄於邰，世爲〔六〕后稷以服事虞夏。及夏之衰，不窋失其官，自竄戎翟之間。不窋生鞠，鞠生公劉，始遷於豳。」《路史》謂「稷生斄璽，斄璽生叔均。」自后稷至公劉十餘世。而《漢·劉敬傳》亦謂「后稷十餘世至公劉」。按《世本》，自公劉歷慶節、皇僕、差弗、毁〔七〕榆、公非、辟方、高圉、侯牟、亞圉、雲都、大公組紺、組紺號太公。《史記》作公叔祖類。諸盩，十有二世而生古公亶父。自稷至亶父，蓋二十餘世矣。《史記》以不窋爲后稷子，而又缺辟方、侯牟、雲都、諸盩四世，遂謂后稷至文王爲十五世。且稷、契同時受封，契至湯四百餘年而十四世，稷至文王千餘年而十五世，其亦誤矣。今按《章句》謂組紺爲大王之父，據疏文而言也。

《輯略》曰：「期之喪有二：正統之期，爲祖父母者也；有旁親之期，爲世父母、叔父母、衆子昆弟、昆弟之子是也。正統之期，雖天子、諸侯莫敢降；旁親之期，天子、諸侯絶，大夫降。」

十九章

前章言文、武、周公，此章又言武王、周公。蓋武王有天下，然後周公可以制禮，二者皆繼志述事之大者。然章内皆是言禮，蓋主於周公而言。謂制爲宗廟祭器祭服薦獻之禮，而於宗廟之中又制昭穆、序爵、序事、酬燕之禮，又推爲郊社之禮。然祭祀一事中推至於極，則郊天禘祖，乃其至大者，非聖人大孝，孰能若此？此皆「費」之大。

此章雖連言武王、周公，其實主周公而言。周公合先王累世典禮，定爲周制。中間損益，合乎時中，又可垂之萬世，其制大備矣。此獨指祭祀一禮而言，祭中又只主於宗廟，推及郊社爾，此皆舉一端言之。於宗廟中自有許多曲折，可見道之費。推至於吉禮之全，其費可知。又推至五禮備，其費又可知也。

舜之孝行於一家，故只謂之「大孝」。周制禮達乎天下，故曰「達孝」。饒雙峯意亦如此。

脩廟，只是拚埽、整飾，常使嚴潔之意。譬如今人居室整漏、拂塵、洒埽之類。古注：「脩，埽，糞也。」

「宗廟之禮，所以序昭穆」，含兩義。昭穆本是祫祭時，太廟設主，而有此名。宗廟之位，由此而立。祖宗既以此爲序，則子孫世世皆一昭一穆，緣上世次序而定。此言「序昭穆」，謂廟中行禮，以及「燕毛」，皆用昭穆爲序。則此「序」字主於人而言之意爲多。昭穆，又不止廟中，尋常尊卑，亦皆以此爲序也。

「宗廟之禮」一節，五事禮意，至爲周密。「序昭穆」既明同姓之尊卑，「序爵」是合同姓、異姓之貴賤，蓋皆指助祭陪位者而言。至於序賢，則分别群臣之賢否，廟中奔走執事，必擇德行之優、威儀之美、趨事之純熟者爲之。賢者既有事，則不賢者亦自能勸。雖然，既以有事爲榮，則事不及之者，豈不有耻？則又有序爵以安其心。執事者既榮，無事有爵，而在列者及賤而役於廟中者，皆得與旅酬，至此賢不賢皆恩禮之所逮。然此合同姓異姓而通言。至祭禮已畢，尸既出，異姓之臣皆退，獨燕同姓，是親親之禮，又厚於疏遠者。見制禮之意，文理密察，恩意周備，仁至義盡，而文章粲然。

天子諸侯之祭祀已亡，雖間有散見於禮中者，今不可知其詳矣。所存有特牲饋食禮，諸侯之士之祭禮也；少牢饋食禮，諸侯大夫之祭禮也。大抵祭必立尸，必擇賓，賓一人，衆賓無數。衆賓者，賓之黨也，其位在堂下西階之西。祭則子姪兄弟皆會，小宗祭則兄弟皆來，大宗祭則一族皆至。兄弟者，主人之黨也，其位在堂下阼階之東。有司羣執事，皆北面而立，迎尸，既入，主人初獻，主婦亞獻，賓三獻，及尸主兄弟各相獻酢畢，然後行旅酬。兄主人酌酒奉尸賓者謂之獻，尸賓酌以答主人者謂之酢。主人酌酒，先自飲，再酌以獻。賓者謂之酬，先自飲，謂引導之飲也。「旅，衆也。」主人舉觶酌酒，自西階酬賓。主先自飲，再酌以進，賓受之，奠而未飲。兄弟弟子舉觶于長兄弟於阼階。弟子者，兄弟之後生者也。長兄弟者，兄弟之最尊者也。弟子導飲，而長兄弟亦奠而未飲。賓取所奠觶於阼階，酬長兄弟。長兄弟西階前酬賓，衆賓及衆兄弟交錯以遍，以及執事者無不遍。卒飲者，實爵于篚。此旅酬之大略也。又賓弟子及兄弟弟子各舉觶於其長，亦先自飲如旅酬，所謂下爲上也。賓取觶酬兄弟之黨，長兄弟取觶酬賓之黨，亦交錯以遍，無次弟之數，謂之無筭爵。所以逮賤者如此。

天子祭禮亡不可考。《楚茨》之詩曰：「神具醉止，皇尸載起。鼓鐘送尸，神保聿歸。諸宰君婦，廢徹不遲。諸父兄弟，備言燕私。」《箋》云：「祭祀畢，歸賓客之俎，同姓則留與之燕，所以尊賓客，親骨肉也。」《疏》：「尸已出，而諸宰及君婦徹去俎豆，歸賓客之俎。其諸父兄弟留之，使皆備具，我當與之燕而盡其私恩也。」

天子、諸侯、大夫皆立始祖廟。大夫亦有始封者，如三桓之家，即慶父、叔牙、季友爲始祖廟，亦百世不遷。士則無始祖廟，只是祭祖禰而已。蓋位卑者流澤不能遠，而士又無采邑故也。

《章句》「適士」，天子之上士，即元士也。受三命，采地五十里，視子男，二廟，祭祖禰。「官師」，凡有司之長，蓋中士、下士也。雖立一廟事禰，却於禰廟並祭祖。

《顧命》序所陳之寶，有赤刀、大訓、弘璧、琬琰、大玉、夷玉、天球、河圖、胤之舞衣、大貝、鼖鼓、兑之戈、和之弓、垂之竹矢。《章句》曰「之屬」，則盡包上所陳者在其中。龜山先生亦曰：「宗器於祭陳之，示能守也。於《顧命》陳之，示能傳也。」《書注疏》：赤刀，寶刀。赤刀，削其刀，必有赤處。削音笑，刀之小者。大訓，三皇五帝之書，訓誥亦在焉，文武之訓，亦曰大訓。弘璧，大璧。琬琰，琬圭、琰圭也。夷，常也，或以爲東夷之美玉。天球，雍州所貢之玉磬也。河圖，伏羲時龍馬負圖出於河。胤，古國名。舞〔八〕衣，舞者之衣。大貝如車渠，車渠，車罔也，謂貝之大如車之罔。鼖鼓，長八尺。兑、和，古之巧人。垂，舜時共工。舞衣、鼖鼓、戈、弓、竹矢，皆製作精巧，中法度，故歷代傳寶之。

《天官・庖人》：「凡用禽獸，春行羔豚，膳膏香。夏行腒鱐，膳膏臊。秋行犢麛，膳膏腥。冬行鱻羽，膳膏羶。」《注疏》：「用禽獸，謂煎和之以獻王。行與用同。膳，謂煎和也。腒音渠，乾雉。鱐音搜，乾魚。鱻與生同，魚也。羽，鴈也。膏，脂也。香，牛脂。臊，犬脂。腥，雞脂。羶，羊脂。羔豚，物生而肥。犢麛，物成而充。腒鱐，暵熱而乾。魚鴈，水涸而性定。此八物者，得四時之氣尤盛，爲人食〔九〕之弗勝，是以用休廢之脂膏煎和之。牛屬司徒，土也。雞屬宗伯，木也。犬屬司寇，金也。羊屬司馬，火也。」今按四時食物不同，而煎和之脂亦異，於是見聖人制禮，豈惟宏綱大用，法天體道，至於一食之際，莫不盡其曲折。其文理密察如此，四時之宜食，脂膏之宜用，必自有深意，《注疏》之言，未必得之。

「薦其時食」，《章句》引《周禮》一語，而以「之類」兩字該之。雖是包下三語，然如《詩》「獻羔祭韭」，「冬薦魚，春獻鮪」。《月令》孟夏「以彘嘗麥」，仲夏「以雛嘗黍，羞以含桃」，孟秋「登穀」「嘗新」，仲秋「以犬嘗麻」，季秋「以犬嘗稻」，皆先薦寢廟，此類皆是也。

「子姓」者，子之所生，猶言子孫也。

在外公、侯、伯、子、男，在内公、卿、大夫、士，皆爵也。言公、侯，則諸侯之駿奔走者也；卿、大夫，則朝臣之執事者也。

「宗」謂大宗伯、小宗伯，掌祀事，内宗之〔一〇〕薦加豆籩，外宗之佐王后，皆是也。内宗，王同姓女之有爵者；外宗，王姑姊妹女之有爵者。「祝」，大祝、小祝。「有司」，則如宫正執燭，天府沃盥、陳寶器，司几筵設筵几，司尊彝詔酌辨用，鬯人供鬯，鬱人掌祼，内宰贊祼獻，司徒奉牛牲羞肆，司馬羞牲魚、授祭，内饔割亨，司樂以其屬作樂，膳夫徹俎，司士賜爵之類，凡執事于廟中者皆是。肆，托歷反。亨，普庚反。

「祭畢而燕」，今不知其儀，亦於《楚茨》之詩見其大意。云「皇尸載起」，「神保聿歸」，然後言「諸父兄弟，備言燕私」，下章曰「樂具入奏」，説者謂「祭時在廟，燕當在寢」，故祭時之樂皆入奏於寢也。所謂燕禮，其可知之仿佛若此。

《大宗伯》：「以祠春享先王，以禴夏享先王，以嘗秋享先王，以烝冬享先王。」《論語》專爲禘發，其説精。《中庸》汎言祭祀，其説詳。恐非「記有詳略」。

【校記】

〔一〕詁，底本作「話」，據影元本、胡本改。

〔二〕章，底本作「意」，據影元本、胡本改。

〔三〕三，底本作「二」，據胡本改。

〔四〕潑，底本作「撥」，據博本、影元本、明抄本、瞿本改。

〔五〕句，底本作「向」，據影元本、明抄本、胡本改。

〔六〕爲，底本脱，據《通鑑前編》補。

〔七〕毀，底本作「僞」，據《世本》改。

〔八〕舞，底本作「無」，據博本、影元本、明抄本、瞿本改。下「舞」字同。

〔九〕食，底本作「物」，據《周禮·庖人》鄭注改。

〔一〇〕之，底本原作「也」，朱筆改作「之」，據改。

讀中庸叢説卷下

東陽許謙

二十章

金先生謂此章當作六節看：章首至「不可以不知天」爲一節。「達道」「達德」至「天下國家矣」爲二節。「九經」爲三節。「凡事豫」至「不誠乎身」爲四節。言「誠」爲五節。「博學」以下爲六節。此章朱子以爲皆孔子之言。金先生謂聖人之言簡，自「仁者人也」皆子思之言，雜引夫子之言，反覆推明之。

第一節，「文武之政」，全體大用，雖無不舉，而其要在乎得人；擇人之道，則在脩身；脩身須是以仁；仁道雖大，只是親親爲要。

「敏樹」，是樹藝之樹，是活字。

「脩道以仁」之「仁」，是仁之全包四德者。

「仁者人也」，此是自古來第一箇訓字，言混成而意深密。深體味之，則具人之形，必須盡乎仁。其所以盡仁，則不過盡人道而已。朱子所謂「天地生物之心，人得以生者，元者善之長」。人具此生理，自然「有惻怛慈愛之意」。皆是就源頭指出示人，與他處解「仁」字不同，宜子細看。

有仁便有義，如陰陽對待。「親親」，自父母至于宗族，其厚薄自有人情不能已者；賢之高下，其尊之之心有不容不重輕者。則所謂殺、等，皆是自然而然。此見聖人制禮，只是因人情而節文之而已。

「君子」以下四「不可以不」，意頗不同。「君子不可以不脩身」，君子通上下言之，君子須用脩身，此「不可以不」字乃平正説。「脩身不可以不事親」，言事親是脩身大節，人而不盡孝，何脩身之有？於衆目舉其要也，此「不可以不」字專指一事而言。「事親不可以不知人」，言事親又當知人，此「不可以不」字是兼言之。「知人不可以不知天」，言欲知人，須當知天，此「不可以不」字亦正説。

第二節，天下之人生與我同類，皆在五倫之中，惟朋友一倫所包最廣，除却君臣、父子、夫婦、長幼外，皆入朋友之倫。故《大學》言「與國人交，止於信」，此「朋友之交」是提起道合之人説。蓋《中庸》是脩德之事，教君子之書也，「交」字不可輕讀過。

「子曰」二字非衍文。上「知」「仁」「勇」兩節，子思之自言。此引孔子之言以足其意，與孟子「其事則齊桓、晉文，其文則史，孔子曰『其義則丘竊取之矣』」文法同。

「知斯三者」，《章句》以爲「三近」。此處似指「三達德」，不必獨指「三近」。

第三節，「來百工」，是招徠諸工。人在國，夫一人之身，而百工之所爲備，况朝廷乎？《語録》謂「百工聚則事事皆有，豈不足以足財用乎？如織紝可以足布帛，工匠可以足器皿之類」。則「財」字不獨如「材」字意，亦兼貨財而言之。《章句》所謂「通功易事，農末相資」，却是言舉天下之財用足也。蓋下民皆視上之所爲而化，舜命垂共工，列在九官，周工人皆屬冬官，漢以來將作大匠亞於九卿，則古人未嘗以工事爲輕。凡此藝之工巧者，既表而用之，又有餼稟以養之，則天下之習此藝者，莫不勉爲工巧，而天下器用無不足。

「齊明」，所以齊其心。「盛服」，所以齊其身。「非禮不動」，總一身而言，視、聽、言之類皆在其中。

聽讒言，則知人之道不明，而賢者不安。好色、貨，則必不能尚德，而與賢者自相背馳。故去此三者，而後能貴有德者。

「尊其位」，爵位也。此未言任以事，蓋宗族且主於養，若有才德，則自隨所宜用之，却在上下文賢與大臣、士條内。

《語録》：「『勸親親也』，似多一『親』字。勸者，所以致吾親愛之心而慰悦其意。」前言「敬大臣則不眩」，是專任意；後言「官盛任使」，是優崇意：其義不可一塗取。

「任使」，謂足以任其使令。

「時使」，則得以乘天時，盡地利，而所收者廣，歛之又薄，則民皆殷富而愈力矣。

第四節，「達道」「達德」「九經」，行之皆在乎「誠」，故此節專提撕不可不誠之意。誠則出言、制行、應事、行道無所不可，下文推〔一〕至於誠身而止，然誠身又在乎〔二〕明善，明善即「格物」、「致知」。誠身，即「意誠」、「心正」、「身脩」也。

「言」素有誠，則臨時句句著實，無虚妄；不誠，則説不去，如顛躓然。「事」素有誠，則臨事平行將去，雖事變之來，亦無所礙；不誠，便有困屈。「行」素有誠，則所行皆無疚病，雖處「夷狄」「患難」，莫不從容；不誠，則將枉道矣。「道」，則通包上三者。有誠則應物必當，出之無窮。《語録》：「『道前定不窮』一句，連上三句都包在裏，是有箇妙用，千變萬化而不窮之謂，事到面前，都理會得，都處置得。」

自章首皆言上之率下，至此言在下位，却主下事上説。蓋脩道之教，無所不該，不可執一論。

經四「道」字，謂有其法也。

第五節，上二節皆言所以行之者一，然未分曉説出「誠」字，至此方明言之。「誠者，天之道」，言天自然真實而無妄。「誠之者，人之道」，言人當體天道，以至於誠。聖人與天同誠，故「不思」「不勉」而「中道」。學者未能，故必「擇善」「固執」，以至乎誠。

「誠者，天道」「誠之者，人道」，二「者」字若問辭，與二「也」字相應。「誠者不勉而中」「誠之者，擇善固執」，二「者」字指人而言，是説盡誠之人與未至乎誠之人。

「誠」固是「真實無妄」，然有指理而言者，有指心而言者。「誠者，天之道」，此指理而言。「誠之者」，此指心而言。下「誠者」字，雖以聖人之心而言，然聖人之心即天也。

「誠者」，先仁後知，以成德言。「誠之者」，先知後仁，以進德之序言。

第六節，言「誠之」之目，至於變化氣質，方是能誠者。

「博學」五句，須作十字看。先看下字，後看上字。不知者當學，學須當博學。而有疑當問，問須是審。雖問而知之，是自外入，又須心思以得之，思則必慎。思既得，則辨析剖判使之明，而無纖毫滯礙處。然後行之，行須是篤。學問，是資之於人；思辨，是求之於己。蓋學須要自得，故雖有學、問兩節工夫，又恐入耳不能注心，未爲自得也。子思示人「誠之」之方，至矣。

「博學」五事，言人爲學工夫，條目節次，可謂詳矣，然當細看。「博學」是總説一句在上面。聖賢每教人博學，夫子謂「博學於文」，顔子謂「博我以文」，孟子謂「博學而詳説之」，蓋爲學規模不廣，淺見謏聞，安能知道？此是總言爲學之意。至以一事一物言之，則亦須廣求遠取，以反覆其理，如是然後有可問者問。「思」以下，却是逐一事一節理會。問須是詳審，使答者辭盡意暢，如樊遲問仁、知，既聞於師，又質諸友，必達其意而後止。況學者未必有樊遲之資，而答者亦非孔、卜之徒歟？既問〔三〕而得之矣，又思之使自得於心可也。思則必慎。思之不及，非慎也；思之過，非慎也；思之泛，非慎也；思之鑿，非慎也。思既得之，又加辨析，使明徹無纖毫疑滯，然後措之行事而篤焉。是皆積累工夫，自常人而誠之，欲至於至誠，非文理密察，工夫積習，安能攀緣而上？

「不勉而中，安行」，仁也；「不思而得，生知」，知也；「從容中道」，所謂不賴勇而裕如者：此知之知、仁、勇也，「誠者」也。「學」「問」「思」「辨」，「擇善」也，「學而知」者也；「行」，「固執」也，「利而行」者也；「博」「審」「慎」「明」「篤」，勇也：此仁之知、仁、勇也。「學」「問」「思」「辨」之未至而「弗措」，困而知者，亦「擇善」之事也；「行」之「弗篤」而「弗措」，勉强而行者，亦「固執」之事也；「弗措」而必致百倍之功者，勇也：此勇之知、仁、勇也。二者皆「誠之者」也。

《中庸》之書，廣大高深，到此章方説出下手處。大要三達德乃入道之門，而「誠」爲之本。學、問五者，乃「誠之」之宜。其所以「誠之」，惟欲盡五達道。

《春秋傳序》「大事書之於策，小事簡牘而已」，《正義》云：「簡容一行字，數行者書於方，方所不容書於策。」《儀禮》：「記。百名以上書於策，不及百名書於方。」名，即字也。蓋古者削竹爲簡，長二尺，短者半之。故字少者書於簡，稍多則書於木板，又多則以韋連諸簡謂之策而書之。今《章句》但訓「策」爲「簡」者，從古注也。

《章句》「有是君，有是臣」，合今古説。君是文、武，則臣是太公、周、召之倫，方策所載之政，乃其所行者。若後世有能如是之君臣，則文、武之遺政固可舉。

「有君有臣，而政無不舉。」脩身至於仁，則有君矣。君既仁則下興起爲仁，一也。仁則心無私，察人之明，二也。上既有道，賢者樂從，三也。以是三者故有臣。

《章句》「爲政在人」是在下者當脩身，「取人以身」是在上者當脩身，故君子是兼上下言之。「脩身以道」，而「脩道以仁」，仁以親親爲大，故必先於事親。「欲盡親親」，「必由尊賢」，謂非敬賢，必不能盡知事親之道，故當「知人」。「親親之殺，尊賢之等，皆天理，故又當知天」，此説著禮上，又兼「親親」「尊賢」二者，通繳上兩句説。

《章句》「欲盡親親之仁，必由尊賢之義，故又當知人」，此意是「尊賢」則能知「親親」之道，是「知人」在先。《語録》：「不是思欲事親，先要知人。只是思欲事親，更要知人。若不好底人與他處，豈不爲親之累？」此意是不知人，則不能盡親親之道，是知人在後，當圓活看。

「親」「義」「别」「序」「信」，是五倫之則，即仁、義、智、禮、信。言「有」便是本原自有這道理。下三「此」字，正指此則而言。

「德非其德」，上「德」字即上文所問得之理，受之於天者；下「德」字是成之於己者。「德非其德」，謂雖得於天，非我所有。

《章句》謂以分言，則「三知爲知，三行爲仁」，所以知之成功爲勇。以等言，則生知、安行爲知，學知、利行爲仁，困知、勉行爲勇。今以三節總言，横而推之，生知、安行、好學，知也；學知、利行、力行，仁也；困知、勉行、知恥，勇也。竪而推之，三條之中，各有三德：第一條主知而言，生知、學知、困知，知中之知、仁、勇；次條主仁而言，安行、利行、勉行，仁中之知、仁、勇；後條主勇而言，好學、力行、知恥，勇中之知、仁、勇。

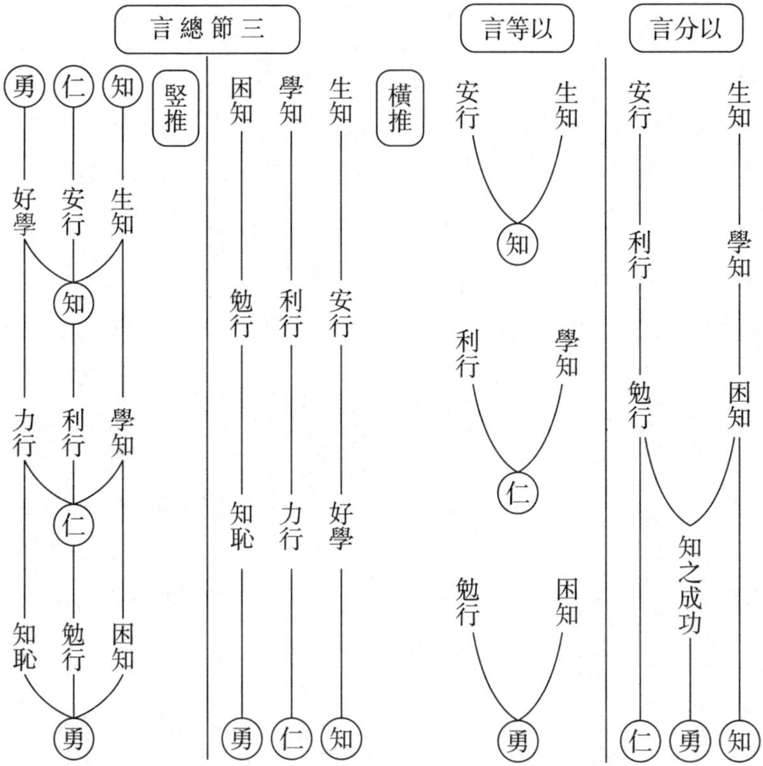
以分言
生知
學知
困知
知
知之成功
勇
安行
利行
勉行
仁
以等言
生知
安行
知
學知
利行
仁
困知
勉行
勇
三節總言
橫推
生知
安行
好學
知
學知
利行
力行
仁
困知
勉行
知恥
勇
竪推
知
生知
學知
困知
仁
安行
利行
勉行
勇
好學
力行
知恥
知
仁
勇

「知」「行」條下，《章句》先以分言，則三知爲知，三行爲仁，知之成功而一爲勇。次以等言，則生知、安行爲知，學知、利行爲仁，困知、勉行爲勇。及下面結語，則曰「能自彊不息，則其至一」，仍舊只主以分而言者，蓋以等言者，終是遺却「一也」兩句。

「若乃」以下，是言今之學者信道不篤而自棄，自脩不力而自暴者，以生知、安行上等資質，我如何可到？不敢去學。資質既下，困知、勉行，安得會至於道？又不肯去行。總而言之，却只是「知」「行」二者皆不勇，正與「自彊」「至一」者相反。

「非知」、「非仁」、「非勇」，不曰不是知、仁、勇，蓋知、仁、勇是德已至之定名。若好學、力行、知恥，亦知、仁、勇之事，但未全爾。此體貼三「近」字説。

「柔遠人」，謂無忘賓旅。《孟子注》：「賓，賓客也。旅，行旅也。皆當有以待之，不可忽忘。」賓，蓋朝聘諸侯及大夫。旅，蓋四方遊士及商旅之徒。

吕氏解「體」字、「子」字與朱子不同，又是一意。當以朱子之説爲正，文義相協。吕氏作實字説。

「不疑於理」，「不迷於事」，皆就君身言。尊賢，則疑事皆資於先知先覺而無可疑者。專任大臣，無小臣之言間之，則臨事即隨大臣所建明而行，無所迷眩。

「通功易事」，《孟子注》謂「通人之功而交易其事」。「功」如功勞，使人之功勞相通，不專爲己作也。「易事」，謂彼之功通於此，此之功又通於彼。是農通於末，末通於農，則財用彼此皆足。「通功易事」，只是一串意。

《經》言「懷諸侯，天下畏之」，《注》「德之所施者博」貼「懷諸侯」意，「威之所制者廣」貼「天下畏之」。「天下」，舉四海内外總言。蓋懷諸侯以德，則諸侯誠服，中國爲一家，中國臣民無有不愛仰，則四隅海表夷狄異類，莫不畏服矣。

《語録》：「『餼』，牲餼也。『稟』，即廪給。」《周禮》「稍食」，《注》「禄廪也」，《疏》謂「稍稍給之」。「稍食」之「稍〔四〕」，去聲。「稍稍」，上聲。

《夏官・稾人》：「乘其事，試其弓弩，以下上其食而誅賞。」「稾，古老反。」《注》：「箭幹謂之稾。此官主弓弩箭矢，故曰稾人。」「乘，計也。計其事之成功，考之而善，則上其食。尤善，又賞之。否者反此。」「試」，本作「考」。「上，時掌反。」

《秋官・環人》：「掌送逆邦國之通賓客，以路節達諸四方」，「送逆及疆」。《注疏》：「『通賓客，以常事往來』，謂朝覲會〔五〕同者也。路節，道路之節，旌節也。」《夏官・懷方氏》：「掌來遠方之民，致方貢，致遠物，而送逆之，達之以節。」此類皆授節送往之事。

《地官・遺人》：「掌邦之委積，郊里之委積，以待賓客。野鄙之委積，以待羈旅。十里有廬，廬有飲食。三十里有宿，宿有委。五十里有市，市有積。」《注疏》：「計九穀之數足國用，以其餘共之。少曰委，多曰積。里，居也。六鄉之民所居郊者，其委積留之以待賓客。其賓客至〔六〕郊，與主國使者交接，即與之廪餼。野鄙在遂中，謂客有羈縶在此未得去者，則惠之。」

又《委人》：「掌斂野之賦，斂薪芻，凡疏材、木材，凡畜聚之物。以稍聚待賓客，以甸聚待羈旅。」《注疏》：「野，謂六遂之外至王畿。二百里爲甸，三百里爲稍。疏材，草之實。木材，木之實。畜聚之物，瓜、瓠、葵、芋，禦冬之具。聚之以待羈旅過客之等。」又《懷方氏》：「治委積、館舍、飲食。」此類皆委積迎來之事也。「甸」，即「乘」字。

「燕」，謂燕享。「賜」，謂頒賜。「九經之實」，謂是九經之骨子。

「跲」訓「躓」。躓，陟利反，行有罥戾失足也。《左傳》「杜回躓而顛」是也。

上言「達道五，所以行之者三」，「達德三，所以行之者一」；又「九經，所以行之者一」：「一」皆指「誠」。此「凡事」指「達道」「達德」「九經」，則「豫」與「前定」皆謂「先立乎誠」也。

「反諸身不誠」，《章句》謂「所存所發，未能直貫而無妄」。此總存心應事凡百而言也。若只就事親一節言之，其行孝之心有一毫不著實，雖有事親之文，却只勉强假爲也；盡得此兩意，方是誠身，方能悦乎親。

「誠」只是實。恐「實」字意未備，故曰「真實無妄」。真則無僞，實則不虚，是正説「誠」字。又反言曰「無妄」；妄，只是不真實。其訓詁語意，與「主一無適」意一般。

「天理本然」、「人事當然」；「本然」、「當然」字有力，當看。

「擇善」、「明善」，《章句》謂「擇善，然後可以明善」。「擇」者，謂致察事物之理；「明」者，謂洞明吾心之理。合外内而言之，「擇善」是「格物」，「明善」是「知至」。

程子言「五者廢其一，非學」，謂五者都不可抹掠過。有質高恃才而不屑於循序者，有質下而不能精詳者，程子此語提得極有功。

《大學章句》以氣稟、物欲對言，此却止言變化氣質。蓋氣質稟於有生之初，物欲染於有知之後。氣質美者染欲輕，質不美者染欲重。二者亦非判然二物。氣質能變，則物欲亦消。此只就重處論。

《莊子·則陽篇》注：「鹵莽滅裂，輕脱末略，不盡其分。」

十六章下曰「兼費隱、包大小」；此章下曰「包費隱、兼小大」：「兼」者，並舉之辭；「包」者，涵容之謂。蓋十二章之後至十九章，各舉費之小大而隱在其中。十六章，獨言鬼神，直以隱者言之，然所謂「弗見」「弗聞」，是其隱者，「體物不遺」，則亦費矣，故曰「兼費隱」。「體物不遺」，是鬼神之大者，下獨指祭祀而言，是鬼神之小者，故曰「包大小」，是於費隱之中包大小也。二十章，「達道」「達德」「九經」，凡事前皆一一言之，是其小者；後專言「誠」，是其大者：故曰「兼小大」。前所指羣目亦費矣，而隱固在其中；至於「誠」一節，全以理言，豈非隱者？然所謂聖人之天道，學者之人道，又豈駕虛言理而遺事邪？故曰「包費隱」，是於小大之中包費隱也。諸章皆費隱中有小大，故兩章「費隱」字皆在，上十六章鬼神先言其大，後言其小，故曰「大小」；二十章先言衆目，後言誠，故曰「小大」。

「誠者，此篇樞紐。」今以此言觀，一篇皆言誠也。言天之實理，固誠也。言聖人之實德，亦誠也。言人之欲實之者，亦誠也。故天命者，以實理賦於人物也。性者，人物得天之實理也。道者，循此實理也。教者，品節此實理也。戒懼，存此實理也。愼獨，行此實理也。未發之中，實理之體也。中節之和，實理之行也。中和，實理之感；而位育，實理之應也。中庸，誠之至也。大舜，誠者也。顔子，誠之者也。强矯，誠之者當如是也。孔子依乎中庸，亦誠者也。道之費而隱，誠之盈乎天地者也。費之小大，皆誠之所生也。言鬼神，見幽顯之皆誠也。仁者，天地生物之誠，而人得以生之誠也。脩道以之者，體此誠也。親親、尊賢，誠之施也。殺、等之禮，誠自然之節也。達道、達德、九經，皆以誠行之也。豫與前定，先立乎誠也。自治民推至乎明善，皆在誠乎身也。自「誠者」以下，明言誠，又以實夫達德也。二十一章至二十六章，皆明言誠。二十七章「洋洋」「優優」，皆誠之著也。「尊德性」以下五事，又言誠之之方也。二十八章爲下不倍，二十九章爲上不驕，亦誠之之事。三十章至三十二章，皆誠者也。末章歷序誠之以至於至誠，復言天道之誠，終焉又細而推之，何一語非誠也？

二十一章

四「誠」字，一、三、四皆同，唯第二字似有異。《章句》曰：「德無不實而明無不照者，聖人之德。」「先明乎善，而後能實其善者，賢人之學。」「誠明」是「所性而有」，下句却言「賢人之學」，則是「實其善」乃誠之之事。故第二「誠」字帶用功意，言之尚淺；下言「明則誠矣」，此「誠」則與「誠明」之「誠」同，入聖而非賢矣，意又於「可以至於」字上見。

四「明」字不同。「自誠明」，言聖人有真實無妄之德，而照燭萬理，自然而明者。「自明誠」，言學者由明理而至於誠，用力而後明也。第三箇「明」字與第一箇「明」字同。第四箇「明」字與第二箇同。二「則」字亦不同。「誠則明矣」，猶言誠便明矣，此「則」字意緊。「明則誠矣」，言能明理亦可至於誠，此「則」字意慢。

此章以後「誠」字皆是指心而言，惟二十五章首兩「誠者」字以理言。《章句》「德無不實」之「德」説「誠」字。「聖人之德」兼「誠明」。

二十二章

此章重明自誠而明之意。聖人能參天地、贊化育，只是能盡其性。所以能盡人物之性者，亦是元具在己性内了。

「至誠」者，自然明無不照，既盡己之性，即能盡人物之性矣。然三「盡性」字疊言之，又似有次第。《或問》「所謂親疏、近遠、淺深、先後，不容無別」，但聖人與學者工夫不同爾。

兩章「性」字不同。前如孟子「性之」之「性」，是帶用説，此乃指性之體而言。

「德無不實」，正言誠之至。「無人欲之私」，又覆説一語，如言「真實無妄」也；若微有人欲之私以間之，則不實矣。「天命」是説性字，「在我者」是説「其」字。孟子曰「舜明於庶物，察於人倫，由仁義行」，用此「察」、「由」字，「察」謂盡其理之詳，「由」只是自然出之之意。「精」以理言，「粗」以事言。「巨細精粗」，猶言大小事理無毫髪不盡，知、行皆極也。

二十三章

此章重明自明而誠之意。「誠」以下皆言效驗。「形」、「著」、「明」，就己上説；「動」、「變」、「化」，就物上説。

三「誠」字不同。「曲能有誠」，一曲之誠也。「誠則形」，積衆曲之誠也。「至誠」，則與聖人之誠同。

「曲能有誠」一語，承上接下：「致曲」是推至於極，知、行兼舉。此句承上則致曲而造其極，一曲之中，能有其誠；接下則每曲若能有誠，則有下文之驗。

《章句》「善端發見之偏」：不論事大小，但是心之自動，或因事之來，善意萌時，便從此推之，至乎其極。

「善端發見」，非獨謂必如見孺子入井而惻隱發，然後就此致之。如欲行此事，便當就此事上致。事親必欲孝，事長必欲弟，足容必欲重，手容必欲恭，皆是。蓋此「致曲」，兼知行言之也。

二十四章

二十二章言至誠可以參贊天地，極言聖人之功用。二十四章又舉與鬼神合德者言之。前章止就應事處言，此章又於事未形之先知之。蓋天地間唯一理爾，明乎理，則前無古、後無今，亘宇宙，固可一以貫之。此是提出聖人用處一端，以明至誠之道無不至。此言聖人盡己人物之性，不惟臨事動合於天，其於事未形，亦如鬼神之豫知，以明至誠者之一端。然其所以知之，却又只就禎祥、妖孽，或於卜筮、四體上見。此亦是中庸也，非有神怪。

至誠前知，亦必於動處見，所謂幾者動之微，吉之先見者也。聖人知來者如此，非有靈異也，故爲中庸。

「禎祥」，《說文》徐鍇曰：「禎者，貞也。貞，正也。人有善，天以符瑞正告之。」「祥之爲言詳也。天欲降以禍福，先以吉凶之兆詳審告悟之。」則「祥」字兼禍福言之。經中「禎祥」與「妖孽」對，「祥」專指善者。「妖孽」字當作「祅蠥」，古字借用。《說文》：「衣服、歌謡之怪謂之祅，禽獸、蟲蝗之怪謂之蠥。」又「草木謂之妖」。

「善，必先知之；不善，必先知之」。竊恐不是直説。上既言「禍福將至」，下又言此意，似重疊。蓋災祥明著，卜筮繇兆明白者，人亦能知之，但迹雖如此，幾乃如彼，祥或作凶，妖或吉兆者，其理非至誠莫能知也。蓋善中亦有禍福之應，不善中亦有禍福之應，如此看則與上句不相礙，而尤足見至誠之如神也。

定公十五年：「春，邾隱公來朝，子貢觀焉。邾子執玉，高其容，仰；公受玉，卑其容，俯。子貢曰：『以禮觀之，二君者皆有死亡焉。夫禮，死生存亡之體也。今正月相朝，而皆不度，心已亡矣。嘉事不體，何以能久？高、仰，驕也；卑、俯，替也。驕近亂，替近疾。君爲主，其先亡乎！』」夏，公薨。後八年，當哀公七年，魯代邾，以邾子歸。子貢未爲至誠，然能以禮觀之，猶見其如此。但借此事以證前知爾，則至誠之前知可見矣。

心私則目僞。

二十五章

此章第一「誠」字兼理與心言，第二「誠」字專言理，三、四、五「誠」字皆言心。

「誠者自成也」，《章句》「誠者物之所以自成」，又曰「誠以心言」。蓋經此句兼人物而言實理者。「物之所以自成」，人亦物也。下「誠者物之終始」，正應此句。然人欲成己，必其心真實無妄乃能爾，故曰「誠以心言，本也」。有是本，則可以行道，故曰「道者人之所當自行」，又曰「道以理言，用也」。

「誠者物之終始」，「物」字兼事而言。故人應物，才「不誠」，便如無此物。「不」字則就人言之。「誠者物之終始，不誠無物」，覆言「誠者自成也」。「是故君子誠之爲貴」，覆言「道者自道也」。然「不誠無物」一句，又是承上句接下句意。

「誠者所以成物」，又言誠之用其廣如此。

《語録》：「『克己復禮爲仁』，成己也；『智周乎萬物而道濟天下』，成物也。」

前「自成」謂自然而成，後「自成」謂己自成就也，兩「自」字不同。

「成物，知也」，對「成己，仁也」説。二者是合外内之道。外指成物，内指成己。既合外内如此，所以應事「以時措之」，無不得其宜。「時措」，亦成己成物之事也。上兩句是平説成德，德既成，則時措得宜，所以下箇「故」字。

此言成德，故仁在上。孟子説入德，故知在上。

「性之德，合外内之道」，此總仁智而言。「時措之宜」，謂既得於己，則施之於事無不當也。須看「故」字。

「時措之宜」，即時中。「時措」，隨時而措之。「宜」乃中也。

二十六章

二十一章言「誠明」、「明誠」，繼二十章天道、人道而言。二十二章以後相間言天道、人道。前言至誠與天地參，次言至誠如神，此又言不息、配天地。所以起頭著箇「故」字，是繼二十二、二十四兩章言至誠也。此下二十七章連三章言人道，三十章下連三章言天道。次第極明整。「至誠無息。」惟「至誠」所以「無息」，有虚假則間斷矣。惟無息乃見誠之至，有息則非至誠矣。

此章言聖人久於其道，昭著於外，而人可見者如此。至誠積於中者久，則徵驗於外者，自然悠遠而無窮。悠遠則自博厚，博厚則自高明。蓋所積者廣博，則其勢自然高大；所積者深厚，則其精自然光明。此兩句是吕氏之意，朱子以爲甚善。

聖人之道，博厚高明而已。金聲玉振，所過者化。宫墻數仞，博厚之類也。精義入神，所存者神。天不可階，高明之類也。

字養其民，聖人載物之類也。教化其下，聖人覆物之類也。垂範作則，利及萬世，皆悠久成物之事也。

「不見」「不動」，只是言聖人「無爲」。下句又總上二句。地未嘗有意於生物，而百穀、草木、禽獸、昆蟲皆粲然可觀，是「不見而章」也。天未嘗有意變化萬物，而有生之類皆稟命於天，是「不動而變」也。

自「無爲而成」以上，是形容聖人之德。「天地之道」以下至「貨財殖焉」，是形容天地之大觀。天地山海皆積而後大，足以見聖人之德亦積而後盛。引《詩》則以天比聖人之德，天與聖人只是箇「不已」，應前「至誠無息」。

天地山川非積累而大，聖人生知安行，其德亦非積累而盛。故《章句》謂「讀者不以辭害意」。是謂聖人之德悠久而自昭著，非謂始微而後著也。是專就聖德功效處言之，是固然矣。然帝堯自「明俊德」，以至于民「變時雍」，豈無次第之序？孔子自謂「志于學」，至於「從欲不踰矩」，豈無造詣之漸？由是觀之，則子思四「及其」之言，亦甚精密，豈無意也？

《章句》：「悠久，兼内外而言。」蓋「久」即「不息則久」之「久」，「悠」即「悠遠」之「悠」。久是内，悠是外，故曰「兼内外」。朱子謂「悠是據始以要終，久是隨處而常在」，又曰「悠，是自今觀後，見其無終窮之意；久，是就他骨子裏説，鎮常如此之意」。

二十七章

君子之道「費」「隱」，言天地之道，道之體也。聖人之道「洋洋」「優優」，言聖人之功業，道之用也。「發育萬物」，非是比喻，正言聖人裁成輔相，神聖功化，無大不舉。「禮儀」「威儀」，是品節裁制，文理密察，無細不周，皆是聖人之「至德」。而行「至道」處，必如此，然後盡聖人之用。學者知此標的，自不容不學；而學之方，則在下五者。此章當作兩節，分聖人、學者看。

自首章至「至道不凝焉」，言聖人之道，大無不周，細無不入，必有聖人之至德，然後道成。自「尊德性」以下，言君子學以至聖人之道五句，工夫極細密。二十章内「博學」「審問」五句，只説得此「道問學」三字。

「尊德性」「道問學」，總下四句而言。五句文勢皆相類：非「尊德性」則不能「道問學」，既「尊德性」又不可不「道問學」；既「尊德性」之後，有所不知、不能，則問而知之，學而能之，既知既能，即須行之，所謂「道〔七〕問學」也。心極廣大，而裏面析理又須精微。心極高明，而所行者却只是中庸。温故，又須知新。敦篤其所厚，又須是崇謹其節文。

「精」是一條正直之路，「微」是細微曲折處。「敦厚」是本自厚，又從而敦之。

《語録》：「『敦厚以崇禮』，如云『質直而好義』。」

前面説許大工夫及就身上收功效，却只是明哲保身而已。明哲，是見得理極分明了，行事却只中庸，故能保其身。保身不是趨利避害，行事合宜，自然無害。然到當死處亦須死，只是安箇「是」字而已。

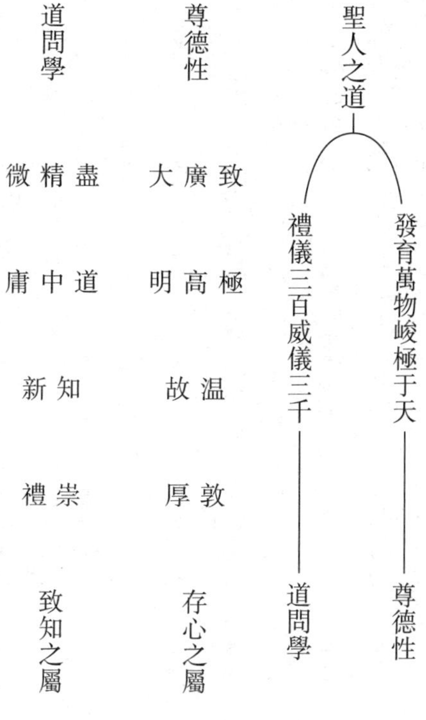

《章句》上一節「皆存心」之屬，體認自可見。但下一節「皆知」之屬，却有兩「道」字與「崇禮」，皆是行意。蓋窮問學之功而欲道之，極中庸之理而欲道之，究禮儀、威儀之則而欲崇之，固致知之事，與「盡精微」「知新」，皆一類也。然知之明，然後能篤行，又不徒知也。則所謂「盡精微」「知新」，皆所以爲行之之地，則與「道之」「崇之」，又豈非一類邪？故《章句》主於致知而言，知至則行在其中，其義精矣。

「尊」、「致」、「極」、「温」、「敦」五字，存心工夫；「道」、「盡」、「道」、「知」、「崇」五字，致知工夫。致知者，固是格物以致其知，即見於行事。若存心，不獨只是存此心在此，自有工夫在，與「戒慎」「恐懼」意不同。《章句》「尊者，恭敬奉持之意」，恭主貌，敬主心，是内外皆要奉持不失。下面「致」之、「極」之、「温」之、「敦」之意尤分曉。

燖，音尋，火熟物也。《論語疏》：「温故」，如「温燖故食」。

「不以一毫私意自蔽，不以一毫私欲自累。」人意才有一毫之私，則心量便窄狹而不廣大；才有一毫爲物欲所累，則心便卑汙而不高明。此兩句字面改换不得。

「大小相資，首尾相應。」「大」言上五節，「小」言下五節。「首」言「尊德性」「道問學」一句，「尾」言下四句。

二十八章

有位無德而作禮樂，是愚而自用；有德無位而作禮樂，是賤而自專；居周世，欲用夏、殷之禮，是今世反古之道。

「生乎今之世」以下，是通説上二句。蓋愚賤者不可作禮樂，則居今之世當遵守當代之法。若欲反用古之道，即是改作矣，必獲罪於上，故曰「烖及其身」。

「車同軌」，應「制度」。「書同文」，應「考文」。「行同倫」，應「議禮」。「車同軌」，是就「制度」中舉一事言之。

車輪行於地有迹謂之轍，兩轍中間相去闊狹之度謂之軌。古者車軌皆闊六尺六寸，或不依此制，則車亦杌隉不可行，有司得以討其罪。

夏禮曰「説」，殷禮曰「學」，蓋孔子殷人也。「杞不足徵」，是杞全微，文獻皆不足以徵所言。曰「有宋存焉」，則宋猶能用殷禮，未盡壞，但非當時所用耳。《中庸》所記聖言，過於《論語》之精。

《章句》「書名」者，書即字也，名則其字之聲也。如天字之形是書，讀之曰天是名。「考」者，欲正其字形及讀之音聲。

《語録》：「『倫是次序之體。』次序，如等威節文之類。體，如『辨上下，定民志』，君臣父子、貴賤尊卑相接之體皆是。」

二十九章

「本諸身」以下六節，只是「本諸身」一句是致力處，下五節皆以爲徵驗爾。「君子之道」，即上「三重」，謂有位之君子，行此「三重」之道，必本於此身之有德，則自有下五者之應。若下五者不應，是身無其德也，則用其力以脩德。

上文四句，下面兩句，却只説「鬼神」「聖人」二者。蓋鬼神乃天地氣之靈者，鬼神即該「天地」一句，而以「知天」結之。先聖、後聖皆一揆，聖人即該「三王」一句，而以「知人」結之。行己見於事，有成法而可效，故曰「法」；言未見於事，而其言可爲準則而行之，故曰「則」。「遠之」，不得見聖人者也；「近之」，親炙聖人者也。皆指上文「君子」而言。「高山仰止，景行行止」，「遠之則有望」也。「無以我公歸兮，無使我心悲兮」，「近之則不厭」也。《振鷺》，二王之後來助祭之詩也。「彼」，其國也。謂二國之君在彼，國無惡之者，在此王國無厭之者，故庶幾夙夜，以長永終竟其聲譽也。《中庸》引之，則所謂「在彼無惡」，即遠之有望之意。「在此無斁」，即近之不厭之意。言君子德盛道行，民之敬慕愛戴如此。故下文「如此」之「此」，指「本諸身」以下六事也。

三十章

二十六章言聖人至誠，與天地同道。自「天地之道，可一言而盡」以下，但言天地之盛大，則聖人之盛大自見。此章先言聖人與天地同道，自「萬物並育」以下，亦但言天地之大，則聖人之大自見。前章則引《文王》之詩以結之，此章則以孔子之所行起之。二章相表裏，無非形容聖人之德也。

「祖述」「憲章」，同於聖人，即所謂「考諸三王而不謬」。「上律」、「下襲」，同於天地，即所謂「建諸天地而不悖」。文、武製作，與堯、舜固有不同。夫子遠宗、近守，則中間自有合符節處，所謂「先聖後聖，其揆一也」。或法天時，或因水土，無非中庸，皆「時措之宜」也。

此章三節。《語録》：第一節「言聖人工夫」，第二節「言聖人之德如天地」，第三節「言天地之大」。

第二節兩「辟如」，只是重疊比。既以「天地」比其經，又以「四時」「日月」比其緯。上説平鋪處是横説，下説接續處是竪説。天地覆載之間，萬物並育，且如水與火、金與木，是相制者；而各自有成。萬類推之自可見。四氣流行，生長成收，各有其序。而當生長之時，物有死者，當成收之時，物有生者。日月代明，東升西没，各有序而不亂。第三節「並行不相悖」，總言四時、日月。「並育」「並行」兩句，應上兩「辟如」字。此言孔子德之全體，不必就孔子已行之迹傳於今日者一一要相合，但以此推古之得位聖人行事可見。

「小德」「大德」，固言天地，用以言聖人，則「敦化」指心，「川流」指事。

《中庸》分爲四大章，前三章皆以孔子結之。第一章自性命之原言之，次以三達德爲入道之門，而以大舜爲首，顔、路則皆孔子之門人，其後則曰「吾弗爲之」，「吾弗能已」，是以孔子折衷之也。第二章言費、隱之大。其下歷叙大舜、文、武、周公，而次以孔子論政，是又以孔子繼羣聖之後也。第三章言誠，反覆於天道、人道，前既言文王，而又以孔子繼王天下。三重之後，則是損益百王之道，得時措之宜，垂萬世之法，非孔子不可也。後兩章至聖、至誠，分言「小德川流」「大德敦化」，亦就此章而言其極耳。孟子每叙古之聖人，必以孔子終之，與子思之意一也。子貢、有若皆曰：「自生民以來，未有天子。」豈一人之私言哉？

三十一章

「聰」者，無所不聞；「明」者，無所不見；「睿」者，無所不通；「智」者，無所不知。此生知之聖，總下四者而言，言其資質也。「寬」，廣大；「裕」，優厚；「温」，温和；「柔」，順從：此仁也。仁者度量寛廣，足以容物，故曰「有容」。「發」，奮起；「强」，有力；「剛」，不屈；「毅」，堅忍：此義也。義則操守堅固，故曰「有執」。「齊」，心之齊；「莊」，貌之嚴；「中」，無過不及；「正」，不偏不倚；「中正」，以臨事言：此禮也。「文理〔八〕密察」，知也。四者，言其成德也。

「聰明」，雖義在耳目，其實則主於心。凡書之言「聰明」皆如此。

「臨」者，自上臨下之義。此謂聖人之德，「首出庶物」，然後足以臨下。

五「也」字，上一「也」總下四「也」。「聰明睿知」，生知之資，而德之備，就其中分而枚舉之，則仁、義、禮、知四者，各有條理，故《章句》於下言五者之德。

《語録》：「溥，周遍。博，宏大。淵，深沈。泉，便有箇發達不已底意。」

「時出」，當用仁則仁出，當用義則義出。

三十二章

饒雙峰曰：「大經是道，大本是性，性乃大經之本也。天地化育是命。」又：「大經，大本之所自來也。下文『肫肫其仁』是説道，『淵淵其淵』是説性，『浩浩其天』是説命。性，是成之者性，指已定之理而言。命，謂繼之者善，指理之流行而賦於物者言。二者有動静之分，故一屬地，一屬天。自聖人言之，則静定而存主處即是性，應用而流行處即是命。其與天地之理一也，故曰『其淵』『其天』。」

惟知「化育」，所以能立「大本」；大本既立，故能經綸大經也。前言聖之至極，此言誠之至極。蓋聖者誠之用，誠者聖之本。前言「如天」、「如淵」，是衆人見聖人之「溥博」、「淵泉」，以爲如天、如淵也。此言「其天」、「其淵」，是聖人見得一般，聖人「溥博」、「淵泉」，真是天，真是淵，非但「如」之而已。

「經」是分其條理，「綸」是牽聯相合。先經之，然後可以綸之。分而言之，父當慈，子當孝，君當仁，臣當敬，各盡其道，此經之類也。合而言之，父子相處必盡親親之仁，君臣相接必盡絜矩之義，共成其善，此綸之類也。其於五品之人倫，事之大小，莫不皆然。此固至誠者之能事，而脩道之教即在其中。

無所倚，只是至誠自然流出，不須着力去做底意思。

上章至聖是發見於外者，故衆人見其「如天」「如淵」，而凡有血氣者皆尊親之。此章至誠是言其在中者，故曰「其淵」「其天」，而唯聖人能知此聖人也。

前章言表，此章言裏。《章句》則曰「前章言至聖之德」，德主積於内者言之也。「此章言至誠之道」，道主行於外者言之也。蓋聰明睿知之資，仁義禮智之德，雖見於外，實「溥博」「淵泉」積於中者之所發也。知化育，立大本，雖主於中，而經綸大經。「其仁」「其天」「其淵」者，亦自外而見之也。前言德推其本而言之，後言道致其用而言之，蓋互相發也。

三十三章

前言聖人，至上章極矣。此章又總一篇之要，自下學立心之始，推至於德化之極，與首章相表裏。首章是自内説向外至於極，此章是自外説向内至於極。

「衣錦尚絅」一節。

「絅」「褧」同，字書「檾也」，三字音同。檾，枲屬，績以爲布。蓋用此布爲襌衣。襌从衣从單，音丹。「錦」，有文之衣也。古者内服袍，然後服裘，又加衣謂之裼。襌者，即裼衣也。爲錦衣有文太著，故用疏布以禓之，不欲揚其文也。

今《詩》「衣錦褧衣」凡兩見；而此言「衣錦尚絅」，或是逸詩，或是子思隱栝緊要在「尚」字，所以下即自解曰「惡其文之著也」。「闇然」，即「尚絅」意。「闇然」，言君子脩德，只是鞭辟近裏做工夫，略無淺露表襮之意。雖然，却要「日章」，「日章」是日日漸漸章著。若以爲不顯露，不求人知，只是向内，却無積累之實，終只昏暗，安能有成？

「闇」，隱晦皃。「的」，明也，光的然小明昭灼之皃。

「淡」，只是人倫日用之常，無可喜可愕之事。「不厭」者，爲道不可離也。

「簡」是簡略，非繁碎，然秩然有序，節奏詳密，故有「文」。

「温」是温厚。温厚似混淪不分曉，而條理斬然。

《語録》：此工夫似淡而無味，然做時却自可樂，故不厭。似乎簡略，然大小精粗秩然有序。温厚似不分曉，而條目不可亂。如此入細做工夫，故能有下文三知之效。「知遠之近」，是以己對物言之，知在彼之是非，由在我之得失。如「行有不得，反求諸己」。「知風之自」，知其身之得失，由乎心之邪正。「知微之顯」，又專指心，説就裏來。

「可與入德」，如「可與共學」之「可與」。

《章句》「絅之襲於外」，凡加於衣裘之上者謂之禓，加禓上者謂之襲。襲則禮服也，絅則當爲禓。此言襲，只是謂重襲，在衣裘之上者，非禓襲之襲。

「有爲己之心」，指兩「君子之道」。「知此三者」，指「近」「自」「顯」。

「潛雖伏矣」一節。

《詩》本言魚之潛於淵，可謂伏藏之深，然亦甚炤然而易見，言禍亂之不可逃也。此借之以言幾之存於心者雖深，而莫見顯乎隱微，言獨之不可不慎也。

「潛」「伏」，皆藏義。「孔」，甚也。「昭」，明也。

「人之所不見」，謂君子能致謹於人所不見，而己獨知之之地。

「相在爾室」一節。

人居屋漏之中，自視其身尚不分明，以譬君子不但於人所不知、己所獨知之地而慎之，於己所不知之地，亦所當慎也。此即首章戒懼之事。首章自内説至外，故先言戒懼而後言慎獨。末章自外説至内，故先言慎獨而後言戒懼。獨，初發之際，不睹不聞，未發之先也。學者慎獨，久而熟，方能戒懼於不睹不聞。内外工夫，固當交修並舉。然難易淺深，亦不得不有先後之序也。

「尚」，庶幾也，戒辭也。「屋漏」，室西北隅。上爲圓竅以通明，則其下反暗。人處其地，則非獨人不見己分曉，己亦自見不分曉。視在爾室中屋漏之下，庶幾能自謹而無愧于心，以明不睹聞、致戒慎之意。

不動敬、不言信，是信、敬在言、動之前。

「奏假無言」一節。

君子誠心，進於神明，而其感格不待言説，誠之至也，則下民亦不待言説而自化矣。然鬼神幽也，人道明也，本爲兩途，今我之誠既能感幽，而況與我同明者乎！

「不顯惟德」一節。

「不顯」有二義，一謂無迹可尋而不顯著，一謂不發揚。二説俱存，其義始備。「篤恭而天下平」，即垂拱而天下治之意。其功效至此已盡，下段只是形容「不顯」之妙。

《章句》：「篤恭，言不顯其敬也。」謂自厚於恭敬，未嘗見於言動之間。

「予懷明德」一節。

以「無聲無臭」形容「不顯」之妙，則聖人之道幾於虚無矣。而曰「上天之事」，此所以爲聖人之道也。君子惟能慎獨，又於不睹不聞而戒懼，不使心之所存所發有一毫不誠。久而此心，渾然天理，人莫之知，但見其應事接物，從容中道，與天爲一爾。則「不顯」之妙也，此所謂「聖而不可知之謂神」也。

章末三引《詩》，皆是言聖人德之「不顯」。最後所引，只是「無聲無臭」一句，形容「不顯」之極。「上天之載」一句，是帶來説。《詩》中言天之道無聲臭，《中庸》則言德之無聲臭也。德本不可以聲臭言，此但言無之極耳。然上天之事無聲臭，聖人之德亦如之，聖人即天也，則此一句亦不是虚引。

此章雖自下學立心入德説來，以至於極，分作六節。然第一節只是説用心向内，第二節乃言慎獨，第三節言戒懼，惟此兩項工夫而已。下三節五引《詩》皆是言效。

中庸始終合一之圖

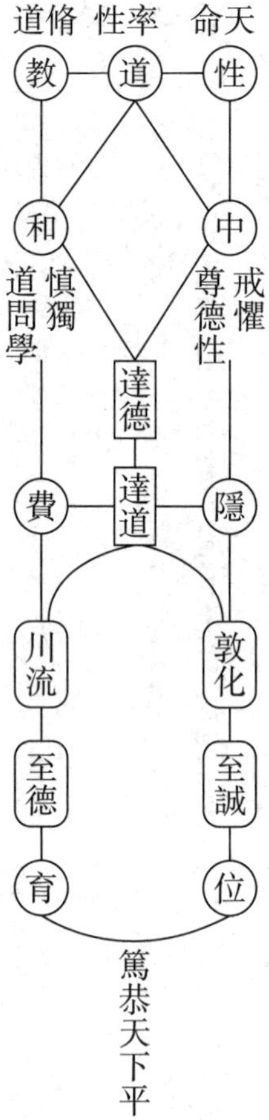

【校記】

〔一〕推，底本作「惟」，據影元本、胡本改。

〔二〕乎，底本作「免」，據博本、影元本、瞿本改。明抄本作「於」，亦通。

〔三〕問，底本作「間」，據博本、影元本、明抄本、瞿本改。

〔四〕稍，底本脱，據影元本、明抄本朱批、胡本補。
〔五〕會，底本作「合」，據影元本、明抄本朱批、胡本改。
〔六〕至，底本作「主」，據博本、影元本、明抄本朱批改。
〔七〕「道」下底本衍「那」字，據上文「不可道問學」删。
〔八〕理，底本作「禮」，據博本、影元本、明抄本、瞿本及正文改。

讀論語叢説卷上

東陽許謙

學而第一

學而章

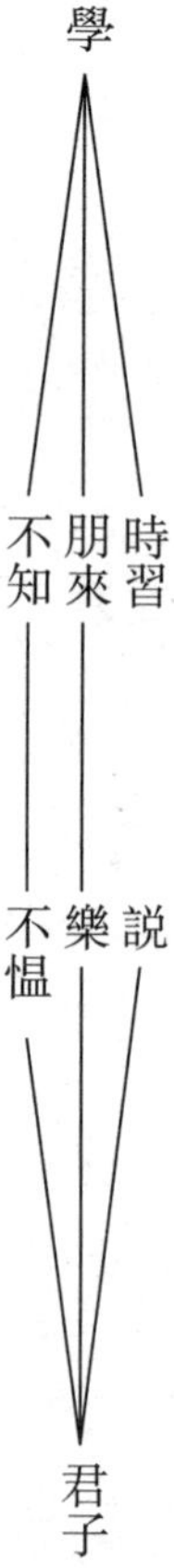

人之受命於天以生。存於心，則有仁、義、禮、智、信五常之性；接於身，則有父子、君臣、長幼、夫婦、朋友之倫。五常者，五倫之則也，此皆人之所同然者，雖事之萬變不齊，終不出乎此。然人不能生知安行，所以必效先覺之所爲，於理之未知者必學而後知，事之未能者必學而後能，已知者時時習之使愈明，已能者時時習之使愈熟，有得於心，自然喜悦。

朋來之樂有二意：善固人所同有，我既得之，而朋友相從，亦皆知之能之，道合志同，人我無間，自是可樂；又我之樂，雖自以爲得，而尚未知邪正淺深，今朋友之來，自近及遠，如是之衆，則是我之學果同於人心而可信，真有以合乎君子之道，乃可樂。上是及人之樂，下是爲己之樂。

「愠」只是悶，猶言不樂。如《南風詩》中「愠」字，只是熱之悶人。

《集注》：「先覺之所爲。」此「先覺」字當專以古之聖賢言之。蓋聖賢制行立言，無非天理之至。凡威儀之節，六藝之文，經之所載者，皆足爲萬世之準的。學者當於此求知其理，學行其事，故有成而無弊。然皆日用之常，未有出於人倫之外者。至於今之先覺，不過資之使指引以求聖賢之心耳。蓋其學未到此地位，不可便把做準的也。當把「先覺之所爲」五字作一串看，乃得其意。

學須隨事隨理求其知，求其能，逐一習令明，習令熟，必明一理又求知一理，熟一事又求能一事。故《集注》於本文外，有「其進自不能已」一句，然亦只在孔子語意内。

程子兩條只是言習，前一條知上習，後一條能上習。謝氏主時習説，就「能」裏提出二事作標準，餘事皆當求其至而習之。

「坐如尸，坐時習；立如齊，立時習。」此是就人所爲上提此二事以爲例。謂一日之間，當坐之時，則習之必如尸；坐如尸，則身正而安，頭容必直，手容必恭，不妄動移。或當立之時，則習之必如齊；齊謂祭祀對越時也，立如齊，則整齊嚴肅，敬主於中而恭見乎外。以二者推之，則凡動容周旋，事親敬長，接人應物，各隨其則而習之，是無事無時而不習也。又進步言之，坐如尸，則於坐之始終，時時習之如尸；立如齊，則於立之始終，時時習之如齊。是一事上無時而不習，却推就凡所爲上皆如此習，兼此二義看方備。

程子曰：「説在心，樂主發散在外。」「悦」之字從心，故曰「在心」，此字爲「説」，蓋古字通用。「樂」本借音樂之樂，喜在外，象樂聲在外，故曰「主發散在外」。

「順」「易」「逆」「難」。學既有得於己，便推此善及人，於理爲順；信從者衆則樂，於事爲易。既有學，人當知，今却不知，於理爲逆；既不知我，則當愠，今却要不愠，於事爲難。

「故惟成德者能之」，只接「不知不愠」一句。

本經三節。以文勢言之，學習與朋來、不愠是一截；説、樂、君子是一截；然君子是「成德之名」：德之成，非獨不愠之所能致；若但不愠即是成德，則孤陋寡聞而人無可知，異端邪説而人不是，我乃悍然不顧，囂囂自得，其罪不亦大乎？故文公曰「故惟成德者能之」，下又曰「德之所以成」云云，而程子亦曰「非樂不足以語君子」，言須有上兩節工夫方可成德。

孝弟章

上節以質言，下節以學言。有子之意，專主於「爲仁」，而先引世人自有資質淳厚而心和順能行孝悌者，然不止於孝弟，亦無犯上作亂之事，能孝弟便能順其心至於此。次泛言兩句，承上生下。言凡物皆如木之有本末，本盛則末榮；末非末節細務之謂，是與本對言者，若木但有本而無末則不成木。君子之學，當用力於根本，則道可進，如培植其根則幹枝梢葉漸長而成木。自孝弟推而仁民愛物，方全得仁。君子所學爲仁而已，如上文所爲孝弟，乃是「爲仁之本」，不是如上好資質方可爲仁，正是勸學者當先行孝悌以爲質，而漸求仁之全體。「親親而仁民」「愛物」，皆自此始，非但如不作亂而已。

此章「君子」只如言「學者」兩字。《論語》中所言「君子」不同：有以成德言者，如首章及「君子不器」「君子周而不比」之類，有以位言者，如「君子篤於親」「君子之德風」之類，有以學者言者，如此章及「君子不重則不威」「君子食無求飽」之類，可以類推；又有指孔子言者，如「君子有三變」是也。「小人」亦有不同：有以位言者，有以行言者，皆與「君子」相對説。「仁」者，專言之則包四者，謂之「心之德」；偏言則與禮、義、智爲對，謂之「愛之理」。此章自孝弟而言仁，所以解「愛之理」在上。

「仁」字之訓，須兼看《或問》《通釋》，方盡其義，切在子細體認。

巧言章

此章大意，似聖人觀人，然未常不警省學者。觀其辭甚嚴，蓋警省學者之意爲多。

《集注》以專言之仁當之。若總而言，「致飾」「悦人」全是私意，故天理泯。分而言，「巧言」是無信，「令色」非莊是無禮，不能守正而求悦於人是不知義，外飾欲欺人而終爲識者所知是不知，一舉而心德皆亡。

「知巧言令色之非仁。」只就此句翻轉看，則知直言正色之爲仁，然此只就言、色上論。蓋仁是心之德，延平先生所謂「當理而無私心」者也。凡欲動於中，則心私矣，其接於事，不當於理者，皆非仁也。夫致飾於外，不當理也；務以説人，皆私心也。推此類而言之，則非禮之視、聽、言、動，心私違理處，皆非仁。本注「人欲肆而本心之德亡」，雖就言、色上言，而所包者甚廣，又恐學者止於言、色上致察，故著程子之説於圈外，使人隨事致察而立心以公也。

三省章

忠信是處心應事之主，而曾子惟於爲人謀、交朋友上省，似於忠信之用處未備，而人之行大於此者甚多。蓋曾子篤厚，於他事無有不善，獨此三者或有未至，而亦人情之所忽者，故自道其所未慊者日以省之，固非謂學者只有此三者當省也。學未至於曾子，則己之未及者皆當日省。

《集注》「三者之序，又以忠信爲傳習之本」，非謂爲人謀、交朋友爲傳習之本，謂心之誠實爲傳習之本也。此語是接上「自治誠切」而推出去説，此忠信字是大綱，説心誠實處，蓋有誠實之心則可傳習，無此則非爲己之學矣。然此是本注，故只就章内説，讀者又當推出，凡事皆以忠信爲本也。

千乘章

「千乘之國，其地可出兵車千乘。」古注有兩説。

馬氏曰：「六尺爲步，步百爲畝，畝百爲夫，夫三爲屋，屋三爲井，井十爲通，通十爲成，成出車一乘。然則千乘之賦，其地千成，居地方三百一十六里有畸，惟公侯之封乃能容之。」

《周禮》井田之法：方里而井，井九百畝；百畝爲夫，九夫爲井，中爲公田，一井止有八家。四井爲邑，則方二里；四邑爲丘，則方四里；四丘爲甸，甸即乘字。則方八里；旁加一里，則方十里爲成。甸中六十四井出田賦，旁加三十六井治溝洫，不使出賦。六十四井，除公田外，止有五百一十二家，共出車一乘。每乘則有兩車：一曰兵車，又名馳車，馬四匹，甲士三人，在車上，一執御，一執弓矢，一執戈矛，步卒七十二人，在車前與左右，共七十五人。一曰大車，又名革車，牛十二頭，炊家子十人，固〔一〕守衣裝五人，厩養五人，樵汲五人，共二〔二〕十五人。兵車以戰，大車以載輜重，兩車總百人，謂之一乘也。車千乘則當有地千成。

所謂「方三百十六里有畸」者，先直排三十成作一行，便是直三百里，横闊十里，却以如此之行横排三十行，便是方三百里，共計九百成。尚有一百成，却分爲萬井：於每行上添十六里，則東、南兩面共添六百箇十六井，共計九千六百井；要取方，又於東、南上有闕，却又用將方十六井去補教方，該二百五十六井。十六个十六，計二百五十六。以一萬井除去九千八百五十六井外，尚餘一百四十四井，難以分爲方，故曰有畸。若分開計一千二百九十六夫，亦分不去。

所謂「惟公侯之封能容之」者，按《周禮》大司徒建邦國，諸公之地方五百里，諸侯之地方四百里，故有是言。

包氏曰：「古者井田，方里爲井，十井爲乘，百里之國，適千乘也。」此是不除公田，又只九十家出車一乘，包氏據《王制》與《孟子》「公侯皆方百里」，故如此説。

三代之禮不能詳考，所以《集注》只混全説：「諸侯之國，其地可出兵車千乘。」蓋夫子當時亦是大概言之耳。若馬氏謂公侯之封能容者，凡公方五百里，其食者半則爲十二萬五千井，比上數爲多；侯方四百里，其食者參之一，則爲五萬三千三百三十三井有奇，比上數爲少：皆未能盡合。包氏以九十家賦一乘，其賦爲重；又無公田，亦不計國都、邑治、民居，殊未可曉。蓋古之建國，雖曰計方，然山林、川澤、都邑、塗巷必三分去一，然後爲田之數，如馬氏謂地方三百十六里者，言亦未備也。

然又有一説：王畿百里之内爲六鄉，一鄉一萬二千五百家，出軍則家一人，每乘戰士七十五人，合六鄉僅得千乘，所謂天子六軍也。二百里之遂亦然。若是，則孔子之言亦可該天子之國，但不能盡舉畿内爾。

今此章未須究竟度數底藴，且只就用處看。

《集注》：「五者反覆相因。」下因乎上，謂如此然後能如此；上因乎下，謂如此又不可不如此。

弟子孝弟章

此章非言學者之大全，只説爲人弟子事。「餘力」，是不與上事接空隙之時。大意欲盡弟子之所當爲，才有餘暇，便當讀書。兩事皆不可廢。

謹、信，守身之事；上下四者，接人之事。以孝、弟爲行之大，故言於先。其實以謹、信二事貫于四者之間。蓋謹、信則孝、弟、愛衆、親仁皆得其道；己不謹、信，則四者皆無實。至於學文，亦謹信者能之。

君子不重章

此章是學者最先用工處。心主忠信，貌存重厚，内外相應，方可爲學。不忠信則心虚妄，不重厚則貌輕躁。虚妄輕躁，如何學得道？人資質稍聰俊者，最要戒輕，輕則百事皆不成。道在天地間，只是實理，至重至大，如何被輕躁人擔當得去！

貌重厚是用功于外，心忠信是用功于内，乃内外相養工夫。雖然，欲貌重厚，亦忠信者能之，虚妄者不能也。故忠信上用「主」字，謂應一事，始終以忠信爲主；總脩身而言，亦始終以忠信爲主。是出言制行，待人接物，皆主於誠實，而每事又首尾主於誠實也。聖人言忠信處不一，如「言忠信」是主於言，「忠信，所以進德」是主於行，此章是總言、行而言之。《孟子》「操則存，舍則亡；出入無時，莫知其鄉」者，人心也。蓋操而存即是入，舍而亡即是出。此章忠信即是操心之道，故只引兩句。

游氏「學以成之」之説，有古注「學則不蔽固」之意，與《集注》稍有不同。文公以論一章大旨條暢明白，故取在圈外。

慎終追遠章

常人之情，於親之終，悲痛之情切，而戒慎之心或不及；親遠而祭，恭敬之心勝，而思慕之情或疏。君子存心則加於此：送終既盡擗踊哭泣之情，又慎喪死之禮，如《禮記》「殯而附於身者，必誠必信；葬而附於棺者，必誠必信。勿之有悔」之類。祭遠者既盡孝敬之意，又致追慕之情，如《禮記》所謂「祭死者如不欲生」，「霜露既降，有凄愴之心；雨露既濡，有怵惕之心」之類。如此則過於常人，其德爲厚。上之人既如此，「下民化之，其德亦歸于厚」。

「慎終」存哀中之敬，「追遠」動敬中之哀。

子禽章

《集注》謂子禽、子貢「皆孔子弟子，或曰：『亢，子貢弟子。』未知孰是。」愚按，子禽見於《論語》者三。其問於伯魚，如朋友私相請益者，疑其爲孔子弟子。其謂子貢過恭於仲尼，若惟自尊其師者，而稱子貢爲子，稱夫子爲仲尼，他無此例，以此推之，出於子貢之門審矣。

聖人所經過人即化，有所存主便神妙，此等處未易窺測，而觀聖人者只就德容上看，文公此句有不滿子貢之意。蓋此亦是子貢早年之言。至後篇荅子禽之言，方形容聖人端的，又足以見子貢之學日進，而子禽終於卑下，真學者之勸戒。

過化存神，正是得聞邦政之原，補説聖人如此，故人自與之言政也，未易窺測，不獨是説子貢之言未足盡聖人之德，亦兼見子禽所造者淺，未能深知聖人，故子貢止就他可及處説五者爾。「不願乎外」，却是關「求」字、「得」字意言之。凡圈内本注皆是體貼經文説，無一字閑慢無來歷，讀者須仔細把注字一一體貼經文看，休要作剩字放過，此是讀朱子書之法。

此五者只是「禮恭」，而「德盛」乃「禮恭」之本。

父在章

此章主於觀人。但上兩句，觀「志」「行」之大分；「三年無改」，又是觀行中之一節。

禮之用章

金先生曰：「程子禮樂之説，所該爲大。《樂記》：『天高地下，萬物散殊，而禮制行矣。流而不息，合同而化，而樂興焉。』此章所謂禮，蓋高下散殊之分也。其所謂和，即合同交通之意也。先王制禮，其尊卑、貴賤、上下之體截然甚嚴，然其用則常有合同交通之意行其間。如宗廟之禮至嚴也，而旅酬逮下；獻享之禮多儀也，而燕示慈惠；卑尊上下至辨也，而粲然有文之中，每有歡然相愛之意。此皆禮之用有和，而小大事皆由之。又如飲食合歡也，而籩豆有數，延祭有儀，臣侍君宴，不過三爵；夫婦和好也，而内外有辨，衣服異藏，湢浴異處。此類非一。或但知和合之意，而略上下名分、尊卑降殺、男女内外之節，此所以流而生禍，而亦不可行也。《集注》但見行禮不拘迫之意，似不見交際和洽之意；但説君子行禮之意，不推先王制禮之意。然於其首取程子之説，末有嚴泰、和節之説，則該之矣。」

愚按，此章有子是説用禮，前節是正意，後節是防敝。禮之體雖嚴，非和不足以行；或一於和而失嚴敬之本，則流而不可行：一也。此末是言禮之全體，只是言用禮。就逐事上看，以下節禮字，則知上節禮字，不要重看。程子借《樂記》二語提掇起説此章全體。范氏因程子之言而言，就禮中自有樂，然敬是禮之本體，故曰「禮之所以立」，和是用禮處，故曰「樂之所由生」；「立」字、「生」字有輕重，細玩可見。朱子又進一進，説禮之全體中自有敬與和，所以又不曾説樂字。必合金先生「合同交通之意」看，合同交通雖是就制禮處言，然所行即所制之禮也。

信近章

約言必合於事之宜，防其過也；致恭必中於禮之節，無過不及也；因不失親，擇交之道也。上兩節欲明禮，下一節要知人，則皆無失。

上兩節言行是脩己之事，因親是知人之事，三者皆明理者能之。

三事各開看，非相因之辭。

《集注》：「謹之於始，慮其所終。」始者，信也，恭也，因也；終者，復言也，遠恥辱也，可宗主也。慮者欲近義禮而得其親也，謹者必近義禮而得其親也。

無求飽安章

「敏於事」，是敏速於行事，無懈惰之氣，無優遊之心，見義即爲，如恐不及，又不但主於行事而已。至於學文明理之事，亦欲敏速，所謂爲學務時敏是也。

「就有道而正」，謂心有憤悱，而辭之未脩，行之未果，因問辨而達之者，固正也。高山景行，聽其言，觀其行，默識而興起，得以達其辭，善其事者，亦正也。

「有道而正」，本注只説「正其是非」。蓋上面言君子，則是有志於爲學而非常人矣，故其所敏慎者，皆是向善上事，但未知必當於理否爾。此夫子之正意也。圈外乃取尹氏之説，恐流於異端，則是並欲正其學之邪正矣。此是兼後世爲學者言之以防弊，夫子時未有此等學問也。若果欲戒此，則聖人之言必别。

貧富章

此章貧、富二者相對看。蓋貧者見富者則卑屈，富者見貧者則矜肆。卑屈是容氣言辭卑下屈伏，矜肆是容氣言辭矜誇放肆。卑與肆反，屈與矜反。此二者，曲盡貧富之態，蓋不期而然也。往年目擊一事，真有類此。鄉間有親兄弟異居者，兄貧而弟富，弟每以錢財周其兄，實無鬩墻之事。但一日二人相遇於途，兄揖其弟甚恭，而弟揖其兄甚倨，竟若易置兄弟然。稠人之中，彼此皆安之而無媿色。以禮律之，則弟當坐不弟之誅，而其兄亦有不能安分之罪。固無足道者，弟足以見常人貧富之態所必至。兄弟尚然，况他人乎？非君子不能自守也。

貧、富固當對看，人情必如此。但此態爲之既熟，則貧者無所不用諂，富者無所不用驕，亦不擇貧富而施矣。

引《詩》固是子貢因孔子言而知學問之道無窮，不可少得而遽止在答「樂」「好禮」之後。然闕上節説，則無諂、驕，切瑑之事也；樂、好禮，磋磨之事也。但不可謂專言此爾。「始可與言《詩》」。「始」字不可輕放過，謂如此觸類而長，方才可以讀《詩》，非謂足以盡《詩》之用，亦是引而不發。

《集注》：「無諂無驕，知自守者能之。樂則心廣體胖，好禮則安處善，樂循理。」學者須體認，何以能自守，又何以進於心廣體胖、安處善、樂循理之地，必有所見然後可，蓋非窮理者不能。然二者雖淺深不同，皆知命者能之。知氣數之命者，則能無諂無驕；知天理[三]之命者，然後能樂與好禮。知天理之命，非深造者不能知也。細體認兩節意可見。

無諂、驕只就貧富裏做工夫，貧者常守定不要去諂人，富者亦常守定不敢去驕人，是把貧富做要緊事而著力持守，不肯放慢。至於樂則知命樂天，安於道義，外來者不足以改其樂，豈知所謂貧？禮非富足者不能行，既富則足遂其好禮之心，唯恐行之不逮，何暇顧其富？是謂超貧富之外者。

樂與好禮皆是心上言，故上面説「心廣」，下面説「樂循理」。心既廣大寬平，則體自然舒泰，此由内以達外；行事安於處善，蓋其心樂於循理也，此由外以原内也。「樂」一字全是心，故先言内；禮有節文，於事上見，其好之則在心也，故先言外。然體既安舒，烏得有卑屈？心既樂循理，烏得有矜肆？却暗關上兩句，見得「未若」兩字意。

「往者，所已言」，指樂與好禮。「來者，所未言」，指切磋琢磨，言義理無窮。

圈外注「淺深」，以學力言；「高下」，以見識言。

「然不切」以下是説凡學問之道如此，而處貧富亦在其中。

看此章者，知處貧富之道是一事；知義理無窮是一事；讀書須能推充而用之，不可止泥文求意是一事。

人不己知章

此兩句平説，只是不必欲人知我，我却要知人，但兩「知」字不同，上「知」只欲知己之善，下「知」却欲知人之善惡。專就學者言，則上句「不患人不己知」，便自可包後章患其不能之意在其中，便當明理脩身，自加精進，使有可知之實，則雖不求人知而人必知之矣；下句則凡尊師取友，與人交際往來，須知其善惡而趨避之，然後無損而有益。然此專以學者言，聖人則未嘗指定也。若推而言之，上下皆可通。上句論其極，則雖居高位，其處己應事，唯循天理，上不欺其君，下不病其民，内無愧於心，何必欲人盡知吾心也？否則有違道干譽之失矣；下句論其極，則仕而擇可宗之人，有位而舉賢才爲用，爲宰輔而進退百官，非知人之明，其可乎？否則賢愚渾淆，分朋傾軋，而亂亡至矣。

《集注》「是非」以事爲言，「邪正」以心術言。

爲政第二

爲政章

此章「爲政」，只如言「爲治」，不必把「政」字重看，著個法制禁令來，都説不行；不然，則此「政」字先見，朱子何不於此立訓，而於後章見之？此既云「正人之不正」，只如言治人之未治者。治人者不以德，則不足感人；若一出於德，則心説誠服，興起向化，自然歸仰不逾矣。

「北辰」，非徒喻爲君，意多在德。上「爲政以德」，則能如北辰，居其所不動，而衆星自共向。如黄帝、堯、舜「垂衣裳而天下治」，如舜「恭己正南面」，如「篤恭而天下平」，皆此意。《集注》三「無爲」字，皆就居其所上發。「政」即法制禁令，自不可無。但有德者，有政即是德政，紀綱既具，以德居之，則民觀感而化，無違於政者，固不必用智作爲也；若無德而任智尚才，則有爲而民不化矣。

「極」是四方合湊至中恰好處。天之體雖大，至中恰好處即是北辰。天全體皆運行，惟此處爲之樞紐，其位不動；北極雖有一星，而此星亦動，北辰却在極星運圜之中。星屬陽，辰屬陰，辰是無星處，凡天無星處皆謂之辰。此辰是居北之辰；南極卑而隱於地，故不言。

詩三百章

《集注》：「程子曰：『思無邪』者，誠也。」謂人心思無少邪僻，又無間斷，乃是誠也。蓋誠

是實理，在人則爲實心，而君子不可不盡者也。程子指出此「誠」字，以明「思無邪」之實；學者必使心之所思一於無邪，方能全乎人心之實理。既示人以此一言之義，又勉人以用功之標的，故朱子極稱之。

道之以政章

夫子言爲政當以德禮，若但用政刑而無本，不足爲善治；然但謂不可獨任刑政爾，非謂但用德禮而不必政刑也。蓋德禮固能化民，而非政則德意不能遍流於下，所以平天下必用絜矩之道，有法制禁令則德澤方可下流，雖堯、舜之世而有四凶，刑亦不可廢也。文公恐讀書者謂聖人之意前一節不如後一節，只就德禮上看而輕政刑，故於圈外明此意。聖人本具此意，非文公强合爲一。所謂有《關雎》《麟趾》之意，然後可以行周官法度，本末之謂也。

《集注》「淺深」言進德，「厚薄」言應事。

志于學章

此六節皆是知行兼進，不可分作兩節説。所以朱子於「志于學」下便釋曰：「學即大學之道。」又曰：「念念在此而爲之不厭。」正兼知行言之。

竊謂「立」是能處常，「不惑」是能應變，「知命」是極其本原統會，「耳順」則化矣。《集注》程子前條謂聖人進德未必果有如此等級，但立言勉人，使及時修德；第二條謂聖人所以言有等級之詳，使學者當循序漸進，不可徒慕高虚，此爲後學者甚切。胡氏第二條兩説，前説即程子後條意，後説即程子前條意，以其言尤直捷，故文公取之。文公之言是補程子意，方見聖人至誠氣象之全。蓋聖人之言，無非實理，豈有心實自聖而鑿空撰出許多節次以欺學者？金先生謂「聖人固自有聖人之資，然聖人自有聖人之學，又自有聖人之進，但非常情所可窺測爾」，此言極得聖人之意，然十年一進，所謂因其近似以自名者。

懿子問孝章

魯桓公四子，長莊公，次慶父，次公子牙，次公子友。禮：適長稱伯，庶長稱孟。莊公既爲君，而大夫不敢宗諸侯，故以庶長爲孟，而諸弟宗之。慶父爲孟孫氏，牙爲叔孫氏，友爲季孫氏。慶父視莊公，則己爲仲也，故又曰仲孫氏。

夫子曰：「生、事、葬、祭皆以禮。」《集注》亦曰：「人之事親，始終一於禮而不苟。」此是就禮之中正處説，過於此不可，不及於此亦不可。夫子雖戒孟孫之僭，然當時於所當爲者，豈皆盡善，則不及之意亦在其中。故又曰：「語意渾然，又若不專爲三家發者。」謂推廣之無不包也。

三家僭禮，因魯僭天子，故三家僭諸侯。有並及天子之禮僭之者，如「三家視桓楹」，喪而「設撥」，葬禮之僭也；「八佾舞於庭」，歌《雍》以徹俎，祭禮之僭也；其他如「朝服之以縞，自季康子始」；又如「臺門而旅樹，反坫，繡黼、丹朱中衣，大夫之僭禮」。則三家凡居處服御，無〔四〕非僭也。處己如此，則處其親者可以類推。

葬禮，諸侯用桓楹，謂於椁之前後立二碑，如大柱，穿其中而爲鹿盧，以綍貫其中以下棺。雙植謂之桓，蓋碑立如雙柱然。諸侯用四綍貫二碑，大夫則二綍二碑而柱形小。「視桓楹」是用四綍貫大楹也。綍音律。撥者，引喪車之紼也。禮：諸侯輴而設撥。輴，殯車也。三家亦以撥引輴，僭諸侯也。輴，敕龍反。「八佾」「《雍》徹」，皆僭天子禮。朝服以縞，「亦僭宋王者之後」。旅，道也；屏謂之樹；繡讀爲綃，繒也。繡黼、丹朱，以爲中衣領緣：皆諸侯禮。緣，越絹反。其餘當時大夫多不得禮之中，如曰「管仲鏤簋朱紘，山節藻棁，君子以爲濫；晏平仲祀其先人，豚肩不揜豆，君子以爲隘」。濫者，僭於己，奉親可知；隘者，祭不及於禮，他亦或可見矣。

武伯問孝章

以《集注》前説言之，則爲人子者須當謹疾，慎起居、節飲食，皆謹疾之事，而朱子又以一「凡」字該守身之大法；以後説言之，則疾病或爲六氣所尅〔五〕，自外而來，非人所可謹，事爲乃自我作，人所當制。兩説皆是從「唯」字上起義，但前正説「唯」字，後反説「唯」字。前説則爲凡學者切，後説則於武伯身上切，蓋武伯非善人故也。

子游問孝章

非謂以犬馬比親，夫子以貴賤之絶相遠者言之以曉人。然「至於」兩字所包多，謂自父母以下，兄弟、妻子、奴婢以至犬馬爾。金先生謂「有養」之「養」作上聲讀，意自明。

子夏問孝章

聖人各因四子材之高下與其所失而告之，程子之言盡矣。然學者總是四人之失者反之於身，事親必盡禮，毋過於節而陷親於惡，毋不及於節而不能悦親之心；脩其身而不至於不義，謹其身而不至於有疾，以貽親憂；養而能敬；服勞奉養而能愛：進進於是，豈非孝之全者？勿徒究四子之失也！

如愚章

「如愚」，承教時也；「其私」，臨事時也；師友難疑答問之際，須是見識開明，事理通達，直下承當，是之謂「發」。顔子既無疑於夫子之言，心領神會，却不曾見於言，但實踐於行，故聖人着箇「亦」字，謂雖不言，而其行亦足以發吾意也。要看得「言」字重，便見意。「言」與「私」對，「愚」與「發」對，置「亦」字在中間，此「亦」字不是閑慢語助辭。

視其所以章

第一句分君子、小人，下兩句只觀君子。大凡爲君子難，爲小人易。人只是善、惡二端。此章是就人所習上説。所習者既不善，便是小人，更無可議論。只是爲善，却有淺深不同，須是自源頭用意便善，而又能安然不勉强，方是君子。若未盡後兩節，事爲雖〔六〕君子，其心只小人。

温故章

古注：「温，尋也，尋繹故者，又知新者。」《左傳》曰：「盟可尋也，亦可寒也。」《注》云：「尋，温也。」鄭注《中庸》「温故」曰：「温，讀如燖温之温。」則尋是温尋舊熟食也。温字但當正訓「尋」字。今《集注》曰「尋繹也」，是兼取古注下句説。

「時習舊聞，而每有新得」。「故」非一也，必時時温之，或温此，或温彼也。温則必有所得，温此有得，温彼亦有得；一温有得，又温亦有得。「時」兼衆故，「每」兼累温。「時」「每」二字，注中活眼。

故學矣不温，則將失之而非我有；能温，則守之固而在我矣。雖温而不知新，則徒誦數其説，而無融會貫通之妙，亦將一索而盡；每有新得，則義理源源而來，應人無窮矣。「記問之學」，是誦讀記憶，及問於師友而得之者。不知「温故」，則無所玩索，故無得於心，而所知有不在我者矣；不能「知新」，則無所充擴，而所知有限，應亦有窮矣。

不器章

「體無不具」，謂明盡事物之理，以全吾心之所具；「用無不周」，則事物之來，皆有以應之而無纖毫之差失。用之周，如爲趙魏老、滕薛大夫無不可，大之則乘田、委吏，以至立、道、綏、動，所存皆神體之具也；用之不周，如黄霸長於治民，爲相則功名損於治郡時，龐統長於治中、別駕，而不能爲令，體不具也。

先行其言章

聖人以言、行對舉，教人多矣，大率皆欲敏行慎言也。此章因子貢問何謂君子，是合言之，言君子之人，其所言皆是平日所行者。欲成君子，則須是務於行；既行得徹，然後言之，是言即所行事也。

學思章

學以事言，思以理言。凡一事必有一理，有此理必有此事。但習其事而不思其理，則昏罔而無得；但思其理而不習其事，至於臨事，其心又必危疑不安。欲學者知行兼進。

異端章

《集注》「佛氏之言，尤近理者」，謂其言欲窮極高明，蕩滌查滓，不見可欲，而自無累。舉世之物不足以浼之，説心説性，直欲超六合之外，故高明者每樂簡便而喜超越，多趨之者。至於大而天地萬物，内而身心，皆作虚妄，而理則謂之障。故雖實得其所謂道者，其於應事，顛倒錯亂；而無分别，兼無父無君之禍矣。

誨由章

章内六「知」字稍有不同，上下兩「知」字總言心之知，中間四「知」字指一事之知而言。

知者，知事理也。第一「知」字是總指子路心知無所不知者也；次四「知」字是知與不知之實；末「知」字是指已知之者，與第一字雖相類，而該不盡上「知」字意。《集注》「不能盡知」，是說不知者；「不害其爲知」，是說知之者；「又有可知之理」，雖是補意，却是從「不知」上來；須要看上面「子路好勇，蓋有强其所不知以爲知」一句爲主，則下面「知」字自有著落。

《通釋》意與《集注》不同，把「是知也」一句通結「知之」「不知」兩句，謂「纔分别得知與不知分明，這便是知」，所以引「是非之心，智之端也」。若是，則是知之知在知之不知之外矣。聖人意若果如此，其辭必異，不把六箇「知」字衮説。子路言「子之迂」，「何必讀書，然後爲學」，「無臣而爲有臣」，皆是以不知爲知者，夫子告之事君曰「勿欺」，亦是戒此。故《集注》著「强所不知」一句在上，方説得子路切，而章意皆明。

干禄章

子張學求禄之道於孔子，孔子答之曰：於古今之言，多有所聞，有疑而未信者闕之不言，其餘不疑者又當謹慎而言之，如此，則言必當理，人少有尤怨；於古今之事，多有所見，有殆而未安者闕之不行，其餘不殆者又當謹慎而行之，如此，則行皆當理，少有悔心。能謹言行，至於寡尤悔，是將成君子之德者，上之人必舉而用之，豈舍之乎？故曰「禄在其中」。子張之言，病在「干」字，夫子但教其謹言行。

殆，危也。危字與「疑」字意思相近。只是於事危疑處決未破，若行必未穩，所以闕之不敢行。

《集注》「罪自外至」，謂言輕則招灾禍也。

經中言「在其中」，謂如此必如此，順辭也；圈外注言「在其中」，謂如此却不如此，反辭也：二者字雖同而意不相類。蓋謹言行者必得禄，故曰「禄在其中」。耕本欲得飽，而值水旱之灾則饑矣，故曰「餒在其中」。若謹言行而命不偶，則亦老死而已，須應接「如此亦有不得禄」一句看。此與後篇夫子所言正文句意不同，此是借來反用。

民服章

居敬、窮理爲舉直錯枉之本。窮理則燭枉直明，居敬則舉錯當，居敬又窮理之本也。

使民章

上「莊」、「孝」而民「敬」、「忠」，是感化；「慈」與「舉善」、「教不能」而民「忠」、「勸」，是感應。

康子問何以使民敬、忠、勸，夫子告之以三者，意謂民固不可使之如此，然在上如此，則民自有此應。聖人「則」字，專對他「使」字説，是止就敬、忠、勸三者説。張宣公謂在上者但爲所當爲，則下民自應，此舉凡例説在上所當爲，不止三者而已，其説稍寬，故置在圈外；不然，則其説首尾皆備，何不收在本注耶？可見《集注》精擇如此。

人無信章

輗軏是車與牛馬接處，信是己與人接處，此喻至切。

損益章

四「可知」字不同。一與三指已往而言，謂損益者可知；一與四指未來而言；四則又總言因革者可知。

聖人之意，是就禮中有損益，不可將損益與禮字對看，故《集注》謂「禮之大體，因之而不能變。其所損益，小過不及之間」。中間兩「可知」字，雖曰損益者可知，乃是就禮中損益其小節爾，故中二「可知」亦包禮字意在其中。胡氏言損益「制度文爲」，亦是上面「天叙天秩」之

「制度文爲」爾。

《集注》：「五常，謂仁、義、禮、智、信。」天〔七〕地流行，一氣而已。其來則生物，爲息爲陽；其去則物壞，爲消爲陰。故曰陰陽二氣錯綜，分而爲五，曰水、火、木、金、土，謂之五行；五行雖分爲五，陰陽又各在五行之中。然五行以氣言，氣之中莫不有理，人稟五行之全氣而生，故皆得其理之全，所謂木神爲仁，金神爲義，火神爲禮，水神爲智，土神爲信。以五行之形言，木時發生，金剛斷制，火有文彩，水善流動，土重不遷，俱各有意，此是五常之原。此五者，亘宇宙，窮古今，不可變，而又只是日用常行之理，故曰常。

「文質，謂夏尚忠，殷尚質，周尚文。」忠，實也，夏代凡事忠實無文華。質，雖亦是實，然質與文相對言，質則已有許多朴素在此，但未十分加文飾，是忠與質不同之意。周又於上加以文華。三代之禮，只是一節文似一節。

十二辰，横布地之四維，天運於外，晝夜不息，一伏時一周。北極，天之樞紐，居其所不動。圜北極之外爲紫微垣，垣之側有北斗，六星在垣内，杓在垣外。所以運陰陽，定辰次，行四時者也。每初昏時，杓所指之方則謂之建，所以建之方即定爲月之辰。然晝夜之建有三，用昏建者杓，夜半建者衡，旦建者魁。

自有天地至於窮盡謂之一元，其間以會、運、世、歲、月、日、時紀數。少言之則爲歲、月、日、辰，大言之則爲元、會、運、世，皆以十二、三十起數。一會一萬八百年，大約子會生天，丑會生地，寅會生物，戌會閉物而消地，亥會消地而消天，至子則又生天。以歲比之，春月在寅，爲生物之時；秋月在戌，爲閉物之時。以元與歲相類，故有天下者以斗杓所建之月取以爲歲首：建寅爲首，取生物也；丑爲歲首，取生地也；子爲歲首，取生天也。堯、舜、禹皆用人統，堯、舜皆禪讓，故舜、禹不改正；殷、周以征伐得天下，所以改正朔，易服色，以新視聽。殷以人依地而生，遂用地正；周又以地倚天而成，則天爲原，故用天正。所謂統者，以律而言，蓋黄鐘應子，大吕應丑，大蔟應寅；律管黄鐘九寸，三分損一下生林鐘六寸，又三分益〔八〕一上生大蔟八寸，以其得全寸，無分、毫、厘、忽之數，所以統餘律者也，故謂之統。而林鐘之位在未，故以對衝之大吕爲統。東萊先生曰：「三正迭用尚矣，蓋自上古以來更用之也。然春爲歲首，生物之初，民事之始，冬不可以先春，故孔子曰『行夏之時』，言萬世不可易之道。」

疏家謂堯用丑正，舜用子正，愚恐不然。以理度之，禪讓如父子相繼，奚必改易？以事實言之，古者雖改正而不改月，人君即位，必在正朔，大甲即位及復位，皆書「十有二月」，而舜居堯世，巡狩四岳，用二、五、八、十一月，皆合方與時，可見皆不改月數。然則凡言正月者，寅月也。舜受終文祖，則曰「正月上日」；格于文祖，則曰「月正元日」。此一事關係唐虞三代，而其文如此，可見非以建子丑爲正明矣。

《皋陶謨》言「天叙有典」，「天秩有禮」。天叙者，天理自然之倫叙，其典〔九〕即五者人倫之常也。天秩者，天理自然之品節，其禮即五禮也。

以一歲知一元

（一元）	
（十二會）	（以歲言）
子開天	十一月周代以地因天立，故用天統，以子月爲歲首。
丑開地	十二月殷代以人因地生，故用地統，以丑月爲歲首。
寅開物生人	正月夏代以人事爲主，故用人統，以寅月爲歲首。
卯	二月
辰	三月
巳	四月
午	五月
未	六月
申	七月
酉	八月
戌消物，消人及地	九月
亥消地及天	十月

天地一元之數

	元	會	運	世	歲	月	日	時
會	十二							
運	三百六十	三十						
世	四千三百二十	三百六十	十二					
歲	一十二萬九千六〔一〇〕百	一萬八百	三百六十	三十				
月	一百五十五萬五千二百	十二萬九千六百	四千三百二十	三百六十	十二			
日	四千六百六十五萬六千	三百八十八萬八千	一十二萬九千六百	一萬八百	三百六十	三十		
時	五萬五千九百八十七萬二千	四千六百六十五萬六千	一百五十五萬五千二百	一十二萬九千六百	四千三百二十	三百六十	十二	

八佾第三

八佾章

季氏以大夫而僭用天子之禮樂於廟庭，此事尚可敢忍爲之，何事不可敢忍爲之？此「忍」字就季氏上說。季氏以大夫而僭用天子之禮樂於廟庭，其罪不可勝誅，此事若可容忍而不誅，則何事不可容忍？此「忍」字就孔子上說。如此說，則說得兩「可」字意出。

古注：季氏謂桓子，蓋與孔子同時。

《祭統》曰：「大嘗、禘。升歌《清廟》，下而管《象》，朱干玉戚以舞《大武》，八佾以舞《大夏》，此天子之樂也。康周公，故以賜魯。」《注》：「管《象》，吹管而舞《武》《象》之樂。朱干玉戚，《武》《象》之舞所執也。《大夏》，禹樂，文舞也，執籥。」所謂「左手執籥，右手秉翟」之舞也。《左傳》隱公五年：「考仲子之宮，將萬焉。問羽數於衆仲。對曰：『天子用八，諸侯用六，大夫四，士二。』」杜預《注》：「天子六十四人，諸侯三十六人，大夫十六人，士四人。」《疏》引服虔云：「用六爲四十八人，用四爲三十二人，用二爲十六人。」《集注》取此。《疏》又謂「舞勢宜方，行列既滅，即每行人數亦宜減」，《或問》取此。

三家章

奔走無辟公之相，祝號非天子之稱，故曰「奚取」。此章聖人有惡之之意焉，有憫之之意焉，至於譏之之意，則併及魯也。

魯桓公取齊女，生子曰同，又生友；謚成，曰成季，又曰季友。又有庶子二人，長曰慶父，謚共，故曰共仲。次曰牙，謚僖，故曰僖叔，又曰叔牙。二人同母。桓公卒，子同立，是爲莊公。莊公亦取齊女，是爲哀姜。哀姜無嫡子，其娣叔姜生子開；莊公妾成風生子申；又嬖黨氏之女孟任，生子般，愛而欲立之。公疾，問於叔牙，叔牙欲立慶父；公又問季友，友對曰：「以死奉般。」季友殺叔牙，而爲之置後，立叔孫氏。莊公三十二年八月卒，成季立子般。十月，慶父弒子般而立開，是爲閔公。成季出奔。閔公立召季友歸。二年，哀姜與慶父謀，欲殺公立慶父，故慶父又弒閔公，成季奉公子申出奔。魯人欲誅慶父，慶父出奔。成季奉申歸立，是爲僖公。遂召慶父而殺之，亦爲之置後，立仲孫氏。古者次子稱仲，庶長稱孟，而慶父之長則莊公也，其子孫不敢上與君叙，故以慶父本庶子之長，故曰孟孫氏。僖公賜季友田，以之爲相，其後爲季孫氏，遂世執魯政。

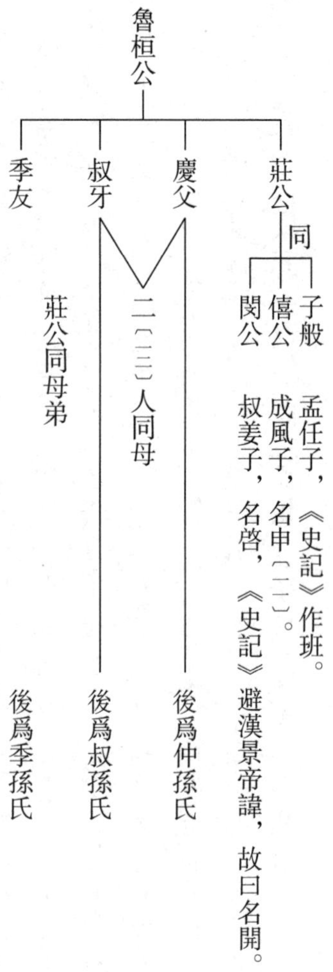

禮樂章

此章重在仁上，游氏注是正意，故爲本注。凡禮樂有本有文：在心之敬與和是其本；在文者禮則玉帛衣服、升降進退之類皆是，樂則五聲八音、歌辭舞節皆是。人能全心德，自然敬而和。以敬行禮則禮皆合其度，以和用樂則樂皆得其宜，是禮樂皆爲我用。若此心不敬不和，却去用禮樂之器，則意不相浹洽，只是具文而已。禮樂之極欲動天地，感鬼神，若此心無敬與和，只依本做去，如何會感動得？

游氏正説收爲本注，程子是就凡事上説禮樂。本意是不仁，則不仁則不能用禮樂。程子是不仁則事事無禮樂，不仁是主於心言，李氏是主人言，故程、李説在圈外；然程子謂「失正理」却接得上「人心亡」之説緊，「無序不和」亦是禮樂之本，故在李氏前。

林放章

「本」字，昔日作本始説，看來不若作本原説，言本原則始意在其中。「本」字既可與「文」字對，而末流之弊亦可對言之，與《集注》「禮之全體」亦無礙。

「易」，「節文習熟」也。喪禮言易，是於送死之禮，如飯含、歛殯之節，擗踊之數，皆習熟而無差；如此固是好，然但一心只是要行禮節，於哀戚未必盡情。蓋但知有繁文，而不知其本。喪親者，人子與親一旦永訣，自是哀痛入骨髓，皇皇如醉如夢，只理會得哭泣哀慕，雖知有許多禮節，亦未暇盡行。故古者喪必有相，凡禮儀皆相者掌之，若喪親者，只如他事行禮一般，行一番過，於骨肉之恩，似不相關。

喪禮節文，自屬纊、沐浴、飯含、殮殯、葬祭之節，擗踊之數，衰麻冠屝〔一三〕之等，飲食居處之常，凡爲喪事，從初終以至祥禫，皆是。屝，父沸反。

《集注》「哀痛」，見於貌者；「慘怛」，發於心者。

「禮貴得中」而下四句，爲此章之主。夫子以儉、戚答其本，而禮之中乃在奢儉、易戚之間，須看「與其」「寧」三字，是聖人正意。

范氏祭、喪兩節，《檀弓》全文，子路聞夫子之言也，抑揚之意，正與此章相類，故取以爲説。彼言喪禮在上，此順經文，而祭則禮之首也，故易置先後。

楊氏取《禮運》「汙尊」「抔飲」之言説得「儉」字出。汙尊，謂鑿地汙下以爲尊；抔飲，謂以手掬而飲也。

夷狄章

有君亡君，主於位而言有之無之也。故《集注》曰：「不如諸夏僭亂，無上下之分。」此全責於臣，是夫子正意。尹氏之言是責其君，推説也。

泰山章

《周禮・大宗伯》：「國有大故，則旅上帝及四望。」鄭《注》：「故，謂凶烖。旅，陳也，陳其祭事以祈焉，禮不如祀之備。」此説「旅」字亦恐未爲的當。《禹貢》兩言「旅」皆祭山也，豈亦故耶？

大夫行諸侯之禮固是僭，但當時已四分魯國，季氏取二，孟、叔各一，魯君無民亦無賦，雖欲祭不可得。季氏既專魯，則凡魯當行典禮皆自爲之。「旅泰山」，若代魯行士耳，亦不自知其僭，冉有誠不能救也。欲正之，則必使季氏復其大夫之舊，魯之政一歸於公，然後可，此豈冉有之力可能？故以實告孔子，孔子亦不再責冉有，而自嘆也。倘冉有必欲不染季氏之惡，則如閔子辭其仕可也。

《集注》「不輕絶人」句絶，「盡己之心」一句是言聖人。

君子無爭章

射有三，大射、賓射、燕射。天子、諸侯、卿、大夫皆有之，士則無大射而有賓射、燕射也。大射爲祭祀射，王將有郊廟之士，以射擇諸侯羣臣與邦國所貢之士，諸侯則擇其臣，大夫擇邑宰家臣。凡射中者得與於祭，不中者不得與於祭。與祭多者則有慶，慶以地；不與祭多者則有讓，削其地。故君子必習於射也。射必有耦，天子六，畿内諸侯四，畿外諸侯六，大夫三。凡耦各服其所宜服，袒、決、遂，而立堂下阼階之東南隅，西面。射時，隅同出次，西面，揖；旋轉，當阼階，北面，揖；行至階下，北面，揖；然後升堂，南面，當序而立於物以射。樂作，射者容體欲比於禮，其節欲比於樂，各發四矢，以較勝負，一揖而復位，俟衆耦升射皆如上儀。畢。司射命設豐于西楹之西。勝者之子弟洗觶，酌酒，奠于豐上。勝者乃揖，不勝者升堂。勝者袒、决、遂，執張弓；不勝者襲，説决，拾，卻左手，右加弛弓於其上。如前三揖，至階。勝者先升堂，少右；不勝者至豐，北面坐，取觶立飲，卒觶。坐，奠於豐下〔一四〕，興揖。不勝者先降。凡飲酒，賓主勸酬，必拜以送爵。今不勝者自飲，而無送爵勸飲之意，以是爲罰。説音脱。

巧笑章

子夏只是疑「素以爲絢兮」一句作「以素爲絢」意，故問。按字書，采成文曰絢，會五采以畫曰繪。本意是説，用素以爲絢，謂先有素却絢之，故夫子荅之以繪畫之事在素功之後。《詩》意上二句賦體，下一句比體，謂女人有倩盼好質，然後加服飾之盛，方成其美。素比倩盼之質，絢比加服飾之意，只在第三句内，不是《集注》添此一層説。

《禮器》曰「甘受和」云云。「苟無忠信之人，則禮不虚道。」楊氏引其文，略改作「苟無其質，禮不虚行」，行即道也。

杞宋章

《樂記》曰：「武王克殷，及商。下車而封夏后氏之後於杞，投殷之後於宋。」《皇王大紀》曰：「封夏后氏之後東婁公於杞，封紂子武庚於殷。」此事實也，與《尚書》《史記》合。《樂記》之言，記者之失也。武王崩，成王幼，周公居冢宰攝政，武庚乃與三叔比，流言以撼周公。周公居東監邊兵，及天動威，彰周公德，成王悟，迎周公以歸，於是武庚、三叔叛。周公乃奉成王誅武庚，然後封微子於宋，以奉殷祀。宋爲故亳，商之舊都也。封微子乃在克商十年之後。此其實也。

禘自章

王者立始祖之廟，百世不遷，宗廟之最尊者也。然諸侯亦有始祖〔一五〕廟，而君子報本之意無窮，故王者又推始祖〔一六〕之所自出之帝以祀之。蓋帝者又得姓受命之始也。然世數既遠，不可以立廟，則祭於始祖之廟，而以始祖配之。凡廟各有主，皆居室中東面之位而獨尊；禘則於始祖廟中特設所自出之主於東面，而始祖之主退居南向而配之也。禮家言「五年一禘〔一七〕」，蓋以「三年一祫」比例爲説。《春秋纂例》謂其年數或每年，或數年，未可知也。

武王崩，成王幼，三監與殷叛。周公以叔父之親，冢宰之任，誅之而天下定，制禮作樂，以教化百世。周公薨，成王思其勳勞，命魯公祀周公以天子之禮樂。説見《明堂位》。故魯推周公所自出之帝而祭文王於太廟，以周公配之。《通鑑外紀》謂「魯惠公使宰讓請郊廟之禮於天子，王使史角往，魯公止之」。《路史》謂「惠公之止之，是周不與之矣」。不與而魯用郊，自用之也。然則魯之郊廟，皆後世之僭而附會爲《明堂位》之説歟？不然，孔子何以曰「魯之郊禘，非禮也，周公其衰矣」？

灌用秬黍釀酒，以鬱金草十葉爲貫，百二十貫爲築以煮之。臼以椈，杵以梧，以檮之而和酒中，其香暢達，故謂之鬱鬯。用圭瓚盛之，於始祭之時，灌之於地，使香氣達九泉以求其神，然後迎牲。

魂魄者，人身之靈也。孔子曰：「氣也者，神之盛也；魄也者，鬼之盛也。合鬼與神，教之至也。」鄭氏《注》：「氣謂嘘吸出入者也，耳目之聰明爲魄，合鬼神而祭之，聖人之教致之也。」蓋凡人身之精明皆魄也，聰明特舉其類爾。如心之能記，口之能言，手足之能運動，皆魄之所爲。其所以使之能如是者，則魂〔一八〕所爲即氣也。故魂與魄合，則能運用而爲人；魂魄離，則氣升魄降而死矣。祭者，必合已散之魂魄而來享。故燔燎馨薌，覸以蕭光，以報氣也；薦黍稷，羞肺肝，覸以俠甒，加以鬱鬯，以報魄也。馨香上達，故以求魂；鬱鬯下達，故以求魄，各從其類也。覸音諫。俠音夾。

《禮運》：「孔子曰：『我欲觀夏道，是故之杞，而不足徵也，吾得《夏時》焉。我欲觀殷道，是故之宋，而不足徵也，吾得《坤乾》焉。』」又曰：「嗚呼，哀哉！我觀周道，幽、厲傷之，吾舍魯何適矣。魯之郊、禘，非禮也，周公其衰矣！杞之郊也，禹也；宋之郊也，契也：是天子之事守也。故天子祭天地，諸侯祭社稷。」

禘之説章

《集注》「報本追遠」，祭宗廟者皆然，惟禘爲最深；「仁孝誠敬」，祭宗廟者皆宜盡，惟禘爲當至。「深」字與「至」字相應，皆説禘祭處，切不可輕讀過。

祭而鬼享，則誠爲不虚，始祖之所自出而欲感格之。故非「仁孝誠敬」，不足以與如知禘之意；而誠意仁心，足以格此神，則以此而應天下之事，何有？故曰知其説者，如示諸掌。

仁誠是體，孝敬是用，合此二者，然後可禘。仁誠所該者廣，孝敬獨主禘言。自仁誠中發出孝敬一節，既足以感禘祭之祖，則仁誠之發以應他事，何所不當？

「仁孝誠敬」四字極精深。孝敬主於禘，仁誠關之於天下。禘者，孝敬自仁誠之本發出，則禘固全四者。治天下而以心之至誠而盡夫仁，則何士不極其當乎？有此四字，方見禘與天下是一貫。夫子所謂知此而盡天下者，正在此。仔細體認。

祭如在章

「祭如在」當爲在存之在，有士死如士生之意。

媚奥章

自堂從户入室，户内東南隅爲窔，東北爲宧，西北爲屋漏，西南爲奥。入户，目之所視，先見宧；次轉屋漏；以及西南隅，爲最深之地，故曰奥。窔音杳。

《集注》「五祀」：春户，夏竈，季夏中霤，秋門，冬行。

《月令》：「春祀户，夏祀竈，季夏祀中霤，秋祀門，冬祀行。」《注》：「春陽氣出，祀之於户，内陽也。夏陽氣盛，熱於外，祀於竈，從熱類也。中霤猶中室也，土主中央，而神在室，古者複穴，故名室爲霤。秋陰氣出，祀之於門，外陰也。冬陰盛，寒於水，祀於行，從辟除之類也。」《注》又引逸禮《中霤禮》曰：「凡祭五祀於廟，用特牲，有主有尸，皆先設席于奥。祀户之禮，設主于户内之西，乃制脾及腎爲俎，奠于主北，又設盛于俎西，祭黍稷、祭肉、祭醴，皆三；既祭，徹之，更陳鼎俎，設饌于筵前，迎尸，略如祭宗廟之儀。竈在廟門外之東，祀竈之禮，先席於門之奥，設主于竈陘，乃制肺及心肝爲俎，奠于主西，設盛于俎南，祭黍、肉、醴，餘如祀户之禮。祀中霤之禮，設主于牖下，乃制心及肺、肝爲俎，祭肉，他皆如户禮。祀門之禮，設主于門左樞，乃制肝及肺、心爲俎，奠于主南，設盛于俎東，他如竈禮。行在廟門外之西爲軷壤，厚二寸，廣五尺，輪四尺，設主于軷上，乃制腎及脾爲俎，奠于主南，設盛于俎東，祭肉，他如門禮。」以上皆《中霤禮》文。《疏》曰：「祭户，祭中霤，在廟室之中，先設席於廟堂之奥。若祀竈、門、行，皆在廟門外，先設席於廟門之奥。」「特牲者，特牛也，諸侯或亦當然。大夫或特羊也。既三祭，移主於初設奥之筵上，乃出户迎尸，入即筵而坐也。門之奥，謂廟門外西室之奥也。竈陘，竈邊承器之物，以土爲之。鼎當陳於廟門室之前，稍東西向，以俎就鼎，載肉入設於筵前。盛則設于俎南。中霤之主設于廟室牖内之下。」按，五祀之主，户主、中霤主北向，門主、行主南向，竈主西向。

《疏》又曰：「《月令》五祀，蓋殷禮也。周天子則七祀，加司命與厲，此見《祭法篇》。諸侯五祀，曰司命、中霤、國門、國行、公厲。大夫三祀，曰族厲，曰門，曰行。適士二祀，曰門、行。庶士、庶人立一祀，或户或竈。」

《周禮・宫正》注：「祭七祀於宫中。」則又與上廟祭之説不同。

射不主皮章

凡射必有的，其總名曰侯。天子中之，能服諸侯。諸侯、大夫、士中之，得爲諸侯。故曰侯。天子三侯，虎侯、熊侯、豹侯；諸侯二侯，熊侯、豹侯；大夫麋侯；士豻侯。凡射有三，大射、賓射、燕射。凡侯皆以布爲之，其形必方，每三分之以爲飾。大射之侯，其外一分，以其名之皮飾之；虎侯用虎皮，熊侯用熊皮。其中三分之一，又用其皮綴於中爲射之的，故曰棲皮爲鵠。賓射之侯，外亦用皮飾，其中三分之一則用彩色畫，謂之正。天子五正，内朱，次白、蒼、黄、玄；諸侯三正，朱、白、蒼；大夫、士二正，朱、緑。燕射之侯，外亦用皮飾，其中三分之一，天子則白質而畫其獸頭，諸侯丹質而畫其獸頭，謂先就布上上顔色了，却畫其獸。大夫、士則止就布上畫之，故曰畫布爲正。今《集注》中凡言畫布爲正，是以賓射、燕射之侯言；棲皮爲鵠，是以大射之侯言也。然古禮中又自有主皮之射，庶人爲之，於冬田獵分禽時用之，與此章注内意不同。又有貫革之射，軍旅用之。

《樂記》：「武王散軍而郊射[一九]，左射《貍首》，右射《騶虞》，而貫革之射息也；裨冕搢笏，而虎賁之士説劍也。」散軍謂起而伐紂者，皆散而歸民，郊射謂爲射宫於郊。「左，東學也；右，西學也。《貍首》《騶虞》，以歌爲節。」此言行禮射而息武射，所以虎賁之士皆説劍而服裨冕搢笏也。說音脱。

告朔章

古者以竹簡爲書，蓋十二月作十二簡，故每月至朔日告廟，請本月之簡而行之朝廷及國中。簡上想只是書朔之日辰及節氣。

朔之爲言蘇也，謂月之魄已滿，明皆盡，至晦日而死矣。月之一日，明乃復生，是死而復蘇也。

兩「其」字指告朔而言。謂爾愛其告朔之羊，以爲無實而妄費；我則愛其告朔之禮，恐因此名而後可復其實。

《玉藻》：「天子玄冕，聽朔於南門之外。諸侯皮弁，聽朔於大廟。」鄭氏《注》：「南門謂國門也。天子明堂在國之陽，每月就其時之堂而聽朔焉。凡聽朔，必以特牲告其帝及神，配以文王、武王。諸侯皮弁，下天子也。」《周禮》：「大史頒告朔于邦國」，《疏》謂「朔者，以十二月曆及政令，若《月令》之書。諸侯受之，縣之於中門，市日斂之，藏於祖廟，月月用羊，告而受行之。」《春秋》文公六年《公羊傳》注：「諸侯受十二月朔政於天子，藏于大祖廟，每月朔朝廟，使大夫南面奉天子命，君北面而受之。」《左傳疏》：「特羊告廟，謂之告朔。人君即以此日視此朔之政，謂之視朔。視朔者，聽治此月之政，亦謂之聽朔。」杜預《釋例》曰：「聖人因月朔朝廟，遷坐正位，乃會群吏而聽大政，考其所行，非徒議將然也，乃所以考已然也。」此章是魯事，故《集注》止言諸侯之禮。

關雎章

《關雎》詩，是文王宫中人知后妃之德，欲求以爲王配，既得之，而作此詩。求之未得，則有寤寐反側之思；求之既得，則有琴瑟鐘鼓之樂。哀樂皆是宫中人，不是就文王身上説，所以不淫不傷。「樂」主第三章言，「哀」主第二章言。

《關雎》第二章，是追言文王娶大姒，已有成説，但未至宫中之時思之也。寤寐而思，皆主大姒，非泛然思得内主也。

問社章

《周禮》《禮記》之文及諸儒之説，大抵社所以祭五土之示，而以勾龍配。勾龍者，古諸侯共工氏之子也，有平水土之功。王爲群姓立社曰大社，王自爲立社曰王社；諸侯爲百姓立社曰國社，自爲立社曰侯社；士大夫以下成群立社曰置社。王之大社，則土五色而冒以黄；諸侯之國社，則受其方色之土於天子而苴以茅。其位則中門之右，其壝則北面，其飾則不屋，其表則樹其土之所宜木，遂以名其社。其壇方五丈，諸侯半之。唐以來其主則石爲之。其祭，天子用大牢，諸侯用少牢。其日用甲。

管仲章

「三歸，臺名。」三歸，筭法也。言作臺度其基，廣袤若干尺，高若干尺，而其頂廣袤若干尺，取上下之數中折之，則其半廣袤若干尺，以爲作臺之數。

攝官者，大夫采地少，禄入不多，故家臣一人兼管數事。若不兼攝，而一人管一事，則官多俸禄亦多，大夫所得公家之禄不足供之。

此二事皆言仲之奢，以答或人之「儉」。

天子、諸侯、大夫、士之庭，皆有物以蔽内外。天子、諸侯謂之屏，以木爲之，大夫以廉，士以帷。天子設於門外，諸侯、大夫、士皆設於門内庭中。管仲位爲大夫，當用簾，亦用諸侯之屏。

列國之君，有相朝之禮，有會盟之禮。凡有好會，主國之君先設坫於堂兩楹間，延賓升堂，以爵酌酒獻酢，畢，覆爵于坫上。管仲大夫，本無此禮，今亦設之。

金先生謂「當時齊霸而管仲當國，諸侯來朝齊者，必私覿於管仲家，故設此以延之」。

此二事皆言管仲之僭，以答或人之「知禮」。

當時之人，但見管仲匡天下之功高，仰慕他不暇，忽聞夫子言他器小，不知所謂，乃疑爲儉，及夫子言仲奢，又疑爲知禮。夫子雖不明言器小，只就奢、僭兩端便見得器小處。奢、僭不能盡器小之意，乃器小中之一事。能盡《大學》之道，自然器大。

夫子屢稱管仲之仁及民受其賜，是以事業言。此章以學言。

《集注》：「器小，言其不知聖賢《大學》之道，故局量褊淺，規模卑狹，不能正身脩德，致主於王道。」《大學》之道八事，先以脩身爲本，而後及家、國、天下。蓋見理〔二〇〕既明，行事自然件件中節，不敢踰禮犯分。今管仲如此，只是格物致知工夫未到，見理不明，故爲所不當爲，踰禮犯分，凡事都要向上，不知反成小器。所謂「致主於王道」，不是要管仲輔齊桓公爲王，只是要教他行王者之道。人之大倫有五，行之各欲當於理，先王之道不過如此。人倫之中，君臣爲大。桓公雖曰尊周，亦多是自强其國，諸國貢賦多入於齊，未爲盡臣節。如周三分天下有其二以服事殷，正是王道。湯未伐桀、武王未伐紂以前，皆是王道，非謂湯、武伐桀、紂取天下爲王了方才是王道。伐桀、紂自是不得已爲之，所遇時不同耳。

《疏》：「鄉飲酒是鄉大夫之禮，尊於房户間；燕禮是燕己之臣子，尊於東楹之西。若兩君相敵，則尊於兩楹之間，故坫在兩楹間也。主君獻賓，賓筵前受爵，飲畢，反虛爵於坫上，西階上拜，主人阼階上答拜。賓於坫取爵，洗爵，酌以酢主人。主人受爵，飲畢，反虛爵坫上。主人阼階上拜，賓答拜。」

語樂章

孔子自衛反魯，正樂時告大師之言。大要樂聲翕合，須要純和，不可背戾。八音之中，金聲最高，竹、革之聲次之，匏音次之，絲音又次之，石音最低。作樂八音皆和，聲聲俱見，不可使聲高掩聲下者，故曰「皦如」。既各自要分曉，又恐聲音不相合，意思不相聯屬，故又曰「繹如」。

本注止具訓詁，不言旨意；謝氏之説章意皆具，而置圈外，朱子必有意也。今玩經文，蓋「始」「從」「成」爲作樂三節，「翕」及「純」「皦」及「繹」乃三節中之節奏。樂之作，八音並起，其聲急促，翕然以合，此樂之始也。及入調既深，則放〔二二〕令悠緩，却要八音和合，如出於一，所謂「八音克諧」；雖是合一，却又要每器之聲各各明皦俱見，不可高掩下，濁亂清，所謂「無相奪倫」，此樂之中也。及曲將畢，則收拾歸宿，有紬繹相續不絕之意，此樂之終也。大抵「翕」之後，繼之以「純」「皦」，又繼之以「繹」，「從」則非「翕」，「繹」則不「從」，此蓋經之本旨而朱子之意也。謝氏「五音六律」爲主，以「翕」「純」「皦」「繹」皆指此言，而見於一時，樂之始終皆然，蓋又一義，則於「始」「從」「成」三字稍緩者，在圈外，其爲是歟？

八音：金，鐘也。石，磬也。絲，琴、瑟也。竹，笛、管、簫、篪之類。匏，蒲也。笙，竽也。笙、竽之下用匏，上却用竹。土，塤也。革，鼓也。木，柷、敔也。

儀封人章

魯定公十四年，孔子行攝相事，「與聞國政」，而「齊人歸女樂」。孔子乃去魯適衛，過儀，其此時歟？

《論語》中，當時隱君子見孔子者七人，儀封人、晨門、長沮、桀溺、荷蓧丈人、荷蕢、楚狂接輿。獨儀封人見得聖人意趣，其餘惟知以隱爲高，與孔子意不相合。

韶武章

古者帝王得天下，必作樂祭天地鬼神，以告成功。《韶》，紹也，舜受堯禪，故作樂見繼紹之意，其樂詞與樂聲、舞態必皆有紹意。武王伐紂得天下，故作樂，亦見征伐之意。《韶》樂今不能知。《樂記》言《武》樂有「發揚蹈厲」之容，「夾振」「駟伐」之事，是於樂中見用武戰鬭之意。舜、武皆聖人，不是征伐便不及堯、舜，然禪讓氣象自是好，征伐氣象自是不及，故曰《武》未盡善。發揚蹈厲是武態，奮發揚起步蹈而有猛奮之容。夾振駟伐，駟即「四」字，夾振謂夾舞者振鐸以爲節。《武》舞凡六奏，每四伐，一擊一刺爲一伐。

居上不寬章

居人上當寬，行禮當敬，臨喪當哀。能寬、敬、哀了，却於寬、敬、哀中觀其得失，不是寬、敬、哀之外觀其他事。

里仁第四

約樂章

聖賢言「不仁」字不同。如曰「君子而不仁者有矣夫」，是未能盡全體之仁者，此「不仁」字至輕；曰「不使不仁者加乎其身」，是未盡善之事不使及身，此「不仁」字亦輕。如曰「不仁哉梁惠王」「不仁者可與言哉」，皆是言失其心德者，此「不仁」字至重。此章所謂「不仁者」，雖是言不能全心德之人，然聖人語〔三〕意，亦是言曾知學而未深造者，故乍處「約」「樂」，亦能自守，但不能久長處之耳。此「不仁」字，雖未如前兩「不仁」字，而比後兩「不仁」則有間矣。

《集注》：「約，窮困也。」窮是不達，困是貧窘。聖人「約」「樂」是互舉，蓋久約者必憂，富貴然後樂。《集注》「久約必濫，久樂必淫」，二字皆以水喻。濫，是泛濫如水散漫，收殺不得底意；淫，是水過滿而流出之意。蓋不仁者久約則憂患，而諂諛卑屈之態生，苟且邪僻之行作；久富貴則佚樂，而驕矜縱誕之氣長，踰節陵分之事興。約者日流於卑下，樂者日過於僭躐，是濫與淫意象。上蔡「一」「二」之説，形容「安仁」「利仁」精深，在乎體認。

好惡章

此章緊要是兩「能」字，其次要看兩「人」字。蓋人之善惡有大小、幽顯、誠僞不同，須是察得他真，然後好惡之，而其好惡則輕重、進退纖毫不差，故曰能好惡人。如《大學》中言，可見大綱。《集注》「無私心」「當於理」是合内外言之，必盡二者然後謂之「能」。

凡仁者必智，非智不能行仁，故纔説仁人，便是有知者。知人善惡者，智也；好惡之者，仁也。

富貴章

古者封建井田之法行，貴然後富。非有才德勳勞者不得位；若才德稱其位，雖如舜、禹，舉一即爲百揆、司空，亦處之不疑。後世富貴自是兩途。如國家設科取士，而已可應科且或仕者，品格已及，而遷除合宜，及貨財義所當得者，皆是以道而得富貴；不以道得富貴，若誦屈、巧圖、貪冒、掊歛，君子自無此。《或問》謂「一時不期得之。如『孔子主我，衛卿可得』，『行一不義，殺一不辜，而得天下』之類」是也。貧賤以道得之，如不能立身，不守法度，博奕、好飲酒、鬭狠〔一三〕、奢縱之類，是得貧賤之道，君子自無此；士不以其道得之，謂水火、盜賊及無辜爲人所累之類。我既不爲得貧賤之道而得之，是命分所遭，君子則安命，不妄求去此；若求去貧賤，却是不以道得富貴，逆天違命，何足爲君子？仁者天下之正理，君子惟遵正理而行，則不以道得之富貴貧賤，自然不處不去。此上是取舍大分，下面「終食」「造次」「顛沛」三節，一節密似一節，只是隨事隨時存養工夫。

此章雖「富貴」「貧賤」對説，其實總言「安貧賤」耳。不處富貴是擇義，不去貧賤是安命。進則由義，退則樂天，其行仁之君子。

章内兩「去」字皆當作去聲讀，謂違，「去仁」即下文「違仁」也。俗作上聲讀者非，上聲讀者是除去之義。仁是心德，如何除得了？

《集注》「審富貴」，要見義明；「安貧賤」，要守命固。圈外要看「然後」「則其」四字。蓋君子先要取舍分明；若取舍不明決，則此身所處全在非義之中，雖有存養工夫，何益？如屠者禮佛，倡家講禮耳，故曰「然後」。若平日存養纖悉必當理，至遇當取處自然明決，故曰「則其」。前「密」字亦緊要，謂身之所居既正，則存養者始皆無滲漏也。

我未見章

四等人：前好仁、惡不仁皆是行仁成德，故同稱，未見；次是一日用力行仁者，未見；三是昏弱欲用力而力不足者，亦未見。

「好仁者」「惡不仁者」皆是行仁之人，但其資質氣象自有不同爾。「好仁者」如顏子，「惡不仁者」如孟子。明言「惡不仁者，其爲仁矣」，則是日以行仁爲事，但於行事常常照顧，不使一毫不仁之士見之於身，其與好仁而務於行者亦何以異？但好仁者覺自在爾，故孔子總曰「未見」，而朱子亦曰「皆成德之事」也。不可將「惡不仁者」輕看，又要看「其爲仁矣」字重，庶見得「惡不仁者」與「好仁者」相去不較遠。

「其爲仁矣」，此「矣」字不是句絶辭，是引下文之辭，故朱子作「者」字説，如經史每以「也」字起下句一般。

此章三「未見」字不同。前「未見」及章末「未之見」皆言無此人，中「未見」謂無是事。此節未見其人之意，却在「有能」「乎」三字上。

觀過章

此章雖爲觀人，然主於教人行仁也。上言過各有黨，是善惡對言；下却專舉仁説，意或可見。

《集注》以「失」「過」二字釋經「過」字。失是錯誤，過是太過，具此兩字，方盡經中「過」字之義。

吴祐言「掾以親故受汙辱之名，所謂觀過斯知仁」者，本文如此。「受汙辱之名」是指持衣自首請罪之時，「過」言私賦民錢，仁〔二四〕言市衣進父。蓋嗇夫賦民錢時，未知得汙辱之名也；及父責之而促伏罪，祐既聞之，始有汙辱之名爾。祐見其以實首衆，又能具説父言，故從而赦之，汙辱之名則不可泯矣，然終是爲父之故。故曰「觀過」「知仁」二句所指不同，讀者亦當詳之。「汙辱」本傳作「汙穢」。

聞道章

「聞道」，非謂耳聽得，直是此心與道契合。蓋於天下事物之理逐一窮究，積累之多，至於天理流行融會貫〔二五〕通處。如曾子聞一貫而「唯」，顔子聞「克己復禮」之説而「請事斯語」之時，方是聞道。

道是「事物當然之理」，既得聞之，則凡應事皆合乎禮，甚而至於死亦無不可。聖人言死，可舉其極重者言之，而應士皆在其中，非專爲死也。故《集注》以「生順」二字補明其意。

程子二條言死，恐有兩意，上條正命而死，下條死之之死。本注「生順死安」四字，混融兼包二意。

耻惡衣章

前章「苟志於仁」則「無惡」，此章「志於道」而有「惡衣惡食」之耻，可見前章是「苟」字緊要。道即仁也，士若苟志於道，必不爲外物所動矣。此見聖人言語一字之嚴，而學者不可以不誠也。

無適章

《集注》「專主」是「適」字正訓，謝氏「適，可也」是對「莫，不可」説。「心無所住」，佛氏之學正欲如此，與無「適」「莫」全不同。他無所住，只是要不著物，學天下萬物皆是累，故必此心當是湛然，無纖毫點染；無「適」「莫」者，有義爲之主。「無可無不可」者，義在可則可，義在不可則不可爾；心無住者，應事則可亦可，不可亦可也。何獨應變不同於聖人，其應常亦未嘗有同也。蓋聖人用物，釋氏忘身，冰炭自不可相入。「無可無不可之間」，謂可之間與不可之間，看義在何處，非二者之間是義也。

懷德章

德者，人得於天之善理，即《大學》所謂「明德」。君子常切思懷，念念不忘，欲至於至善之地；小人不知有此，徇其欲心，惟思自逸，不能遷善以成德。君子常念刑法之可畏，而自守其身，不至於犯之；小人但思惠利之所在，不能擇義，惟務苟得，雖有刑法在前亦不顧。《集注》此章「之間」字與上章「之間」不同，却是公與私二者之間，幾微分別。行向公則

「懷德」「懷刑」，向私便「懷土」「懷惠」。學者正要就此之間上用功，使心路不可流向私邊去。

禮讓章

此章與「人而不仁，如禮何」語意相類。上兩「禮」字總天理、節文、人事、儀則言，下「禮」字獨言節文制度。言人能用敬讓之實心行禮以治國，何難之有？不用敬讓之實心行禮以治國，雖有制度節文，尚奈不得他何，如何治得國？

一貫章

孔子言「吾道」，曾子言「夫子之道」，讀者要見夫子是以身教，而在門者皆就聖人之身而學，非是論説義理而已。

一貫，譬如以索貫錢，雖千萬錢之多，只一索可以盡貫；天下事物雖無窮，却只是一箇道理貫串在裏面。理之原出於天，在天地雖渾然至大，而事事物物各自不同，其理亦流行寓其中，每事物中理雖不同，然只是天理一箇大原頭分析來，所以謂之一理貫萬事。但理〔二六〕雖同，須是就一事一物上看得透，行得徹，及萬事萬物上皆如此，然後可見總會處。聖人固是生知，如曾子亦是先逐事物上窮究力行，義理純熟，積累得多，夫子只把一言融會他零碎底成一片段。若於事物上不曾見得道理，便説一貫，只是虚談；窮事物之理既多，不知一貫之義，却又窒塞。

一理貫萬事，固是説事物雖衆，只是一箇道理。此言「吾道一以貫之」，是就聖人應事處説；須要體認得聖人之心全是理，行出處全是道，如此方是「吾道一〔二七〕以貫之」。若只説萬理一原，却只是論造化云爾〔二八〕，與此章意不相似。

曾子平日於夫子所爲隨事精察力行，但見一事是一理，猶覺費力，故夫子言我所行之道是一理〔二九〕以貫萬事，是使曾子達此理〔三〇〕而見之行事，以身先者告之也。曾子既聞夫子之言，一時融繹通徹，洞見天地萬物原委，渾然之大而纖悉粲然，條葉之繁而本根有在，自是行事之間便可入此境，尚何疑之有？既以一「唯」當之，隨即融化「忠恕」以告門人。夫子謂之「一貫」，而曾子謂之「忠恕」，只是此一語便見得真契此旨矣。是亦以身所先得者教門人見之行事也。大率此章不可專作「知」看，正是説「行」處意多。

「忠恕」二字，上承夫子，下接門人。曾子平日用功於忠恕〔三一〕，今既造一貫之理〔三二〕矣，則門人勉夫「忠恕」，豈不足以踐此地乎？

「而已矣」三字要看得有力。要見得學者以「忠恕〔三三〕」體「一貫」，真可以見其實；行「忠恕」造「一貫」，真可以達其境。

《集注》「推己」二字是「恕」之正訓。忠恕本是學者之事，曾子爲門人未能達「一貫」之旨，故借平日講明「忠恕」二字，以釋「一貫」之義。大凡恕與仁只分生熟，生者是恕，熟者是仁。恕須推己，以己推度它人。仁只安行。一貫是聖人事，仁道也，若以恕行之，推得熟，亦至於安行。故「忠恕」解「一貫」最切近。

上言「至誠無息」，是以天地之至誠無息，喻夫子之「一理[三四]渾然」；「萬物各得其所」，是以天地之生萬物各得其所，喻夫子之「泛應曲當」。下言「至誠無息者，道之體」，是言夫子之心至誠無息，乃「道之體」；「萬物各得其所」，是言夫子之應萬事各得其所，爲「道之用」。各有所指，當細玩。

「忠恕一貫」以下，「天道」「人道」「大本達道」皆是借用，非《中庸》本義。《中庸》謂誠者天道，「不勉而中，不思而得，從容中道，聖人也」；誠之者，人道；擇善而固執，賢者之事也。此借以形容曾子所言「忠恕」，皆就聖人上說。蓋「忠」以心之體統言，即上文「至誠無息」之意，故曰「天道」；「恕」以及物處言，然合事物上盡其義，即前「泛應曲當」之意，故曰「人道」。如《中庸》，天道則自然及物，人道則隨事精察而力行。聖人之恕，雖不待擇，不待執，終是就每事上見[三五]之。勉齋謂「聖人之忠是天之天，聖人之恕是天之人」，意可見矣。若《中庸》之「大本」，謂喜怒哀樂未發之中；此忠是心之全體真實，非獨未發者也，然乃恕之本，故亦可以「大本」言。大抵因曾子借「忠恕」形容「一貫」，恐學者疑之，所以多是借說以明義。理固可借用，非獨「忠恕」而已。如下文言天道，亦有忠恕之意同。

圈外第一條，作四節看：「以己及物，仁也」是一節，言聖人之事。「推己」至「不遠是也」是一節，爲恕之正義。「忠恕一以貫之」至「大本達道也」是一節，發明聖人之忠恕。「此與違道」以下是一節，繳上三節：「此」字指忠恕一貫；以下言「違道不遠」，繳第二節；「動以天」，又繳回〔三六〕「以己及物」一句上。

圈外一條言聖人之忠恕，二條言天道之忠恕，三條總言一貫忠恕，而以學者忠恕結之。蓋聖人止言「一貫」，而曾子却言「忠恕」。忠恕本是學者事，故朱子以程子之言緝類而發明之，言學者忠恕是勉强，聖人忠恕是自然；非惟聖人可以忠恕言，天地亦可以忠恕言，又過於曾子高一級説。乃見以「忠恕」解「一貫」，無所不可。謂「忠恕」即「一貫」，則學者與聖人無異。而古來未嘗以忠恕語〔三七〕聖人，謂「忠恕」非「一貫」，而曾子曰「而已矣」，爲截然一定之論。故程子盡力發明，以補其義。學者且於門人問曾子言時説始，則以「忠恕」可體聖人之「一貫」，行之純熟，則由「忠恕」可達聖人之「一貫」。

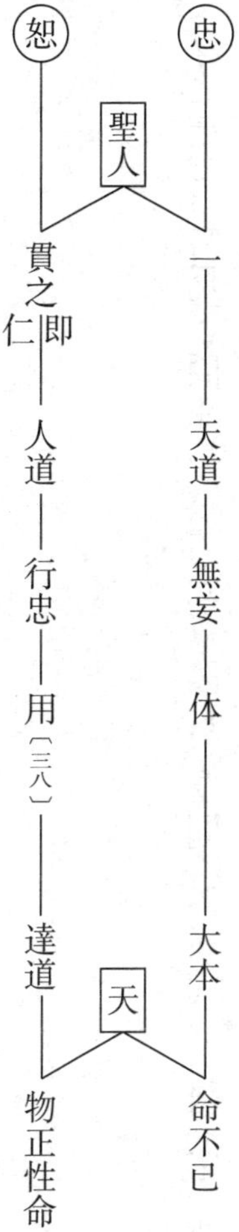

事君數章

事君、交友之道，所當爲者固非一端。此章以君、友同言，又同一「數」字，所以專主諫爭説。

【校記】

〔一〕固，諸本作「同」。按，許謙《詩集傳名物鈔》卷五《采芑》引《司馬法》作「固守衣裝五人」，據改。

〔二〕二，底本殘泐作「一」，據影元本、瞿本、胡本、何本補。

〔三〕理，底本作「厘」。按，許謙《讀論語叢説》卷下《不知命章》：「有天理之命，有氣數之命」。據胡本改。

〔四〕無，底本作「舞」。據明抄本朱批、胡本改。

〔五〕尅，底本作「冠」，據胡本改。

〔六〕雖，底本作「難」。據明抄本朱批、胡本、何本校改。

〔七〕天，底本作「大」，據明抄本、胡本改。

〔八〕益，底本作「蓋」，據胡本改。

〔九〕典，底本作「興」。據明抄本朱批、胡本、何本校改。
〔一〇〕六，底本作「四」，據明抄本、胡本改。
〔一一〕底本「申」字下原衍「閔公」二字，據胡本删。
〔一二〕二，底本作「一」，據明抄本、胡本、何本改。
〔一三〕扉，底本作「扉」，下「扉父沸反」之「扉」亦作「扉」。據胡本改。
〔一四〕下，諸本皆脱。按，《儀禮·鄉射禮》，「不勝者進，北面坐，取豐上之觶，興，少退立，卒觶，進坐，奠于豐下，興揖。不勝者先降。」據補。
〔一五〕祖，底本作「禮」，據明抄本、胡本、何本改。
〔一六〕祖，底本作「禮」。據明抄本朱批、胡本、何本改。
〔一七〕褅，底本作「祫」，據胡本改。
〔一八〕魂，底本殘泐，似「魄」字。據胡本改。
〔一九〕射，底本作「社」，據胡本及本條下文「郊射，謂爲射宫於郊」改。
〔二〇〕理，底本作「禮」。據明抄本朱批、胡本改。
〔二一〕放，底本作「於」，據胡本改。
〔二二〕語，底本作「吾」，據胡本改。
〔二三〕狠，底本作「狼」，據文意徑改。
〔二四〕仁，底本殘泐。據明抄本補。

〔二五〕貫，底本殘泐，據明抄本、胡本、何本補。
〔二六〕理，底本作「禮」。據明抄本改。
〔二七〕一，底本作「之」。據明抄本朱批、胡本改。
〔二八〕爾，底本作「小」。據明抄本朱批、胡本改。
〔二九〕理，底本作「禮」，據明抄本、胡本改。
〔三〇〕理，底本作「禮」，據明抄本、胡本改。
〔三一〕恕，底本作「怒」，據影元本、明抄本、胡本、何本改。
〔三二〕理，底本作「禮」，據明抄本改。
〔三三〕恕，底本作「怒」，據明抄本、胡本、何本改。
〔三四〕理，底本作「禮」，據明抄本、胡本改。
〔三五〕見，底本作「文」，據胡本改。
〔三六〕繳回，底本漫漶，據明抄本補。
〔三七〕語，底本作「吾」，據胡本改。
〔三八〕用，底本作「川」，據明抄本、胡本改。

讀論語叢説卷中

東陽許謙

公冶長第五

公冶長章

擇婿之意，全在「可妻也」上。下面却言長雖曾「在縲絏」，自是爲人所誣累，非長實有罪，則縲絏不足污其行。聖人非是就縲絏非罪上取，只是因而説起，解内外之惑。《集注》有「又言」兩字，極分得伶俐。

疏曰：《家語》：「南宫縚，魯人，字子容。」《史記》：「南宫括，字子容。」鄭注《檀弓》：「南宫縚，南宫閲也。」然則名縚，名括，又名閲。閲，《左傳》作「説」，字子容。氏南宫。孟僖子仲孫貜之子，懿子何忌之兄也。

此章兩節，要見不是一時説話，其意便自分曉。《集注》「其必有以取之矣」。「其」字，指長也。「取之」，猶言得之，言長取之也。謂聖人言其可妻，是必長有德而有以得聖人此言矣。若云「聖人有取乎長」，則不須用「其」字。

子賤章

「君子哉若人」，贊子賤有君子之德。「魯無君子者，斯焉取斯？」贊魯國多賢。作兩節看，《集注》有「又言」兩字分曉。

《集注》「厚之至」。言稱人之善既厚矣，「必本其父兄師友」，是尤厚也，故曰「厚之至」。

瑚璉章

《明堂位》「夏后氏之四璉，殷之六瑚」。包氏注《論語》、杜氏注《左傳》，皆云夏曰瑚，殷曰璉。未詳。

《集注》「貴」言宗廟之器，「重」言盛黍稷之器，蓋祭祀以粢盛爲上也。「華美」言飾以玉。

不佞章

上「焉用佞」，蓋泛言；下「焉用佞」，以專言仲弓。「禦人」兩句，是言不可佞，而説「焉用佞」一句在上。「不知其仁」是言仲弓，而以「焉用佞」繼之。《集注》「重厚簡默」四字，是就聖人及或人詞氣，并「南面」章内描畫〔二〕出來。或人未識仁體，而又以有口才爲賢，故見其「重厚」，即以爲仁而稱之，見其「簡默」，以爲「不佞」而少之。

漆雕開章

此章專主知言。

開只就見地頭説，只是格物工夫未透徹，所以於天下之理未能盡信，故不從聖人之使。謝氏言「心術之微」，却是就「存心」上説，於「信」字上説得重。程子前條説開已見道體匡廓，而節目尚欠，未能充滿，故曰「已見大意」，是就開欠處説；後條説開於已知之理則事事洞徹，其未及者故未能信，故曰「見道分明」，是就開實有處説。

道不行章

或曰：《集注》謂夫子見「子路勇於義，故謂其能從己」。夫子以子路爲道果不行而必當浮海，能决去就之義而從己乎？抑以能盡事三如一之道，而致死以衛己乎？曰：隨身所在以致死，固子路之所優爲，而聖人之意則不在是也。道不行而浮海，聖人不得已之言。居中國而因時進退，君子之常情也。今聖人忽幡然去此而取彼，即義之所在矣，非篤信聖人而勇於義者能之乎？故夫子獨許子路也。子路之喜，正喜許己之行義與聖人同心，非在事三之義也。

孟武伯章

武伯見聖人專教人行仁，而不知仁之體段，故就門人中舉以爲問，非泛論人才之謂也。觀其再問與歷舉三人問可見。

「不知」者，非謂三子皆不能行仁也，但未至全體之仁耳，一事之仁則有之。武伯獨舉「仁」字爲問，非全體渾然者不足以當，故夫子但可總言「不知」而已，固不可遍指其平日所行某事爲仁、某事爲不仁也。就所舉治賦、爲宰、爲行人而無失，即隨事之仁矣。

古注於「不知也」下有「仁道至大，不可全名」一句，好。

《集注》「日月至焉，或在或亡」，注在第一箇「不知」字下，只得指子路而言，蓋兼包下二人在內。

「日月至焉」，指行之出入乎仁而言。「或在或亡」，指德之存亡乎心而言。

聞一知十章

「一」、「十」，「一」、「二」，只就每事上説。顔子聞事理之始，即洞見底藴，皆造其極，子貢但能就近推去耳。「一」、「十」字，只是始終字。

晝寢章

天地之炁，晝夜運行不息，晝陽夜陰，晝舒散夜收斂。人法則天地，故白晝用事，夜則寢臥，收斂神氣，以爲晝之用。蓋不收斂，則無以發揚。晝則勤於事爲，何況君子尤不可昏惰。《易》曰「君子終日乾乾」，謂當法天道之不息也。宰予晝寢，宜乎深責之。朽木、糞墻，比志氣昏惰，不是言資質卑下。不可雕、杇，比教無所施〔二〕。

申棖章

君子之心，所存惟禮義，故堅强不屈於事物之下，如孟子所謂「富貴不能淫，貧賤不能移，威武不能屈」。欲則爲事物所屈，是心裏見他好了便貪他，此心隨他去，是他爲主，我心爲客。是心柔了，安得爲剛？

理之明，自然能勝物者，謂之剛；私之萌，求勝於物者，謂之欲。

剛只是勇於行義。中棖想是倔强好勝之人，故爲「欲」。

大意見事合義處，勇於必行。有一毫不合義處，決不爲。

《集注》「志」字，當爲看此章之主，有志於理義則不爲物所屈，無志則心逐物移。及「勝」字、「揜」字、「伸」字、「屈」字最是眼目字，當詳玩，則「剛」「欲」之辨自明。

我不欲章

愚竊以爲子貢若曰「我不欲人之加諸我也，吾亦無加諸人」，則全是仁矣。今猶有「欲」字，辭炁亦自用力。但又有「無」字，則爲過也。恐子貢只是脩辭未盡善爾。夫子聞其「無」字，便言「非爾所及」，蓋恐其錯擔當了。試如此詳味看，如何？

孔文子章

聖人垂訓，句句是醫病良方，讀者不可泛觀，須件件將來反身自省，方有益。若此章，只是因孔文子之謚以答子貢之疑耳，於己何預？況孔圉自是惡人，何足稱道？若能自反，則是學者大戒也。天資敏鋭，必視學爲易，而不能細索深求，精思篤好。至於「恥下問」，節目尤多，貴者恃位恥問賤，富者恃財恥問貧，年高者恥問幼，能皆恥問不能，多恥問寡，凡此皆是切中學者之急病。如是則文子自是可師，當自省而痛治之。又當思文子雖勤學好問，而其制行，乃近於禽獸，蓋務知而不行也。故學者則宜知、行兼用其力，而不可少緩。又文子之行極惡，而以勤學好問，尚得謚爲「文」，而免名曰「幽」「厲」，則知而篤行者，所以流芳百世，又可知矣。凡此一事，作戒數端，學者以此意讀書，則所謂「三人必有我師」，而皆可以進德矣。

今《逸周書·謚法》篇，是學勤好問爲「文」。

子産章

《集注》吴氏之言未盡公，恐斷當不殺此二人，想朱子只是取以爲觀聖人論人之言之法爾。

居蔡章

古注：「蔡，國君之守龜，出蔡地，因以爲名。長尺有二寸。」今按「因以爲名」，非謂龜必得之蔡也。

《漢·食貨志》「元龜爲蔡，非四民所得居」，「元龜長尺二寸，公龜九寸，侯龜七寸，子龜五寸」。「公龜」以下不知此名所自來。

《疏》云：「山節藻梲，天子廟飾。」

《考證》云：「『《禮記》：『管仲山節藻梲，君子以爲濫。』以此例之，則『山節藻梲』似指宫廟之僭侈，與『居蔡』各一事。」此説恐長。蓋二者皆是僭，而於事無益，徒取僭上之罪，故同歸於不智。

令尹子文章

子張舉子文、文子事實爲問，故聖人只就所問而名之曰「忠」、「清」，固未論二子平日百行也。然就所問者，亦未見其絶無人欲之私，故雖一事之仁亦不許。圈外叙二子之行，雖是亦就所問上舉其失，然終在無喜愠、「告新令尹」，去國擇地之外。今讀此章，且就子張所問，内觀其「忠」、「清」，休首先把二子平生行事美惡看，恐於聖人之言難體認。

子文非文子所及，於無喜愠上見之，此難於容僞。《集注》云「其忠盛矣」、「可謂清矣」，固有問也。

《集注》：「當理而無私心，則仁。」

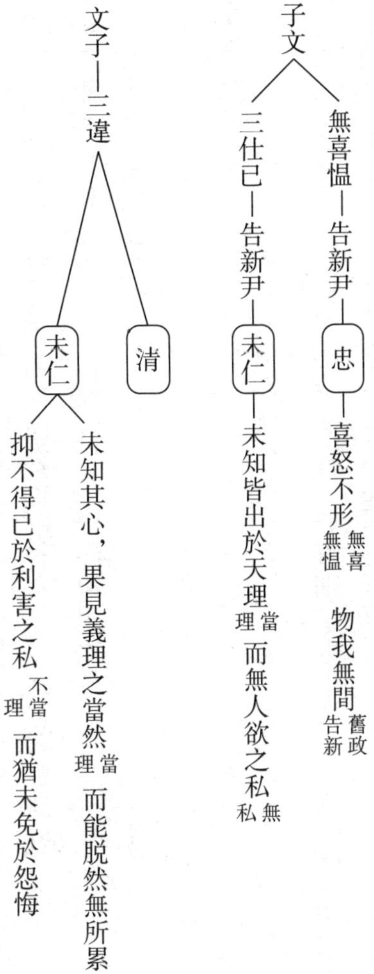

子文盡心於本國，自是忠；只是所以盡心者，非當理而無私欲，故〔三〕未仁。文子一時棄富而出，自是清；只是未必果見義理必如此而脱然無累，故未仁。此是專就所問上論。若論全體，則二人之身渾在利欲中，雖有一善，不得爲仁也。

本注及圈外，「今以是」以下至「真無私心」，是就子張所問事上論二人之未仁；「他書考之」以下至「亦可見矣」，是就二人凡事上論其未仁。

三思章

此章當用格物工夫，在「思」之前，理既明，則所思可善；若未明理，再思也未合理，百思也未合理。聖人只就文子上斷其「思」之過，而格物之道自然見於言外。《左傳》文公六年：「秋，季文子將聘於晉，使求遭喪之禮以行。其人曰：『將焉用之？』文子曰：『備豫不虞，古之善教也。求而無之，實難。過求，何害？』」杜氏《注》：「行父聞晉侯有疾故也。」所謂「文子三思」。《疏》：「《聘禮》，出使唯以幣物而行，無別齎遭喪之禮。」

圈外發明「再思」意思。恐人不明理而妄處事必有失，故用此意補之。唯窮理則能思，思則必中，既中便果斷行之。窮理在未思之前，果斷在再思之後。

圈外季文子事，《考證》詳之。

乞醯章

凡舉一言，以蔽一人之行，皆是以全體言。若直則是平生行事，無一件私曲，方可稱直之名。今微生高縱饒他事皆直，只此事之不直，便不可言直了。

本注就本事上言，程子就心術上言，范氏又推他事上言。所謂「一介取予，千駟萬鍾可知」，是推演説開去，不是正言微生高，看來高自無此等失。范氏是教人謹心術細微處。

足恭章

《集注》：「謝氏曰：『二者之可恥，有甚於穿窬。』」蓋爲盜者，莫夜穿窬，猶有畏人之心，此二者白晝通衢對面謾人，公然無忌憚，以君子視之，可恥之甚。

朱子言「若微生高之心，久之便做此等可恥事來」，此亦是戒學者於細微事不可不謹。人心路要熟，若一時小事不謹，把做無緊要，行來行去，到大事亦以爲常，終爲惡人。學者工夫皆是如此。若凡小善件件致力，則行來行去，到大事亦以爲常，終爲君子矣。

顔淵季路章

此章聖人、顔子氣象，以《集注》觀之，尚可體認；唯子路之意，須要識取。南軒先生謂「人之不仁，病於有己」，故雖衣服飲食之間，此意未嘗不存。蓋仁者心體廓然，人我無間，程子所謂與物共者也。常人之有己，於衣服車馬所常服御者，必存心計較彼我，則大於此者固可知。故子路於日用上除去私狹，氣象廓然，同人，則其他亦無往而不弘廣矣。須看程子言「豈可以勢利拘？亞於浴沂」辭氣，不可只泥「車馬」「輕裘」看子路。

雍也第六

雍也章

仲弓言行無所考，前篇或人許其「仁」，又稱其「不佞」。此章自言「居敬」，四科以「德行」稱。故《集注》於前章言仲弓「重厚簡默」，此章言「寬洪簡重」，是模寫仲弓之德。夫子許其可南面者，意蓋如此，謂有德足以爲民之上也。「南面」，但謂可居位長民，不必重看。古之有德者必有位，諸侯皆天子所命，而附庸之地不及五十里，亦皆以有功德者居之。楚尚欲以書社地封孔子，則南面之説，正不必以僭爲嫌。

夫子謂仲弓有德，可以「臨民」，而仲弓謂伯子大略與己相類，故以爲問。看來伯子是寡言簡直率易之人，聖人乃獨於「簡」許之。

《集注》「僅可而有所未盡之辭」，但訓「可也」之「可」，而「可使」之「可」不與。蓋「可也」之下繼以「簡」字，而「可使南面」四字連文，故所指有輕重不同。然書凡言「可也」則是僅可意。獨言「可」字而上下有所指者又不可同一律，如「可以死」「可以無死」之類，當隨文觀。

「居敬」，以脩身言。《集注》：「自處以敬，則中有主而自治嚴。」「中有主」是説以敬存心，「自治嚴」是説以敬治身也。「中無主而自治疏」亦兼内外説，「行簡」却是説事。

朱子謂「自處以敬，則中有主而自治嚴」，程子謂「居敬則心中無物」。一言有，一言無，似相抵捂。蓋「有」以理言，「無」以欲言，則二説正相發。

「所行自簡」，又轉一轉，不是經文正意。

好學章

此章《集注》甚詳，而《通釋》亦甚密，當玩。

「不遷怒二過」，是好學之效。人之七情，惟怒發之暴而難制，故尤爲難克。顔子於當怒而怒之，隨即雪消冰釋，無一點留滯意。故夫子舉其難者，則情之發皆合於中和矣。

《集注》「克己」二字，是説此章骨子。己，固是私，要看得私字分明。蓋人有此身，便與物對；人專把皮膚包定這些血氣，便是我；有我便要用物，專一取物，以供我所欲，所謂己也。但狹小與天地之氣不能相入，只是專欲尊己，不把人做事，故怒遷向他人，亦不以爲事，做事差失，亦以爲無緊要。我若改却屈己以從物矣，若勝去得此私，則心量廣大，不見我尊於人，所以怒不敢輕加人，作事亦不敢過失，究其極，則聖人之無我也。但顔子之己甚輕，非如衆人之己；然略有私意，即與天地不相似，惟克得盡，故能「不遷」「不貳」也。

「克己」是脩身總目，「不遷貳」只是「非禮勿動」，一端中之兩事耳。此言克己後功效如此也。

鑑照妍媸之喻，不説見處，正説行處。「應之」者，應事也。

「聖人之道」，不是一串意，是言學至聖人底方法。下文「學之道」「學之得其道」可見。

「天地儲精」，以氣言。「五行之秀」，兼氣與理言。「其本也」至五常，言得五行之理以爲性。「本」只是本體。「真」言性。「静」是未發。「形既生」，言得五行之氣以成形。「外物」以下至七情，言情之所以生。「情既熾而益蕩，其性鑿」，言發不中節，則喪其真。「故學〔四〕者」以下，方是工夫。緊要只是「約」字：約情合中者，「正其心」也，「正其心」者，「養其性」也，作一串説下；然又當以「致知」爲先，故曰「先明諸心，知所往」；下面「力行」雖是就事上説，其實只是「約其情」。

「學之得其道」，言聖人教他就「四勿」用功，此正是學底方法。下二「不」却兼效言。「記誦文辭」，便是學不得其方法。

請粟章

此章大意，説不當與而與，不當辭而辭，二者雖皆未合中道，原思是過於厚者。二人皆弟子也，師命以事，而區區以利禄爲急，是何心哉？原思辭之誠是；然聖人行事必合中道，故雖辭不許。宰守一職，自有必得常俸，辭之反爲私意，故不許之。子華使齊，若孔子居位時以公事使之，則子華爲家臣，自有常禄。若非居位時以私事使之，則子華富家，爲師出行，何必求利？然此非子華之過，乃冉有之過也。

犂牛章

一章之中爲義不一。聖人稱仲弓之德，門人聞之，當效其進德也；仲弓聞之，當愈進脩，造其極也。人欲勿用，山川不舍，有德必見用於世也；「犂牛之子騂角」，德不繫世類也；父有惡，子當脩德以揜之也；用人者不當論其世也。聖人之言，廣大如此。諸章亦多，在人推看，但不可穿鑿爾。

不違仁章

顏子「三月不違」，是乍違於仁。「日月至焉」，是乍至於仁。二者正相反。

仁者，天地之生意也；人得此生意而存於心，萬善備具，則謂之德；能體而全之，無少虧欠，是能存其本有之德也。故總謂之「心之德」。則「心即仁」，是指道心言之也。朱子既以此訓「仁」字，又曰「心不違仁者，無私欲而有其德」，此兼人心言之也。張子曰：「合性與知覺，有心之名。」所謂「無私欲」是就「知覺」上言，「有其德」是全其性爾。蓋知覺者應事之本，而性則萬事之則也。若全無私欲，則此心渾是義理，動静皆仁，少有私欲之間便違於仁矣。夫子不曰「回也，三月不違仁」，而言「回也，其心三月不違仁」：若獨言「不違仁」，可就應事上論；言「其心」，則貫動静，徹内外，無非天理也。

内外，且以屋喻。顏子心與理融，事皆中道，時有小私意動，隨即克除，又只在仁裏，如人居室内爲主，暫出而歸。「其餘」，心與理二，勉而行之，時乎於一事去得私意盡，所行皆合天理之公，或一日一至，或一月一至，少間又自有私意起，而非仁矣，如人在屋外而爲客，暫到屋中，隨即出去。

季康子問章

「從政」，謂「爲大夫」。蓋大政小事，在國爲政，在家爲事。季氏專魯，蓋以國事與家臣謀之，以冉有退朝謂「有政」觀之可見。季氏正欲得家臣與謀國事，故歷問孔子門人，非謂即欲使爲大夫也。

伯牛疾章

古人之屋共是三間，外爲堂，而内爲室，室中爲寢處。自堂入室，左户右牖，凡卧在北墉下；臣有疾，君視之，則遷床於南牖之下，使君入於室中而得南面視之，存北面之意。伯牛之家，尊孔子如君。孔子問疾，故亦遷於南牖之下，使孔子得南面而視之。夫子不敢當君臨臣之禮，故不入室中，乃自堂上就牖中執其手，與之訣。

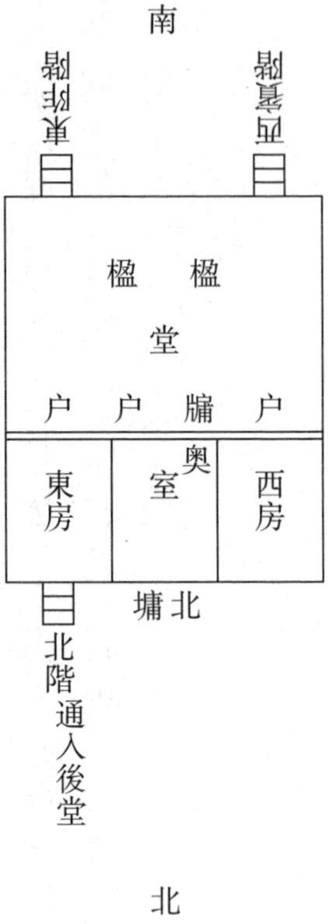

古宮室之制，大意如此，上下同之，但位尊者堂高廣，基謂之堂。位卑者堂低狹。如天子高九尺，諸侯七尺，大夫五尺，士三尺之類。位高者偏室多，如後大寢、小寢、東西夾、左右塾之類。大夫、士則惟有東房，無西房。

簞瓢章

盈天地之間，惟萬物莫非至理之流行，生意充塞，固與人心無間也。君子由道而行，則何往非樂？「三月不違仁」，或可想見顏子之樂，「簞」「瓢」「陋巷」，豈足改之邪？

《集注》周子令程子尋孔顏樂處，意猶在「知」上。朱子則教人學顏子之學，行之久而有得，則我亦自有顏子之樂矣。

冉求章

爲學之道，先立志，欲求至於聖賢，却隨事只管低頭做將去，曉一分道理，便行一分道理，一邊明理，一邊力行，都不要計較功效。須要見得聖人亦是人做，我亦可學而至；學之所以未至者，只是理未明，行未力耳。長持此心，篤志行之，自少至老不倦，到頭却隨人力量高下，見其成功淺深，最不可作界限。

君子儒章

當看《考證》。

武城宰章

《集注》「飲射讀法」。《周禮·大司徒》「以鄉三物教民」，而賓興賢能，故有鄉飲酒之禮，此行於鄉學者也；又《黨正》「國索鬼神而祭祀，則以禮屬民而飲酒于序，以正齒位」，此行於黨學者也。「射」，鄉射也。《周禮・鄉大夫》「以鄉射之禮五物詢衆庶」。《州長》「春、秋以禮會民，射于州序」。「讀法」：《周禮・州長》一歲四讀法：正月之吉，各屬州民讀法，「以考其德行、道藝而勸之，糾其過惡而戒之」；若歲時祭祀州社，則讀法亦如之；正歲則讀教法。《黨正》一歲十讀法：四時孟月吉日，屬民讀邦法，以糾戒之；「春秋祭禜，亦如之」；「正歲，屬民讀法，而書其德行道藝」。《族師》一歲十四讀法：月吉，屬民讀邦法，書其孝、友、睦婣、有道者；「春秋祭酺，亦如之」。《閭胥》讀法不可數，「凡春秋之祭祀、役、政、喪紀之類聚衆庶，既比則讀法，書其敬、敏、任、恤者」。

「正大」總言二事。「無苟邪」言行不由徑。「無賤媚」言非公事不至室。「苟賤」「邪媚」皆就章外反説形容。上言「正大之情」，可見是子羽之心凡百正大，因此二事可見其凡。下言無苟賤、邪媚，亦是二子平日無之之意。

祝鮀章

「今之世」三字重看。古之世必尚誠而不尚諛，好德而不好色。今之世乃好諛説色，所以可嘆也。

不由户章

自室出於堂必由户，非户不可出也。道者，天理之當然，人必當由之而不可背，亦猶出不由户，則無可出之路矣。行不由道，則悖禮傷義，必不可也。人何故不從道而行乎？深惜其失，而勉之以正也。

道，只是人當行底大路。如子之當孝，父之當慈，兄當友，弟當恭。人皆可曉，但不肯行。故聖人謂當從户出，既知之，即由之，當從道行。既曉了，何故不行？正爲道與人相去本不遠，自不肯行耳。故以户爲喻最切，須就「何莫由」三字上詳味旨意。此聖人哀人之自失而勉之也。

質勝章

史官記事，雖據事實而書，必須造辭述意；其記人之言，亦必爲美辭文飾之，非盡當時之本語也。故曰「誠或不足」。

人生也直章

天以善理生人，人得此理以生，其理本直，凡行事皆當合理。若不合理，則與天之生意不相關，是理已絶，死之道也，而又生於世者，幸然免死爾。謂具人之形，事當順理，違天自絶，不可生於人世。

知之者章

「知」有兩等：一等只是知有道如此好，一等曾用致知工夫而深知至理之所在。上知淺，下知深。「好」是知而行之者，「樂」則安行有得於心而樂也。

《集注》「知有此道也」，「知道」字，輕看，作總説謂知斯道之高美亦可；重看，作就每事物上知其至理之所在亦可。下兩節，皆作此兩意推。

中人章

質與學兩言之。

問知仁章

《通釋》曰：「夫子既告之以所當爲，復戒之以所不當爲，使其志存於此而念絶於彼。」此語包二者皆全。

《集注》「知」者言「事」，「仁」者言「心」。「事」字指「務民」義重；「心」只是言存心當如此，其實「先難」只是民義。此章大約上以「知」言，下以「行」言也。

知者樂水章

天地萬物，巨細高下，無非至理，徹頭徹尾，通貫周流，無纖毫不足處。知者知之，極其心於物理，無少礙滯，不留查滓，融會流通；而水之爲物，流行不滞，而其漸漬浹洽，大無不遍，小無不入，與此心相類：故樂水而其體動，其效則樂。仁者之應物，各當其極，不過物各付物，而已無私焉，其理則一，定不可移；而以存心言，則全體自有渾厚安重之意象：故樂山而其體静，其效自然壽。然所謂壽，非必如堯、舜、禹、湯然後謂之壽也，蓋受命於天，其壽夭固有一定，不可易，人能知命，而保其天之所以與我者，全而歸之，是壽已。若立於巖墻之下與桎梏而死，則是我夭之矣，非正命也。由是觀之，則雖顔子亦壽也。

博文約禮章

博文則能知聖賢之成法，識事理之當然。約禮則收斂歸之於身，而爲脩行之實。若泛泛學文而不約之以禮，則於己無相關。既能博文，又以約禮，爲自己之行，方可進德。「約」是收束向身意思。《集注》：「約，要也。」《通釋》曰：「博，謂泛而取之，以極其廣。約，謂反而束之，以極其要。」此語精切。

見南子章

天者，理之所自出。言「天厭之」者，是事背於理，理與己不相關也。子路惡惡不汙，聖人無可無不可。見惡人而不累其德，唯聖人能然。若學者則當以子路爲法，見惡不可不遠。

中庸之爲德章

饒雙峰云：「此章上句有『之爲德也』四字，以中庸之德言也；《中庸》無此四字，以中庸之道言也。以『德』言，則不必言『能』，而能在其中，故此章十句無『能』字；以道言，則有能知、不能知，能行、不能行，故彼章下句不可無『能』字。此章言『民鮮』此德，是以世教之衰，民不興行而然；彼章言『民鮮』能此道，是以氣質之異，有過不及而然。此章『久矣』，是言近世如此；彼章『久矣』，是言自古如此。」

《集注》「中者，無過不及」，「不及」是未至於中，「過」是過於中去，此是把兩意影出「中」字，只是行事件件合天理，到恰好處。「庸，平常也」，「平」是平正，「常」是常久之道，此是把兩字正説「庸」字。行事平正便可常久，才好奇欹側便不可常久。總而言之，惟「中」故可「庸」，「中」而又可「庸」，方是此爲德之至。非聖人不能「中」之，故曰「民鮮」。觀「民鮮久」之言，則古之有是德者蓋多矣。

博施章

「博施」，謂施惠廣博。病博施，且如分井受田，豈不欲多與它田？蓋土地有限，人生無窮，故一夫之田，夏止五十畝，殷止七十畝，周止百畝，欲多不可得。又豈不欲都把與百姓？而國家之用不可無，故一井之中，其中爲公田。又如前代賜民田租，非不欲盡賜，又有國家之用，故止賜一半。此等處，雖堯舜亦不能如意，此病博施之類。病濟衆，《集注》言之甚明。

「博，廣也」，猶多也。「博施」是每人與之多，「濟衆」是人人皆博施。「濟衆」，大概以地言，天之所覆，地之所載，含齒戴髮者皆濟之，是衆也。

「聖」只是行仁至極處，盡仁之道。「聖」與「仁」，不是兩等人。

己欲立達而立達人，所謂以己及人，仁也。近取譬，所謂推己及人，恕也。上出於自然，下出於勉强。

學者只是欲學爲仁，古時未嘗有人言仁之本義分明，故孔子門弟子往往問仁。子貢亦未知仁之體段，故以此爲問，然所問地步太廣遠；此是聖人有位者方可言此，而猶恐未足；若學者如此爲仁，則終身不可至。故孔子既非之，而又教之。第一節言爲仁功用之極，第二節言仁之本體，第三節言學者求仁之方法。

述而第七

德不脩章

講學是此章之要。既學，又須是去講論然後明，義理皆自講學中來。講既明了，則知德之所以脩，義之所在而徙，有不善者而改之。若不先講學，則三者皆不知當爲之，則只作知行看。徙義、改不善，是脩德之目。

志道章

志道，是專心致志在日用當行之道，念念在此，爲之不厭。「道」字雖指行，然所以求知其所當然者，意亦在其中。

志道據德，積累久之，然後至依仁地位。「志」「據」二者常並行，依仁則志之久、據之固而心德全，但長存養而不息耳。

四句雖前三者是一連，後一節與上對，然人之爲學，只是要全一箇「仁」字。上三者應事處工夫，至不與物接時，便要游藝。游藝，一是未知者欲求知，已知者欲習熟；一是應事之隙，欲心不少放。二者皆是欲全乎心德爾。以此觀之，不可全然截斷作兩段看也。

《集注》「知此而心必之焉」。爲道主於行，所以特著「知」字在上，知在行前也。若未知者則求知之，亦在「志」字意内。

「他岐」，不特是異端，是正道上行，無過不及差誤處。謂志之專，見之明，行之正，如行路，若認程途分曉，到交逹九逹處，亦自能循當往之途無錯也。

「日新之功」，是補意周備以明經旨。蓋據德不是守舊，正謂志道而有得，即堅守不忘，遇再應如前事，則以所執者復見之行事，則前所據者又有「日新之功」矣。

「依者，不違之謂」；《或問》亦言「不違仁，吾於顔子之事既言之矣」：是依仁，即顔子之「不違仁」也。然則此章工夫，全在志道、據德上，至依仁只是存養爾。「據」，既是執守之意，是行道有得了，只是堅守而勿失，則此句就有德而言。然則工夫又全在「志於道」一句上。「志於道」，不是道在彼，我心却在此專思之、欲至之之謂。既謂之道，正就行上説，是謂專心致志於日用常行處行其道。故既行之，便有可據之德。積德既深，則常操存此心，使天理流行，不至妄〔五〕作。此「依」則比顔子「不違」稍用力爾。「三月不違仁」，順辭也。「依於仁」，勸辭也。至於「游藝」，即志〔六〕道、據德之方，而防其違仁之隙也。

「私欲盡去而心德之全」。蓋德之積累，自少至多，積之既久，則百行皆善而德備。德既備，則是私欲全去，故曰「工夫至此」。此句是接「仁」字說，下「無終食之違」方是說「依」字。「存養」，是正說「依」字意。

「禮樂」，體大學者，日用行不能盡，故兼玩繹其「文」。「射」「御」「書」「數」，既學之即能，惟常常玩習之，故曰「法」。

「應務有餘」「心無所放」，是游藝兩件得效處。「應務有餘」，在志道、據德之間；「心無所放」，恐依仁之有間也。

此章「道」、「德」、「仁」、「藝」指其實，工夫全在「志」、「據」、「依」、「游」。「先後之序」，說上四字，謂志然後可據，據然後可依，依後又須游。「輕重之倫」，說下四字，前三者重，藝爲輕。「本」指三者，「末」指藝。志、據、依養其「内」，游養其「外」。「無少間隙」「涵泳從容」，皆指游藝意思多。「忽不自知入聖賢之域」，亦游藝意多。前三者皆用力以全仁，游藝則補其隙，而有浸漬漸磨之功矣。

束脩章

事師就養無方，束脩其至薄者，故著以「上」字。聖人言語，自無滲漏類如此。

《集注》：「脩，脯也。」《周禮·膳夫》「肉脩」，《疏》：「加薑桂鍛治者謂之脩，不加薑桂以鹽乾之謂之脯。」

憤悱章

既憤悱而啓發之，則感之深，守之固。未能憤悱而教之，出於勉强，終不濟事。雖能憤悱而告之，又須舉一隅而能三隅反，然後及他事。若未能反而又告之，則學者倚靠箇請問，都不自去推充。天下事理無窮，如何教得盡？自能推充，方是爲學。不是聖人吝於教人，聖人凡百只是提箇綱領與人，使人自去理會。

用舍章

用舍以身言，行藏以道言，「是」字正指行藏之道而言。人用我，則行其所藏之道於外；人舍我不用，則藏其所行之道於身。惟孔、顔有此可行可藏之道。

行藏字，不比仕隱字。行謂見之行事，藏謂卷而懷之。看下「有是」二字，則行藏意便自見。《集注》取尹氏「行藏安於所遇」，雖若不甚分曉，然《語録》已明言夫子與顔淵有可行、有可藏之意，則以此意看「行藏安於所遇」一句，亦自包含盡。嘗謂《集注》難讀，初把淺近意思來看，固若無差，及後來看得較深，會注意亦合，又久而看得較愈深，則意又不出朱子之外。蓋不唯聖人之言廣大淵深，而朱子體會精至，不可輕易看過也。

《通釋》曰：「暴固是徒搏，馮固是徒涉，然二者皆有慢侮侵陵之意。」

富可求章

「如不可求」一句，上添一「其」字，下添一「何」字，則語意自明。

子所慎章

古之祭祀必齋。未祭之先，散齋七日，齋於外；致齋三日，齋於內。散齋，不御，不樂，不吊；致齋，則居於齋室之中，不茹葷，不飲酒，不接事物，惟思所祭鬼神。《禮記》所謂「思其居處，思其笑語，思其志意，思其所樂，思其所嗜」者是也。

爲衛君章

衛君父子争國，夷、齊兄弟讓國，故子貢引之以爲問。若孔子不許夷、齊，則出公或聖人之所容；若聖人許夷、齊，則出公爲聖人所棄矣。及答之曰「賢人」，則又問曰「怨乎」，所謂怨非必形於辭氣之間，但其心有不得已之意則爲怨矣。《集注》謂「伯夷以父命爲尊，叔齊以天倫爲重」。陳北溪問：「在伯夷，則兄弟繫於己，而父命繫於公，權之則父命尊而兄弟卑。在叔齊，則父命繫於己，而天倫繫於公，權之則天倫重而父命輕否？」朱子答曰：「以天下公義裁之，則天倫重而父命輕。以人子之分言之，則又不可分輕重，但各認取自家不利便處退一步。」由是觀之，則是夷、齊之心，皆以爲必當逃，而惟恐國家來累及於己，無一毫不得已而出之意。是所謂「求合天理之正，即乎人心之安」，而無怨者也。

子貢之問，以争國、讓國相反，以求聖人之心。而《集注》亦以夷、齊逃國之事，以明其無怨，而中間忽突入「扣馬事」三十二字，何耶？蓋子貢之問止曰夷、齊「何人」及「怨乎」，而未嘗言逃國之事。夫子答之亦止曰「賢人」與「何怨」，亦未嘗專指逃國而言也。聖人蓋以夷、齊平生心事而答之，而平生大事，無大於逃國、餓死二事者。然則夷、齊微諫伐、餓死之事，則何以必知其逃國之無怨乎？安知夫子不并以此事斷之爲無怨也？故《集注》不得不入此段，而後惟以逃國事論此章之旨。

飯疏食章

此章似專以「飯疏」「飲水」言所處地位，「曲肱而枕」是就此地位中平居之容也。故程子亦止曰「非樂疏食飲水也」。然聖人之言，亦不可閑放一句過，「曲肱而枕」亦見得無所事事之意。蓋上二句固言貧，而此句或指賤而言也。

此聖人就所居地位言其樂。若聖人居富貴，則樂亦在富貴；居夷狄、患難，則樂亦莫不在其中。即君子無入不自得之意。

聖人但言不義富貴，若富貴以義來，則舜受堯之天下不爲泰。

孔、顏之樂相類而有不同。言「不改其樂」而著「顏子」於上，是簞、瓢、陋巷，不改顏子之樂也；言樂在其中，而連食水、曲肱之下，是孔子之樂在食水、曲肱之中也。顏子不改其樂，是顏子之樂，不爲外物所改。蓋顏子惟知自有其樂，不知有憂也；聖人樂在其中，是無所往而非樂也。譬之然火，顏子如然燭而紗籠罩之，雖有風來不曾動得它光明；孔子如然燎炬在空中，任風自來，隨風都有許多光焰。此顏子具體而微，顏則守之，而孔則化之也。程子以「不能改其樂」釋「樂在其中」，精神全在「能」字上，與「不改其樂」自不同，當味。

學易章

《集注》「消長」者，陰陽之機；「吉凶」者，陰陽之應；「進退」者，人事也；「存亡」，則進退得失之極也。天陽長陰消，吉道也；陰長陽消，凶道也。然陽雖吉，失位或凶；陰雖凶，得位亦吉。是消長中各自有吉凶之理。君子學《易》，隨各卦之時事位義，驗其消長而明其吉凶，以爲身之進退。進退合其宜則存，失其宜則亡。「吉凶消長」有定而不可移，故曰「理」。「進退存亡」人行之，故曰「道」。

「使知其不可不學」，是先説下〔七〕「可以無大過」。「又不可以易而學」，是覆説上「假我數年」。平誦聖人之言，所謂「無大過」，亦兼有於《易》道無過之義，《集注》引《史記》「於《易》則彬彬」之説，固含此意。下只明用《易》而已。「無過」説，是爲學者修己處切。

雅言章

《集注》「理情性」、「道政事」、「謹節文」，是言《詩》、《書》、禮之本體如此。情，乃性之發，情發於言而有文，成音者爲詩。故《詩》所以「理情性」，言作詩之人也，情發而爲詩，故言情在上。理其情，則是理其性也。「道」，言也。《書》所以載二帝三王之大政小事也。禮專在謹慎其品節文章，「節」言其大，「文」是節中之文也。聖人以此教人，使人却用此以理其情性，知其政事，而謹其節文，然後是用處。謂人學之，亦可以知此。

葉公問章

「憤」，是求知之切；「樂」，是行之之效；「不知老將至」，自强不息也。「全體至極，純亦不已」，言聖人之學，全體而又至於極。以一事而言，未得則憤，既得則樂，是至於極而樂也。以萬事而言，憤而樂，樂而又憤，憤而又樂，必至於全體也。其憤、樂相繼，剛健不息，是「純亦不已」也。「全體至極」，自「憤」「樂」兩句發；「純亦不已」，自「不知老至」上生。「全體」與「仲弓」章「全體不息」字同。

天生德章

「天生德」，《或問》謂「氣質清明，義理昭著」。

二三子章

此章聖人告門人不可專俟言以爲教，凡平日所行者皆教也。蓋聖人動静語默，無非天理之自然，此是體道實處，皆當審觀而反諸身，何必專待言語之教乎？蓋言與行猶隔一層，故聽言不如觀行。顏子言「仰」「鑽」「瞻」「忽」，正是就日用上諦觀而學。二三子有未達此，故夫子曉之。

《集注》雖不明説二三子待夫子言教之意，而言「聖人作、止、語、默，無非教」，意自可見。《集注》貼襯文義説，自是正意。圈外程子又是一意，言門人就聖人全體大用上學，見其道高遠不可及，有如顏子之歎「高」「堅」「前」「後」者，故聖人止就日用動静小節上指出教之。「聖人之道猶天」言全體。「俯而就之」言小節。

四教章

學文則窮物理，知古今，以爲自修之基，故以「文」爲先。既學文，則當反之於身而修行，故「行」次之。修行，當以忠信爲主，忠是發於心處，信是接物處，故「忠」又先，而「信」又次之。

注「存忠信」，「存」以心言；又曰「忠信，本也」，是忠信又爲學文修行之本也。

聖人不得見章

此章得張宣公「聖人、君子以學言，善人、有恒以質言」兩語，方看得入。但本文兩云「吾不得而見，得見，斯可矣」，言雖同而意則不同。蓋自「君子」進而不止，則可至「聖人」；「有恒」者，則不可進於「善人」也。不踐迹，亦不入於室，此善人之正訓，是資質一下生定，非積累至者。若善人肯學即至君子，有恒者能學亦可至君子。只截斷此四句看，固是夫子歎世衰無聖人、善人，而君子、有恒者亦少。然後三句雖説無恒者情狀，却正是教人學有恒之方。欲爲君子，先須有恒方可。若能反是三者，則爲有恒矣。此三者於學問、事爲、處家皆包得盡。

有恒固言資質，但學者當先學有恒，然後可至君子。此與有子言「孝弟爲仁」意同。無，絶無也。虛，未滿之意。「無而爲有」，謂本無一長而爲有之狀。「虛而爲盈」，未能充實而爲盈之狀。此二者，謂學之所到，事之所能而言。「約而爲泰」，則論貧富貴賤之事。

不知而作章

世蓋有不知理而妄作其事者，我則無是也。我惟於古人之言行，多博其聞，擇其善者，從而行之。蓋多聞則非不知，擇善而從則非妄作矣，此句正反上兩句而言之。然又自謙以爲於理未能盡知，所以下文言曰：我於今人之言行多博其見，而善惡皆記于此，以備參考，雖未足爲知之明，是亦知之次也。蓋古人言行事迹，善惡已彰，故可擇而從；今人言行，未可定其善惡，故惟記之耳。此謙而又謙之言也。

司敗問章

古者婦人皆以其姓在下，而以孟仲之次加於上，如《春秋》所書仲子、伯姬，《詩》所謂孟姜之類。子是宋姓，姬是魯姓，姜是齊姓。伯、仲、孟長幼之序。仲子宋女，伯姬魯女，孟姜齊女也。同姓爲婚姻，與禽獸無異。《春秋》之時，同姓之國雖多，婚姻之道皆不通。吴之祖太伯，文王之伯父也。魯之祖周公，文王之子也。吴、魯無婚姻之禮，昭公違禮取之，却諱取同姓之罪，字之曰孟子，欲使人把作宋女看，欲掩其惡。

古者有姓有氏，帝王則自著姓，如伏羲風姓，神農姜姓之類。人有功德者，天子則賜之姓，如黄帝之子得姓者十四人，又如堯賜太岳之姓爲姜之類是也。賜姓之外，則爲氏，氏又名曰族：或以祖父之字，如《春秋》公子展之後爲展氏，子國之後爲國氏之類；或以祖父之謚，如文王之支孫稱文氏，魯叔孫宣伯之後爲宣氏之類；或以祖父之官，如司馬、司空、倉氏、庫氏之類；後又或以國，如周、魯、齊、陳、許、趙之類是也。鄭夾漈推姓氏之由有數十端。然今何者爲姓，何者爲氏，分曉者固易知，亦難盡辨。凡出於古帝王之後有姓無氏，如上説風姓、姜姓之類是也。若其餘有氏則又有元姓，且如春秋時同姓之國如周、魯、衛、鄭、邢、茅、蔣、胙諸氏皆姬姓，又如魯之公族大夫以謚以字以官者亦皆姬姓。以此類推之，須要考究其原，方見各人姓氏分曉。秦漢以後，姓氏多亂，皆不可分别。漢有功者多賜姓劉，唐有功者多賜姓李，都是把别姓氏硬扭作劉、李，去數世後，不辨真僞。又如匈奴以漢外家姓劉，亦冒姓劉，此等尤難理會。

文吾猶人章

「文」，猶文章、威儀、文辭，皆是。「得」，是有得於己。文固亦君子之事，乃發於外者，故曰「莫吾猶人也」。若躬行者，必心有所得，乃可成君子，故曰「全未有得」。

若聖章

《集注》「博施」章曰：「仁以理言，通乎上下。聖以地言，則造其極之名也。」言仁是天理至善，上謂全體之仁，下謂隨事之仁也。聖則行仁至於極，無一事之非仁，妙而不測之謂也。此章曰「聖者，大而化之；仁，則心德之全而人道之備」，「大而化之」即聖之地也，「心德之全」「人道之備」即全體之仁也。朱子云：「『爲之』，謂爲仁聖之道。『誨人』，亦謂以此教人。」是合説。金先生云：「『聖』言德，『仁』言及物。聖人言『爲之不厭』，即作聖之事；『誨人不倦』，即及人之仁。」此是開説。如此更覺易見。

奢不孫章

「不孫」者，殺身亡國之由，「固」不過爲人所鄙而已，故「不孫」寧「固」。

子温而厲章

常人之容，温和則不嚴厲，嚴厲則少温和；無威者失之易，有威者或大過而至於猛；好禮者不能恭，能恭者又或出於勉强。聖人中和氣象，故全備。

望之儼然，即之也温，聽其言也厲，察之猶淺言之尚略。此章察之深，言之備。

《集注》：「人之德性本無不備，氣質所賦，鮮有不偏。」此言衆人，謂人性本皆全善，爲氣質不適中而偏，故性爲所蔽亦偏，其見於氣貌之間者必不得剛柔之中。「全體渾然」，應「德性本備」句。「陰陽合德」，反「氣質有偏」句。「全體渾然」，雖言德性，然謂之「渾然」，則是德性未常少爲氣質所蔽。「陰陽合德」，則陰陽二者，皆亭當和平，略無過不及之偏，是又見「渾然」意象矣。此是就聖人所稟言氣質，故著「合德」字。此「德」字只就陰陽説，非言性也。「中和之氣」，是關渾然合德説。惟其渾然合德，故其氣見於外者，自然中正和平。經言六者，是三等中和之氣。蓋親炙聖人者，始見粹然而温，却有威可畏，而又一於恭；詳而審之，則温中有嚴厲，不全於和，雖威又不太猛，使人懼慴，恭皆出於自然，絶無勉强。合而觀之，豈非中和之氣出於渾然合德者邪？

陰陽合德圖

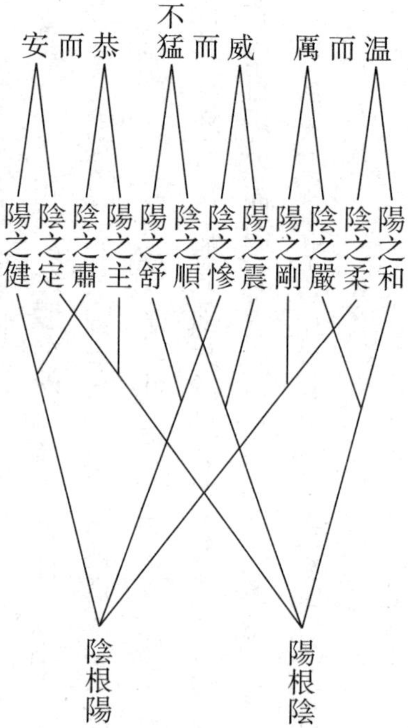

陳北溪曰：「以上三截爲陽，而下三截爲陰，似乎有合。然又以上三截爲陰，而下三截爲陽，亦似有合。未知所決。抑聖人渾是一元氣之會，無間可得而指，學者强爲之形容如是〔八〕。以其説自分三才而言，則温然有和之可挹而不可屈奪，則人之道也。儼然有威之可畏而不暴於物，則天之道也。恭順卑下而恬然無所不安，則地之道也。自陽根陰而言，則温者陽之和，厲者陰之嚴，威者陽之震，不猛者陰之順，恭者陽之主，安者陰之定。自陰根陽而言，則温者陰之柔，厲者陽之剛，威者陰之慘，不猛者陽之舒，恭者陰之肅，安者陽之健。蓋渾然無適而非中正和平之極，不可得而偏指者也。」

泰伯第八

泰伯章

《詩》言太王「實始翦商」，其意以爲周之所以滅商者，自此基之爾，非必謂太王即有滅商之謀也。蓋古公之遷邠，人從之如歸市。而《吴越春秋》云「古公居三月成城郭，一年成邑，二年成都，而民五倍其初」，仿佛帝舜氣象，則德化及於民，其勢有不可遏者。但古公遷岐在殷王小乙之末年，不久而高宗立傅説爲相中興，在位五十九年。次祖庚，立七祀。次祖甲，二十八祀，文王生。《皇王大紀》：祖甲三十一年文王生。以文王没之年考〔九〕之，非是。《書》稱祖甲「不義爲王，舊惟小人。作其即位，爰知小人之依。能保惠于庶民，不敢侮鰥寡。肆祖甲之享國，三十有三年。」自遷岐至文王生之年，已九十七年，古公壽百二十歲，後不知的於何年卒，計在文王生一二年之後。則古公始終正居商令王有道之世，翦商之志何自而生邪？文王生有聖瑞，故古公曰：「我後世當有興者，其在昌乎！」太伯知欲立季歷以傳昌，乃亡。史之可見者如此。蓋古公但言「興者其在昌」，未見有翦商之意。觀「知欲立季歷」之言，則亦未嘗明言立季歷，所謂「知」，正於「其在昌乎」一言知其意爾，其讓國也，固爲至德。而季歷之後世遂有天下。天命既欲興周，其始也非季歷，則國固太伯之國，而太伯之後有周矣，故曰「以天下讓」。夫子就成事上論其讓也，止讓國而非天下，故「民無得而稱」。惟太王始不明言立季歷，乃太伯因「其在昌」一言暗知太王之意，托採藥而去，亦無讓國之迹，所以民尤「無得而稱」，所以爲德之至也。王文憲謂《集注》朱子因舊傳修入，未及改。

啓手足章

此章作兩節看：啓手足是一節，是以已然者示門人，其平生孝謹之成效也。下二節言致謹之方，只是「戰戰兢兢」句上，是其平日惓惓於此，未嘗少懈，如臨履薄，言恐懼戒謹之狀也。

孟敬子問疾章

「動容貌」，便當遠去暴慢。不粗厲，當文雅。不放肆，當矜莊。「正顏色」，便當近於信，不可色厲而内荏。出言語聲氣，便當遠去凡陋與背理者。工夫全在「遠」「近」二字上。《集注》程子工夫在「動」「正」「出」之先，蓋平日敬義工夫純熟，至動、正、出時，自然有此效驗，則工夫意在「道」字上。朱子以「操存」二字上承程子之旨，以「省察」二字使用之於動、正、出之際，是工夫在「斯」字上。金先生謂此是成德之事，恐非敬子所及。以曾子語意，工夫只在「遠」「近」字上，使只就地頭做工夫，必欲其遠之近之。如此，則下學亦有入頭處，久而至於程子地位。

程子「暴慢斯遠」一句倒説，下「近信」「遠鄙倍」二句順説，當思所以異。

問不能章

「能」「不能」以事爲言，「多」「寡」以明理言。

謂彼之不能，固不如我之能，而彼有一能，乃我之所未能者。彼之寡聞，固不如我之多聞，而彼有少聞，適我之未聞者。故問之。

天下事理無窮，顔子雖亞聖，亦有未盡知、未盡能者，故每問於人。能與多固顔子學問之積。問不能、問寡，謂或有事理，顔子所未知、所未能，人或知之、能之，則必下問爲己益，但就他人一件長處請問，不必論此人他事皆不如我。

此章兩節，皆就己接人上説。上節主於「問」，下節主於「不校」。《集注》以「唯知義理無窮」一句總上節，而謝氏亦曰「不知有餘在我，不足在人」。「有若無，實若虛」，是其見義理之無窮所以問也。謝氏又以「非幾於無我者不能」總兩節，則皆是接人意。「有若無」，應「能問不能」一句；「實若虚」，應「多問寡」一句。

「唯知義理無窮」，智也。「不見物我有間」，仁也。言顔子體乎仁智。

託孤章

人七尺成人，「六尺」言幼也；孤者，幼而無父之稱；「百里」，言諸侯之國；託孤，謂輔幼君；寄命，謂君諒陰而臣攝國政。分而言之，爲二事説亦可。謂輔幼君，則扶植至成人，終定其位，如霍光之輔漢昭帝；攝國政，則百官總己以聽，國治民安，如伊尹之相太甲。總作一事説亦可，謂君幼而攝國政，如周公之相成王也。看人所遇之時如何，緊要在節不可奪上。

弘毅章

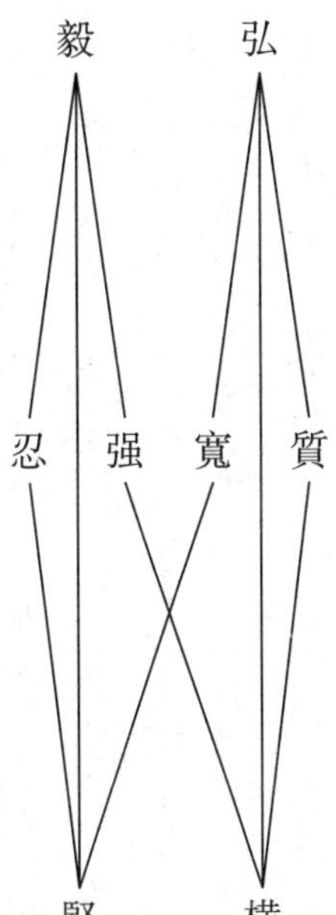

興於詩章

《集注》「《詩》本性情」，謂詩本出人性情之自然。蓋心之聲爲言，言之成文而有音韻者謂之詩，是性之動爲情而見於外者，言詩發揚己志，出於自然也。古之天子處守，采詩以觀民風，蓋擇其善者，被之弦歌，頌之邦國，如周之二《南》則用之鄉人邦國，《雅》則用之邦國朝廷，《頌》則用之宗廟。今《集注》乃言「有邪有正」，金先生謂此据《毛氏詩》言之也。變《風》變《雅》，邪者多矣。但學者既知義理，則凡見善即取爲法，見惡即取爲戒，固不必較其邪正也。此「三人行，必有師」，「擇善者從，不善者改」之意。如《春秋》善惡皆書，而自可爲法戒也。

「抑揚反復」，正言吟詠。「抑揚」是吟詠之聲。「反復」言吟詠之不已。學者於《書》，固須口誦心惟，况《詩》有音節，可以吟哦詠歎，則感於其心〔一〇〕尤速而切，故能有所興起也。

「恭」見於貌，「敬」主於心，「辭」者不受於人，「遜」者讓諸己所有；「恭敬」律於己，「辭遜」接於人：行禮以四者爲本。「節文度數」則禮之事也，品節是其大綱，文章是其小目，「度」者制度，「數」者數目多寡之□□□□皆以上四者行之也。

肌膚本有會，筋骸本有束，但不知禮，則無以固之，而懈惰散漫，遂至手足無所措，耳目無所加。能以恭敬而行節文，則動容周旋，莫非天理之流行矣。

「卓然」者，自立之貌。既守乎禮，則事物之來，皆有以應之，莫不中節，不爲其摇撼惑奪其心志矣。

「五聲十二律，更唱迭和」。《語録》曰：「謂如黄鐘爲宫，太簇爲商，姑洗爲角，林鐘爲徵，南吕爲羽。還至無射爲宫，便是黄鐘爲商，太簇爲角，中吕爲徵，林鐘爲羽。」蓋五聲十二律，皆上下相生。聲始於宫，律始於黄鐘，宫即黄鐘也。其法皆三分去一、益一，上下相生。宫之數八十一；三分去一，下生徵，爲五十四；徵三分益一，上生商，爲七十二；商三分去一，下生羽，爲四十八；羽三分益一，上生角，爲六十四。而五聲備矣。黄鐘之宫九寸；三分去一，下生林鐘；林鐘三分益一，上生太簇；太簇下生南吕，南吕上生姑洗，姑洗下生應鐘，應鐘上生蕤賓，蕤賓下生太吕，太吕上生夷則，夷則下生夾鐘，夾鐘上生無射，無射下生中吕而終焉。前所謂黄鐘爲宫至南吕爲羽五節，是從宫、商、角、徵、羽順數，其實乃黄鐘生林鐘、太簇、南吕、姑洗，依前五聲次序生去也。第二無射爲宫至林鐘，爲羽亦然。所謂「更唱」，是十二律皆可爲宫。所謂「迭和」，是十二律皆可爲徵、商、羽、角，相繼和去。

「養人性情」，言養於平日，以爲應事之本也。「邪穢」者，物欲之染。「查滓」者，氣質之偏。興《詩》立禮，則消物欲而變氣質矣。有未能凈盡者，又因樂以蕩滌消融之，而全入於中和也。

「義精」是明善至於極精。「仁熟」是行仁不假勉力。「和順道德」，如云「不違仁」也。

民可使章

民者，庶民百姓也。《或問》曰：「聖人爲禮樂刑政，皆所以使民由之也。其所以然，則莫不原於天命之性。雖學者有未易得聞，况庶民乎？」

好勇章

「人而不仁，疾之已甚」，而致「亂」，蓋教君子當知時審勢也。不仁者，固所當惡，《大學》所謂「迸諸四夷，不與同中國」，可謂甚矣，理之正也。蓋時可爲而勢足以制之，何憂其生亂乎？若非其時而勢不能誅討，徒疾惡之，則鮮有不致亂者，漢之宦者是已。君子非不惡之，不得時與勢，禍遍及於君子之身，而國併以亡，唐之末路亦類是也。聖人之言，其旨遠哉！

之才之美章

「驕」「吝」，只就才上見，是以其才美而驕吝者。「其餘」，亦指才言。此章「才」字重，是言有才無德之病，故《集注》於圈外取程子「德」字補之。

《集注》「智能技藝」。「智」，其所知者；「能」，其所能爲者；「技藝」，又是能中小節目。用此四字，方包括得「才」字義盡。

程子開説驕吝，朱子合説驕吝。氣盈歉不同時，遇一事氣盈則驕，遇一事氣歉則吝。其才於此事有所長，則矜衒誇張，以氣陵人；其才於此事有不足，則掩閟靳嗇，不欲示短於人。此是一等人。若吝本根而驕枝葉，則所以吝者乃爲驕人之地。驕是發見在外者，吝是沉潛在中者。吝是智底意思多，驕是能的意思多。若有所長，推己忠告，則人將皆知而能之，我無可以驕人矣。惟其必以自知，則人莫我測，常足以陵轢於人矣。此又是一等人。程子雙重，朱子偏重，合二説方盡驕吝氣象。

吝者則不驕，驕者則不吝。圈外「勢常相因」及「未有驕而不吝，吝而不驕」，善説者也。〔一一〕「蓋驕者吝之枝葉，吝者驕之本根」，是驕起於吝。

篤信好學章

□□□□言實□□□篤信此道，方能好學。信之不篤，則不能好學。□□□□□□事方能善道。若持守不堅固，畏死避害，則不能善道。

能篤信之，又須好學。若不學，則不知義理之極致，亦徒信而已。能守死，須是善於道。若不善於道，則有不當死而死；當用權而不用，執一不合於義，亦徒死而已。

篤信，須是能守死，不守死則所信者未篤。好學，須是善於道，不足以善道，則所好者未正。惟其信之篤，則能守之，至死不變；惟其好學，見理明，則能處事善於道。故朱子曰：「守死者篤信之效，善道者好學之功。」

大意：篤信，然後能好學；守死，然後能善道。篤信又不可不好學，守死又不可不善道。篤信須是守死，好學須是善道。惟篤信而好學，故能守死而善道。篤信好學，就「知」上說；守死善道，就「行」上說。

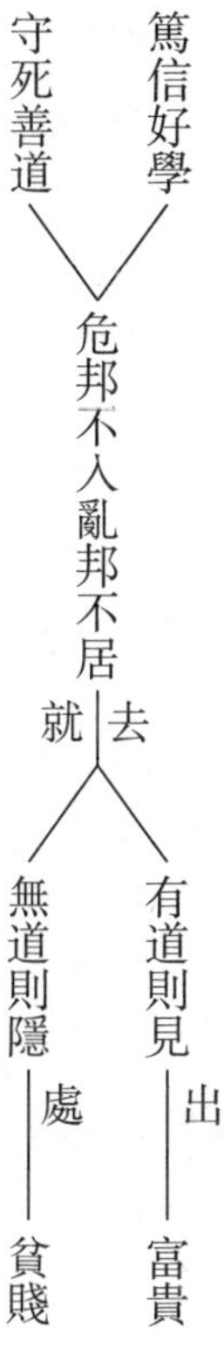

不在位章

凡侵官越局，皆所當戒。然居上位而侵細務亦是也，居下位而謀大事亦是也。如所謂吏部之官不得理兵部，鴻臚之卿不得理光禄，皆是也。

師摯章

《魯語》〔一二〕，閔馬父曰：「昔正考父校商之名《頌》十二篇於周大師，以《那》爲首，其輯之亂曰：『自古在首，先民有作。温恭朝夕，執事有恪。』」韋昭曰：「輯，成也。凡作篇章義既成，撮其大要以爲亂辭。詩者，歌也。所以節舞，曲終乃更變章亂節，故謂之亂。」按昭此語，則「亂」字自有二義：篇義既成，撮大要爲亂，是以辭言也；曲終變章亂節，是以音言也。閔馬父所謂「自古在昔」四語，正《那》詩之終，蓋「變章亂節」之「亂」也，正《樂記》「始奏以文，復亂以武」者也。然則《關雎》所謂「參差荇菜，左右芼之。窈窕淑女，鐘鼓樂之」者，正其類也。《關雎》之亂，蓋只指此四句，不必求他説。

狂不直章

「狂」謂心志高遠而事爲不精詳。「侗」謂無知，以理言。「悾悾」謂無能，以事言。常人之情有「狂」、「侗」、「悾悾」之病，必有「直」、「愿」、「信」之德。人志高遠而不計較小節，則爲事必質直而不迂曲；無知者則不敢妄爲，故「愿」；無能者則不敢輕出語，故「信」：若有是病而無是德，雖聖人亦不教也。

學如不及章

爲學者晝夜勤力不息，其心如追一物，惟恐不及。既用功如此，尚恐失之。蓋人生有期，白日不再，既生爲人，全不見得些小道理便死了，只是枉了一世。所以古人爲學，不分毫放過。

舜禹章

聖人治天下，只順天地生物之理，以養育萬民。民之所欲與之聚，所惡勿施，惟知參天地，贊化育，盡其誠而已，不以天子之貴、四海之富爲事，一如與己不相關一般。

大哉堯章

上「巍巍乎」贊天高大，下「巍巍乎」贊堯德高大。「則」，是準則之則，謂堯之德與天一般，所以廣遠而民不可形容。「無能名」，是不可形容也。人所見可者，惟見其成功之文章爾，然此乃粗迹，其妙用入神處，皆不可見。唯聖人知之，而亦不可形容，故其言止如此。「巍巍乎！其有成功也；焕乎！其有文章」。上句「也」字起下句，孔子只是言堯之成功可見者，唯有禮樂法度耳。圈外却是「成功」與「文章」對説。

舜臣五人章

此章語脈須子細體認。「舜有臣五人」，懸説起一句在上面，孔子是就武王曰「予有亂臣十人」主意説言古言人才難得，果是如此。武王興周時人才之多，惟有唐虞交會之間比於此時爲盛爾，夏商之代人才皆不能及。然周初雖曰人才多，十人之中又有一婦人，止有九人而已，是才之果難得也。唐虞之際，人才極多，不止五人，二《典》中可見，所以可説盛於周初，獨言此五人者，蓋五人功德尤彰著也。周自成王之後，人才亦衰。

夫子但言周之德，不可獨以文王爲説。武王即位十三年才伐紂，於未伐之先，則亦事殷。至紂惡極，武王不忍見民墜塗炭，乃爲天下去暴爾。

三分有二，周都在雍州，梁在雍正南，豫居雍東南，徐居豫東，荆居豫南，楊居徐南，故六州皆歸周了。紂都冀州，兖居冀東，青居冀東南，故三州尚屬紂。此亦是大約如此言之。

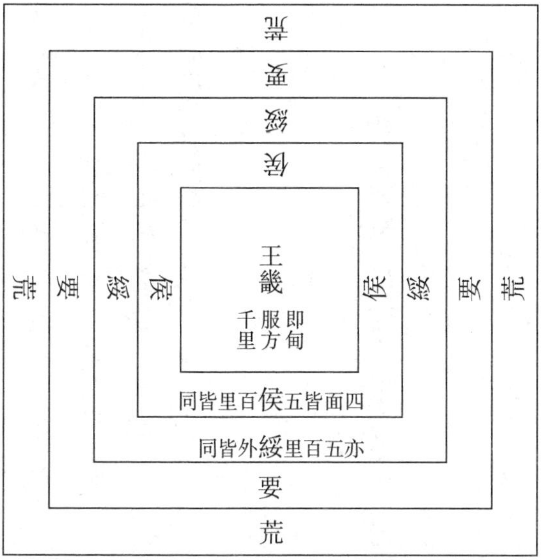

《禹貢》五服，甸、侯、綏、要、荒。王畿千里，謂上中方，方千里，爲王者所居，即甸服也。四面各相去五百里爲侯服，又五百里爲綏服，又五百里爲要服，又五百里爲荒服。一面二千里，與甸服共方，方五千里，是天下大約道里如此。其服地内所封諸侯，朝貢皆各有時。所謂「以服事」，所居在何服内，依服内合當朝貢之數事天子也。

禹章

致孝鬼神，是祭宗廟盡其誠。致美黻冕，是待諸侯盡其禮。盡力溝洫，是養民盡其愛。

子罕第九

子罕章

利，凡利益、利便、財利皆是。君子見義，則爲不暇計較利己，有殺身以成仁者。若言利，安能及此？天之賦與人者謂之命，有以理言者，仁、義、禮、智之性是也；有以氣言者，智愚、賢不肖、富貴、壽夭之數是也。理精微難見，不可以一言舉知。氣者，非君子所尚，惟當見義而行，若委之命，則廢人事，而爲學變化之功亦無用矣。孔門問仁，皆是問行仁之方。而夫子答之，皆是進脩之目，未嘗以仁之全體切切言之也，故曰「子罕言利與命與仁」。

麻冕章

冕，冠總名。冕之名有五，衮、鷩、毳、希、玄，天子、諸侯、公卿、大夫、士朝祭用之。就五冕之中，共有九等。其一則十二旒，次九旒下至二旒爲八等，與十二旒者共九等。天子用十二，及九、七、五、三共五等，自九旒以下，各以其命數服之。上可兼下，下不可僭上。其上兼下者，於祭祀時各視祀之大小而服冕之高下。天子自衮冕以下，上公亦自衮冕以下，侯伯鷩冕以下，子男毳冕以下，只是冕上旒數不同。天子自十二旒，五等皆十二玉；公侯以下只依旒數綴玉，如九旒九玉，八旒八玉。其九、七、五共三等，則君服之；八、六、四、三、二共五等，則天子諸侯之臣隨命數服。冕之下有弁，弁之下有冠，皆首服也。冕冠，皆以緇布爲之。「麻冕，禮也。」《集注》作「緇布冠」，亦總名也。

鷩，必滅反。毳，昌鋭反。希，陟里反。

《漢・食貨志》「周布帛廣二尺二寸爲幅」，三十升布，升八十縷，則二尺二寸，容二千四百縷，一寸計一百九縷。程子謂周尺當今尺五寸五分弱，所謂今尺者，即營造尺也。如此，則營造尺之一寸爲縷幾二百，是一寸爲今百眼篾，其細密難成可見。

《儀禮·燕禮》，君燕臣之禮也。「公取大夫所媵觶，興以酬賓，賓降西階下，再拜稽首。公命小臣辭，賓升成拜。公答再拜，立卒觶，賓下拜，小臣辭。賓升，再拜稽首。公答再拜，賓易觶。下拜。小臣辭，賓升再拜稽首。公答再拜。」《注疏》：「凡臣於君雖爲賓，與君相酬，受爵不敢拜於堂上，皆拜於堂下。若君辭之，聞命即升。若堂下拜訖，君辭之，即升，復再拜。所以然者，以堂下再拜而君辭之，若未成然，故復升堂再拜以成之。若堂下未拜之間，聞命則升，升乃再拜，則不言升成拜。」又《覲禮》，諸侯覲天子之禮也。「侯氏坐取圭，升致命，王受之玉。侯氏降階東，北面，再拜稽首，擯者延之升，升成拜。」又：「王勞之，再拜稽首，擯者延之升，升成拜。」及賜車服，「侯氏降兩階間，北面，再拜稽首，升成拜」。今《禮》中言「升成拜」者非一，以此推之，則他從可知矣。然行禮又各有節，亦〔一三〕多有臣拜於下，不辭升者，蓋各有宜也。其〔一四〕辭，有命臣辭之者，有君親辭之者，亦各有當。此章孔子之言，又似臣凡拜，皆當拜下而升成拜。如《覲禮》賜車服之儀，拜下不言辭，而自「升成拜」。

程子是推凡處事説。

子絶四章

《集注》：四者相因，循環不窮，是合來看□□□□□□□□□□看者易見，分看者難明。大凡我固必□□亦有不自主，聖人合成此病者。如聖人之心，與天地同流，無往而不在，亦如無適無莫，仕止久速，是「無固」。如佛肸、弗擾之召，欲往而復不往；墮三都，未能墮成，則止緣聖人不久去魯，若不去魯，必別有所處，是「無必」。

所謂「子絶四」，只是説聖人私意、期必、固滯、物我四者無一件。聖人如何相連而生直至我，若説道聖人無私意，便無下三件，則記〔一五〕者不須立這四件條目。張子之言，恐是正意，朱子是專爲學者説。

開看、合看，各有意味，然而總只是私意。合看固因私意牽引來，開看則各是私意所成，「必」亦私意也，「固」亦私意也，「我」亦私意也。

太宰問章

「聖」，德也。「多能」，才也。太宰以夫子多能爲聖，子貢則分別德與才以告之。夫子之言，止接「多能」之意，故曰「太宰知我」。下文言君子不貴多能以曉之。《語録》：「太宰以多能爲聖，子貢謂多能爲聖人餘事，孔子以聖不在多能。形容聖人地位，則子貢之言爲盡。」

鄙夫問章

《集注》「始終」「本末」「上下」「精粗」分四節看，不必就一事求四者。始終，是前後兩端，如夫子言興《詩》、立禮、成樂及「學而時習」章、「可與共學」章之類。本末，是綱目及内外兩端，如「吾道一以貫之」、「人而不仁如禮樂何」、答「林放問禮之本」之類。上下，是高下遠近兩端，如答子張「言忠信行篤敬」、答子路「脩己以敬」及「道千乘之國」之類。精粗，是深淺兩端，如答子貢問仁，既告以仁之體，又告以求仁之方，及末若「貧而樂、富而好禮」之類。蓋答鄙夫之問，亦若是也。

「語上遺下」，但言高深遠大而不及於近者。「語理遺物」，但言其體而不及於用。

喟然章

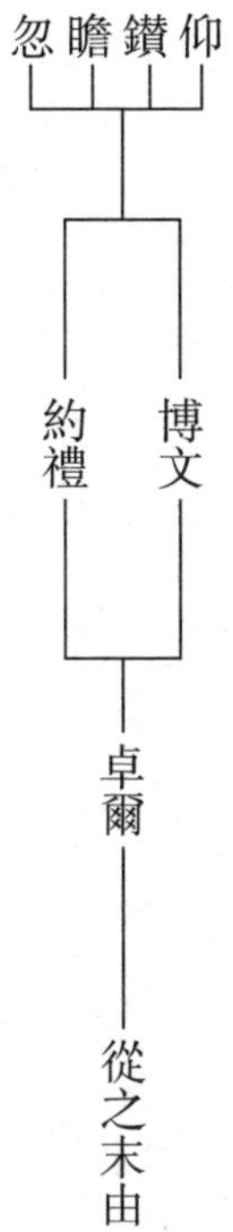

「仰」「鑽」「瞻」「忽」，篤信力求，未有得之之方。「博文約禮」，而見所立卓爾。學之有序，而能造其域，具體而微者也。「從之末由」，待時而化也。

此章《通釋》《考證》二書言之詳盡，須細看。

《集注》「恍惚不可爲象」，聖人之道如水中月，如盤中珠，雖分明見得，只是難捉摸定體。

「無窮盡」指高堅。「無方體」指前後。

「道雖高妙」，高指高堅，妙指瞻忽。

「致知格物」，先言「致知」，就心上説。「格物」，是此心去格，故先言其本。

「約禮」，只是復禮工夫。若己不克，則禮不可復，故併言「克己」。

「先難之故」説「仰」「鑽」「瞻」「忽」。「後得」説「所立卓爾」。「由」字説「博文約禮」。

「不怠所從」是補顔子言前之意。蓋顔子雖曰「從之末由」，非是自畫之辭，是言當時所至爾。所謂「待時而化」也，日月用功，將自化矣。

門人爲臣章

魯哀十五年冬，子路死於衛。十六年夏，孔子卒於魯。則此疾病，非將夢奠時也。《或問》謂「必夫子失司寇之後，未致其事之前」。

「行詐」，只是不誠意思，當輕看。子路忠信剛决，但知上稍欠，此舉是實敬愛其師，便决於行，不知其失。然凡事稍有違理，便是不誠，此是過，不是故意用詐之罪。夫子言「久矣哉！由之行詐」，是責其平昔任意便行，致失理也。

美玉章

「沽」，去聲，訓「賣」。若平聲，則訓買，於此義不相當。

樂正章

朱子《詩集傳綱領》釋此章引《漢・禮樂志》云：「王官失業，《雅》《頌》相錯，孔子論而定之，故其言如此。」古之樂章既各有體製，亦各有音節，孔子之時相錯失倫，故爲之更定，使復其本。

出事公卿章

金先生引《語録》三説中一説，謂「此數事外，我復何有」，此説爲正。蓋此章之言甚近，又非七篇「默而識之」章比，若聖人亦謙言，恐是太過，必有人稱頌聖人道德，因言我但能「出事公卿，入事父兄」，各盡其禮，於喪事不敢不勉力以盡其至，不飲酒而爲其所困，如此而已，此外「何有於我」？蓋於人之所言，姑以此數者答之。觀兩「則」字與「不敢」字，可見非未及者。

川上章

「舍」，去聲，「止息也」，見《楚詞辨證》。《集注》未及改。

先看「川」字爲主着實，方見得下文意思，此不獨是記夫子所言之地也。「逝」字固指川流，「者」字兼包萬物，「如斯」字指流而不息，「夫」字指與學者之辭，謂萬物與道爲體者如此流動，未嘗止息，於川可見。然此只説得往者分明，未見來者意，故又曰「不舍晝夜」，然後義理沛然。

「如」字，非「如似」之「如」，不是以川流比道，是正言道之流行也。「如斯」正指流而不息。此章固是言道體，聖人亦不懸空説，正是教人體道不可須臾間闕。

《集注》三「道體」字。第一，就大原頭全體説來，所以謂之「道體之本」，然此道體是無形之體，是就此章頂上説。其次，然後言「易見者，莫如川流」，此下方就川上説。第三，「此道體也」，「此」字即指川流而言，云是道之形體也。道本無形，因物而見其體，下遂歷叙五端，云皆是與道爲形體者。此第三箇説尤重。大抵三道體，上則輕清而所包者大，下則漸着實而人可共見。人而欲體道，則全在謹獨工夫，能謹獨，又在於自强爾。

一「道體」就氣化流行處説，是説所以生物者，未説到物上。二「道體」是就物上，指形而上者而言。三「道體」指物而言。

本注「道體」，是道爲物之體段。程子「道體」，是物爲道之體質。

好德章

德者，人心本得於天，惟知好之，然後能進脩，以成己德。但人真好之者少，而好好色乃人之實心，若心實好德如好色，然則實好德矣。此與《大學》比喻一般意，只是勉人須實好德。《集注》圈外引《史記》語，以證夫子發此言之由。但如此說，則好德有好有德之人之意。

不惰章

《集注》「心解」字補「不惰」之前，顔子聞夫子之言，其心即融釋脱落，略無疑滯，既心解，即勉力行之。「造次顛沛」，又是「力行」中節目。下言如「物得時雨，發榮滋長，何有於惰」，言自然不能已，非勉而不能惰。此是形容顔子不惰，非衆人不惰者比。但學者讀此章，則當自勉勵，勿懈慢可也。蓋聖人雖贊顔子之進，亦所以厲學者之惰。

吾見其進章

何文定云：「惜顔子者，惜其已進於所立卓爾之地。『未見其止』者，惜其不造於聖人之極也。」

後生可畏章

前兩語期之，後兩語戒之。期之者勉其進也，戒之者警其惰也。

「年富」者，未來之日尚多也。人以百年爲期，今當少壯，則未來之日尚富也。

法語章

《集注》「語之未達，拒之不受」，是向上面説。「未達」，是法語、巽言皆不能曉。「不受」，是雖曉而不從説。「其或喻焉」，是能從説者。

三軍章

「奪帥」，如漢王馳入韓信壁，即卧内奪其印符，以易置諸將；公子無忌椎殺晉鄙，奪其軍之類。

「匹夫」，猶言一夫，謂一小人而有志者，正與「三軍」多寡相對言。三軍之氣在外，匹夫之志在心。人若心志堅定，向道不惑，孰能移之哉？可奪，則非志矣。

衣敝章

「衣敝緼袍」而不恥，此是舉一端以見子路之心不爲貧富動，非謂子路之德專見於此也。「其由也與」，辭氣可見。子曰：「士志於道，而恥惡衣惡食，未足與議。」亦是舉凡而言。大抵飾於身者，往往以不及人爲恥。此止言敝衣，故知只是舉一隅說。如「士志於道」章有自厭其貧之意，此章是貧富相對言。外物來鑠於我，人則易動其心而乃不恥，子路所以爲賢也。此見子路心正氣全，達命安分，樂己之貧，而不知人之富，略不以此事芥蔕於心，唯見道義之安耳。可與「車馬輕裘與朋友共敝」章對看。此是不慕人之富，彼是不輕人之貧；此是不屈於物，彼是樂與物共。合而觀之，可見子路氣象之全。

二「臧」字似有不同。「不忮不求」，安得不善？上「臧」字就「不忮不求」中說。唯「不忮不求」，何足爲善？下「臧」字就「不忮不求」外說。

《禮記》「緼爲袍」，《注》：「緼謂纊及舊絮。纊，新綿也。」蓋以舊絮而加新綿爲之。「枲著」，枲，牡麻也。以枲搥細以當綿，貧者之服。「著」，音旨吕切。字或作「緒」，以綿裝衣也。此謂以枲麻裝衣也。此緼袍之義，與《禮記》不同，謂以麻當絮著在袍中也。

「衣之賤」「衣之貴」，言其直爾，非人之貴賤也。

「進於道」，謂漸造深遠。「進」字就道中說，非自此進於彼之謂。

歲寒章

木至寒而不彫者亦多，聖人取松柏者，蓋松柏之受命也，獨一斬斷更不萌蘖，如君子有剛斷者然。

松柏不彫於冬而換葉於春，其枝未嘗見枯槁之態，故聖人不言不凋，但言「後凋」。聖人言語，雖小節自周備無滲漏如此。

知者不惑章

三「者」字指人。此章以三達德循序而言，蓋就一人身上説，與「知者樂水，仁者樂山」章開説者意不同。

共學章

學，是學問思辨之事。知人皆可學而不可不學，又知學以爲己，然後可與之共學。「適道」者，篤行之事也。格物之多，心知既明，善惡是非，判然無疑，然後可與同由於道之中矣。行之日熟，執志愈堅，擇善則拳拳服膺而不變，故可與立道在日用之間。「適道」，猶就每事言之。立則行之，全德之成矣。「立」字如「建」字，謂守聖人所制之法，循其規矩準繩，皆有所成立，然猶能應事之常爾。或事變之來，前無定制，固當隨時處中，如稱之稱物，必以錘移前卻後以取其平，所謂權也。權，非大而化之者不能，故以是終焉。

有志之士，則「可與共學」。能明義理者，則「可與適道」。信道篤守不變者，「可與立」，立則守經者也。至於義精仁熟，則「可與權」，而能處變矣。

《集注》「知所以求之」，知格物致知之方也。「知所往」，知至善之所在，而志於必至之也。「篤志固執而不變」，行成而守之固也。

權是稱錘。凡稱物須以權於稱上推移前卻以取平。今以「權」字爲義理，度而行之，至中而止。程子謂權即經，朱子謂權經有辨。勉齋謂有朱子之說，則經權之義明；有程子之說，則經權之義正。蓋經是常也，權字有變意。常者一定之理，變者隨時之宜。事之常者，只依見成禮法一定行將去。至有非常之事來，須用自以禮義度而行之，亦欲合於常道。蓋自上古聖人代興，制爲典禮雖備，然亦豈能盡該天下之事變哉？因此度彼，皆欲合於義而已。且如父子相繼而有天下，常也。至堯舜，則皆以子不肖而禪讓，其義則在於得人而安天下。君令臣共，常也。桀紂至暴，而湯武至仁，則起而伐之，其義在於去惡而救民。伊尹事太甲而放之，其義在於全湯托孤之命。兄弟友愛，常也。而周公誅管、蔡，其義在於正國家。嫂叔不通問，常也。嫂溺則援之以手。不通問者避嫌也，見他人孺子入井，且有惻隱之心，見兄之妻將死，則避小嫌而不顧，所失大矣。義理是活潑潑地物，不在這一邊，便是那一邊，若兩下皆是義，則稱量其重者爲之，便是權。但權須是用得義理極明了方可行，若未明理，專認箇「權」字，件件要去權，則有背義妄作，其罪不可勝言矣。

經者，聖人所制禮法常久當行者，君子用之以應常事者也。權者，聖人之大用，前聖所未立法，適逢事變而處之既當，則其法即可常久。所謂權即經也。且如五帝以來，父子相繼，常也。堯則因子之不肖，而以有聖人在下，故易爲禪讓，此權也。至舜之讓禹，則用堯之權爲經矣。天子在位，諸侯臣服，常也。桀有極惡而湯至仁，故易爲征伐，此權也。至武之伐紂，則用湯之權爲經矣。至於小事，莫不皆然。經與權，皆聖人所制。以君子言之，則但可循聖人已立之經，不能用聖人未制之權。

唐棣章

「聖人未嘗言易」，「亦未嘗言難」，但曰「未之思」。蓋不思則難，思之則易。難易，在思不思耳。

鄉黨第十

鄉黨節

前注「容貌」指「恂恂」，「詞氣」指「似不能言」。總結「言」指「似不能言」與「便便言」，「貌」指「恂恂」與「謹」。

使擯節

《周禮·大行人》「上公之禮，介九人，擯五人，朝位賓主之間九十步。侯、伯，介七人，擯四人，賓主之間七十步。子、男，介五人，擯三人，賓主之間五十步。諸侯之卿，其禮各下其君二等」，謂如公之卿則七介，侯、伯卿五介，子、男卿三介，則擯一半之，其大夫又下於卿二等。《論語疏》謂「賓若是公，來至門外，直當闑西，去門九十步下車，北鄉立。九介立在君之北，邐迤西北，並東鄉而列。主公出，直闑東，南西向立。擯在主人之南，邐迤東南立，並西向。末擯與末介相對，中間相去三丈六尺。列擯、介竟，主君問賓來之意。主人傳言於上擯，歷次擯，至末擯，末擯傳末介，歷次介、上介，至於賓。賓答來意，則自上介漸歷次末介，及末擯，至上擯告於主人。既畢，然後迎賓至門。侯、伯以下禮皆如此。若使者來聘，則主君至大門而不出限，南面而立。上擯出閾外闑東南西鄉，亦如上陳列。末介、末擯相對亦相去三丈六尺。陳擯、介竟，則不傳命，上擯進至末擯間，南揖賓，賓亦進至末介間，上擯與賓相去亦三丈六尺。上擯揖請事，入告君，乃相與入也。凡門外之列擯、介，皆在主賓之前。及入門，則擯、介皆隨主賓之後」。

疏《聘禮》，私覿禮畢，「賓出，公再拜送，賓不顧」，《注》云：「公既拜，客趨辟，君命上擯送賓出，反告賓不顧矣。君反路寢。」

《集注》：「躩，盤辟貌。」辟音闢，謂足盤旋開闢，聞君命，敬之若無所措其身然。

「命數」，謂圭璧之度、冕服之章、建常之斿、樊纓之就、貳車之乘、介擯之人、禮牢之數、朝位之步、饗獻之禮，皆隨其命多少之數。

入公門節

《周禮》："應門二徹參箇。"應門者，朝門也。徹者，轍也。二轍之内八尺。參箇，三八二十四，門容二丈四尺也。諸侯之禮有降殺，門或狹於此。然《聘禮》記侯國之禮，而《疏》引"二徹參箇"爲證，則門之制或同歟？

門有二扉，門中豎一短木謂之闑，又名橛。兩旁有長木謂之棖，又名楔，楔即今所謂門康。左右扉各有中，左扉之中在闑東棖西，右扉之中在闑西棖東。此左右，以内視外而言也。然門以向堂爲正，謂自外視内也。大抵左扉是主出入之道，右扉是賓出入之道。《玉藻》曰："君入門，介拂闑，大夫中棖與闑之間，士介拂棖。賓入不中門。公事自闑西，私事自闑東。"此皆言賓客之事也。"君入門"者，兩君相見也。客君入於右扉棖闑之中，其上介卿也，次介大夫也，末介士也。三介鴈行斜列於君之後，右前左後而進。卿介則在東而拂闑之西，大夫介則正當君之後，士介則拂西棖。"賓入不中門"者，謂他國來聘之使者，不敢當客君之位，故稍東近闑而入。"公事自闑西，私事自闑東"，皆使者之事。公事，聘享也，奉君命而行，則用賓禮，拂闑西而入。私事，私覿也。己之禮非君之命，則從主國臣之禮，拂闑東而入也。《大射禮》《燕禮》皆曰："卿大夫皆入門右。"《曲禮》曰："大夫、士出入君門，由闑右。"此"右"，謂自外視之也。故《燕禮注》：「凡入門而右由闑東，左則由闑西。」《疏》謂「由闑東者，是臣朝君之法。由闑西者，是聘賓入門之法」。此經所謂「立不中門」者，左扉之中也。「中」者，君出入之道；臣之出入，不敢由此，必旁闑東，則亦不敢當此而立。

「行不履閾」，一者爲行乍高乍低爲失容，一者爲履穢門閾而不净。

《集注》「宁立之處」，諸侯門内有屏，大朝會，卿大夫立門外，君立於門内屏外以待之，謂之宁。

「攝，摳也。」摳即挈也。「齊，衣下縫。」古者上衣下裳，其實所攝，乃裳下縫也。階一尺爲一級，故上堂摳衣，必去地尺。

執圭節

天子封諸侯，必以圭璧命之，辨其等數，爲國之瑞信。凡諸侯朝王，執之以合信。使使者聘問他國，則亦執之以表信。

「享禮」。「享，獻也。」此是《聘禮》第二次見其君也。既聘用圭璧，有庭實。此圭璧，又非前瑞信。蓋凡瑞玉則還之，享禮則納之而不還者。庭實者，以牧實於庭中也，唯國所有。《周禮·小行人》曰：「合六幣：圭以馬，璋以皮，璧以帛〔一六〕，琮以錦，琥以綉，璜以黼。此六物者，以和諸侯之好故。」《禮器》曰：「大饗，其王事與。三牲、魚、腊，籩豆之薦，束帛加璧，龜，金，丹、漆、絲、纊、竹、箭。其餘無常貨，各以其國之所有。」足以見庭實無一定之物。《小行人注》曰：「六幣，所以享也。五等諸侯享天子用璧，享后用琮，其大各如其瑞。」謂公圭九寸，則璧亦九寸。侯、伯圭七寸，則璧亦七寸。皆是庭實。以「馬」若「皮」，二王後享王則用圭、璋。《疏》謂「大各如其瑞」。此諸侯享天子之禮。其諸侯自相享，則各降一等。謂二王後則用璧琮。二王後，上公也。而子、男，則用琥璜。侯伯雖用璧琮，而諸侯相享之玉，又各降一寸。謂上公則八寸，侯伯則六寸，子男則四寸。其庭實則隨所用玉及國之所有。

上公桓圭九寸，侯信圭七寸，伯躬圭七寸，子穀璧五寸，男蒲璧五寸。圭博三寸，厚半寸。其首左右剡各寸半。璧圓徑五寸，中孔一寸，厚半寸。

《聘禮》：「賓覿奉束錦總乘馬。」

紺緅節

古注：孔氏曰：「一入曰緅，飾者不以〔一七〕爲領袖緣也。紺者，齊服盛色。以爲飾衣，似衣齊服。緅者，三年練，以緅飾衣，似衣喪服，故皆不以飾衣。」《集注》取此以爲説。《疏》曰：「紺，玄色。」按《考工記》「三入爲纁，五入爲緅，七入爲緇」，《注》謂「染纁者三入而成，又再染以黑則爲緅」。緅，今《禮》俗文作「爵」，言如爵頭色也。又復再染以黑則成緇矣。鄭司農謂《爾雅》曰：「一染謂之縓，再染謂之竀，三染謂之纁。凡玄色者在緅緇之間。其六入者與？」孔氏云「一入曰緅」，未知出何書。又云「緅者三年練，以緅飾衣」，則似讀緅爲縓。《檀弓》：「練，練衣黃裏，縓緣。」今按諸書，言染色，一入曰縓，再入曰竀，三入曰纁，四入曰朱，五入曰緅，六入曰玄，玄即紺，七入曰緇。經所謂「不以紺緅飾」者，則齊用玄衣已明，緅在朱、玄之間，則自赤漸變黑者，但不知此色本爲何用，而決非飾練之縓矣。竀音頳。縓，七絹反。

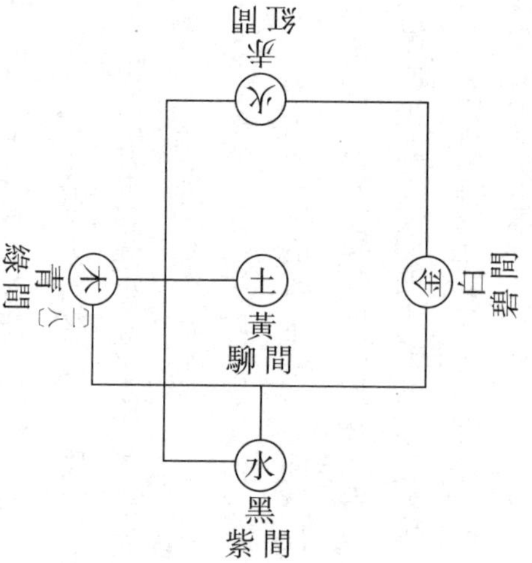

火克金赤白爲紅
金克木白青爲碧
木克土青黃爲緑
土克水黃黑爲騂
水克火黑赤爲紫

《疏》：「凡祭服，先著明衣，次加中衣；中衣之上，冬則加袍繭，夏則用葛，次加祭服。若朝服，亦先以明衣親身，次加中衣；冬則加裘，裘上加裼衣，裼上加朝服，夏則中衣上加葛，葛上加朝服。」愚按《疏》言朝、祭之服，如下文三裘之類，人莫不皆然。「當暑，袗絺綌，必表而出之」，則當居之服，亦必表而出之，蓋唯夫子獨然也。

古之服葛，絺以爲衣，綌以爲裳，亦貴賤之等也。

裘，以皮爲衣，冬服也。凡服内有袍襗之屬。然後加裘，又以衣蒙之，謂之裼。此所謂「衣裼衣」也。裼之色必與裘之色類，裼上加襲，襲則朝祭之服也。「緇衣羔裘」，是諸侯君臣日視朝之服。「素衣麑裘」，君王視朔之服。「黄衣狐裘」，息民之祭之服。然此是衆人之通禮，何獨孔子服之？今獨稱君子，或恐是當時亦有非朝祭而自有此服，孔子則亦必以同色之衣裼之，言非行禮而必謹禮文〔一九〕，否則君子是泛言於禮當如此，而非指孔子也。襗，直格反。

凡佩有德佩，有事佩。德佩則有琚、瑀、珩、璜、衝牙。《玉藻》曰：「古之君子必佩玉，無故玉不去身，君子於玉比德焉。天子佩白玉，公侯佩山玄玉，大夫佩水蒼玉，世子佩瑜玉，士佩瓀玫。凡帶必有佩玉，唯喪否。」若事佩，如《内則》所謂「左佩紛帨、刀、礪、小觿、金燧，右佩玦、捍、管、遰、大觿、木燧」是也。紛帨，拭物之巾。刀、礪，小刀及礪石。小觿，解小結。大觿，解大結。貌如錐，以象骨爲之。金燧，取火於日。木燧，所以鑽火。玦，發弦者也。捍，拾也。管，筆彄。遰，刀鞞也。《玉藻》又曰「孔子佩象環五寸」。瓀，而兖反。玫，武巾反。觿，許規反。遰，時世反。

古之弔服有錫衰、緦衰、疑衰。錫者，治其布使滑易也。十五升去其半，無事其縷，有事其布曰錫。十五升去其半，有事其縷，無事其布曰緦。疑之言擬也，擬於吉也，吉服十五升，疑衰十四升，少一升而已。疑衰，蓋布縷皆有事也。《周禮・司服》：「王爲三公六卿錫衰，爲諸侯緦衰，爲大夫士疑衰。」《注疏》謂諸侯及卿大夫亦以錫衰爲弔服，士以緦衰爲喪服，其弔服則疑衰也。又曰：「凡弁絰服，其衰侈袂。」謂弔服，皆著弁絰也。弁絰者，如爵弁而素，加環絰也。侈，大也。凡袂皆二尺二寸，大夫以上侈之，蓋半而益一焉，則其大三尺三寸也。又《儀禮・喪服記》曰：「朋友麻。」謂服疑衰而如麻絰也。庶人之弔服，則素委皃，白布深衣。聖人之弔服，則用錫衰、疑衰與。

《詩・君子偕老》言「蒙彼縐絺」，謂以展衣蒙於縐絺之上。展衣者，禮服也。既服禮服，則絺衣之内必有中衣明矣。故《集注》取此以證絺在中衣之外。是中衣表絺，其義不在「蒙」字。《詩疏》謂「縐絺」，絺之尤細靡者。

「襞積」，襞，是衣襵。積，疊也。謂之襵成疊，即今日所謂襇也。襞，必益反。襵，之涉反。襇，賈限反。

食不厭精節

「割不正，不食」。《集注》：「割肉不方正者不食。」引「陸績母切肉必方」爲證。竊恐「方正」自出己意。經文「正」字則該之。古者燕饗，有大臠曰「胾」，又有「切肉」，則切肉者必方可也，其餘牲體、臂臑、骨脅及腸、胃、肺、心割截，各言其度，所謂不正，則不合乎度者。兼此二説，恐盡「正」字意。

古人食肉，必用其醬之相宜者合食之。《周禮》王者之醬百有二十甕，其品數之多如此。如《内則》「魚鱠芥醬、麋腥醢醬」之類，以魚腥爲膾，則合芥醬以食；麋腥，謂麋之生肉，蓋亦膾之類，則合麋醢及醬以食。又有所謂「濡雞醢醬」「濡魚卵醬」「濡鼈醢醬」，皆實蓼，此則烹調之節也。濡者，烹之以汁和也。凡言醢醬，皆是醢及醬二物。卵醬，則用魚子作醬也。若此三者，自是亨飪條，不備則是「失飪」，而亦「不食」之矣。濡音而。卵音昆。亨音烹。

古注「齊葉葷物薑辛而不臭，故不去」，此説頗長；忽突出「薑」一條而曰「不撤」，則是尋常有薑矣。古注雖自此上皆作齊戒意説，固未穩；然此句安知不是齊一類錯簡在此？

飲食或勸酬，故有言，但未答述。寢則無可言者。

鄉人飲酒節

《周禮·方相氏》：「掌蒙熊皮，黄金四目，玄衣朱裳，執戈揚盾，帥百隸而時難，以索室毆疫。」《注》曰：「卻凶惡也。」《禮記·月令》，季春「命國難，九門磔攘，以畢春氣」，《注》謂「此難陰氣也。陰寒至此不止，害將及人。蓋此月内，日行歷大梁昴宿，有大陵積尸，其氣佚，則厲鬼隨而出」。此難唯天子諸侯得爲之。又仲秋「天子乃難，以達秋氣」，《注》謂「此難陽氣也。陽暑至此不衰，害亦將及人」。蓋此建酉之月，而日至壽星之次，又與大梁合，故亦動大陵積尸。此難惟天子得爲之。又季冬「命有司大難旁桀」，《注》謂「難陰氣也。此月内日行歷虚危，有墳墓四司之氣，厲鬼將隨强陰〔二〇〕，出害人」。謂之「大」，則下及民庶，皆得難也。

廄焚節

廄，養馬之閑也。凡牧馬之數，四馬爲乘，三乘爲皁，三皁爲繫，六繫爲廄，一廄二百一十六馬。廄即閑也，牧馬之人謂之圉。而馬有良駑，良馬則匹一人，駑馬則麗一人。良馬則乘有圉師，皁有趣馬，繫有馭夫，廄有僕夫。駑馬則六麗一師，六師一趣馬，六趣馬一馭夫。天子十二閑，馬六種，五良一駑，駑三良馬之數。諸侯六閑，三良三駑，駑則一當其一。此章爲邦國之廄，良馬三閑，六百四十八馬，掌牧者八百八十五人。駑馬三閑，亦六百四十八馬，掌牧者三百八十八人。〔二〕總一千二百七十三人。故廄焚，夫子問人而不問馬。然《周禮》之制云爾，未知果如何？如大夫四閑，一良三駑，則八百六十四馬，掌牧者六百八十三人。且大國之卿四大夫禄，其田不過三千二百畝，上農夫可食二百八十八人而已，祭祀、服御、賓客皆出於此，固不能全以養人。今牧者乃有六百八十三人，而又欲畜八百六十四馬，則何以給之？陳文子有馬十乘，已謂其富。而大夫當有馬如此多，何邪？皆不可曉。觀此，則國中亦未必有許多馬。

《雜記》曰：「廄焚，孔子拜鄉人爲火來者。」然則乃孔子之私廄，故於退朝而後問。

君賜食節

《集注》引《周禮》四句。「王日一舉」，殺牲盛饌，日舉鼎十二，備大牢，此舉謂朝食也。「膳夫授祭」者，膳夫掌王之食飲膳羞禮，飲食必先以少許置之地，以祭始造飲食之人，王食，則膳夫以當祭之物授之於王，而王親祭之。「品嘗食」者，凡王之饋食用六穀，膳用六牲，飲用六清，羞用百有二十品，珍用八物，醬用百有二十甕。王將食，膳夫每品嘗之。然所嘗，只嘗火熟者，謂之烹之於鼎者也，所以嘗者，恐失生熟之節也。注中引此四句，以證「先飯」之意，非正解此章。蓋此天子之禮，而孔子則侍諸侯之食也。

凡祭，座中尊者祭之，餘則否。賓主敵體，則主祭，賓之長者一人祭。今侍食於君，不敢當客禮，故君祭則先飯。

寢不尸節

古者車皆立乘。馬驟、車馳難於立，故於車上立高五尺五寸横一木，謂之較，伏之而立。或遇有所敬，則當躬身，故高三尺，又横一木在較下，謂之軾，有敬則俯身憑之。惟尸與婦人坐乘。

【校記】

〔一〕畫，底本作「盡」，據博本、影元本、瞿本、明抄本、何本改。

〔二〕施，底本作「旋」，據博本、影元本、明抄本、瞿本、何本改。

〔三〕故，底本脱，據下文「故未仁」補，明抄本朱批亦補「故」字。

〔四〕學，底本作「覺」，據影元本、明抄本朱批、何本及《論語集注》改。

〔五〕至妄，底本殘泐，據上文「妄作」補。

〔六〕志，底本作「至」，據影元本、明抄本改。
〔七〕下，底本作「不」，據胡本改。
〔八〕是，底本作「且」，據陳淳《陳北溪大全集》改。
〔九〕考，底本作「者」，據影元本改。
〔一〇〕心，底本殘泐，據影元本補。明抄本作「人」，亦通。
〔一一〕善説者也，底本殘泐，據影元本補。
〔一二〕語，底本作「詩」，據影元本、瞿本、明抄本、何本改。
〔一三〕亦，底本殘泐，據胡本補。
〔一四〕其，底本殘泐，據明抄本補。
〔一五〕記，底本殘泐，據影元本補，明抄本作「説」，亦通。
〔一六〕帛，底本作「錦」，據明抄本朱批、何本朱批改。
〔一七〕不以，底本脱，據《論語集解》引孔安國注補。
〔一八〕木，底本作「青」，據胡本改。
〔一九〕文，底本作「父」，據何本改。
〔二〇〕陰，底本作「冷」，據《禮記·月令》鄭注改。
〔二一〕掌牧者三百八十八人，底本錯置於「良馬三閑，六百四十八馬」與「掌牧者八百八十五人」之間，據胡本改。

讀論語叢説卷下

東陽許謙

先進第十一

孝哉章

此章本稱閔子騫之孝，首以「孝哉」字冠之，下句即指上「孝」字而言。蓋父母昆弟主於愛，言其孝，或有私意。至於衆人皆言之而無間，則信能盡孝矣。《集注》添「友」字，恐於本意爲多。

顔淵死章

「顔淵死」四章，以次第言之，當是「天喪予」第一，「哭之慟」第二，「請車」第三，「厚葬」第四。蓋門人雜記夫子之言，故不計前後也。

鬼神章

《集注》「死生人鬼一二，二一」，一主理言，二主氣言。

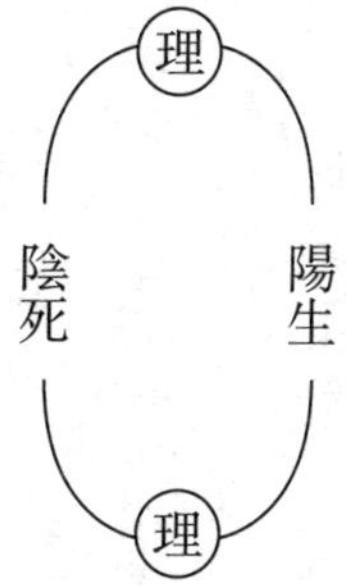

生者屬陽，死者屬陰，知陽之生，則知陰之死，此一說也。陰陽之氣聚則生，散則死，知其所以聚而生，則知所以散而死，又一說也。此是即始而見終。

人、鬼之理一也。能盡誠敬以事人，方動得人。故盡誠敬以事鬼，亦格得鬼。此是因此而識彼。

閔〔一〕子侍側章

衛靈公太子蒯聵，得罪於父，出奔魯。哀公二年，靈公卒，而蒯聵之子出公立，晉趙鞅納太子于戚。十五年，太子入國，與姊孔姬劫其子孔悝，盟之登臺。子路時仕孔悝爲邑宰，悝召之，而子路入，曰：「太子焉用孔悝？」且曰：「太子無勇，若燔臺，半，必舍孔叔。」太子下，石乞、盂黶敵子路，以戈擊之而死。蓋子路之入，欲拔出孔悝，使其不預父子相争之惡。若孔悝果得下臺，子路必與之同出奔而已，固不顧其國事。子路食孔悝之食，故爲孔悝死爾。其死固義也，其過却在不當仕衛。蓋太子居戚，前後十四年矣，子路欠知之明，今既仕于其家，遇難而死，自是正道。夫子之早料之，正以子路勇於有爲，而欠見理精爾。

長府章

《疏》：「金玉曰貨，布帛曰財。」

由之瑟章

人心善惡邪正，皆於樂聲可見，善聽聲者，聞樂即知人心。如荷蕢聞夫子磬聲，而知聖人有心於天下；鍾子期聽伯牙鼓琴，而知志在高山流水；蔡邕聞隣人鼓琴，知有殺心之類。子路剛勇，其瑟聲亦有剛强氣象，故孔子言「奚爲我之門」，謂與己不同也。以「人而不仁如樂何」章參看，見意思。

師與商章

《集注》言二子處，指學而言。子張「才高意廣」，是欠收斂；子夏「篤信謹守」，是欠充擴。「好爲苟難」，「規模狹隘」，是其效也。

「賢智之過，勝愚不肖之不及」，循上「道以中庸爲至」說。下因《中庸》本文而及之，專說「過猶不及」一句，非指二子而言也。

此章《集注》以「道以中庸爲至」一句爲主，方説得上面「過不及」意明。不然，則是子張之才德過子夏，而子夏不及子張矣。故「過中」「失中」「歸於中」，屢提起「中」字說。

柴也愚章

金先生謂曾子在孔門年最少，而與三子並言，此曾子初登門時也。楊氏謂「四者性之偏，語之使自勵」，此聖人之本意。蓋唯曾子聞聖言，即就魯上用功，誠篤淬厲，期於必得，故後終有聞一貫之唯，則魯鈍化爲明睿矣。彼三子未能力變其質，或者爲終身之偏歟？

《集注》「知不足而厚有餘」，以意釋「愚」字，引《家語》以證之耳，非柴平生之行止此也。《家語》記五事，皆是「厚有餘」，其「足不履影」「不徑不竇」二事之間，則有「知不足」之意。

吴氏謂通下章爲一章，然前四人以質言，後二人以學言也。「庶乎」對「億中」，「屢空」對「貨殖」。顔子惟「庶乎」，所以「樂天」，至於「屢空」而不顧；子貢唯「不受命」，故但能「億」事而已。

不踐迹章

人雖有好資質，「志於學」方可「入聖人之室」。然其質既善，雖不循前人軌轍，自然「不爲惡」，但未至聖人之地。此是就兩頭説中間，影出「善人」形狀。

孟子曰：「可欲之謂善，有諸己之謂信。」張子之言本此。言「有諸己」則善之著者意脈自「亦不蹈於惡」生來，「不蹈惡」自「善」字上生來。

聞斯行諸章

夫子非教冉有不必稟父兄之命。稟命自是常禮，正恐冉有遇義當行者不能勇爲爾。蓋行事須是有決斷，志在必行，然後稟命而即行。若見義前卻，自無主見，不勇爲，則非父兄使之也。稟命之意，即在「聞斯行諸」之中。

《集注》「約之於義理之中」，「中」字重讀。

畏匡章

《國語》欒共子曰：「民生於三，事之如一。父生之，師教之，君食之」，「生之族也」，「唯其所在，則致死焉。」《檀弓》亦曰，事親「服勤至死，致喪三年」，事君「服勤至死，方喪三年」，事師「服勤至死，心喪三年」。亦「事之如一」之意，古人皆是如此。但師有不同，「服勤至死」，亦謂授道以成其德者。孔子之於顏子，豈與他師弟子可同日語？不唯顏子以此自處，而孔子亦以此信之。孔子正恐顏子不知夫子安否而誤死，故有「吾以女爲死矣」之言。蓋夫子周流天下，從車必多，觀孟子「後車數十乘」可見，前後必不能相續連行，匡人之圍，顏子必相失在後，不在圍中。故夫子解後，恐顏子不知而猶致死故也。

使子羔章

前章《集注》謂子羔「知不足而厚有餘」，此章又言「質美而未學」。蓋「質美」則「厚有餘」，

「未學」則「知不足」，其意一耳。

侍坐章

夫子之於弟子，於其平日言行問答之間，固知其學力之所至，然其將有所待而欲爲之志，則不能知也。問之者，欲知其自知之如何，使之知有未至而自厲。蓋此章非獨觀人，亦所以教也。

「千乘之國」，以地實出車數而言，當方三百十六里有奇，況有山林、川澤、城郭、道塗，又當三分加一。若以封建常法言，可謂大國矣。而子路謂「攝乎大國之間」，則此猶小國也。蓋自黄帝時天下萬國，後漸漸吞併，至湯時三千餘國，至武王時會孟津尚八百諸侯，而武王又封建親戚功臣，爲國多矣。東遷之後，併吞猶甚，小者漸大，當時齊、秦、晉、楚，其地或至千里，故「千乘之國」，誠小國也。

「千乘之國」，地大事殷，固自難治；而「攝乎大國」，則此弱彼强，爲其所檢制，而事有不在於己者，爲尤難也；興師旅則傷人殺人，妨農費財，饑饉則窮困流離，轉死溝壑。二者乃將危之勢，難而又難者也。子路僅爲政三年，便有好勇知方之效，可見大材已，豈管仲之比哉？

「有勇」「知方」，是衣食足，教化行。蓋務農積穀，使民有以仰事俯育，然後教之以軍旅，教之以道藝。「有勇」則可以禦侮安人，「知方」則能親上死長。三年之間，其效之速而大如此。

二子才學固不及子路，然見夫子哂子路，故其言愈下。冉有猶欲治國，公西華止言爲相耳，尤不敢以重事自任。

「端」，衣名。古者布幅二尺有二寸。此衣身長二尺二寸，袂亦二尺二寸，而屬幅，謂袖接一幅也。整齊端正，故謂之端。玄，則其色也。

「志」者，有所期而可必至之意，固非已行之事也。聖人之問，正欲知四子之自期者。三子之對，正與聖人之意相當，亦各自言其所必可至者爾。曾點乃無所志於事未然而不可必得者，但於只今便得爲者言之。於春時而服已成之春服，童冠之人或七或五，無拘於長幼多寡之數。沂水雩壇，地近即可至，景勝可以遊。浴者莫春事也，風者遊息之意也，至於「詠而歸」，則以其胷中所蘊，發於歌聲，以優遊涵泳其自得之意。則其安分樂天，與物爲春，人我無間氣象，藹然可見。三子所言，雖其所能之實事，只是事爲之末爾，與曾點高下自不同。故曾點所對，雖非聖人所問本意，而聖人自深許之也。

「雩」，祭名。《春秋傳》曰：「龍見而雩。」龍者，東方七宿，其形如龍。謂建巳之月，龍星見，時天子雩五精帝，配以五人帝，諸侯則雩祀百辟卿士有益於民者，以祈穀實。五精帝，謂靈威仰、赤熛必遥反。怒、含樞紐、白招拒、汁音叶。光紀。五人帝，謂大皞、炎帝、黄帝、少皞、顓項。百辟卿士，古勾龍、后稷之類。又《周禮・司巫》：「若國大旱，則帥巫而舞雩。」《集注》：「時見曰會，衆覜曰同。」《周禮》：「殷見曰同。」殷，即衆也，改殷爲衆，避諱也。但《周禮》有「殷覜曰視」，又一禮也。此則易見爲覜，不知如何。然覜亦見義，諸侯四時見天子之名曰朝、宗、覲、遇，時見則無常期。諸侯有不順者，王將征之，則於朝覲之時，別爲增於國外，合諸侯而命事焉，此「時見曰會」之禮也。如王十二歲不巡狩，則六服盡朝，禮畢，王亦爲壇合諸侯以命政，此「殷見曰同」之禮也。

「浴，盥濯也。」《後漢書》：三月上巳，祓除，官民絜於東流水上，除去宿垢疢。蓋於水上祭而盥手，略湔濯其衣，以寓潔清之意。自古風俗如此，非裸而浴也。

三子之言是盡其才用，曾點之言涵容則廣。蓋點止就目前日用行事上説，便有如此氣象，若居別地位，則便有別事爲，所至處皆是天理。故點該得三子之言，而三子不能及點之趣。《集注》自「有以見夫」以下至「隱然自見於言外」，雖是就其已言者形容，而其未言者固可想見其氣象也。

曾點見趣甚高而行不掩，本注朱子以「見」字冠之。

程子謂曾點「便是堯舜氣象」，亦以其物各得所意上描盡。然但謂之氣象，而不可謂之事業。

子路若「達爲國以禮」，便是「堯舜氣象」。蓋禮是天理自然之節文，達禮則見物物有則，而應物處莫不循其道而行之，不可措一毫私意於其間，則氣象非堯舜乎？

圈外第一條是揚三子。第二條當作三節看：一節言曾點，「三子者之撰」以上揚之，「特行」以下是抑之。二節言子路等所見者小，是抑三子。三節「子路」以下又是揚子路。第三條、第四條皆是揚曾點。

顏淵第十二

顏淵章

非聖人性之者，則皆有物欲之蔽，但有淺深之不同爾。故學者必須消磨物欲，然後可以復其性。蓋天地生物，理爲之主；人之一身，心爲之主。人心本全具天理者也，天下事物萬變，不能皆善，心爲事物所感，則欲生私勝，天理漸昏。理與欲二者在人心常相消長。理明一分，則人欲消一分；欲長一分，則天理消一分。學者但要究明天理，屏去私欲。若欲盡理明，應事接物，件件適中，即是全體之仁。

「克己」是非禮處勿視、聽、言、動，「復禮」是合禮處則視、聽、言、動。「非」、「勿」兩字，賢愚之樞機。然須先下格物工夫，知何者爲禮，何者爲非禮，方可到此地步。顔子平日格物工夫已至，故聞夫子之言，便一力承當。

「克己復禮」是開説，四「勿」是合説。

「一日克己復禮，天下歸仁」，言一日之間，接事應物，能盡克去己私，皆復還天理，則天下之人聞者見者，皆許之爲仁。蓋應事合乎天理之公，則同有是心者，誰得而間之？極言其效之速而甚大爾，非謂一日爲仁，天下之勢便盡歸之。

此章全以「禮」字代「仁」字，蓋仁以理言，恐難捉摸體認，故以天理節文之禮爲言。仁即天理之公，禮即天理之節文，本非二物也。身之接於物者，事事合乎節文，而無一毫私僞，即是人欲浄盡，天理流行，即爲全體之仁。

視、聽自外入，言、動自内出。但視不是見得，聽不是聞得。聲色雖自外來，而視之聽之却在我，所以制於外則養其中，四者皆同。

《四箴序》：「制於外」，「養其中」。蓋仁主於存心應事，兼動静而言。四「勿」是就動處用功，主於一事中，則謂心之全體；於動處事事是當，則是養於中者熟。及其成功，則私欲浄盡，天理流行，於視、聽、言、動之間，自然皆禮，而不待「勿」矣。四「勿」仍是學者事，故顔子就此用功，而至於「三月不違」，養之熟則化矣。

《四箴序》：「四者身之用也，由中而應外，制外以養中。」謂視、聽、言、動四者，是身之接物處，皆是心爲之主。心之動而外應之，當外動處制之以禮，乃所以養其心而全乎仁也。蓋仁是心之德，故主於心而言，意專在制外上，「由中」一語，特明其當制外爾。如此看本自無病。金先生乃曰：「由中應外」，聖人之事；「制外養中」，學聖人之事。此是兼「非禮勿」三字看。蓋程子本引四全句說來，則「四者身之用也」一語，亦總繳四全句；如此讀下，則「由中應外」一語，爲說聖人事，又自是一般理趣，即如云由仁義行儘自好。由是觀之，讀書者不可不具眼。

《視箴》每兩句内外自對說。首四句雖兩節内外，却是一串說下，重在「操之有要」一語。「蔽交」兩句，言其所以當制。「制之」兩句，正是工夫。後兩句是效驗。

《四箴》平觀之，若視切而聽緩，細玩其文意，則聽重而視輕。蓋《視箴》止言其「中遷」，《聽箴》乃曰「遂亡」。視言心，聽言性。心以知覺言，性以理言。知覺有遷，猶可挽回；天理若亡，則不足以爲人矣。蓋目之所及者有限，耳之所接者無窮。聽雖主於聲，而凡係乎言皆屬聽，讀書爲學，得之於簡册傳聞者，皆聽類也。若於事物之來，應之或差，猶可改也；至於學問之差，爲心術之害，遂至於亡其性，則不可救藥矣。聽言之邪正，其可畏也如此。

視、聽、言各指一事，動則舉一身而言。故《動箴》兼心說，謂内而心之動，外而身之動，皆出於正，表裏如一，則天理流行。若但强制於外，而動於中者，或未盡善，則病根不除，未爲得也。此即慎獨工夫。

仲弓章

上兩句敬以持己，中兩句恕以及物，下兩句敬恕之效驗。孟子謂「强恕而行，求仁莫近焉」，行恕熟，即是仁，行仁須自恕起。

《集注》「謹獨」二字，是此章之骨子。蓋有「謹獨」工夫，然後能如見賓、承祭，能敬然後能恕，則敬是恕之本。下一條即此意而言之詳。

司馬牛問仁章

首篇三章問仁，而所答不同，三人之才有高下故也。顔子見理已明，故告以全體，其言直捷簡要。冉子未及顔子，故教之行恕若熟，亦便是仁。司馬牛多言，故只就他病處説，言訒〔一〕是行仁之一端，緊要在「爲之難」上。言爲行表，人若易其言，則所行必不能盡理。然只是教顔子「非禮勿言」一節。

司馬牛問君子章

「不憂」，仁也；「不懼」，勇也。仁者樂天，故不憂；勇者果决，故不懼。必其平日言行忠信，所以内省不疚，而自然無憂懼。

司馬牛憂章

司馬牛，桓魋之弟。桓氏蓋宋桓公之後，別爲向氏，世爲宋司馬，故爲司馬氏。桓魋兄弟五人：左師向巢，次魋，次子頎、子車及牛。不知牛與子頎等兄弟之次。初，宋景公避向魋，後魋之寵害於公，公將討之。魋先謀公，請享公，以日中爲期，家備盡往。私家甲兵之備盡往享所。公知之，命皇野召左師巢，與之誓而共伐之，遂攻桓氏。子頎告魋，欲入攻公，子車止令勿入，魋遂入曹以叛。曹人叛魋，魋奔衛，巢奔魯，司馬牛致其邑與珪而適齊。後魋再奔齊，牛又致其邑適吴。吴人惡之，而反，卒於魯郭門之外阬〔三〕氏。牛無兄弟之言，蓋魋未叛之前，逆料兄弟之必叛也。

内敬外恭，固是善德。敬又須是無間斷，敬者主一無適之謂，才間斷，便不是主一。恭須是近禮，恭而不近禮，則勞而徒招辱。能盡二者，則天下之人皆愛敬之。「皆」字太泛，故先儒以爲病。

子貢問政章

夫子所答「民信」，本言其效，所以《集注》以「然後教化行」五字襯在中間。子貢析而爲三，正欲知「信」與「食」、「兵」，何者爲重。蓋兵、食有國者必不可無，而民不信又不可以立國，三者相權，孰重孰輕？故以爲問，夫子亦隨其問而答之。而信者，人心所得，天理之固有，非如兵、食自外來，故至死不可去。

夫子初答「民信」，固以效言。制田里，薄賦歛，使以時，則食足。比什伍，飭車甲，時簡教，則兵足。只此二者之間，信已在其中，况食之飽，居之安，然後教化可行而事得施。信於民，則民無不信於上矣，民之信本於上之先信也。故《集注》以「然後教化行」五字補於上。曰「不離叛」，則又信後之效也。子貢以二本一效列而爲三，非强析之也，固在聖人語意中。夫子最後之答，則又推「信」字之本而極言之，謂此實理人之固有，失之則不若無生。此亦兼上下言之。前「民信」之「信」，則後「信」字之一義也。

棘子成章

此章「質」「文」，正是說辭氣、威儀之間，然又自有兩層意：發於辭氣、威儀，有尚質、尚文之不同，此一意也。如《語録》：「使一箇君子與屠販之人相對坐，並不以文見，畢竟兩人好惡自别。大率固不可無文，亦當以質爲本。」如此則又是以德爲本，而發爲辭氣、威儀之文華者爲文，此又一意也。

子貢之言，亦夫子「彬彬」之意，而《集注》謂其有失者。蓋二章雖皆以「文」「質」對舉，而夫子有「野」字、「史」字，所以《集注》上言「鄙略」，下言「誠不足」。「鄙略」但少脩飾爾，「誠不足」則亦虚浮之弊，語中自有輕重。子貢則兩言無輕重之分，而又力反子成之説，故有失。

看來子貢雖言「文」「質」相等，又只是主文意思多。「虎豹之鞹猶犬羊之鞹」，以爲無文故無辨。雖曰無文故無辨，然「虎豹之鞹」豈果與「犬羊之鞹」無辨哉？

盍徹章

「年饑，用不足」，金先生謂兩下問者是也。蓋哀公固以「用不足」將加賦爲問，然「年饑」

則不可加賦，「用不足」又不可不加賦，將何以處之乎？故曰「如之何」。「如之何」者，使於二者處之當也。有若對曰「盍徹」，則極本窮源之論也。蓋當時三家擅國，而魯君無民，雖賦什二而不入於公室，私家富而公室貧。徹法果行，則民之田賦既有定制，等而上之，士、大夫、卿、君各有定分，而公室所入者多矣。制既定，則量入爲出，一舉先王〔四〕之制行之，安有「用不足」之理？救民之困，濟國之貧，無過於此。哀公不悟其意，反以賦少爲言，故再對專告之不可加賦而已。

周代賦田之法，一夫百畝。鄉遂用貢法，十夫同溝而無公田。都鄙用助法，方里而井，井九百畝，其中爲公田，八家皆私百畝。於公田百畝内，各賦與八家二畝半，使之爲廬，播種時居之。公田共分二十畝與八家，所存止八十畝，八家共治公私田八百八十畝。鄉遂同溝之人，都鄙同井之人，皆通力合作，計畝勻收。凡耕種耘刈，皆共治之，欲其用力均也。收成之時，溝中將千畝所得之穀，井中將八百八十畝所得之穀，皆於十分中取一分納於公家，餘九分則溝、井之人各均分之。徹，通也。謂通計溝、井之所收而分之也。此所謂周家什一之法。魯自宣公以來，既收什一，又於私田之中收其什一，是謂什二。

崇德章

鈞是人也，以我愛惡之故，甚至欲其生死。生死有命，豈能欲之？是固惑矣。鈞是人也，有欲其生者，有欲其死者，何胷中紛紛如是，而有何損益於彼哉？豈不惑之甚者？

齊景公章

陳完者，陳厲公之子也。陳宣公殺其大子禦寇，禦寇與完相愛，完奔齊，齊桓公使爲工正。完生穉，穉生湣，湣生須無，是爲陳文子。文子生無宇，是爲桓子，皆事齊莊公。無宇生乞，是爲僖子。乞事景公，行施於民。景公卒，而立幼子荼，田乞爲亂，荼出奔魯。乞立景公庶子陽生，是爲悼公，而使人殺荼。陳乞專政，卒，子恒代立，是爲成子。其後悼公遇弑，立其子壬，爲簡公。陳恒復爲亂，弑簡公，而立平公。恒之後三世至太公和，篡齊國。釐即僖字。

居之無倦章

「居之」「行之」，此説似虛，若不見所指，而上句尤虛。蓋子張問爲大夫而爲政之事。爲政則隨其所居之位，有當爲之職，身任其事，則當常存諸心，詳思密慮，周遍謹審，無一事之忽，無一時之怠，然後職舉而政行。此「居」字當重看，則章意自明。

成人章

《集注》：「誘掖獎勸。」誘，謂引之於前。掖，謂扶之於側。獎者，譽之也。勸者，勉之也。

問達章

《語録》：達是「行無窒礙」，「事君則得乎君」，「事親則得乎親」之類。

又曰：「達是退一步做，畀遜篤實，不求人知，一旦工夫至到，却自然會達。聞是近前一步做，惟恐人不知，故矜張夸大，一時若可喜，其實無足取。」

「質直」，自是忠實貞信向前行去，若不合宜，則又不可。故須用「好義」方能進德。「好」字當重看。

「取仁」反「質直」，「行違」反「好義」，「居之不疑」反「察言觀色，慮以下人」。

《集注》：「達者，德孚於人而行無不得之謂。」達是「行無不得」「德孚於人」，推其本而言之，「忠信」二字貼「質直」二字。忠，質也。信，直也。

「達者，德孚於人而行無不得」，是就接人上説。所以於人之言則當察之，而審其信我之言否；於人之色則當觀之，而審其信我之行否。是用人之言行以自觀我之言行，非有卑諂之意，亦非有以詭道遇人之意。

從遊章

「攻人之惡」，心只散在外，況所攻非一人，則此心煩擾馳逐，無時得已，於己無益而有損，且終流於薄。「攻其惡」，則收斂務内，搜摘隱微，而不善不能根著留滯，此心日以開明，而終歸於厚。「辨惑」，聖人只就樊遲切身之病告之，以發凡耳。人之惑不一，學者各自辨察己之惑者而務去之。

上兩節皆教之以崇之脩之之方，下一節止語其所惑，而不言辨之之説。蓋以其所病者語之，知此爲惑，則推此以自察其餘，即辨之之方也。

《集注》：「麄鄙近利。」麄就「忿忘身」上言，鄙就「攻人惡」上言，近利就「得」上説。

問仁知章

虞廷聖賢之臣固多，而獨言「舉皋陶」者，蓋大禹終受帝禪，此下惟皋之德最優。舜命禹總師，而禹之所讓惟皋，及帝贊之，則曰「臣庶，罔或干予正」，「民協于中，時乃功」；又曰「四方風動，惟乃之休」。於此正見得「不仁者遠」意思。

盡心以告之，固美矣，又必所告者盡善可也。雖誠心以告，而所言未達於理，則反有害於仁，乃欲朋友之從，是賊夫人而已。

文會友章

爲仁而不取友以爲輔，則有「孤陋寡聞」之固；會友而不以文，則有「羣居終日，言不及義」之失。

子路第十三

子路章

《集注》分行與事，是開説，下句則總兩事俱要「無倦」。《語録》曰：「横渠云：『必身爲之倡，且不愛其勞，而又益之以不倦。』此説好。」此是合三句作一串説下，各有意味。

季氏宰章

「先有司，赦小過，舉賢才。」《集注》意作三節説。《或問》有一家只就「有司」上説，大意謂既「先有司」，則有小過當赦，有賢才當舉。《通釋》推此意，謂「赦小過」，故常人可以自勉；「舉賢才」，故非常之人可以自見。此説尤委曲詳盡。

誦詩章

交與國，令下民，莫難於辭令。有命出於國中，則可集衆長，較是非，脩飾而成。如鄭國「爲命」，「草創」「潤色」之類。至於出使，則一人一時應對，而國家之榮辱係焉。故曰「專對」必學《詩》而能之也。

魯衛之政章

魯國，周禮所在，而素尚禮義者也。《衛詩》淫亂之風，豈魯之比？今而魯國之政乃與衛同，此夫子所以歎也。

苟有用我章

「朞月而可」，謂興衰撥亂，綱紀粗立。「三年有成」，謂治定功成，治道大備。

一言興邦章

金先生從《通釋》，「是」字絶句，而「幾」訓「近」。

攘羊章

理勝爲直，父子相證，則背天理，絶人倫，得爲直乎？

子貢問士章

第一節兩事，似不能盡爲士之道，然「行己有恥」一句，自可以包君子之凡。《集注》「志有所不爲」，其包亦廣。宗族鄉黨稱孝弟，是有恥中兩事爾。故曰「本立而材不足者」，謂本之立則未能盡行己之全也。

狂狷章

《集注》：「狂者，志極高而行不掩。狷者，知未及而守有餘。」「志極高」「守有餘」，皆過也。「行不掩」「知未及」，皆不及也。因各人之才，激厲其不及而裁抑其大過，則合於中道。

憲問第十四

問耻章

「邦有道」，居位而無道可行，尸位素餐，爲可恥。「邦無道」，貪禄苟位，不能明哲保身，亦可恥。

克伐章

「克、伐、怨、欲」，皆是仁之病。能知其病而禁其不行，固亦難矣，仁之體則未見也。原思所言，病在「行」字上，不行，則病根尚在於心未除，久則病根未免發見。故孔子但許其難，而不許其仁。仁則心全天理而無私，四者皆私也。

懷居章

君子見義則遷；懷其所居之安，則不能遷義。

南宫括章

夏禹崩，子啓立。啓崩，子太康立。夏都河北安邑。太康十九歲，渡河而畋，至十旬弗反。有窮后羿距太康于河南，而自王夏故都河北之地，窮，國名。后，君也。羿，窮國之君也。羿在堯時善射，其子孫亦善射，皆名羿。稱帝夷羿。夷，羿之姓氏也。太康不得歸河北，居於河南。太康二十九歲崩，弟仲康立；十三歲崩，子相立。八年，羿恃其射，不脩民事，其臣寒浞使逄蒙射殺羿。寒，國名。浞，其國君之名。浞因羿室而生澆及殪，澆即夏。因羿之故地而爲政。后相二十八歲，浞使澆弒王，王即后相。遂滅夏。相之后妃名緡，逃歸有仍，仍，后父母之國也。明年生子少康。少康四十歲，舊臣共立之，而滅寒浞及澆、殪。浞，仕角反。澆，五弔反。殪音翳。

君子不仁章

君子固「志於仁」，然仁以全體言，存於心無一毫之私，應於事無不當於理，方得其全。君子之心有一毫不在，則非全體之仁。所謂「不仁者」，指一事而言也。

愛之章

「愛之，能勿勞」，大意上之親下。「忠焉，能勿誨」，大意下之親上。如愛子弟，則使之供洒掃應對之職以勞之，方可謂之愛。如忠於君，有過則諫，方可謂之忠。若篤愛而不勞，反害之也；盡忠而不諫，反陷之也。

公叔文子章

不言、笑、取，當時過稱文子也。然謂之「不」，猶是一偏之行。公明賈對以「時」、「樂」、「義」〔五〕然後「言」、「笑」、「取」，却是時中之行，但所言太過，不得其真。孔子與人爲善，不明言其非，但曰「其然，豈其然」而疑之。

防求章

魯襄公二十三年，季武子無嫡子，庶子公鉏居長，而武子愛幼子紇，欲立爲後。訪於臧孫紇，此紇即臧武仲。武仲爲之立紇爲後，是爲季悼子。孟氏惡武仲，而季氏愛之。孟莊子有長子名秩，幼子名羯。其御豐點好羯，及孟莊子有疾，豐點謂公鉏曰：「苟立羯，請讎臧氏。」以公鉏因臧氏而不得立，故豐點許之報讎而成其事。孟孫卒，公鉏立羯爲孟孫後。孟氏因閉門告於季孫曰：「臧氏將爲亂。」臧孫聞之。孟氏將葬，借人除道，臧孫使人助之，而使甲士從己而觀。孟孫又告季孫，季孫怒，攻臧氏。武仲出奔邾，既而歸防，使來告於魯曰：「紇非能爲害也，知不足也。苟守先祀，敢不辟邑！」乃立其兄臧爲爲臧氏後，武仲遂奔齊。此事按左氏或代以它語寫直意。

武仲既出奔，當去魯國，今尚留防邑，請立後而辟邑。若朝廷不爲立後，則必據邑以叛，是要君也。

晉文公章

晉獻公太子名申生，庶子名重耳、夷吾，獻公嬖驪姬，驪姬之子名奚齊，其娣生卓子。驪姬譖申生、重耳、夷吾，申生自殺，重耳、夷吾出奔。獻公薨，大夫荀息立奚齊，大夫里克殺之。荀息立卓子，里克又殺之及荀息。秦人納夷吾，是爲惠公。後惠公卒，秦人納重耳，是爲文公。

文公之爲公子而出奔也，過衛、曹二國，皆不禮焉。過宋、齊、楚三國，皆厚禮之。當時宋、曹、衛皆附楚，及文公立，宋背楚親晉。楚伐齊圍宋，齊、宋求救於晉。晉伐曹、衛，欲以解宋圍。衛侯出，晉執曹伯，分曹、衛之田畀宋人。楚將子玉使宛春告晉師曰：「請復衛侯而封曹，臣亦釋宋之圍。」晉侯拘宛春以怒楚，私許復曹、衛之田，曹、衛告絶於楚。子玉怒，與晉戰，楚師敗績。如不正救齊、宋而伐曹、衛，私許曹、衛田而執宛春以怒楚，此等處皆文公之譎。《博議》言之甚詳。

齊桓公伐楚，責之曰：「爾貢包茅不入」，「寡人是徵」，「昭王南征而不復，寡人是問」。其辭意皆正。

桓、文平日行事不止此，就各事皆可推。

此章夫子就桓、文以校其正、譎。桓公行事亦有未全正處，但正處多，而比文公不同爾。

桓公殺公子糾章

桓公、子糾皆襄公之子。時襄公無道，鮑叔牙奉小白奔莒。及無知弒襄公，管仲、召忽奉子糾奔魯。至雍廩殺無知，小白自莒先入，是爲桓公。魯亦以兵納子糾，是時小白已立，遂與戰，魯兵大敗。桓公使魯人殺子糾，召忽死之，管仲請囚。鮑叔牙與管仲爲友，遂脱其囚，薦於桓公而爲相。子路疑召忽、管仲皆子糾臣，召忽死而管仲不死，恐是未能全心德之人，故有是問。然管仲之爲人，雖未得爲仁，其相桓公，恩澤及人，乃有仁人之功，故夫子重言「如其仁」以深美之。

管仲非仁章

子路之問，重在不死；子貢之問，重在相桓公。蓋桓公爲兄，而出於齊難未作之先；子糾爲弟，而出於無知弑君之後。無知弑君，子糾在内，當討賊報讎，而畏死出奔，已爲齊之罪人。及雍廩已殺無知，桓公已正君位，子糾方入以争國，則子糾猶齊之賊也。管仲雖子糾舊臣，今輔之争國，亦爲非義。齊君赦管仲而用之，亦無不可，而管仲不當以桓公爲讎，故夫子但稱其功而美之。

或以「匹夫匹婦之爲諒」指召忽者，非也。此言管仲自信其才足以有爲，而其事可以不死，故全其生以圖後功。既而果有霸功之效，則是其相桓也，不害其仁矣。豈如小人之無才而守小信，死不得其所哉？子貢之問，元不及召忽，而「匹婦」又豈可指召忽而言？則聖人之意可見矣。

衛靈公無道章

仲叔圉即孔文子，祝鮀佞而免於世，王孫賈專衛權，即問奧竈者。三人本非賢者，而其才各有所長，靈公用之，各當其才，所以不喪國。夫子平日語此三人，皆所不許，而此章〔六〕之言乃若此，可見聖人不以其所短棄其所長，至公之心也。用人當以此爲法，但欲當其才耳。

子路問章

朱子曰：「唐人諫敬宗遊驪山，謂若行必有大禍。驪山固是不可行，以爲有大禍，則近於欺」，「其實雖不失爲愛君，其言則欺矣」。南軒曰：「若忠信有所不足」，「如内交要譽惡其聲之類，一毫之萌，皆爲欺也。」饒雙峯曰：「自家好色，却諫君勿好色；自家好貨，却諫君勿好貨：皆是欺君。」朱子之意，謂諫君不能敷暢詳明，而欲君必行己説，則言失之大過，是爲欺君。南軒之意，謂有所爲而諫，是爲欺君。此皆就當諫之際用功。雙峯之説，則工夫在平日，至諫君而見。學者於三説，皆當存心。

蘧伯玉章

《集注》「行年六十而六十化」，即「知四十九年之非」之意，謂年自五十九至六十，更一年則德又進而化於理。心既能化於理，則自然覺五十九年之非。但化之爲言，則又與上「五十而知」去年之非者愈進矣。

思不出位章

范氏「物各止其所」之説，所包甚廣，下文「君臣、上下、大小」，特舉其大者爾。究其極，當如《通釋》「當食則思食，當寢則思寢，此亦位也」之説方備。

君子道者三章

《通釋》：「有是三者，則非本心之正，而易失其守，故君子以無之爲貴。」其意蓋曰「仁」「智」「勇」三達德，固君子之道，而聖人常自以爲無能焉，而不有其德。故子貢曰「夫子自道」之，故如此。他人則唯見〔七〕聖人之「智」「仁」「勇」，而不知聖人之操心若此也。如此恐於「夫子自道也」一句意順。

不患不己知章

《集注》：「此章凡四見。」《學而》「不患人之不己知，患不知人也」，欲其自反而知人之賢否。《里仁》「不患莫己知，求爲可知也」，欲其自反而求可知之實。此章曰：「不患人之不己知，患其不能也。」《衛靈公》：「君子病無能焉，不病人之不己知也。」此兩章意同語異，皆欲反而自脩之意。聖人屢言之，丁寧學者不可務外。

驥章

《集注》：「德，調良也。」調謂習熟而易控馭。良謂順服而不踶齧。

報怨章

怨有大小，如君父之讎，怨也；兄弟交遊之讎，亦怨也；有以不善及於我身者，怨也；意氣之加，言語之失，亦怨也。於讎之當報不當報，則據理以直待之。《或問》言之詳矣。若小怨，非有殺身之讎，或與其人相遇而共事，則隨今之事處〔八〕之，不可提起前日之怨，而置輕重於其間。《集注》「愛憎取舍」四字，包括大小皆盡。且如我當進退人才之任，而所怨者在下位，則當視其功罪而升黜之。至如當議論人才，評品德藝，雖不係重輕，一言之發，亦以其實言之。凡「愛憎取舍」，不以怨故著一毫私意於其間，所謂直報之也。

聖人言報，而以「德」「怨」對舉者，蓋君子之心，正欲不存私意。私意不存，然後應事各當。若應事有高下，則或公或私，是兩心矣。前日報怨此心也，今日報德亦此心也，「以德報怨」，心固厚矣，而報德乃與報怨同，是反薄也。得於彼則失於此，得於此則失於彼，心而有二，得爲君子乎？故夫子不許。

《表記》：「子曰：『以德報德，則民有所勸。』」「又曰：『以德報怨，則寬身之仁也。』」《注》：仁，當作民。謂是「寬愛己身」，「欲苟息禍患」之人也。

莫我知章

「莫我知也夫」，意之之詞也。「知我者其天乎」，雖意之而實決辭也。當於「不怨天」「不尤人」「下學上達」三語，見承上「莫知」，接下「知我」之意。須將「不怨」「不尤」在「莫知」之前，非謂人既不知而「不怨」「不尤」。「不怨」「不尤」與「下學」皆莫知之由，而「上達」則天知之實。此意當細會。

擊磬章

《集注》:「以衣涉水曰厲。」衣,裹衣也。「攝衣涉水曰揭。」攝,提起也。古人不裸體涉水,若水淺,但提起衣而過;若水深不可提,既不可脱衣,則和裹衣而過。可厲則厲,可揭則揭,各隨事宜。意謂天下可以行道則行,不可行道則隱。今天下既無道,孔子不隱,而猶周流天下,爲不識時宜。夫子謂荷蕢可謂果决於忘世哉,又言人若但欲决然去世,亦無難矣。

諒陰章

《集注》:「諒陰,天子居喪之名。」《禮》又作「梁闇」。凡居父母之喪,次在中門外東墻之下。大夫士居倚廬,謂以兩木,一頭著地,一頭斜倚在墻上,外被以茅茨,寢苫枕塊,常處此中。諸侯亦爲倚廬,而加以圍幛。天子既立柱,前有梁形,稍如屋楣,故曰「梁闇」。闇,讀如鵪。

脩己以敬章

「敬」字是「徹上徹下」工夫，學而至於聖人，始終皆在此。君子惟以敬自脩己而已，至於臨事，亦發於敬。安百姓之事雖大，皆以敬行之；若無敬，則中無所主，事皆不成。堯、舜聖德巍巍，亦心敬而已。「堯、舜猶病諸」者，謂堯、舜雖聖德，而天下之廣，豈能使無一物不得其所？意謂堯、舜聖之極矣，而尚或未能全敬之用，況學者而可不務於敬乎？子路言「如斯而已」，有不足之意，故夫子極言敬之大者。

「脩己以敬」一句，「敬」字重。下「脩己」兩句，「敬」字亦在其中。

聖人言「脩己以安百姓」，而程子乃言「上下一於恭敬」。蓋治道非一人所能獨成，必君臣上下皆能恭敬，然後有「天地位」以下之應。然下人能敬，亦在乎上之人有以感之，漸漬而成恭敬，以至於「天下平」。程子此段，是推極而言，以見敬之功用無窮。

夷俟章

原壤之母死，夫子助之沐椁，原壤登木而歌，夫子爲弗聞也者而過之。從者曰：「子未可以已乎？」夫子曰：「親者毋失其爲親也，故者毋失其爲故也。」《或問》謂：「夫子何舍其重而責其輕？蓋數其母死而歌，則壤當絶；叩其箕踞之脛，則壤猶爲故人耳。盛德中禮，見乎周旋，此亦可見。」

衛靈公第十五

一貫章

《集注》：第四篇「以行言」，「此以知言」。四篇言「吾道」字，道是行意，故曰「以行言」。此章就「多學而識之」上説來，故曰「以知言」。曾子篤實力行，子貢明敏博學，故夫子與之言不同如此。然學者須知得，然後行得。

無爲而治章

聖之盛德而在民上，下民感而化之，天下自然平治，不必有作爲。夫子獨稱舜者，蓋舜即天子位，承堯治平之後，如平水土，誅四凶之類，皆在堯朝，故舜即位之後，無所事爲，但「恭己正南面而已」，所以比他聖人尤不見有爲，然「恭己」之容，惟聖人爲能盡爾。

子張問行章

子張問何以得行於外，夫子惟教之脩其在己者，則自然可行。「言」「行」，君子之樞機，謹此二者，脩身之事備矣。聖賢千言萬語，皆是二者節目。

子張恐有時或違夫子之言，故以所教之言書於大帶，以體「參前」「倚衡」之意。

子張請問者三，學干禄，問達，問行，皆務外之意，夫子皆教之以自脩。以此觀之，學者但有一毫求人知之心，便全不是了，學亦必不能成。若但一向以爲善爲己分内事，只管低頭去做，學自能進，德自能成，人自會知，道自能行。

古人之帶有二：革帶，以皮爲之，用以懸佩，在裳上衣内。衣上加以大帶，用繒爲之，圍於腰，結於前，其兩頭垂在下者，曰紳，即今深衣之帶是也。

《集注》「鞭辟」，辟，音闢，開也。鞭開，如前驅攔約人向外，自兩傍視之則爲近裏。此蓋當時洛中方言。

史魚章

《雜記》曰：「内亂不與焉，外患弗辟也。」釋者謂「同僚將爲亂，己力不能討，不與而已」。則孫林父、甯殖謀放弑，伯玉行從近關出，其合於禮乎！

子貢問爲仁章

《集注》「賢以事言」，是大夫有才德而見於行事者。「仁以德言」，是士蹈道積德而自脩者。

爲邦章

顔淵才大，故夫子教之治天下之事，以虞、夏、商、周四代禮樂以授之。治天下亦非此四句而已，提其大綱，則他事皆可推度，隨時合宜。

夏正之説，大意見「子張問十世」章。所謂「建」者，蓋地之四方，亦以十二辰分之，寅、卯、辰居東，巳、午、未居南，申、酉、戌居西，亥、子、丑居北。專以北斗之柄〔九〕爲驗，每於黄昏星初出時，看北斗柄指在何方上，便是此月。建，即指之意也。指子爲子月，是十一月；指丑爲丑月，是十二月；指寅爲寅月，是正月。

周冕之説，其冕旒之數見於前「麻冕」章。其章服之數，則自黄帝制衣服。而天子衮冕之服十二章：日一，月二，星辰三，山四，龍五，華蟲六，畫於上衣；宗彝一，藻二，火三，粉米四，黼五，黻六，綉於下裳。至周時，升日、月、星、辰於旗上，天子之衮冕則十二旒、十二玉，服則惟九章：龍一，山二，華蟲三，火四，宗彝五，畫於衣；藻一，粉米二，黼三，黻四，綉於裳。鷩冕則九旒，旒亦十二玉，服七章：以華蟲爲首，而繪四於衣，綉三於裳。毳冕七旒，旒亦十二玉，服五章：以宗彝爲首，而繪三於衣，綉二於裳。希冕希，希几反〔一〇〕。五旒，旒十二玉，服三章：以粉米爲首，繪一於衣，綉二於裳。玄冕三旒，旒亦十二玉，服一章，惟綉黻於裳爾。凡衣皆玄，裳皆纁。玄，黑色。纁，淡黄色。其諸侯之五冕，大略在「麻冕」章。

龍，畫爲二龍，一青一白，白升上，青降下。衮即龍也。山，畫二山形。華蟲，雉也，亦名鷩，爲雉形。火，畫火光之形。宗彝，祭宗廟之彝器。凡宗廟之彝六，其一畫虎，其一畫蜼。今於衣上畫虎彝、蜼彝各一，虎、蜼皆毛物，毳即毛也。藻，爲水藻形。粉米，如粟米堆積之狀。粉，白色也。黼，白與黑色也，以白與黑二色同成斧形。黻，青與黑二色，爲兩巳相背亞。其義則龍取其變化，又升降、陰陽、交泰之象；山取其鎮重；華蟲取其文章；火取其明；宗彝取其孝，宗彝所以畫虎、蜼者，虎取其義，蜼之形如猴，兩鼻孔向上，尾長而兩歧，天雨時，恐雨入鼻中，則以尾兩岐塞鼻孔，取其知，今畫彝於衣，只是取其事宗廟之孝；藻取其潔；米取其養人；斧取其剛斷；黻取其向善背惡。

名衮冕，爲起於龍也。鷩冕，始於雉也。毳冕，始於毳物之虎蜼也。希冕，希刺也。刺音七。惟一畫兩綉，綉多，故曰希。玄冕，爲止有一章，與玄同也。

鄭、衛二國之樂皆淫邪，「亡國之音也」，而夫子獨言「放鄭聲」者，絶其尤甚者也。文公《詩傳》言「《衛詩》三十有九，而淫奔之詩才四之一；《鄭詩》二十有一，而淫奔之詩七之五」，則鄭之淫「有甚於衛」，故夫子獨絶之。

《集注》：「周人飾路以金玉。」《周禮》「五路」，一曰玉路，二曰金路。《注》：以金、玉飾諸末。謂凡車上之材，於末頭皆以金、玉飾之。

遠慮章

「人無遠慮」，以地言之，人若無千里之思慮，則憂在几案前；以時言之，人若無百年之思慮，則憂即在頃刻間。

義以爲質章

遇事先裁度合理，决定行了，行時却把節文行去，又欲以遜順之道行出，成之必在誠實，盡此四者，方成君子。先以理處度，合義了方可行，故曰「義以爲質」。然要知義，須先窮理。此章只截定自行上説，知又在此先。

巧言亂德章

《集注》：「小不忍，如婦人之仁、匹夫之勇皆是。」「婦人之仁」，不能忍愛；「匹夫之勇」，不能忍暴。言君子行事，當爲即爲，不可優游不斷，然又須沈潛縝密，不可輕於果決。不能審此二者，則敗大事。

終日不食章

「思」以理言，「學」以事言。不於事上學以求合於理，而懸空思索，必無益於己，所謂「思而不學則殆」者也。

謀道不謀食章

君子所謀者，唯欲明道耳，不謀食也。况貧富貴賤，莫不由命，「謀食」未必得食也，故曰「耕也，餒在其中」。學本所以「謀道」，而深造乎道者，自有得禄之理存其間，故曰「學也，禄在其中」。是以「君子憂道不憂貧」也。

知及之章

「知及之」，是知此理。「仁守之」，是心存此理能行之，而不爲私欲所蔽。「莊涖」「動禮」，是接物處。上兩句「明明德」之事，下兩句「新民」之事。

「知」以知言，「仁」以行言。「雖得之，必失之」兩句，却就知上説，謂雖知此理，而行處不能守之，則併其所得者亦失之矣。

所重在於「知」「仁」，能知而能行之。「莊涖」「動禮」，皆守之事。

季氏第十六

顓臾章

注：「四分魯國。」《禮》「大國三軍」，上公之國也；「次國二軍」，侯伯之國也。魯實侯國，本止二軍。襄公十一年，季武子宿爲政，作三軍，與叔孫穆子豹、孟獻子蔑三分公室。季氏盡征之，叔孫氏臣其子弟，孟氏取子弟之半。昭公五年，季武子舍中軍，四分公室，季氏擇二，二子各一，皆盡征之，而貢于公。

禄之去公室章

《集注》：「魯自文公薨，公子遂殺子赤，立宣公，而君失其政，歷成、襄、昭、定，凡五公」，「自季武子始專國政，歷悼、平、桓〔一〕子，凡四世，而爲家臣陽虎所執。」蓋至孔子時，不但公室衰，大夫之家亦衰，而陪臣彊矣。

祿去公室五世圖

(魯)隱公春秋之時，諸侯尚知有王。　桓公諸侯漸不知有王。
莊公齊桓公始霸，禮樂征伐自諸侯出矣。　閔公齊桓公霸。
僖公齊桓公後，有宋襄公欲霸不成，晉文公霸。　文公晉襄公繼霸。
宣公魯文公卒，公子遂殺子惡及視，立宣公，祿始去公室。　成公晉、楚争霸。
襄公季武子始專魯政。晉悼公復霸，屈强楚。諸侯之大夫漸主盟會，三家分晉。　昭公禮樂征伐自大夫出，齊有陳氏，晉有六卿，魯有三家。
定公晉、楚皆衰，中國無霸，大夫之家臣執國命。　哀公

政逮大夫四世圖

季友　季文子行父。季友孫。
季武子宿。三分公室，三家各有其一。既而四分公室，季氏擇二。　季悼子紇。
季平子意如。魯昭公伐之，不克，出奔，死於外。平子專魯。　季桓子斯。爲陽虎所囚。

三戒章

醫書以血爲陰，而行乎脈之中爲榮，謂榮養乎身也。氣爲陽，而行乎脈之外爲衛，謂衛輔

乎血也。二者周流上下於一身，無有暫息。然心則主乎血，而志爲氣之帥，故知養其心，則能制血氣而不至於亂。聖人三者之戒，亦惟操其心而已。

九思章

《語録》：「視不爲惡色所蔽爲明，聽不爲姦人所欺爲聰。」饒雙峯云：「上三者是就自身説，下三者是事上説。『視』『聽』是一對，『色』『貌』是一對，『言』『事』是一對。下三者『疑思問』屬知，餘二者屬行。」

陽貨第十七

性相近章

有「天地之性」，有「氣質之性」。「天地之性」，天以此理賦於人者。「氣質之性」，人稟天地之氣以成人，則有淳有駁，有清有濁。稟得清、純者而生爲聖、賢，稟得濁、駁者而生爲愚、不肖。若言「天地之性」即是理，理皆是善而無惡。此章兼「氣質」而言，人之初生之時，性不甚相遠，至於所習不同而後遠爾。若得清者，必好學，必至於聖賢；得濁者，好學不已，亦可至於聖賢。濁者又不好學，則爲小人，即下所謂「下愚」是也。清者若不好學，亦爲小人之歸。

武城章

在上人好禮樂，則知「愛人」之道，故能「愛人」。在下人好禮樂，則心和順，知下事上之道，故「易使」。子游之絃歌，意在於此。夫子言「割雞焉用牛刀」，喜之，故以此言反以爲戲。歌詩，而以樂和之則爲歌，徒歌曰謡。絃歌，以琴瑟和歌也。

先王之教，禮樂雖各有其時，而二者未嘗偏廢。武城絃歌之聲聞於外，則其學禮可知矣。故《集注》添入「禮」字説。

公山弗擾章

孔子必不助畔人弗擾，是畔人來召孔子。弗擾之意，欲遷善亦未可知，或能化之爲善，亦有可往之理。聖人道大德弘，雖入亂邦，必不爲惡人所染。見南子、陽貨，欲往弗擾、佛肸之召，此皆是待惡人、處亂世之道。子路不能曉，故曉之。然當弗擾之召時，必有可以轉旋之機，故夫子欲往，而欲興周道於東方。

子張問仁章

恭者不侮於人，故人亦不侮之。寬廣則能容衆，故衆亦向之。信實則不爲人所疑，故人皆倚仗之。敏速則不滯而疏通，故行事有功。有恩惠及之於民，而民感之，故可以使人。聖人亦不過此五者，但所至有大小淺深之不同耳，故若能盡此五者，則爲仁。

佛肸召章

聖人處世無可無不可，無不可同謀之人，亦無不可遷善之人，故欲往。子路但能有可有不可，未能如聖人無可無不可，故有此言。孔子以「堅」、「白」、「匏瓜」曉之，「磨不磷」方可謂之「堅」，「涅不緇」方可謂之「白」。若不能如此，豈足爲聖人？

周南召南章

周自后稷始封，數十世至文王，辟國寖廣，使周公爲政於國中，召公宣布於諸侯，於是南方之國從化。至成王立，周公相之，制作禮樂，乃采文王之世風化所及民俗之詩，被之管絃。其得之國中者，雜以南國之詩，謂之《周南》，其餘得之南國者，直謂之《召南》。《詩序》謂：「南，言化自北而南也。」周國在豐，爲雍州之地，於地爲西北，而德化流及於梁、荆等州，皆在雍之南，故曰「自北而南」。二《南》之詩，「皆脩身齊家之事」，故爲《詩》之首篇，而學者必當學之也。

色厲内荏章

「厲」是僞也。「荏」是真也。内欺諸心，外欺諸人，非「穿窬」而何？

道聽章

本注：「聞善言，不爲己有，是自棄其德。」王文憲謂此德得於天者，謂聞善不以去我之惡，而但塗説於人，則是迷其本有之德，不知自修，乃自棄其德爾。圈外王氏引《大畜・象辭》而曰：「塗説則棄之矣。」王文憲謂此德得於人者，謂聞善則當積以成我之德，今但入耳出口，則不注於心矣，是隨得隨失，乃棄之也。

民有三疾章

「狂」、「矜」、「愚」，氣質之偏而爲疾也。「肆」、「廉」、「直」，疾之未大害於義者也。「蕩」、「忿戾」、「詐」，則爲惡矣。

宰我問喪章

孝子之於親，其情無有窮已，聖人恐「以死傷生」，故立三年之中制，使賢者俛而就之，則不肖者亦當企而及。宰我亦非故欲薄其親，直是自以心度之，謂期年其哀已盡，故欲短喪。此問與「井有人」章同，皆是實有所疑而問。

古人居喪，初死，水漿不入口，三日杖而後能起，三日而殯，然後食粥，不食菜果，居倚廬，寢苫枕塊，不脱絰帶，朝夕哭泣無時。三月而葬，疏食水飲，不食菜果。方卒無時之哭，殯〔一二〕

朝夕哭。期而小祥，始食菜果。再期而大祥，中月而禫，禫祭後，方飲醴酒，食乾肉，復寢。醴酒，薄酒也。乾肉，滋味薄者也。復寢，入室中卧。惟其禮如此其至，故宰我疑以爲如此一年，哀戚已盡，非謂如今日世俗居喪。今世居喪，與平常無異，未滿三年也，不見哀戚。若服喪十年，亦於事無相妨。

君子尚勇章

此章「君子」，子路問及孔子答以上義，皆以德言。下與「小人」對者，乃以位言。義理之勇，君子之勇；血氣之勇，小人之勇。子路平日好勇，恐勇全是不好，故有此問。

年四十見惡章

學者須是於少年氣血充、精神全之時，勇於爲學，乃能有成。至於四十，當立功業。古人「四十曰强而仕」，孔子「四十而不或」，孟子「四十不動心」。此時正當從政治人之時，若身不脩，如何治得人？於四十德不成，無可取者，而又且「見惡於人」，則不復成人矣。人才年高，則神氣漸昏，記性亦退，精力不及，故不能成德。若壯年學有所得了，則雖老亦當温習舊聞而求新得，不可恃此説年高便不可學。或壯年皆未及學，於四十餘乃發憤好學，亦不妨，亦能有所見，所謂「朝聞道，夕死可矣」。聖人此言，只是教人及早學耳。

微子第十八

微子章

殷紂無道，有敗亡之徵。微子，帝乙之元子，知殷必至於滅亡，恐遂絶其宗祀。且始者箕子有勸帝乙立微子之事，必爲紂所疑，紂惡之極，必殺微子，故箕子曰：「我舊云刻子。」於是遯于荒野，意謂既不致其君有殺兄之惡，若不幸而殷亡，身在或可承其祭祀。比干爲少師，以謂君有過，臣當盡死以諫，於是極諫。紂怒之，剖其心。箕子爲父師，其諫固與比干同，而紂偶未殺而囚之。見比干諫而死，欲極諫之，恐復被殺而稔君之惡，於是佯狂而爲奴。微子欲免君殺兄之惡，爲愛其君；以存宗祀，爲愛其親：仁也。比干殺身以盡其職，爲愛其君，亦仁也。箕子恐陷君於多殺諫臣之罪，亦仁也。三人用心處事雖不同，皆是欲全乎心之德，盡乎愛之理。

長沮章

「而誰以」之「以」，猶與也。「丘不與」之「與」，作用字意。「以」，亦用也，是「與」「以」二字可通互説。

「滔滔者天下皆是也，而誰以易之」，譏孔子。「且而與」至「士哉」，譏子路。

荷蓧章

人之大倫有五，而君臣主於義，今不仕則爲無君臣義，荷蓧使二子以禮見子路，則是「既知長幼之節，不可廢也」，「君臣之義」何可廢之？此兩句最下「也」字、「之」字相應，蓋人倫君臣爲大，長幼在下，既知其次，豈可棄其大者？今欲自潔其身，而亂君臣之大倫。君子之所以仕者，正欲行「君臣之義」爾。當今天下道不可行，我已知之，然不肯終隱者，恐絶君臣大倫之義也。二「義」字一般重。

道總五常而言，義其一也。道指天下衆人言，義言自己也。今日道不能使天下由之，我固知之，我之所欲行者，在我之義爾。我不仕，則失我之義矣。

此章舊點似細，章旨若晦。今但以「長幼之節不可廢也」作一讀，「君臣之義如之何其廢之」作一句，「欲潔其身而亂大倫」作一句，便覺意明。

《集注》「性命之情」，《孟子》所謂「四端」出於性命之正者也。決裂此情，則所用者皆發於人欲之私情也。

逸民章

伯夷之父欲立叔齊，即堅讓而逃，其志在於尊父命，果得遂其心，是伯夷「不降其志」處。叔齊守嫡庶之常法，其志在欲明尊卑之分，果逃而不立，是叔齊「不降其志」處。以武王伐紂爲非，諫之不從，遂不食周粟而死，是夷、齊「不辱其身」處。

此六人之德，伯夷、叔齊爲最，虞仲、夷逸次之，柳下惠、少連又次之。前言七人，後止六人，不見言朱張者，或是朱張之德無可稱，或是失簡，皆不可曉。

大師摯章

亞，次也。飯，食之也。古者天子一日四飯〔一三〕，魯用天子禮樂，其君必一日亦四飯。所謂亞、三、四飯，乃於此飯時，主作樂侑食之官也。不言初飯者，或主初飯之官不他適也。

子張第十九

士見危章

此爲士之大節，然論士之全體，如孔子言「行己有恥」之類，不止於此。而子張言「可已矣」，似乎大快，故《集注》云：「一有不至，則餘無足觀。」又言：「庶乎其可。」皆有未足意。

問交章

子夏之言太峻，似不能容物，然下學者可以爲法。子張之言太寬，謂「於人何所不容」，必成德方可。德未成而不擇友，恐有「友不如己者」之失。德已成而不容人，則有沮向善之心。但「拒」字大峻，「何所不容」大寬，學者之始終，皆所當戒。

博學章

「博學」「篤志」、「切問」「近思」，自是四事。然「博學」而又須「篤志」於道；志不篤，則「博學」爲泛濫。問已切，又須就近而思；不就近而思，則所問者不能「以三隅反」。又一意，「博學」又須「切問」，「篤志」又須「近思」。

百工居肆章

此章有兩意：「百工居肆」，方能「成其事」；「君子學」，方能「致其道」。又，「百工居肆」，須是「成其事」；「君子學」，須是「致其道」。

大德小德章

大小精粗，無一不合於理，方可謂之君子。「小德出入可也」，是子夏不求備於人。然一向以小德爲輕事，則不矜細行，終累大德矣，故吴氏云有弊。

子夏門人章

古人教人，只就事上教，不但似今日懸空説。就事上教，故着實而德易成；若懸空説，得千言萬語，至臨事時，竟做不去。小學「灑掃」「應對」，事也；大學「正心」「脩身」之類，亦事也。大、小事皆有至理存焉，只隨事窮理，然事有大小，學問有深淺，教者須循序漸進，不可躐等。子游謂子夏門人之小子，但教之下學之事，而不教大學之事。子夏氣質篤實，其教人亦皆務實，故其言曰：君子教人之道，以何者爲先而傳之，何者爲後而不傳？事之大小，亦如草木以類而分别，其大小瞭然在目前。學之淺者，但可教他行下學事；學之深者，則可教以向上事。若學而未有見識，驟把大學事教它，曉不得，行不得，乃是誣罔他而已。君子教人之道，豈可誣罔？若曰小大事徹頭徹尾無不曲盡，惟聖人能之。

理於天下之事，無所不在，故學者皆當循序而學之，不可貪慕高遠而忽淺近。如於近者淺者不先務，則雖有得於高遠，而有虛空斷絶之處，於理之全體有虧矣。故君子必循序，而不可躐等也。

讀此章者，頗易失旨，但見「言游過矣」四字，便謂子游之言全非。蓋子游但言門人雖知灑掃之末，不即舉大學之本以教之，子夏則言教之當有序。子游未嘗譏子夏教灑掃之非，而子夏亦未嘗言不教以大學也。《集注》以「威儀容節」與「正心誠意」對言，則末專就事説，本主就心説。蓋大學行之之目有八，而「誠意正心」爲本。「誠意正心」固非小子所可進，此即是先就事上令知其所當然而爲之，未能使之知其所以然也。此古人之學所以實，而先後次序自不可踰。《集注》如此襯貼説，可謂極精，而二子之意皆粲然可見。

前段本注，分經文「本末」字，謂本，大學之事；末，小學之事。本注第二段兩「本末」字，及圈外「愚按」下四「本末」字，皆是以大學、小學言。但程子第四條兩「本末」却是以理爲本，事爲末，「是其然」末也，「所以然」本也。讀者試思之。

「始終本末，一以貫之」。「始終」是釋「始」、「卒」，「本末」是關前「本末」字。謂聖人應事，本末兼該，前後如一，非學者可到也。

程子後四條大率明「事理」二字。「灑掃應對」是事，「形而上者」是理，「慎獨」則將應事之際存此理也，「精義入神」只是明理之極。此固是聖賢之能，然「灑掃應對」之中，其「理之極處」則亦至精之義也。故曰：「雖灑掃應對，只看所以然如何。」「自灑掃應對上，便可到聖人事。」言從此事做將上去，直可到「聖人事」。此條全以事言，正是本文「本末」兩字，「灑掃應對」末也，「聖人事」本也。

「非謂末」至「在此也」十六字，作一貫讀。

陽膚章

帝王長民之道，不過養之、教之、治之而已。養之，如分井受田，使衣〔一四〕帛食肉者有制；教之，如古者大學、小學教人之道，及鄉黨州閭讀法之類；治之，則有禁令刑罰。且上之人以德導之，以禮齊之，則民皆知趨善避惡，尊君親上之道，而其父子、夫婦、長幼、朋友之間，亦皆有親比協和之意，故曰民聚。上之人反此，則民散矣。周德既衰，皆失前三者之道，民陷於罪而不知，此皆上人之過。無養則飢寒迫身，不教則不知禮義。不知禮義之人而有飢寒之迫，則無所不爲矣。故君子爲政，惟當「哀矜」，不可以「聽訟」爲能而自喜。

子禽章

《集注》：「大可爲，化不可爲。」此是説聖人不可及處，非謂夫子自大至於化也，所以下面着「故曰」字。

堯曰第二十

堯曰章

堯，伊祁氏，帝摯之弟。年十五，封爲唐侯。年十六，踐天子之位。居位七十載，欲遜位于有德，於是四岳舉舜，命之爲百揆。此時洪水九年，舜即舉禹平水土。堯七十三載，已八十九歲，薦舜于天，使攝天子之事，而命之曰：「允執其中。」一百載，堯乃殂落。堯在位共一百年，壽一百十六歲。

舜姓姚氏，虞，國名，瞽瞍之子。年三十歲，四岳薦之於堯，爲百揆。三十三歲，攝天子事。年六十而堯崩，服三年之喪，至六十三即天子位，命禹爲百揆。三十二歲，舜年已九十四歲，薦禹于天，攝天子事，命之曰：「人心惟危，道心惟微，惟精惟一，允執厥中。」「人心」者，耳、目、口、鼻、四肢之於聲、色、臭味、安逸是也，爲流於欲，故「危」。「道心」者，惻隱、羞惡、辭讓、是非之端是也，爲欲既昏，故「微」。「精」則欲察其「人心」「道心」之異，「一」則惟守「道心」而不移，此乃「允執其中」之法也，故曰「舜亦以命禹」。舜在天子位四十八載而崩，與居攝共七十八年，一百十歲。

禹姓姒氏，崇國君鯀之子。舜舉之於堯，平水土，爲司空，三十二年而爲百揆。又三十二年而攝天子之事。又十七年而舜崩，服三年之喪，而即天子位。在位八年，前後八十九年。

「興滅國」，謂國已滅，而再立其國。「繼絶世」，謂國雖有而君亡，爲之立君。

五美章

「因民之所利」，如鑿井而飲，耕田而食，不違耕種之時，使之衣食足，恩惠自然及之，不至廢其財。「擇可勞而勞」，如四時蒐狩，捕逐盜賊，皆是因民之事以道使之，何怨之有？凡人欲，必至於貪財、貪利，若欲行仁，便可以得仁，非是貪。無衆寡、小大，不敢慢，但循理而行，出於自然，則是「泰而非驕」。「正衣冠」，「尊瞻視」，不色莊，人自然畏之，但不可使人不可近，如此不至於猛。上人能教之不至於犯法，則可；不教之而至於犯法，却刑之，則是殃民。凡斂賦税、起役之類，當先出號令，限定幾時期，民自然去辦集。號令不豫，及期却便逼迫，則害其民。三者皆是急迫之惡。「出納吝」，是悠緩之惡。上三惡重，下一惡輕。

不知命章

有天理之命，有氣數之命。天理之命，人得之以爲性者也；氣數之命，人得之以爲生死、壽殀、貧富、貴賤者也。此章「命」字，蓋兼二者而言。知氣數之命，則利不必趨，害不必避；知天理之命，則利不可趨，害不可避。

【校記】

〔一〕閔，底本作「冉」，據影元本、明抄本墨批、胡本改。

〔二〕訒，底本作「認」，據影元本、明抄本朱批、胡本改。

〔三〕阮，底本作「阬」，據明抄本朱批、胡本改。

〔四〕王，底本作「生」，據胡本改。

〔五〕時樂義，底本作「時」，據胡本補。明抄本、影元本、何本、瞿本俱作「時」，亦通，然語義恐有未明，今從後人增改。

〔六〕章，底本作「意」，據影元本、胡本改。

〔七〕唯見，底本漫漶，「唯」字猶可識，下一字難辨，明抄本、影元本作「唯見」，今從之。何本、瞿本作

「唯是」，胡本、《經苑》本作「唯知」，未若「唯見」爲妥。

〔八〕處，底本作「怨」，據胡本改。

〔九〕柄，底本作「兩」，據影元本、明抄本朱批、胡本改。

〔一〇〕希几反，底本「几」前一字，止存一筆殘畫，據明抄本改。

〔一一〕桓，底本作「威」，據明抄本朱批、胡本改。

〔一二〕殯，底本作「而」，據胡本改。

〔一三〕飯，底本空缺，據明抄本、影元本、何本、胡本補。

〔一四〕衣，底本作「之」，據明抄本、影元本、胡本改。

讀孟子叢説卷上

東陽許謙

梁惠王上

首章

周烈王五年，魏武侯卒；公子罃立，其元年，則烈王六年也。《通鑑》周顯王三十五年，當罃之三十七年，罃與齊威王「會于徐州以相王」。《考異》謂爲後元年。《大事記》顯王十六年，當罃之十八年，「魏拔趙邯鄲，服十二諸侯，遂稱王」，後齊敗魏，而「齊亦稱王」；於顯王三十五年又書曰「齊宣王、魏惠王與諸侯會于徐州以相王」。今按顯王三十三年，當魏惠王三十五年，孟子至梁。若從《通鑑》，則孟子至梁時魏尚爲侯。此章稱之爲王，乃他日論集著書之時追書爾，當從《大事記》爲正。蓋始各王於其國，至徐州之會則王之號通於天下矣。徐音舒。相，思將反。

「仁」，專言則包四德；孟子與「義」對言，則仁體而義用，孟子是專主於義而言。蓋無仁之本，則不能行義。然仁義又各有體用，朱子訓詁皆兼體用説。「心之德」、「心之制」，是體；「愛之理」、「事之宜」，是用。然仁有專言、偏言：「心之德」是專言之仁，固全説體；「愛之理」是偏言之仁，其中又含體用，愛爲用，其理則體也。《或問》又推以陰陽言，則義體而仁用。蓋天地間物静體而動用，陰静陽動，而仁陽也，義陰也，故其體用如此。

「王曰何以利吾國」至「不奪不饜」，固是發明「王何必曰利」一語，而語意自分兩節。「王曰何以利吾國」至「其國危矣」，言王好利於上，則大夫士庶效之而好利於下。凡言好利者，皆是欲得其分外，若唯取什一之賦則非好利矣。故君欲分外取於下，下亦欲分外取於上，如此不已，必至攘奪壞亂而國隨以亡。則是君始好利，終於自亡其國，此理勢所必至，然亦告君之語也。「萬乘之國」至「不饜」，又言好利之弊，成弑奪之禍，皆下取乎上。文侯斯與韓、趙分晉，即惠王之祖也，此其明驗。爲君而好利，禍害之烈可畏如此。一言君好利，必亡其國；二言好利，必下簒其上。

萬乘之國則千乘之家，千乘之國則百乘之家。此以君十卿禄大概言之也。王畿方千里，固可出車萬乘。天子之卿受地視侯，則方百里，方百里不能出車千乘也。千乘之國，當方三百十六里有畸，百乘之家則當方百里矣。諸侯、卿之采地，未必如是之大也，讀者不可以辭害意。

君子利己之心不可有，利物之心不可無。孟子不言利，是專攻人利己之心。絶利己之心，然後可行利物之事，然利物乃所以利己也。至於不遺親、後君，則己亦無不利矣，但不可假仁義以求利耳。

沼上章

聖賢告人，非法語之言，則巽與之言，故孟子與時君言，皆是這機軸。前章法語之言，此章巽與之言也。後多放此。

此章關鍵全在「偕樂」「獨樂」上。文王與民同樂，夏桀結怨奉己，興亡乃其效也。

靈臺之作，文王所以候日景、占星象、望雲物也。其下有囿，囿中有沼，併以遊觀爾，蓋非所謂七十里之囿也。七十里之囿，所以供四時之田，講武事於其中，且與民之芻蕘雉兔者共之，不容不廣，此在郊之外者也。靈臺之囿必近城郭，地不可容，且無所用其大也。文王繼體即位，本都於岐。在位四十六年而遷都於程，又三年而遷都於豐。於是作靈臺，其時年九十有六，明年即薨矣。田獵之囿，非作靈臺之意也。七十里之囿，在岐山之舊都歟？故有與民同芻蕘雉兔之常制也。

麀鹿魚鳥各得其所，咸遂其性，可見文王之德被萬物，都在春風和氣中。觀兩「在」字，而下文「魚」「鹿」云云，尤見文王仁及物而物感動處。物且如是，於人可知。

「鶴」與「鶴鳴」之「鶴」不同音：音涸者，禽名，在鐸韻；音學者，潔白貌，在覺韻。此章字音學。

移民章

「加少」、「加多」，金先生曰：「不見其愈少，不見其愈多。」

「棄甲曳兵」，戰而負者。

「魚鼈」之類，天地自生之物，長幼皆得食之。「雞豚狗彘」，人力畜之，故以養老，則七十者始食。

「五畝之宅」，「百畝之田」，《周禮・地官》：「遂人掌邦之野，辨其野之土，上地、中地、下地，以頒田里。上地，夫一廛，田百畮，萊五十畮，餘夫亦如之。中地，夫一廛，田百畮，萊百畮，餘夫亦如之。下地，夫一廛，田百畮，萊二百畮，餘夫亦如之。」《注》謂「户計一夫一婦而賦之田，其一户有數口者，餘夫亦受此田也」。廛，城邑之居，孟子所云「五畮之宅樹之以桑」者也。萊謂休不耕者也。《疏》謂餘夫皆有田廛，是「備後離居之法」。

《王制》云：「五十始衰，六十非肉不飽，七十非帛不煖。」與此不同。或殷、周之制異，或孟子一時之言偶異。大抵年高者，衣帛食肉也。

「庠序之教」，教以人倫也。於其常教之中，又於孝、弟二者重明之，而篤之尤力也。後「罪歲」應前兩「凶」字，「塗有餓莩不知發」應前「移粟」，由此而知所移乃民間之粟，未足以濟河内之民，而先已病河東之民矣。況有餓莩不發，猶是吝己之財。「狗彘食人食」，則必征歛無義而傷民之財矣。中兩節教之以王政，則民自足食樂義。古者九年耕，必有三年之食。雖有凶荒，不待移粟移民，而民自無飢寒，近者悦而遠者來矣，何患不加多哉？下章「率獸食人」亦此意，而極言之也。

《集注》「兵以鼓進，以金退」，亦大約言之。如《左傳》：「陳書曰：『吾聞鼓而已，不聞金矣。』」是鼓進金退也。按《周禮·大司馬》「辨鼓鐸鐲鐃之用。中冬，教大閲。帥其民而致。乃陳車徒，如戰之陳，皆坐。鼓人三鼓，司馬振鐸，羣吏作旗，車徒皆作，鼓行，鳴鐲，車徒皆行。三鼓，摝鐸，羣吏弊旗，車徒皆坐。又三鼓，振鐸，作旗，車徒皆作，鼓進，鳴鐲，車驟，徒趨，坐、作如初。鼓戒三闋，車三發，徒三刺，乃鼓退，鳴鐃，且卻。」夫鐸，大鈴也。振鐸者，搖鐸也。摝鐸者，以手掩其上而執以振之，其聲鹿鹿然也。是鐸兼主進退，但其聲有不同爾。鐲，鉦也，形如小鐘，以爲鼓節，鳴之而車徒行，則鐲亦主進也。鐃如鈴，無舌，有秉，執而鳴之，以止擊鼓，故鳴鐃而軍卻退也。大抵鐲則進也，鐃則退也，鐸兼進退也。後世戰陳，蓋專以金聲退。鐲，直角反。鐃，女交反。

「畜」，訓養，當作許六切；今「敕六反」，誤。

安承教章

孔子惡作俑者無後，亦因見後世殺人從葬，故爲此言。《史記》秦武公卒，「初以人從死，死者六十六人」。蓋其弟德公立，而用以殉之。當周釐王四年，魯莊公之十六年也。其後穆公卒，遂用殉者百七十七人，三良與焉。孔子據已見之禍，而深惡其始，謂爲不仁者。事始雖小，末流必大，不可不謹。孟子因取以戒惠王，不可輕視其民。

晉國天下莫彊章

「地方百里而可以王」，答「晉國，天下莫彊」一語。「王如施仁政」一節，是方百里可王之實功。「彼奪民時」，正指齊、秦、楚。「往而征之」一節，是洒死之事。

「易，猶淺也」。此金先生説。蓋耕深則〔一〕土疏通而苗易發達，耘淺則但去草而不傷穀根。

「以暇日修其孝弟忠信」，此與「行有餘力則以學文」語意正同，不是等待大段閒暇了然後去修。

梁襄王章

「一之」，謂統天下爲一家，正如秦漢之制，非謂如三代之王天下而封建也。此孟子見天下之勢而知其必至於此，非以術數讖緯而知之也。蓋自太古立爲君長，則封建之法行。黄帝置大監，監于萬國。夏會諸侯于塗山，執玉帛者亦萬國。逮湯受命，其能存者三千餘國，周〔一〕時云千八百國，至孟子時相雄長者止七國爾，餘小國蓋不足道也。自萬國以至于七國，吞併之積，豈一朝一夕之故？今勢既合，不可復分，終必又併而爲一，舉天下而郡縣之而後已。至于秦、漢，孟子之言即驗。但秦猶嗜殺人，故雖一而不能定，至漢然後定也。

襄王才質下，不足以語王政，故孟子不告之，而但曰「不嗜殺人」而已。

齊桓晉文章

文、武之道，幽、厲傷之。東遷之後，下陵上替。五霸迭興，不惟王道之不行，學士大夫亦且不講。自是惟知霸業可尚，而桓、文又霸之盛者。宣王心説其事而誠服之，以孟子當時賢者，深知其説，故舉以爲問。其曰「可得聞乎」，見其不易得聞。惟孟子知之，而又恐不易以告也。

「仲尼之徒」，則見孔子不言霸事可知，至其門人以及後之徒黨，不曾有言桓、文爲霸之謀畫經營者。此與孔子言「管仲器小」之意同，且先截斷宣王功利之心，下乃開其王者之道。

桓文之事，金先生曰：「謂其所以爲霸之謀畫經營也。若糾合一匡之事，孔門固嘗言之矣。」

「德何如則可王」，宣王知有德則王，可謂天資優而知所本矣。及問「寡人可以保民」及「何由知吾可」，皆能自反而善問者，與梁惠王迥別。

王天下事至大，易牛事至小，孟子却道「只此心便可王」，故雖指出「不忍」二字，而王猶不知所以。

上言「臣固知王之不忍」，下言「彼惡知之」，蓋宣王見牛，不忍之心雖發，而不自知其爲仁之端，故以「知」與「惡知」相對説，以爲常人雖爲利欲所昏，而本然之善終未嘗泯，但時或發，每不自覺，而不能充之爾。故孟子以爲惟君子爲能知之，衆人不能知也。是啓王之心，使凡遇善心發時，便須識得，即就此推充，自小以及大，自近以及遠，即其一端推之至其極，又推其類而充之至於大，則仁不可勝用矣。

孟子與王問答，三反欲王自知。不忍見牛，即是惻隱，而終不悟前德何如，以下雖有三善言，至此竟昏罔推拓不去，但重疊解説不是愛財。孟子不得已，自與言，這正是行仁巧處，主意在「見牛未見羊」一句。此非獨王良心之發，處之又得其當矣。但自不識爲善端，而又不推於他事爾。及王聞孟子之言而説，既已得前日之心，然又不知處此小事如何便合於王道，只是平日無君子啓迪其學故也。

「術」字要看。既見牛而不忍，此心欲行，則便不可殺此牛，而釁鐘之禮又不可廢。或殺牛，或廢禮，皆是仁心行不徹，故用未見其形、未聞其聲之羊以代之。此正用術之圓機也。此即是權，行仁者當放此意而行，故謂之術。

此章見齊王之良心凡兩發。孟子教之，推而不能推，是以終於戰國之君而已。見牛時一發，孟子言之而心戚戚時又一發也。

此章之要全在「推」字。始使因愛牛之善端而推之，充擴其良心，以知仁民之爲大。於其良心既啓，則當先親親，而推及於仁民，而又及於愛物。謂仁之施愛物難，而仁民易。今既能其難，而又得行之之術，何於其易者而不能也？仁民之所以易於愛物者，人既與我同類，其好惡不殊，所施者不過以己之所好惡者及之而已。況我親其親，人感之，亦各親其親，其應之速，又不盡待我之推也。其終告以王道之大，亦不過盡不忍之心而已。

權度度物而心爲甚，不是言此心以權度去度物，正是欲以義理來度此心，使於發處審其輕重也。

「抑王興甲兵」至「快於心與」，若與權度之言不相接，此蓋從齊王本意問霸處説來，而使齊王度民心之所不願，而推愛心以及之也。

地方百里而可以王，行仁政也。齊欲服天下，如「鄒敵楚」，不行仁政也。

以齊一分而敵天下之八者，勢也。發政施仁者，德也。以德則湯以七十里，文王以百里，不論勢矣。

《集注》「名辟彊」，古人名辟彊者非一。作開闢封疆説，則上音闢，下音疆。作辟除彊暴説，則上必益反，下巨良切。

「推廣仁術，則仁民易而愛物難」。老吾老，幼吾幼，以及人之老幼，老幼彼此皆同，以我及於親，親者措之於彼固不異，是易也。上老老恤孤而民即興孝不倍，則民視上之老幼與己之老幼皆同，故即效之，是又易也。至於物則無知識，不能達人之意，故仁及於此物，則此物得所不能自充廣也。

本然權度，即是人心本有之天理。

梁惠王下

莊暴章

「王語暴以好樂」，蓋論及所好之俗樂。「暴未有以對」，蓋莊暴亦知俗樂之不足好，欲諫而未得其辭，故以告孟子。

孟子之答，只是巽與之言。

王變色，是愧前與暴論者不可聞於孟子，故其下直言之。

此章只是欲與民同樂，不必專於作樂也。

交隣國章

此章前言交隣在能仁智，朱子以懲忿總之。後言好勇在行仁義，朱子以養大勇言之。王問交隣，孟子所答樂天畏天，是交之之正。王後再言好勇，孟子答之以好勇須有文武之德乃可。

《集注》謂所引與今《書》文小異，今《書·泰誓上》曰：「天佑下民，作之君，作之師。惟其克相上帝，寵綏四方。有罪無罪，予曷敢有越厥志？」謂天助佑下民，爲之君以長之，爲之師以教之。君師者惟其能左右上帝，以寵安天下。則夫有罪之當討、無罪之當赦，我何敢有過用其心乎？寵，愛也。志，己之志也。朱子隨《孟子》文解，故其義亦小異。蓋古者以簡編寫書，簡册煩重，非如今以紙模印易辨。古人多是以口相傳，故古書所引多有不同者。

雪宫章

「師行而糧食」，謂師衆從君行，皆裹乾糧而往，故有饑而弗得食者，又勞苦而不得休息，於是相與造爲讒謗，而民因而作爲姦慝矣。此上言軍民之怨也，「方命虐民」以下是言君也。

《集注》「廢時失事」。廢時，解「荒」字；失事，解「亡」字。

明堂章

「人皆謂我毁明堂」，舉衆人之言也。「毁諸」，自問果當毁之乎？「已乎」，又以己意問止而勿毁乎？見得宣王之意，正是欲不毁爾。蓋已稱王，即欲行天子之制也。孟子則不禁他不毁，只是教之行王政。蓋行王政，則足副王之名，雖行天子之制可也。

文王未嘗稱王，而所行却是王政。

《周禮·考工記》：「夏后氏世室，堂脩二七，廣四脩一。「世室者，宗廟也。」「脩，南北之深。」脩二七者，深十四步，八丈四尺也。「廣益以四分脩之一，則堂廣十七步半」，十丈五尺也。五室，三四步，四三尺。「堂上爲五室，象五行。三四步，室方。四三尺，以益廣。木室於東北，火室於東南，金室於西南，水室於西北。其方皆三步，其廣益之以三尺。」謂深丈八尺，廣二丈一尺也。「土室於中央，方四步，其廣益之以四尺。」謂深二丈四尺，廣二丈八尺也。「大室居中，四角之室，皆於大室外接四角爲之。大室四步，四角室各三步。則南北三室十步，爲六丈。東西三室六丈，外加四三尺，又一丈」，則廣七丈。九階。「南面三，三面各二。」四旁兩夾窻。每室四户，旁皆有兩夾窻，爲八窻。五室二十户，四十窻。白盛。「蜃灰也。」盛，成也。「以蜃灰堊墻，所以飾成宫室。」盛，音成。門堂，三之二。門堂，取正堂三分之二。南北五丈六尺，東西七丈。室三之一。「兩室與門，各居一分。」殷人重屋，堂脩七尋，堂崇三尺，四阿，重屋。「重屋者，王宫正堂若大寢。脩七尋五丈六尺，放夏周，則其廣九尋七丈二尺。五室各二尋。四阿，若今四注屋。」周人明堂，度九尺之筵，東西九筵，南北七筵，堂崇一筵，五室，凡室二筵。「明堂者，明政教之堂也。此三者，或舉宗廟，或舉王寢，或舉明堂，互言之，以明其同制。」「謂當代三者其制同，非謂三代制同也。」廟門容大扃七箇。「大扃，牛鼎之扃，長三尺。七箇二丈一尺。」闈門容小扃三箇。廟中之門曰闈。小扃，膷鼎之扃，長二尺。三箇，六尺。」」《通典》：「東西長八十一尺，南北六十三尺，其堂高九尺。於一堂之上爲五室，每一室廣一丈八尺。每室開四門，門旁各有窻。九階外有四門，門之廣二丈一尺。門兩旁各築土爲堂，南北四十二尺，東西五十四尺。其堂上各爲一室，南北丈四尺，東西丈八尺。其宫室墻壁，以蜃蛤灰飾之。」此釋《周禮》明堂制。又引《大戴禮·盛德篇》云：「明堂九室，室有四户八窻。三十六户，七十二牖。蓋以茅，上圓下方，其外水名辟雍。」「堂高三丈，東西九仞，南北七筵。九室十二堂。室四户八牖，宫三百步。」今按此文在《明堂篇》。朱子《明堂説》云：「論明堂之制者非一。熹切意當有九室，如井田之制。東之中爲青陽太廟，東之南爲青陽右个，東之北爲青陽左个。南之中爲明堂太廟，南之東即東之南。爲明堂左个，南之西即西之南。爲明堂右个。西之中爲總章太廟，西之南即南之西。爲總章左个，西之北即北之西。爲總章右个。北之中爲玄堂太廟，北之東即東之北。爲玄堂右个，北之西即西之北。爲玄堂左个。中是爲太廟太室。凡四方之太廟異方所，其左个右个，則青陽之右个乃明堂之左个，明堂之右个乃總章之左个，總章之右个乃玄堂之左个，玄堂之右个乃青陽之左个也。但隨其時之方位開門耳。太廟太室，則每季十八日天子居焉。古人制事多用井田遺意，此恐是也。」

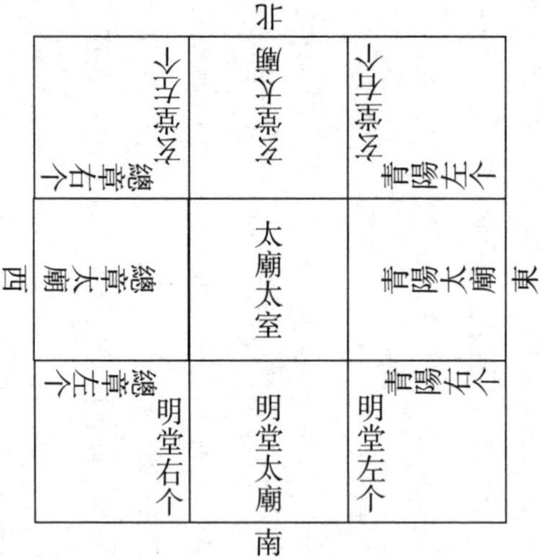

右明堂制諸説大概如此。按《周禮》舉三代之制以互見，蓋夏世室以宗廟言，則王宮及明堂之制同。殷重屋以王宮言，則宗廟明堂之制同。周明堂以朝會之所言，則宗廟王宮之制同也。朱子之説簡當。

放桀章

上兼問桀、紂，下再問弑君，是專問紂，蓋舉重者言之也。故孟子亦止舉紂對。《集注》王勉之言，謂上下二者兼有，則可爲放伐之事。若上雖極暴而下非仁，不可；下雖至仁而上不暴，亦不可。

爲巨室章

兩「姑舍汝所學而從我」，上屈人之大才以從己之小見，下不貴國家而徇一己之私欲。「萬鎰」，謂璞玉之價直萬鎰之金也。

齊人勝燕章

《書·仲虺之誥》曰：「初征自葛，東征，西夷怨；南征，北狄怨。曰：『奚獨後予？』又曰：『徯予后，后來其蘇。』」孟子所引，多「天下信之」一句，其餘文中多者六字，異者四字。

「民望之」至「民大悦」七句，孟子自言，故《集注》云「兩引《書》」。

鄒與魯鬨章

此告君之言，不得不切。「民今而後得反之」之言，似失大過，民固不可求反其暴於上。然至於君行仁政，則親上死長之心，亦民所本有也。

竭力章

大王自邠遷岐，行二百五十餘里，民從之如歸市。史所謂「居三月成城郭，一年成邑，二年成都，而民五倍其初」，蓋非獨邠民，近於岐周之民皆歸之也。當時西方地近戎狄，皆間隙之地，非封國之疆界，故太王得優游遷徙。若滕在中國，又分大國之間，無可遷之地，民雖或從之，亦無所往。孟子特舉太王之得民以警文公爾，故下文言「效死」，乃其正也。

平公章

前以士，後以大夫，蓋言喪禮也。《儀禮》有《士喪禮》篇，大夫喪禮亡不可考。三鼎五鼎，言祭禮也。《儀禮·特牲饋食禮》，士之祭禮也。牲用豕，陳鼎三。豕右肩、臂、臑、肫、骼、正脊、横脊、長脅、短脅九體，膚三，離肺一，刌肺三，爲一鼎；魚十有五爲一鼎；腊有獸之乾者也，用兔，爲一鼎。《少牢饋食禮》，大夫之祭禮也。牲用少牢，陳鼎五。羊右肩、臂、臑、膊、骼、正脊、脡脊、横脊、短脅、正脅、代脅十一體，腸三，胃三，舉肺一，祭肺三，實于一鼎；豕十一體如羊，舉肺一，祭肺三，實于一鼎；膚九，實于一鼎；魚用鮒，十有五而鼎；腊用麋，一純而鼎。肩、臂、臑者，肱骨也。膊、骼，股骨也。正脊，脊之前也。脡脊，次正脊。横脊，在後者。膚脅，革肉也。離肺者，挫離之不絶中央少許。刌肺者，切肺也。舉肺者，尸食所先舉也。祭肺者，尸、主人、主婦用以祭也。舉肺即離肺，祭肺即刌肺也。凡牲用右胖，腊則合升左右胖，故曰腊一純。純猶全也。然此則諸侯之大夫、士，若天子之大夫，用索牛；士，用少牢。臑，奴到反。肫、膊皆音純。骼音格。刌，七本反。脡音挺。鮒音附。挫，苦圭反。胖音判。

公孫丑上

公孫丑章

公孫丑問管、晏，而孟子獨鄙管仲，不言晏子。蓋晏子之事任、才能、功烈皆非管仲比，而管仲輔桓爲五霸首，尤天下之所共宗仰，故孟子唯斥管仲。

曾西敬畏子路，排斥管仲，而言管仲功烈之卑，是謂子路儻得行其志，則功烈之大可知矣，非獨言心術之邪正而已。楊氏乃謂子路之才不及管仲，恐未全得孟子之意。《考證》言之甚詳。

「管仲，曾西之所不爲也，而子爲我願之乎？」孟子此語，猶有未推重曾西意，謂曾西尚且不足於管仲，乃爲我願學之乎？

「武王、周公繼之，然後大行」，此言周公制禮作樂之後，雖殷之頑民莫不率化，趨善之時也。

湯之孫太甲繼湯立，太甲五世至中宗大戊，大戊三世至河亶甲，河亶甲子祖乙，祖乙六世至盤庚，盤庚三世至高宗武丁，武丁二世至祖甲，皆賢君也。祖甲殁後六世七十餘年至紂。

「雞鳴狗吠相聞」，言民居之稠，達乎四境，則舉國皆稠也。「地不改辟矣，民不改聚矣」，有兩意。一説言齊地廣民衆，地不必更改，已自辟矣；民不必更改，已自聚矣。讀就「改」字略歇。一説地不必再加廣辟，民不必再加集聚。五字一串讀下，又連下文。上説意詳，下説意直。上説得「矣」字出，在人看。

「置郵」，字書：馬遞曰置，步遞曰郵。《漢・西域傳》「因騎置以聞」，師古曰：「即今驛馬也。」《黄霸傳》「郵亭」，師古曰：「書舍，謂傳送文書所止處，如今驛館。」

「倒懸」，謂如人遭顛倒懸挂，困苦急迫也。

楊氏言「子路範我馳驅而不獲」，非謂範馳驅真不可獲禽也。如是，則王道真爲無用矣。蓋範馳驅者，王良御車之正也。不獲禽者，嬖奚不能射也。欲使射者獲禽而行詭，遇御者之詐也。故王良範驅，子路也；嬖奚不獲，時君也。倘子路遇明君而信任之，則雖小國攝大國而瀕於危亡，亦必三年而有足民知方之效。子路之不獲者，不遇可與有爲之君爾。管仲則惟欲成目前之功，故雖詭遇而不較也。但楊氏此段未爲知子路者，不得曾西之意也。

不動心章

孟子平日所言皆王道，公孫丑習聞當時霸功之説，前章雖聞孟子不許管仲，猶未深解，於此僅添一「王」字，與霸兼言之耳。

因上章「以齊王猶反手」之言，固知孟子能用齊矣。然猶未深信能王天下，故用一「霸」字在上，然丑亦未能分别霸功王道之所以異。言「動心否乎」，亦是未深信孟子。

「我四十不動心」，是孟子素有爲之之具，而後有用世之言也。

「一毫挫於人」，謂所辱者至小也。「不受」者，必報之也。不惟必報於賤者，雖貴者亦必報之。「惡聲至，必反之」，謂不惟辱來必報，雖言小不善亦必報也。

「量敵」而「進」，謂量度敵人之堅瑕然後進兵。「慮勝」而「會」，謂謀慮己必有可勝之理然後會戰。

黝、舍不動心，本又在告子之下，公孫丑又以孟賁比孟子，故孟子亦以勇士之類言之。北宫、孟舍之勇，皆是養而成，至於必勝不懼，乃其效。而謂君子之道，可以不養乎？曾子亦是論己與人相敵。「縮」「不縮」，指理之直不直。「不惴」「吾往」，指氣之勇不勇。謂理者氣之主，理直則氣壯，理曲則氣餒。所與較之事，吾理既不直，雖賤夫亦不求勝之；吾理既直，雖千萬人我亦必往。蓋理曲必屈，理直必伸也。

以舍、黝比子夏、曾子，是一意。再以孟舍比曾子，又是一意。上以兩人比兩人之氣象，比是虚比。下却把二人較其短長，此是實比。

公孫丑雖借孟賁之勇，以贊孟子不動心之難，然孟賁亦是以勇而不動心者。蓋賁之勇力足以蓋世，故所向無前，自然不必動心，所以下文孟子亦以勇士爲答。然則孟賁以力爲主而不動心，北宫以必〔三〕勝爲主而不動心，孟舍以無懼爲主而不動心，曾子以理直爲主而不動心，孟子以知言養氣爲主而不動心也。

自章首至「曾子之守約」是一節。孟子答丑問，謂我不動心。丑乃舉勇士爲比，是全未曉孟子所以不動者。及聞告子先我不動之言，方知不動之由有不同，始問所以致不動何道。孟子言心不動固多端，非唯告子與我不同也。於是歷舉不動之人，而歸重於曾子以理爲主者。蓋丑至此已曉得主於血氣者非正，然猶未知孟子、告子所以異，而告子所以不及孟子者何。告子學者之徒，故孟子且告丑以告子强制其心，使之不動，其言之病、心之失、工夫之差處。今將告子之言但分内外看，兩句「心」字只是一箇心。心是内，言與氣皆是外。君子之學，當内外交相養。告子外不得於言，則内不深明所不得之理，是内不養外也。内於心有未通之理，則外不用力以學，是外不養内也。兩端皆是心不明理。上句是事做不去，心不必明理。下句是心雖有不明，不肯去明理如此，硬捺住心以至不動。孟子言内是本，外是末，末之蔽因本之蔽也。言不通達，是夫心不明。若不去明其心，則言終不達矣。故曰「不可」。若心不明乎理，則惟持守其心，且不務其末，猶得輕重之倫，故曰「可」。但孟子且就他説心與氣上分輕重，而謂不求諸末則以爲「可」。其實工夫内外皆不可偏廢，故又謂若遺其外，亦終不能進德，所以發明志氣將卒之意。然孟子破上句，是順他文破，只一意。下句是外他文破，有兩意。

上句告子謂窒於外，不必求於内。孟子謂必當求其内，然後外可達。告子本意只指内，孟子亦專教明於内。下句告子謂不明於内，不必求外助。孟子謂當用功於内，兼用力於外。告子本意專指内，孟子則使内外兩致也。

告子亦未嘗不知爲學之道。曰「不得於言，勿求於心」，則固知言之不達，當用心明理。曰「不得於心，勿求於氣」，則固知心於理有不通，當用力問學討論，及臨事度義，以明其心。爲他急欲不動其心，故兩頭截斷。他養心正似禪學。

孟子言「志至」，「氣次」，「持志，無暴氣」，止因告子言不得於心，勿求於氣，故言氣雖次於心，亦當用功，是隨其言捄其失。至孟子自言，但曰「我善養吾浩然之氣」，是專言養氣，而不言志。所以養之之方與養之之節度，一一詳備，專是氣上工夫。孟子之自得，至於大而將進於化，正在此，與前辨告子之非者，意不盡同。然養氣在集義，所以養之集之，是心也，但與前持志、無暴氣相對説者自不同。

「氣次焉」，「次」字不可緩看，謂即亞於志也。

「知言」即是知道，孟子自言故如此。知道理明，故能知天下言之邪正得失。

孟子之學，是知言養氣。知言即知道，知道屬心，爲内；養氣屬事，爲外。格物致知以明心，遇事行義以養氣。然所以知其義而集之者，心也，即志帥之説。至於集義，是要心無愧怍。心既無愧怍，則氣自生，雖有内外之殊，及其至也，只是養此心耳。

知言則盡心知性，萬理洞然，何所疑惑？養氣則動皆合義，遇事即行，何有畏怯？二者既全，何能動心？

此章兩「言」字、兩「氣」字，所指不同。告子不得於言，己之言也；孟子之知言，知人之言也。告子之勿求於氣，氣血之氣也；孟子之浩氣，仁義之氣也。

上「其爲氣也」，言氣之體。下「其爲氣也」，言氣之用。「配義與道」，是氣之能事。上句言氣本剛大，失養則小，以直養之則復剛大，而能合助義道而行之沛然。但氣即是義以養成，既成則配義愈盛。

此氣本得於天，故至大至剛。剛大，天之體段也。聖人生知安行，無非直道，不假乎養。衆人知不明，自害其剛大，故須直以養之。直即義也。塞天地，言其效也。

塞天地，只是應物皆合道義，而物莫不從。至於郊則格，廟則享，鳥獸魚鼈咸若，而人倫日用不言可知。

直養無害，是養之之道。「集義所生」，是養之之功。

上言氣，配義與道。下言養氣，只説集義。蓋道是總言萬事之體，義就每事各裁制其宜。言義則道即在此。如父必慈，子必孝，義也，道在父子者也。君必仁，臣必忠，義也，道在君臣者也。及事之微細處，莫不皆然。

「集義」之「集」字，不是應事時工夫。應事只是義字，應事件件行義，積集得多，方得此心全無愧怍，而氣自生。《集注》：「乃由事皆合義，自反常直，是以無所愧怍，而此氣自然發生於中。」「事皆」兩字説「集」字。自反直無愧是慊也，慊則氣盛，不慊則餒。

「必有事」，是專以集義爲事。「勿正」，謂不可因集義，便期必氣之浩然。「勿忘」，謂未能充大，則惟不懈於有事。「勿助長」，謂不可以私意作爲，欲充此氣，用私意便失義而愈喪其所集者矣。故曰「集義養氣之節度」。

「有事」「勿忘」是直養，「勿正」「勿助」是無害。

養氣專就行事上説，於應事地頭做工夫。直養無害一語，是養之之方。「直」字，則其得於曾子之本原。下文有事勿忘即養字，正及助長則害之矣。惟私意妄作，害義爲甚。故發揠苗一段八十五字，專言私意害氣之失。

揠苗一節，只説不可助長。後言不耘苗，却言不有事，非徒無益，而又害之，言助長之害。

孟子先言「知言」，而丑先問「養氣」。文公謂承上文方論志氣而言，金先生謂當先問知言，此亦是丑之學未能知所先後。竊謂孟子亦自有此文法。《滕文公下》篇，孟子先言出疆必載質，後言三月無君則弔。周霄乃先問三月無君，後及載質，正與此同。

「知言」之説，《考證》言之甚詳。

孟子之學，盡格物致知之功，故能明夫道義，而於天下之言，皆能知其是非邪正而無所疑。然所以致其知者，亦自夫前聖賢之言而得之。故知言雖是致知之效，而致知未始不因言也，所以朱子以盡心知性爲知言之本。至於養浩然之氣，雖專在於集義，而欲集夫義，必先知義所在然後可，是知言又集義之本也。知言以開其先，養氣以培其後，此所以不動心也。然孟子之自言知言，却只説知詖、淫、邪、遁，是全説今人之言，蓋此章本意是説應事不動心故也。詖、淫、邪、遁，言之病也。既謂知言，而專舉不善者言之者，蓋明理然後於天下之言了然知其邪正。言無四者之病，則爲善言矣。曰非禮勿視、聽、言、動，則其視、聽、言、動者皆禮矣。如曰「思無邪」，曰「毋不敬」，曰「毋自欺」，聖賢教人，其立言大抵如此。

「善爲説辭」，與「知言」應。「善言德行」，與「養氣」應。

「善爲説辭」，此却又就己言上説，與告子之言同，孟子之「知言」異。觀丑舉孔子之言可見。

二子「善爲説辭」，三子「善言德行」。「善言德行」，爲自有其德行也。孔子既兼之，而但謂不能辭命，是舉其輕者而重者從可知。此是古人省文處。下文言孟子既聖，可見上句兼包。

饒雙峰曰：「人之有四端，猶其有四體。君子所性，不過仁義禮智四者而已。惟聖人全體備具，而各極其至。其餘則或得其一，或具而微。如子夏篤實近仁，子游精密近禮，子張高明近智，皆是於四體中各得其一。冉、閔、顔淵是四體都全，但未曾充得廣大，如聖人之溥博淵泉爾。」

「姑舍是」，猶有不足意而不敢言。下文曰「所願」，則學孔子可見。

丑以孔子比孟子，孟子不敢當。又以門人比孟子，孟子不欲答。於是以古之聖人爲問，丑同舉夷、尹，是問孟子才德所至，比聖人爲何如？蓋二子雖皆聖，然猶各守一德，非如孔子之時中。故孟子先分別夷、尹不同道，下乃自舉孔子而曰願學之。

「吾未能有行焉」，應上「何如」二字，言己未及夷、尹也。雖兼三聖言，其實答丑之問。至言所願，則學孔子，謂雖未及夷、尹，然亦不願學之。

「願學孔子」，是答知言以後之主意。

孟子言所願，則學孔子。又贊曰「自生民以來，未有盛於孔子」，蓋孟子知言養氣，才德已度越諸子，惟未至聖人之化爾。此是孟子自知之明，故亦善言德行者。及其積久，惡知不化？

孟子明言乃所願則學孔子，而丑猶問三聖人班乎，未爲知言也。後面問同問異，却問得明。蓋孟子上言皆古聖人，下却言二子不如孔子。然則同謂之聖人，却於何處見得既同者如此？異處却如何？

聖人之道大，固不可以名言，然亦非丑能盡識。故孟子亦不就孔子德行上言，而推舉三子形容聖人處言之爾。

「類」，指衆人而言。「萃」，指聖人而言。出類，衆聖人也。拔萃，孔子也。

《集注》言：「任大責重，亦有恐懼疑惑而動其心乎？」見得公孫丑之意，非謂孟子加齊之卿相，因爵位富貴有以淫其心也。

恐懼，是氣不盛。疑惑，是知不明。以行道言，則知當在前。以動心言，則恐懼爲重。故先恐懼。

疑懼即是動心處。《集注》却言「有所恐懼疑惑而動其心」，似疑懼又在動心之外者。蓋心本虛靈静一，能明天下之理者，此也；足以應天下之事，亦此也。今理有所不能明，而疑事有所不能應而懼，然則疑懼乃動心之目。心因疑懼而動，而疑懼非心之所動也。既若是，必將窮探力索，求明其理之未能明者以釋其疑。戰兢勉强，推行其事之未能行者，以免其懼，皆足以亂吾虛靈静一之體，而非自然應物之道，是則所謂動其心也。蓋公孫丑本問爲齊卿相，若居卿相之位，而有事之疑懼者，寧遂已乎？由是觀之，則不動心須着如此説。

疑、懼二字，貫一章意。蓋知不能明故有疑，勇不能行故有懼，乃動其心。告子不得於言，未嘗無疑；不得於心，未嘗無懼。彊制其心，所以不動。孟子知言故不疑，養氣故無懼，自然無所動其心也。知者不惑，仁者不憂，勇者不懼，孟子之言亦不出此三達德。

養氣則不恐懼，知言則不疑惑。道因知言而明，德因養氣而立。道明雖因知，然既謂道，則行固在其中。謂之德立，則行道有得於心，而德已成立，此是行道積累而至者。此第一節注皆貫穿一章意。

程子曰：「心有主，則能不動。」此句總言下五人：北宫黝必勝，孟舍無懼，曾子自反，孟子知言養氣，告子冥悍强制。

子夏篤信聖人，曾子反求諸己。蓋黝專要勝人，其事猶在人，故與信聖人者同意。舍只是無懼，其事專在我，故與求諸己者同意，所以黝不如舍。

「等」，是等級，以高下言。「倫」是倫類，以勇士與君子言。

「恐懼之」，是我去驚嚇他人。

「言有所不達」，謂不能通暢條達所言之事。

「急於本」，是順告子説，但只持其心不動。若論君子致力於内，專在明理，固是急於本，然非如告子之急於本也。

「顛躓」，即跌仆。「趨走」，是疾奔。

「盡心知性」，性即天地萬物之理具於心者。知性則窮究物理，無不知也。無不知，則心之全體盡明矣。朱子謂盡心，知至之謂；知性，物格之謂也。故盡心知性，則於天下之言舉無所疑。然所以盡心知性者，皆因明聖賢之言而得，然後以是而究天下之言，則是非得失皆洞然矣。此聖賢問學之成法，孟子之知言正如此。

上云「凡天下之言」，下云「識其是非得失之所以然」，此總古今之言也。曰「是非」，謂所言之事。曰「得失」，則當理與不當也。「所以然」，言其本也。如下文詖、淫、邪、遁，乃非而失理者，所以然則蔽、陷、離、窮是也。

「自反而縮」關上文，「無作爲害之」關下文。縮即直，無作爲是無害。直養是一意，無害是一意。上是工夫，下是防弊。

「天人一也，更不分别」，只是「公」字。此氣得於天，故能浩然。而道義乃天地間至理，皆是公。爲有私己，便不合公道，便卑小。然孟子所言浩然之氣，乃是言一身之氣爾，故曰「浩然之氣，乃吾氣也」。吾身本小，養而無害，則塞天地。私則小，公故大。

謝氏教人，須先體認得吾身浩然體段，然後隨事致力以養之，庶不是只把做話説；又見得心得正無虧欠，浩然便在此。則人無有不可養者，而養之亦不難也。

一事偶合於義，是學者固欲行義，或理未明而處義未精，或無力量而行之不至，皆未合義。有一事行得恰好適合於義，非是説尋常人漫然應事，無心偶然相合也。這偶合正對「不集」説。

「心通乎道」，是孟子物格知至，知言乃其效也。

「學不厭者，智之所以自明」。言學而後智，則學是智之功。若曰夫子唯見聖道之無窮，而學不厭，非智者不能言智而又學，則學是智之用，恐亦可通。

舉夷、尹事實，皆是體貼經文説，非言二聖人之凡也。兄弟遜國，言非民不使。避紂隱居，言非君不事。歸文王，言治則進。去武王，言亂則退。湯聘用之，言治亦進。使之就桀，是去治而進於亂。桀不能用，復歸湯，是去亂而進於治。何事非君？不問湯桀。何使非民？

不擇夏商。

「本根」，指德之盛。「節目」，指心之正。

此章當作五節看。章首至「曾子之守約也」爲第一節。「敢問夫子之不動心」至「反動其心」爲二節。「敢問夫子惡乎長」至「必從吾言矣」爲三節。「宰我、子貢」至「所願則學孔子」爲四節。「伯夷、伊尹於孔子」至章終爲第五節。

尊賢使能章

「市廛而不征」之「廛」，市宅也，謂市物邸舍。天子諸侯之國都皆畫如井，而以後一區爲市，聽民交易。「市廛而不征」，謂但取其邸舍之税，而不取其貨物之税也。

「廛無夫里之布」之「廛」，民居也。《周禮》所謂「上地，夫一廛，田百畝」，《注》「五畝之宅」是也。《載師》「宅不毛者，有里布」，宅即五畝之宅。布，泉也。泉即錢也。宅而不樹桑麻，「罰以一里二十五家之泉」。《疏》云：「二十五家之税。布也，謂口率出泉。漢法口百二十。」此蓋以漢法比擬古制，未必周果以口計泉數如此。又曰「民無職事者，出夫家之征」，《注》云：「夫税家税也。夫税者，百畝之税。家税者，出士徒車輦，給繇役。」

按《載師》之法，是宅不毛、無職事兩事之罰。今孟子乃曰「廛無夫里之布」，則是居廛者，使出二十五家之泉，而又出百畝之税也。《集注》言「一家力役之征」，是因所引夫家之文而併釋之，恐於夫里之布無所當。愚詳孟子謂天下之民願爲之氓，是境内田間之民，皆使之出是兩等之賦，只是於一家田税之外多出里布耳。與上文市廛之廛不相關。蓋上既曰「市廛而不征」，是居市者已征之，孟子固以爲過矣。而又出此兩等，不太繁重乎？《集注》上「廛」字既釋爲市宅，於下「廛」字乃曰：「市宅之民，已賦其廛，又令出此夫里之布。」二「廛」字合而爲一，愚不敢必知其果如此也。

不忍人章

「惻隱之心」，即「不忍人之心」所發。不忍以全言；惻隱與三者對舉，是偏言。然只就惻隱上看，則惻自有專言意。

「擴而充之」，是日用之間，隨四端之發者，推廣而充滿之。積之久，則如火然、泉達，其勢自有不能已者。既能如此，而又大充廣之，方能盡四海之大。兩「充」字是兩意，上「充」字每端發處充，下「充」字就應天下事上充。

四行非土無以生，四德非信無以成。土即大地也。無地，則金、木、水、火何所倚？信即實理也，非實理，則仁、義、禮、智爲虛言矣。《集注》所謂「定位」以方言，「成名」以時言，「專氣」以温涼寒暑之氣言。「無定位」，即下文之「於四行無不在」。「無成名」「無專氣」，即下文「於四時則寄王」也。

此章七節。第一節言人本皆有仁。二節言先王全此仁，以實人之皆有是心，猶道性善而稱堯舜以實之也。三節就人易曉處指出，使人體認此仁。四節併言義禮智，各有所發。五節言所發皆是本然之性。六節言四者人所共得，不可自棄。七節言因發處察識而推充之，不可放過。工夫全在此後一節。「保四海」與上「治天下運掌上」相應。

矢人章

《集注》「本心全體之德」，以仁之體言。「人當常在其中，而不可須臾離」，兼其用言也。

子路人告以過章

舜固未嘗有不善之可舍，亦不待取人之善爲己善也。但無一毫私意而徇天下之公，則舍己從人之謂也。事之善者，人爲之，己亦爲之，即取人爲善之謂也。如耕、稼、陶、漁是也。舜之聖，天下固皆知之。人見己之所爲若是，而舜亦若是，是我爲者善矣，安得不勸爲善乎？故曰「與人爲善」也。

公孫丑下

孟子將朝王章

彼富吾仁，彼爵吾義。仁者，循理樂天，安貧守分，故不知彼之富。義者，審度事宜，進退有制，故不羡彼之爵。富只在彼，爵可加我，故用「仁」「義」字不同。

齊王餽金章

《禮》注及趙岐皆曰：鎰，二十兩。《國語》：二十四兩爲鎰。字書曰：「鎰、益同，數登於十則滿，又益倍之爲鎰。」則二十兩者，爲有義。按《儀禮・喪服》篇「朝一溢米」，鄭氏《注》：「二十兩曰溢。」《疏》依筭法，言之甚明。趙氏《注》「爲巨室」章及此章皆云二十兩。《疏》於前章引鄭《注》却云二十四兩，而謂趙《注》爲誤，失之矣。

之平陸章

《語録》：「都」恐是《周禮》所謂「都鄙」之「都」，是大邑也，此説爲是。

致爲臣章

「私龍斷」，謂用私意而暗爲龍斷之所爲。龍斷，是商人就市中地高處立，而左右顧望衆人所聚多處，而以物趨彼，欲售之而罔羅其利。

孟子以魏惠王之三十五年至魏，三十七年改爲後元年，十六年卒，而子襄王立。孟子有見襄王語，蓋當年即去魏適齊，當宣王之二十四年也。在魏前後計十八年。至宣王二十九年伐齊，孟子即去齊，是年宣王亦卒。在齊首尾六年。

充虞路問章

孟子曰：「待文王而後興者，凡民也。若夫豪傑之士，雖無文王猶興。」孟子則不待文王道者，則孟子能興之。孟子之時雖無王者興，苟有尊德樂而興者也。王者興而有名世者，是猶有待於文王者也。

【校記】

〔一〕則，底本作「門」，據景元本、明抄本改。

〔二〕周，底本脱，據明抄本朱批補。

〔三〕必，底本作「無」，據景元本、明抄本、胡本改。

讀孟子叢說卷下

東陽許謙

滕文公上

問爲國章

文公問爲國，孟子告以教養其民，有養然後可教，故先言分田制禄，而後及學校也。自「民事不可緩」至「雖周亦助也」，養之事。「設爲庠序」至「小民親於下」，教之事。下至「新子之國」，總言之。答文公者止此。下答畢戰，却只是言分田，蓋畢戰惟掌井田之事也。

許行章

許行言仁政，是孟子所言井地之法。陳相言聖人之政，是許行言神農之法。蓋文公始聞孟子之言，既使畢戰爲之矣，然後許行來。及許行來，文公不斥絶之而與之處，故陳相謂已行其法而其言如此。

聖人治民，不過教、養兩事。堯治天下，遇灾變，先命舜禹平水土，次命后稷教稼穡，然後使契爲司徒，次叙必如此。

「江漢」以下三語，謂夫子之道德光輝，如江漢濯之潔，秋陽暴之乾，皜皜潔白，人不可加尚已。又一説，欲以有若擬孔子，則雖江漢以濯，秋陽以暴，而孔子之皜皜者終不可尚已。以爲孟子贊美曾子，則曰曾子不可之辭，識明義精，有如江漢之濯，秋陽之暴，若是皜皜乎而不可尚已。

許行謂不論屨材精麄，但大小同者同賈，是實説。孟子謂大屨與小屨若同賈，則賣者必不肯爲大者，是比説。將大小比精粗，兩「屨」字意不同。

此章「孟子曰」以下三大節。自「許子必種粟而後食乎」至「不用於耕耳」，闢其假托神農之言。「吾聞用夏變夷」至「不善變矣」，責其倍師從許子之道。以下陳相之遁辭，故又闢其市賈不貳之説。

夷之章

《語録》：「命之矣」，「之」字是夷子名。

滕文公下

周霄問章

注：「籍」字音義，見《考證》前篇「籍者，借也」下。○諸侯上公衮冕，侯伯鷩冕，子男毳冕。上可兼下。○「紘」，以組爲之，屈之而屬兩端於武，所以固冠於首也。○「副」者，王后之首服，猶王之冕。「褘」者，王后之衣，猶王之衮衣。二者皆王后之服，而此言諸侯之夫人者，《禮記注》謂「記者容二王之後與」。褘音暉。○《禮注》：「三盆手者，三淹也。凡繅，每淹大總而手振之，以出諸也。淹，於驗反，又於歛反。」○白黑曰「黼」，青黑曰「黻」，青赤曰「文」，赤白曰「章」。用此以爲祭服，謂染絲成此色。而綉裳或畫於衣者，亦如此。

彭更章

彭更以孟子傳食諸侯爲泰，孟子答之以舜受堯之天下，且不以爲泰，而子以我傳食爲泰乎？彭更謂非以傳食爲泰，但無事而食則不可爾。蓋謂有職業而食則可也。後孟子之意，則謂雖無職業，而君子爲仁義，有功於國者多，何嫌於無事？

好辯章

《集注》：「氣化盛衰，人事得失，反覆相尋。」竊謂氣化盛，人事得，則天下治；氣化衰，人事失，則天下亂。是固然矣。然孟子此章答好辯之問，而孟子之辯專爲闢楊、墨而發，則易亂爲治，全賴人事以補天道之不足，反氣化之衰而至於盛也。觀堯、禹之治水，則以人事而回氣化。武王、周公誅紂伐奄，孔子作《春秋》，則以人事而捄衰失。所以孟子亦於衰失之時，闢楊、墨以回氣化，正人事也。此正聖賢作用，參天地、贊化育之功。讀此章當如此會《集注》之意。

陳仲子章

匡章以仲子爲廉，孟子謂齊之巨擘者，許之也；「雖然」以下，貶之也。伯夷、盗跖之築、樹，反問也。此非君子之心，謂仲子之廉當如是爾。匡章對以織屨辟纑易之，此則合君子之道。然既以功易食爲無害，而以母兄之室與食爲不義，何哉？縱母兄之得此物爲不義，而我受之母兄則爲義矣。況既是齊之世家，則兄之得禄未爲不義也。仲子既於母兄之物所從來推一層上看，而於所易者不能推一層上看，是不能充其廉之類矣。凡此皆是反説，而愛親敬兄及君臣之義皆在其中。使之就其所明充其所暗，則仲子之罪大，匡章之惑解矣。

此章經注諸「廉」字當辨。廉，有分辨，不苟取也，此廉之正義。「豈不誠廉士哉」，此「廉」字，陳仲子不中禮之廉也。「仲子惡能廉」及注「仲子未得爲廉」、「豈有無人倫而可以爲廉哉」，此三「廉」字是廉之正。「然後可得爲廉耳」「未能如蚓之廉」「滿其志而得爲廉耳」，此三「廉」字是仲子之廉也。

離婁上

離婁章

兩言規矩、六律，前比説用法，後正言立法。前謂至聰明者亦須法度，以比下〔一〕一句必須仁政。後則謂聖人立法雖盡智慮，亦須法度。雖主於「不忍人之政」一句，然上兩語亦聖人所立之法也。

不仁可與言章

孺子之歌主於人，孟子之言主於水。聖人之言雖非孺子之本意，然主人而言者意反淺，主水而言者意反深。所謂聲入心通，無非至理。

道在邇章

仁義根於人心，人所同有，行之則甚近而易。其要在乎親親長長，但人人各自親親長長，則仁義流行天下，其有不平者乎？

教子章

「夫子教我以正，夫子未出於正也」，非謂爲子者必有是言也。孟子所以責爲父者，身之必出於正也。

事孰爲大章

「事親」「守身」雖對説，而守身又爲事親之本。下文曾子只是事親之準則，意謂事親固當如此，然有曾子之守身則可爾。

離婁下

子產章

子產非不知爲政者，徒杠、輿梁偶有闕耳。孟子此言責備賢者，蓋恐學者因敬子產，而以其所爲皆是，故明斥其非以曉人也。

中養不中章

「中」以德言，「才」以能言。有德，以其能成物也。有能，以其能成事也。今以子弟之無德無能而棄之，是物之近者、事之急者皆不能成，尚可謂之有德有能乎？彼此相較，相去豈遠哉？

「涵育」，寬以容之之意。「薰陶」，善以道之之意。

深造章

此章主於行，而知在其中，故《集注》謂「道，則其進爲之方也」。「進爲」字有力，當看。蓋學者欲其循序漸進，優游涵泳，力行積久，自然融會於心，所謂自得也。理既融於心，則所處者自然安固而不摇。既居之安，則所以資藉之者愈深遠而無窮。資之既深，則日用之間無所往而非道矣。工夫只在「深造以道」四字上。至於自得，則自然有以下效驗。以知行二者各體認之，可見孟子之意主於行者爲尤重也；程子則專主於知，故在圈外。

博學章

「博學」「詳説」，以知言。「約」則會其極，而於行上見。

以善服人章

「以善養人」，謂有善於身，而教化撫字，使民同歸於善也。

亟稱水章

「不舍」，見《論語》「川上」章。

異禽獸章

此以舜爲標準而使人企慕，以力行也。舜亦異於禽獸幾希者爾，以其能存，故爲舜。則衆人能存之，豈不亦可以至於此乎？

春秋章

以三國之史同言而曰一也，蓋謂魯之《春秋》，其所紀載非周之典禮，善惡不明，不過記五霸之事，與晉、楚之史同爾。至於孔子之《春秋》，則假其事以明義，而非盡舊史之文。故曰「其義則某竊取之矣」。如此看，方見得中間一節不閑。

可以取章

「可以無」三字爲重，不可將「可以」「可以無」作兩下看。初見其可，而詳察爲不可，故行之惟從其不可者爾。《或問》謂「孟子舉傷廉以例二者」，蓋傷廉是順辭易看，傷惠、傷勇是反辭難看故也。須先體認惠、勇之本義，然後見過之者爲傷。《集注》「略見而自許」，是全釋「可以」意。「深察而自疑」，「深察」半語是釋「可以無」意，「自疑」字乃是指上去疑其可以者。如此看，方見得「可以」「可以無」不是兩下説。下文「過猶不及」只是結「傷惠」「傷勇」兩語。

逄蒙章

此章專爲交友發。羿不能取友而殺身，孺子能擇交而免禍。

言性章

「性」是人物所得以生之理，本自難明，求其發見之「故」，則亦不難明也。然故則以利順者爲本，故之發於逆者，則又非性之本矣。求己之故，則惻隱之發見性之仁，羞惡之發見性之義；求人之故，則父慈子孝、君仁臣忠；求物之故，則鳶飛魚躍、山峙淵流：皆是也。是皆所謂「利」也。如下文天與星辰之故，亦只是利而已。能知此性而利以行之，則爲智之大。「禹之行水」，不是比喻，言禹順水之性，爲智之大，以例人循性皆當以利也。智者應物，若行其所無事，則智亦如禹之大矣。「智亦」之「亦」，是亦大禹也。下文又以高遠者證故之易見，却不是功用。

章内三「智者」不同，上「者」字是問辭，下兩「者」字是用智之人。

萬章上

萬章問章

「恝」，古黠反，音與戛同。《集注》苦八反，誤。

娶妻章

「懟父母」，言人之常情也。爲廢大倫，則雖子亦不免有讎怨父母之心。舜固非懟父母者，然告則必廢大倫，故不告也。此聖人善處變，事消弭於未然。此等處，正好觀聖人。

《書》：四岳舉舜曰：「瞽子。父頑，母嚚，象傲。克諧以孝，烝烝乂，不格姦。」則堯妻舜時，頑嚚傲德已化而改。萬章傳聞，蓋亦野人之語，孟子不辨，惟欲發聖人處變之心。

魚入水有悠然而逝之道，弟有思兄鬱陶之道。故子産與舜皆信之。舜之愛弟自天性，況象又以愛兄之道來感之乎？

堯以天下與舜章

凡祭有祈有報。風雨以時，年穀順成，氣不苛疹，民無夭札，則是神享其祭而其應如此。

百里奚章

鬻〔二〕語六反。四智二賢，皆反覆明奚之事，然各有序。第一總言去虞入秦之智。第二、第三詳言去虞之智。第四詳言入秦之智。第五以事實言其賢，爲下節張本。第六專以上文之賢證自鬻之言之妄。前後皆是仿像言之，惟〔三〕第五節爲要。然不智則不能明去就之幾，不賢則不足見其智之正。故反覆言之，讀之但見其文之妙，而不知其意之精密如此。

萬章下

目不視惡色章

「去父母國之道也」，此句亦孟子言。孔子只有「遲遲吾行」一句。

此章「聖」字言夷、惠、伊尹處，是以地言，與大而化之之聖不同。只是清、任、和到極處，故謂之聖。孔子則是大而化之之聖，其行之時中，則清、任、和時而出之，亦無不到極處。

「集大成」一節，以樂比孔子知之至，行之極。條理即八音。以金而聲之，所以始其衆樂；以玉而振之，所以終其衆樂。聲振始終，皆是動用字。惟其知之至，故能始萬事；惟其行之極，故能終萬事。是爲聖、智兩全。

次一節以射比四聖人。能挽彊弓射遠地，此力也。能中其的，乃巧也。必先知的之所在，又知中之之法，然後因力之所至而中之。謂知之明，然後行之，從容中道。三子力量雖到而知有未至，故不及孔子。

《萬章》兩篇皆論聖賢之行，大率皆以孔子折衷之。上篇前五章言舜，六章言大禹，固無間矣。七章則言伊尹，故八章以夫子之出處繼其後。九章論百里奚，次篇之首又言三聖人，而以孔子集大成斷之。三章問友而上及堯、舜，四章言交際又繼以孔子。五章爲貧而仕，又言孔子。下二章論君餽與見諸侯，而又及孔子。蓋孟子所願學者孔子，故論古聖人則以孔子繼之，論賢者必以孔子折衷之。前篇言一治一亂，及舜、禹、湯、文、武、周公處，與末篇之末皆然。《論語》《中庸》之體大率亦如此，所以示君子必學孔子而後可。

告子上

性猶杞柳章

人受天之理以生，本具仁義禮智之性。人之有惡，是失其本性之善，非其真也。告子不知，乃謂人性本不善，因矯揉以爲仁義，猶矯揉杞柳以爲桮棬。孟子謂人之於仁義，乃其本有而所當行者，豈矯揉而成？若告子謂矯揉而成，乃是戕賊人之常性而爲之爾。揉杞柳爲桮棬，是戕賊之也，非可以喻仁義也。若此言之行，人不知者，將真以爲戕賊人爲仁義，誰肯從之？是仁義之禍也。

性猶湍水章

告子謂性本無善惡，但可以爲善，可以爲惡，在所引者如何爾，故以水無分東西爲喻。孟子亦就其水以喻之，謂性之必善，譬猶水之必下。告子所謂決之者，人爲之也，非其自然之性也。若人欲拂水之性，甚至可使逆行，況東西乎？人之爲善，順其本性也。水之就下，順其本性也。

生之謂性章

告子以活動知覺爲性，孟子意謂以此爲性，則人與物同，而何足謂之人哉？故先以白之説兩轉，審告子之意，待其應定了，然後以犬牛人之性同異而問之。告子知其説之非，其言方塞。所以言犬又言牛者，謂非獨人物之性異，就物之中其性又各不同，所以深曉告子以人之性善也。

食色性也章

告子言仁是好愛，只説得人心，不知孟子所言仁義是道心。告子以好食愛色皆發於心，故曰「仁内」。其言已定，故孟子反問之，告子只答「義外」之説。孟子就其「白」字、「長」字，明其白不可譬長，而長人長馬不可同，則所謂義内者可不言而喻。告子猶不悟，重以内外爲言，不知愛之所施有宜即義在其中，而長之之心，豈發於外？是則理之不明故也。孟子因其以好食色者爲性，於是借耆炙以爲喻。謂美味雖在炙，而耆之者乃自内出。對上長楚人之長説，物則指炙而言，謂豈獨於人爲然，物亦有如此者。以耆之之心比長之之心，則可見義之在内無疑矣。

富歲子弟章

先以歲之豐凶致人之善暴，以明人性本善，有以陷溺則爲惡。蓋欲得食以養其生者，人之常情。故富歲得順其心則爲善，凶年不足以養其生而逆其心則爲惡。次以麰麥爲喻，謂人之性本同，當皆極於善；所以不善者，養之異：以勉人當盡養之之道也。其下又以形之所好必同，以明心之所好無不同，而聖人之所爲，即衆人之所本同而當然者。衆人當法於聖人以全其善，則當力好如口之悦味可也。

「同然」之「然」，《集注》訓「可」，與「耆」「聽」「美」對，而皆以「同」字冠之，非語助也，即是字之意，謂理義乃人之所同以爲是者。

牛山章

「浩然」章論養氣而以心爲主，此章論養心而以氣爲驗。曰志者氣之帥，故謂以心爲主。曰平旦好惡與人相近，故謂以氣爲驗。集義固爲養氣之方，所以知夫義而集之者，乃心也。養心固戒其梏亡，驗其所息而可致力者，則氣也。彼欲養而無暴以充吾仁義之氣，此欲因氣之息以養吾仁義之心。兩章之持志操心之意未嘗不同，而氣則有在身在天之異，然未始不相爲用也。

魚我所欲章

弗受嘑蹴之食，出於倉卒之時；受萬鍾，在於閒暇之際。倉卒之時，私意未動，義之所發者直；閒暇之際，有計較之心，則私不可遏矣。倉卒而義明，如乍見孺子入井，惻隱即生意正同。閒暇而有宮室等三者之累，則如內交要譽，惡其聲矣。夫行道乞人皆能行之，則義乃人之本有明甚，君子其可不知之而由之乎？孟子之戒，深切著明矣。

三「鄉爲身」，北山先生作一讀。言鄉爲辱身失義之故，尚不受嘑蹴之食，以救身之死，今乃爲身外之物，施惠於人，而受失義之禄乎？可謂無良心矣。

此章專以生對義説。第一節是主意。第二、三、五又以「欲」「惡」分説「生」字意，因第一節暗與義對説。蓋欲生即是惡死，出此必入彼。二節言欲生惡死固人之常情，而欲惡有甚之者，乃義不義爾。此是本然所有，義理之良心也。三節反言失其良心而不能取義者。四節兩「是」字，金先生作兩讀，蓋正指義而言。五節上三句當急讀作一串，此是繳第二節兩句，説賢者能保此好義之良心。

上五節言生死大分，下三節言辭受小節。然下三節亦是蒙前第一節生義言之。

天爵章

「天爵」，人所皆有；「人爵」，各有命分。有德則足以長民。故人脩其天爵，則人爵自然至，不可求也。若有心求人爵，便已務外而失其本心之爵矣。

欲貴章

世人但知公卿大夫之爵爲貴，而不知在我之身皆有貴者，乃天所賦之善，所謂天爵也。天爵人所同有，故思則得之。人爵各有命分，雖求之無益。天爵亦是天命，此則義理之命，人爵乃氣數之命。孟子前章尚有脩天爵而人爵自至之説，此章則於人爵下兩「不願」字，是不將這个爲念。

告子下

禮食孰重章

敬兄，禮也，雖無食而將死，必不可奪兄之食，而違敬兄之禮。婚娶，禮也，雖至於絶嗣，必不可摟人處子，而違婚娶之禮。任人蓋異端之徒，棄蔑禮法而譏侮之者，故孟子止就其所言食、色二者，使之自權其重輕而自思之，蓋不屑之教誨也。

曹文章

第三節「爲」字重。獨「不勝爲患」「爲」字輕。湯、文亦在人爲之，如有力無力皆人所自爲，雖舉百鈞之重，亦是自去發奮爲烏獲之徒，此言用力爲之皆可至。況禮義人皆有之，本無虧欠，不須如舉重之用力，豈以力不勝爲患？但能爲之即至，不至者乃不爲爾。所以後節教他學堯則爲堯，學桀則爲桀，是皆爲之而已。

盡心上

盡心章

盡心知性知天——殀壽不貳
存心養性事天——脩身俟死
——立命

朱子釋「明德」則曰：「人之所得乎天，而虚靈不昧，以具衆理而應萬事者也。」釋「心」則曰：「人之神明，所以具衆理而應萬事者也。」二者無大異，豈心即明德之謂乎？蓋德者，得也。所得乎天，是釋德字本義，而指其得之之原。「虚靈不昧」，以狀明之體；「具衆理應萬事」，指所得之實。然而「虚靈不昧」則心也，「具衆理」則性也，「應萬事」則情也。是合心、性、情三者言之，而以「得乎天」冠于其上，其釋明德爲切。至於言心而曰「神明」，是指人身之神妙靈明，充之可以參天地、贊化育之本。而言其所統，則性、情也，故亦曰「具衆理」「應萬事」，此釋心字亦切。況德者謂得之於心，不以心而言，則德何所倚乎？然彼言以順辭也，此言所以有主宰之意，此又微有輕重之不同。

萬物章

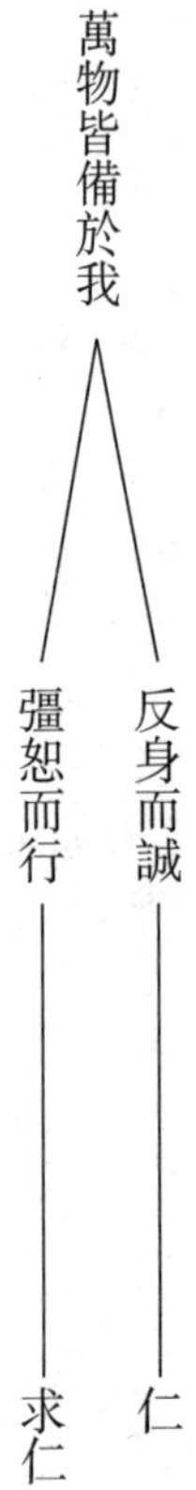

廣土衆民章

此章緊要在「君子所性，仁義禮智根於心」一句上。常人固皆有四者，爲氣稟昏迷，故物欲蔽隔，四者不能根於心。惟君子則得於天者全，而不曾失常，與心相著，故其發施有下文如此效驗，窮達不能加損而憂樂也。「分定」，是分得天之全體。「分」字正指四者。

伯夷辟紂章

此章主意在文王之政，有國者所當法，不主言二老之去就。

登東山章

第一節兩言登山，謂所處地位高，則視下愈小。觀海難爲水，謂所見大，則小者不足觀。游聖門難爲言，謂既聽聖人之言，則餘人之言皆不足聽。此句與觀海相連一般説。第二節言聖人之道有本，故用不窮。第三節言學者當學聖人，然當以漸而進，不可躐等也。觀海、觀水、流水，雖三節皆言水，自是三樣意思比喻。

楊子取爲我章

權，稱錘也。物輕重不齊，權與物相準，方得其平。君子應事，當隨事取中而應之。譬之秤，銖、兩、斤、鈞、石，物之輕重各有當其平處。今以銖兩爲輕，鈞石爲重，例以斤稱之，其可乎？是子莫之執中也。

柳下惠章

柳下惠不羞污君，不卑小官，袒裼裸裎，焉能浼我，和也；至於不怨不憫，三黜而不改其道，介也。人惟知其和而不知其介，故孟子表而出之。所謂「三公」，當時必有命惠爲此任者，不可知矣。

堯舜性之章

「性之」者，謂得於天者氣質清明，義理純粹，而終身行之，不思而得，不勉而中，不假脩治者也。「身之」者，謂氣稟微有不同，而自脩其身，體道而行，自思勉以至於不思不勉者也。至於五霸，則假尊天子安同盟爲名，而實欲自行其威，富其國，久於此道，亦不自知其實非仁義。

予不狎于不順章

不狎不順有二義。伊尹謂我見桀不順，今又習見太甲不順，乃就桀與太甲二人言之，此一義也。或言伊尹見太甲行事日日不合於理，我不欲習慣見此不順理之事，乃就太甲一人言之，又一義也。王文憲謂伊尹放太甲，「善用權者」也。孟子明其事而言曰：「有伊尹之志則可，無伊尹之志則簒。」善語權者也。倘使孟子居於彼時，則必行伊尹之事業。

士何事章

「尚志」者，高尚其心之所之。士無位，未得行其道，故且只高尚其志向。「非仁非義」一節，謂有此志，而待他日得位而行之者也。兩「惡在」却是目。今居者、由者則雖未得大人之位，而大人之事已預全備矣。當如此作兩節看。

仲子不義章

金先生曰：「仲子不義」當句，乃先斷其爲不義之人，下則曰若有與之齊國，必不肯受。人皆信其廉，殊不知此乃舍簞食豆羹之小義爾，何足道哉？彼有辟兄離母之大不義，豈可以其小義許其大不義，而名之曰賢哉？

食而勿愛章

「恭敬者」之「恭敬」以發於心者言。「恭敬而無實」之「恭敬」以幣帛言。

君子之於物章

「愛之而弗仁」之「愛」，愛惜之義，不輕用物，不暴殄天物之意。「仁民」之「仁」，乃愛之本義。「親」又重於「仁」。

程子嘗言：「以己及物，仁也。推己及物，恕也。」而此却言「仁，推己及人」，似有不同。

蓋此章四「仁」字皆言仁之用，不言仁之體。程子所謂「推己及人」，正訓此章之「仁」字。「推」字亦要輕看，以己所有推出行去爾。

盡心下

盡信書章

《書》中二典三謨之類，皆聖哲之言，一定而不可易者。若其餘載事之辭，或有過稱者。孟子此言，非謂《書》中之言皆不可盡信，但謂其辭時或有害於義者爾。讀《書》之人不可以辭害義可也。

《集注》：「杵，舂杵也。或作鹵，楯也。」作鹵者是，然亦非楯。若以爲舂杵與楯，苟非血深一二尺，豈能漂之？雖非武王殺之而商人自相殺，然亦不至如是之多也。蓋鹵乃鹽鹵之鹵，謂地發蒸濕，言血漬於地，如鹵濕然。此金先生之意。

我善爲陳章

孟子之時皆尚攻戰，能者爲賢臣，而孟子乃以爲大罪。蓋國君苟能行仁政以愛其民，使之飽暖安佚，則下民親戴其上矣。其他國之民受虐於君者，心必歸於此。人既樂歸於我，我以親上之民而征虐民之君，則其民豈肯與我爲敵？故引湯、武之事以證之。

梓匠輪輿章

此言師之教者，不過舉其大綱爾。至於理之精微，事之曲折，與夫不可容言之妙而當默識者，皆學者所當勉力推明，潛心究察，非師可以口傳也。

民爲貴章

《集注》「八蜡不通」，《禮》曰：「天子大蜡八。歲十二月，合聚萬物而索饗之。」其神則先嗇一，若神農者。司嗇二，后稷也。農三，田畯也。田畯是古之官，司督促田事有功於民者。

郵表畷四〔四〕。郵，若郵亭表田畔。畷，井田之畔相連畷於此田畔。造郵舍而田畯在其中，督約百姓也。猫虎五，助田除蟲鼠之害者。坊六，坊畜水之隄。水庸七，水庸，通水之道。□□□□□□□此皆有益於嗇事者。昆蟲八，螟蟲之屬，此則爲害者也。故皆迎其神而祭之。畷，知劣反，又知衛反。

貉稽〔五〕章

此章言文王、孔子雖有聖人之德，亦不免爲衆口所謗訕，而其所以處之者如此。然人雖謗之，終不能損其令名。孟子意謂稽雖爲衆口所訕，但當自脩其德而已。

山徑之蹊間章

山間之小徑，倏〔六〕然有人行而不斷，即成大路；少頃無人行，則茅長而遂塞之。學道才有間斷，私欲便生而塞天理之路矣。

口之於味章

「性也」之「性」，氣質之性也。「有性焉」之「性」，天地之性也。「有命焉」之「命」，本以氣言，而亦有禮在中爲之品節限制。「命也」之「命」，本以理言，而所稟之氣有清濁厚薄之不同。上五者，人性皆欲之，而有命分不同，不可必得。然亦有禮在中，品節其命分。下五者本皆天理而却有命分一定，不得其至。君子則但循天理而行，以求至其極，故不爲命分所拘。

堯舜性之章

「性者」，謂所得於天者，不假脩爲，終始如一，聖之至者也。「反之」，謂得於天者不能無少失缺，脩而至之，亦聖人也。第二節言「性之」，第三節言「反之」。

説大人章

爲君子者，固當貴貴。然於言語之際有畏之之心，則言語不能盡。况大人所爲之事皆不合法度，而君子之所不爲，何必畏之哉？

由堯舜至於湯章

「爾」，如是也，指見知、聞知者而言。此章大意謂古五百年必有聖人興，在當時必有見而知之者，在後世必有聞而知之者。今去孔子之世僅百年，而顔、曾輩已亡，已無有如是見而知之者，恐此後遂無有如是聞而知之者。蓋孟子惜前聖、憂後世之心真切感〔七〕人，而孟子自任道統之意，亦不容謙謙矣。

「然而無有乎爾」，非謂在孔子時無見而知之者，正謂孟子時去聖人之世雖未遠，而當時見知者今亡矣。須將此一節作一串讀〔八〕下，乃見意。

【校記】

〔一〕下，底本原作「不」，朱批「下」，據改。

〔二〕鬻，底本作「後」，據胡本改。

〔三〕惟，底本作「爲」，據景元本改。

〔四〕四，底本作「田」，據景元本改。

〔五〕稽，底本作「嵇」，據景元本及《孟子》改。

〔六〕倏，底本作「悠」，據胡本改。

〔七〕感，底本原本「惑」，朱筆改作「感」，據改。

〔八〕讀，底本作「之」，據景元本改。胡本作「説」，亦通。

附録

讀四書叢説序

［元］吴師道

《讀四書叢説》者，金華白雲先生許君益之爲其徒講説，而其徒記之之編也。君師仁山金先生履祥，仁山師魯齋王先生柏，從登北山何先生基之門，北山則學於勉黄公而得朱子之傳者也。《四書》自二程子表章肇明其旨，至朱子《章句集注》之出，折衷羣言，集厥大成，説者固蔑以加矣。門人高弟不爲不多，然一再傳之後，不泯滅而就微，則泮涣而離真，其能的然久而不失傳授之正，則未有如吾鄉諸先生也。蓋自北山取《語録》《精義》以爲《發揮》，與《章句集注》相發；魯齋爲《標注》《點抹》，提挈開示；仁山於《大學》有《疏義》《指義》，《論》《孟》有《考證》，《中庸》有《標抹》，又推所得於何、王者，與其己意併載之。君上承淵源之懿，雖見仁山甚晚，而契誼最深。天資純明，而又加以堅苦篤實之功，妙理融於言表，成説具於胸中，問難開陳，無少疑滯，抑揚反覆，使人竦聽深思，隨其淺深而有得焉。故自遠方來從學者，至數百人，遂爲一時之盛。

今觀《叢説》之編，其于《章句集注》也，奥者白之，約者暢之，要者提之，異者通之，畫圖以形其妙，析段以顯其義，至于訓詁名物之缺，考證補而未備者，又詳著焉。其或異義微悟，則曰：「自我言之，則爲忠臣；自他人言之，則爲讒賊。金先生有是言也。」此可以見其志之所存矣。嗚呼！欲通《四書》之旨者，必讀朱子之書；欲讀朱子之書者，必由許君之説。兹非適道之津梁，示學者之標的歟？

先是君未没時，西州人有得其書而欲刊之者。君聞，亟使人止之，且恐記録之差也，則自取以視，因得遂爲善本。諸生謂予嘗辱君之知，俾序其所以然。竊獨惟念，昔聞北山首見勉齋臨川，將别，授以但熟讀《四書》之訓。晚年悉屏諸家所録，直以本書深玩，蓋不忘付囑之意。自是以來，諸先生守爲家法，其推明演繹者，將以反朱子之約而已。故能傳緒不差，閎大光明，式克至於今日也。又念某識君之初，嘗以「持敬致知」之説質於君。君是之，復舉朱子見延平時，其言好惡同異，喜大耻小，延平語以「吾儒之學」，「理不患其不一，所難者分不殊耳」。朱子感其言，精察妙契，著書數十萬言，莫不由此。學者於朱子之書，當句讀字求，必若朱子之用功而後足以得其心。此君之拳拳爲人言者也。然則得君之《叢説》而讀之者，其於君教人讀書之法，尤不可以不知也，故因併著之。

君名謙，其世系履行，與凡他經論著，詳具友人張樞子長所爲《行述》，兹不復贅云。

（元刻本《讀四書叢説》集前抄序）

讀四書叢説序

[清]胡鳳丹

古之著書立説者，非苟爲炳烺於詞章而已也。要必有裨於國家，化民成俗之方，儒者修己治人之要，斯其書乃足名當時而垂後世，吾於白雲先生《四書叢説》信之矣。先生受業於王文憲，而學道之醇正，則遠過其師，故其研究諸經，各有心得。嘗讀《四子書》，謂學者曰：「學以聖人爲準的，不得聖人之心，則不知聖人之道，欲求聖人之道，必先明聖人之心。聖人之心何在乎？具在於《四書》也。《四書》之義曷詳乎？莫詳於朱子也。」朱子讀《學》《庸》而作《章句》，讀《論語》《孟子》而作《集注》。其書既如日月經天，江河行地矣，後之人何庸更置一喙乎？乃先生猶恐學者之狃於一見也，教者之不能旁參也，凡朱子之所考覈者，無不紬繹而引伸之，而朱子之所未發，則又繪圖以明其説。嗚呼，何其用心勤而信道篤也！然則有朱子而《四書》之義顯，固爲聖人萬世之功臣；有先生而補《章句》之所未備，亦豈非朱子萬世之功臣哉？按：《四庫書目》稱「是書《大學》一卷、《中庸》一卷、《孟子》二卷，《中庸》缺其半，《論語》則已全佚」云云。余兹從《經解集録》中鈔出，均係完本，亦一快事也。重鋟之，以詒世之志於聖人之道者。同治十一年壬申秋八月，永康後學胡鳳丹月樵甫謹序。

（《金華叢書》本《讀四書叢説》）

四書叢説跋

［清］許　炳

《四書叢説》不傳世久矣。今年春，族祖書耕領祠帑赴省，獲知原本爲杭城何夢華先生所藏，遂叩其家，方知捐己囊付梓告成矣。購數册攜以歸，昕夕尋繹，寶若拱璧。噫！我文懿公講學八華山，門徒遍天下，運作流布，嘉惠後學者廣矣，奚待藏諸名山哉！更有《詩名物鈔》一帙，亦何君手抄完本也，時倉猝告别，未能借讀，心殊悵悵。緣印吴、張二公《序》，而是書不能就梓，或有待後人以傳焉，實有望焉。謹本書耕語，述諸左。道光辛巳十月，裔孫炳跋。

（同治八年重脩《仰高許氏宗譜》）

跋一

［清］黄丕烈

此元刻殘本，東陽許謙《讀四書叢説》中《大學》一卷、《中庸》上下二卷、《孟子》上下二卷也。余於宋元經學，不甚喜購，然遇舊刻，亦間收焉。惟此則甚樂之，爲其《中庸》多一下卷故也。國朝《四庫書目》止收四卷，故嘉定錢竹汀撰《補元史藝文志》卷亦如此。今兹夏，余爲竹汀先生刊《補志》一書，竹汀因余於元代藝文頗多蒐羅，屬爲參校。適書友攜此書至，知多一卷，强索重直，余許以緡錢二千易之而未果。告諸竹汀，竹汀已采入志中，改作五卷矣。越月，有三書賈持書易錢而去。爰記此緣起，以徵信于後。余檢《籙竹堂書目》載《四書叢説》四册，而卷數不詳。又，《璜川吴氏書目》收藏較近，則云七卷，然係抄白，未之敢信。余惟就所見之五卷爲信可爾。倘異日《一齋書目》之二十卷盡出，不更快乎！庚申九月小晦日挑燈記，蕘圃黄丕烈。

（元刻本《讀四書叢説》）

跋二

［清］黄丕烈

此《論語叢説》上中下三卷，錢唐何君夢華爲余抄得者也。余初得《大學》《中庸》《孟子叢説》，獨缺《論語》。夢華借余本鈔之，并補余所缺。且爲余云：「《論語叢説》即余本所逸，印本大小、闊狹、紙墨都同，真奇事也。」今藏德清徐氏，緩日擬爲余購之。己巳六月初之後一日，復翁。

（清嘉慶間何元錫鈔本《讀論語叢説》）

跋

張元濟

右元許謙所撰《讀大學叢説》一卷、《讀中庸叢説》二卷、《讀論語叢説》三卷、《讀孟子叢説》二卷。案《元史》本傳，謙讀《四書章句集注》，有《叢説》二十卷。《四庫》著録《大學》一卷，《孟子》二卷，《中庸》闕半，僅一卷，《論語》全闕。《提要》謂：「約計所存，猶有十之五六。即益以所闕之帙，亦不能足原目二十卷之數，殆後來已有所合併。」阮文達續得影元抄本《論語》三卷、元板《中庸》二卷，先後奏進，謂爲「首尾完整」，未可「疑其尚有闕佚」。是本卷數正同。阮氏《論語提要》云：「中有正文而誤似注者，如中卷『晝寢章』『衣敝章』，下卷『侍坐章』『驥章』『爲邦章』『性相近章』『荷蓧章』，乃元代刻書陋習。」今按：是本亦正如此，自可以阮氏之言而證其爲完整也。明《南廱志》：「《大學叢説》一卷，好版二十六面；壞版二塊，餘皆闕。」「《中庸叢説》一卷，好版六十四面，失十八面。許謙有《四書叢説》二十卷，今《語》《孟》不存。」云云。是本《大學》二十四面，《中庸》二卷亦僅四十四面。此爲密行細字，頗疑南廱所存行疏字大，故版面多而未全。此雖坊刻，且爲完璧，不可謂非罕見之書矣。黄蕘圃《後跋》乃謂尚缺《論語》三卷者，或撰時尚未蒐得。按：《論語》所鈐藏印，與其他三書不同，殆黄氏散出，而後人續獲者歟？海鹽張元濟。

（《四部叢刊續編》本《讀四書叢説》）

四庫全書總目讀四書叢説提要

［清］紀　昀

讀四書叢説四卷兩江總督採進本

元許謙撰。謙有《詩集傳名物鈔》，已著録。案《元史》本傳：謙「讀《四書章句集注》，有《叢説》二十卷。謂學者曰：『學以聖人爲準的，然必得聖人之心而後可學聖人之事。聖賢之心具在《四書》，而《四書》之義備於朱子。顧辭約意廣，讀者安可易心求之乎？』」黄溍作謙《墓誌》，亦稱是書「敦繹義理，惟務平實」，所載卷數與本傳相同。明錢溥《秘閣書目》尚有《四書叢説》四册，至朱彝尊《經義考》，則但據《一齋書目》編入其名，而注云：「未見。」蓋久在若存若亡間矣。此本凡《大學》一卷、《中庸》一卷、《孟子》二卷，《中庸》闕其半，《論語》則已全闕，亦非完書。然約計所存，猶有十之五六，即益以所闕之帙，亦不能足原目二十卷之數，殆後來已有所合併歟？書中發揮義理，皆言簡義該，或有難曉，則爲圖以明之，務使無所疑滯而後已。其於訓詁名物，亦頗考證，有足補《章句》所未備。於朱子一家之學，可謂有所發明矣。

（清乾隆武英殿刻本《四庫全書總目》卷三十六）

論語叢説三卷提要

〔清〕阮　元

元許謙撰。伏讀《四庫全書總目》云：「《元史》許謙本傳載：『謙讀《四書章句集注》，有《叢説》二十卷』，『此本凡《大學》一卷、《中庸》一卷、《孟子》二卷，《中庸》闕其半，《論語》則已全闕』。」是編從元人刻本依樣影抄，其中有正文而誤似注者，如中卷「晝寢章」「衣敝章」，下卷「侍坐章」「驥章」「爲邦章」「性相近章」「荷蓧章」，乃元代刻書陋習，悉仍其舊。案：謙受業于金履祥，故書中引履祥之説，猶稱先生。吴師道云：「欲讀朱子之書，必由許君之説。」今考是書，發明朱子之學，旁引曲證，不苟異，亦不苟同。「泰伯章」云：「王文憲謂《集注》朱子因舊傳修入，未及改。」「美玉章」云：「『沽』，去聲，訓『賣』。若平聲，則訓買，于此義不相合。」「川上章」云：「『舍』，去聲，『止息也』。見《楚辭》。」辨證《集注》未及改，「割不正不食節」則云：「古者燕饗，有大臠曰『胾』。」又云：「其餘牲體、骨脊及腸、胃、肺、心割截，各有一定，所謂不正，則不合乎度者。」頗有根據，皆足以資考證也。

（清道光間刻本《揅經室外集》卷三）

讀中庸叢説二卷提要

[清]阮　元

元許謙撰。案《元史》本傳：「謙讀《四書章句集注》，有《叢説》二十卷。」朱彝尊《經義考》据《一齋書目》收入總經類，注云：「未見。」《通志堂經解》亦未及編刻，蓋世已久不見其書矣。今《四庫全書》所收，祇《大學》一卷、《中庸》一卷、《孟子》二卷而已，《中庸》本二卷已佚其半，《論語》則已全佚。今除《論語叢説》三卷已從元板影録進呈外，復從吳中藏書家得元板《中庸叢説》足本二卷，又影録副本，以補前收之所未備，而許氏之書遂成完璧。案：黄溍爲謙作《墓誌》，載此書卷數二十，與本傳相符。今所録者，俱遵元板《論語》三卷、《中庸》二卷，合之《大學》一卷、《孟子》二卷，得八卷，皆首尾完整。明《祕閣書目》所載《四書叢説》，亦止四册，殆與今本相同。蓋未可據《墓誌》、本傳而疑其尚有闕佚也。

（清道光間刻本《揅經室外集》卷三）

圖書在版編目(CIP)數據

讀書叢説；讀四書叢説 / (元) 許謙撰；黄靈庚，李聖華主編；鮑有爲，陳開勇等整理. —上海：上海古籍出版社，2022.12

(北山四先生全書)

ISBN 978-7-5732-0567-4

Ⅰ. ①讀… Ⅱ. ①許… ②黄… ③李… ④鮑… Ⅲ. ①《尚書》—史籍研究 Ⅳ. ①K221.04

中國版本圖書館 CIP 數據核字(2022)第 233476 號

北山四先生全書

讀書叢説　讀四書叢説

〔元〕許謙　撰

黄靈庚　李聖華　主編

鮑有爲　陳開勇 等　整理

上海古籍出版社出版發行

（上海市閔行區號景路 159 弄 1-5 號 A 座 5F　郵政編碼 201101）

(1) 網址：www.guji.com.cn

(2) E-mail：guji1@guji.com.cn

(3) 易文網網址：www.ewen.co

上海展强印刷有限公司印刷

開本 890×1240　1/32　印張 20.5　插頁 5　字數 409,000

2022 年 12 月第 1 版　2022 年 12 月第 1 次印刷

印數 1-1,500

ISBN 978-7-5732-0567-4

I.3698　定價：98.00 元

如有質量問題，請與承印公司聯繫

電話：021-66366565